Innovationen kleiner Unternehmen
in regionalen Netzwerken

Strukturwandel und Strukturpolitik

Herausgegeben von Prof. Dr. Wolfram Elsner

Schriftleitung: Dipl. Vw. Karsten Pietsch

Band 7

PETER LANG
Frankfurt am Main · Berlin · Bern · Bruxelles · New York · Oxford · Wien

Martin Heinlein

Innovationen kleiner Unternehmen in regionalen Netzwerken

Die Förderung von Forschung und Entwicklung durch aktive Vermittlung im Wissens- und Technologietransfer

PETER LANG
Europäischer Verlag der Wissenschaften

Bibliografische Information Der Deutschen Bibliothek
Die Deutsche Bibliothek verzeichnet diese Publikation in der Deutschen Nationalbibliografie; detaillierte bibliografische Daten sind im Internet über <http://dnb.ddb.de> abrufbar.

Zugl.: Oldenburg, Univ., Diss., 2003

D 715
ISSN 1438-2644
ISBN 3-631-52318-1

www.peterlang.de

Zur Reihe „Strukturwandel und Strukturpolitik"

„Strukturwandel", vor allem „globaler" Strukturwandel ist in aller Munde. Er ist in der Tat das wichtigste Phänomen, in dem sich die *Dynamik* des Wirtschaftens äußert und das dem Wachstum der Wirtschaft zugrunde liegt. Auch Wirtschaftspolitik ist seit mehr als zwei Jahrzehnten weit eher „Strukturpolitik" (im weitesten Sinne, also institutionelle Strukturen eingeschlossen) als „Globalsteuerung".

Statisch-statistisch gesehen haben Struktur und Strukturwandel mit ökonomischen Phänomenen *auf „mittlerer" Aggregationsebene* und ihrem Wandel zu tun: Sektoren, Branchen, sektorale Cluster, Kooperationen und Netzwerke, ferner Regionen, regionale Cluster und Netzwerke sowie schließlich Betriebsgrößenklassen (wie z. B der „Mittelstand" oder Kleinstunternehmen und Existenzgründer). Diese strukturelle Dimension der Wirtschaft beschreibt also zugleich das moderne Feld der *Meso-Ökonomik.* Zur Strukturpolitik zählen dementsprechend die *sektorale* Strukturpolitik (industrial policy), die heutzutage auch *cluster- und netzwerkorientiert* ist, einschließlich der Technologiepolitik, die *regionale* Strukturpolitik, einschließlich der Humankapitalförderung i. w. S., sowie die *Mittelstands- und Existenzgründungsförderpolitik.*

Dynamisch und *ökonomisch-theoretisch* betrachtet haben Strukturwandel und Strukturpolitik etwas mit unmittelbaren (d. h. nicht nur indirekten, preisvermittelten) *Interaktionen* von Akteuren zu tun. Diese finden i. d. R. in komplexen und mit Unsicherheit behafteten Entscheidungssituationen statt und induzieren Prozesse, deren Ergebnisse nicht nur in Mengen und Preisen beschreibbar sind. Solche Interaktionen verlangen vielfältige *Koordinierungs- und Kooperationsleistungen* von den Akteuren einschließlich der öffentlichen Akteure. Diese Leistungen wiederum lassen sich nach aller Erfahrung und theoretisch erhärtet vor allem in *„mittelgroßen" Gruppen* effektiv erbringen. Dort finden *soziale Lernprozesse* relativ leicht statt, und private Akteure können in ihrem Rahmen im evolutionären Prozeß *soziale Institutionen* der Koordination und Kooperation herausbilden. Netzwerke, als fortgeschrittene Kooperationsformen, bewirken dann nach empirischen Erkenntnissen erhebliche Effizienzsteigerungen, z. B. oft erhebliche Beschleunigungen des Innovationsprozesses zwischen kleinen und mittleren Unternehmen. Solche Prozesse sind jedoch zugleich - sowohl in der sozialökonomischen Realität wie in sozialen Experimenten, erhärtet durch theoretische Forschung - oft *blockiert,* anhaltend *fragil* und/oder sehr *zeitaufwendig.*

Die Koordinations- und Kooperationsleistungen der privaten Akteure lassen sich dann *initiieren, stabilisieren* und/oder *beschleunigen* durch eine moderne Wirtschafts(struktur)politik, die die Anreize, Motive und Leistungen der Privaten nicht (etwa im Sinne der traditionellen Kollektivguttheorie) ersetzt, sondern sich wiederum interaktiv mit diesen koordiniert, um die Privaten zu Beiträgen im eigenen, aber auch im strukturpolitischen Interesse zu motivieren. Zu dem damit angedeuteten Paradigma einer *„interaktiven"* (und damit zugleich „schlankeren") *Wirtschafts- und Strukturpolitik* soll diese Buchreihe ebenfalls Beiträge liefern.

Insgesamt soll mit dieser Reihe der Anspruch verfolgt werden, eine moderne *Meso-Ökonomik* zu repräsentieren. Diese soll die vielfältigen Insuffizienzen reiner Mikro- und reiner Makro-Ökonomik und die vielfältigen, meist unbeabsichtigten (wenngleich oft systematischen) strukturellen Effekte von mikro- und makroökonomischen Vorgängen und mikro- und makropolitischen Aktionen aufdecken und schließlich die Probleme durch adäquate privat-private und privat-öffentliche Interaktionsstrukturen einer Lösung näherbringen.

Wolfram Elsner, Bremen

Danksagung

Diese Arbeit konnte vor allem auch dadurch entstehen, dass viele Menschen mich vor und während deren Anfertigung unterstützt haben. Bei allen bedanke ich mich an dieser Stelle ausdrücklich!

Besonderen Dank schulde ich meinen beiden Betreuern Prof. Klaus Kummerer und Prof. Dr. Wolfram Elsner, die durch ihre stete Begleitung sowie durch ihre kritische und konstruktive Durchsicht und Diskussion entscheidende Hilfestellungen gaben. Diese halfen insbesondere dann, wenn es um Richtungsentscheidungen ging, die den Verlauf der Arbeit beeinflussten und die auch jeweils den notwendigen Schub an Motivation zur Weiterarbeit vermittelten.

Ferner gilt mein ausdrücklicher Dank Dr. Jobst Seeber, Leiter der Arbeitsstelle dialog und Geschäftsführer des regio instituts der Universität Oldenburg. Seiner Initiative entsprangen die hier untersuchten Arbeitsfelder und seine freundschaftliche Verbundenheit erlaubte die Beschäftigung mit dem hier bearbeiteten Thema - parallel zu dem umfangreich zu bewältigenden Tagesgeschäft. Doch auch ohne die vielen kleinen hilfreichen Tricks und Kniffe aller Kolleginnen und Kollegen der Bürogemeinschaft aus d i a l o g und regio institut hätte die vorliegende Arbeit nicht entstehen können. Auch hier sei allen Personen von Herzen gedankt. Uwe Kröcher und Alexia Dietrich für die konstruktive Diskussion an den gemeinsam bearbeiteten Themen, Hartmut Auts, Eckhard Schulz und Lothar Liebig für diverse softwaretechnische Beratungsleistungen sowie Manfred Baumgart und Anke Fischer für die gemeinsame Diskussion statistischen Datenmaterials. Stellvertretend für alle studierenden Hilfskräfte danke ich Jan List für die stete Bearbeitung und Verwaltung der anfallenden Literatur.

Zum Zustandekommen des empirischen Materials schulde ich ferner der Wirtschaftsförderung des Landkreises Diepholz ein großes Dankeschön. Dieser Dank gilt ganz besonders dem Leiter der Einrichtung, Herrn Karl-Heinz Reddig, sowie den weiteren Ansprechpartnern Sven Mörker, Günther Klingenberg, Dietrich Lampe und Hartmut Heinen.

Vielen Dank an Regina Erdmann, die nahzu unerschöpfliche Quelle und Hilfe bei allen Fragen zur erfolgreichen Bewältigung der eingesetzten Software zu Zwecken der Formatierung und Gestaltung des vorliegenden Textes.

Und nicht zuletzt danke ich besonders herzlich meiner Familie! Lange unterstützten mich meine Eltern – und Großeltern - während meiner gesamten Ausbildungszeit, ermöglichten mir Schule und Studium und waren mir nicht nur in materieller Hinsicht stest gute Begleiter. Ein großes Dankeschön sage ich auch Silke und Miriam, die mich während der intensiven Erarbeitungszeit dieser Arbeit oft entbehren mußten!

Oldenburg im Oktober 2003

Inhaltsverzeichnis

Abkürzungsverzeichnis

ADAPT	Community initiative on the adaptation of the workforce to industrial change
AGTIF	Arbeitsgemeinschaft der niedersächsischen Technologiemittler und Innovationsförderer
AiF	Arbeitsgemeinschaft industrieller Forschungsvereinigungen „Otto von Guericke“ e.V.
ARSU	Arbeitsgruppe für regionale Struktur- und Umweltforschung GmbH
BBR	Bundesamt für Bauwesen und Raumordnung
BEST-COIN	Best praxis mechanisms for cooperation between universities, research bodies and industry
BMBF	Bundesministerium für Bildung und Forschung
C.I.S.	Community Innovation Survey
DIW	Deutsches Institut für Wirtschaftsforschung Berlin
DPMA	Deutsches Patent- und Markenamt
EFRE	Europäischer Fonds für Regionale Entwicklung
EIMS	European Innovation Monitoring System
ERIS	European Regional Innovation Survey
EU	Europäische Union
EZN	Erfinderzentrum Norddeutschland GmbH
FHG-ISI	Fraunhofer-Institut für Systemtechnik und Innovationsforschung, Karlsruhe
FuE	Forschung und Entwicklung
GLP	Gemeinsame Landesplanung Bremen/Niedersachsen
GREMI	Groupe de Recherche Européenne sur les Milieux Innovateurs
HAP	Hannoveraner Firmenpanel
ifo	ifo-Institut für Wirtschaftsforschung
KMU	Kleine und mittlere Unternehmen
LEADER	Community initiative for rural development
NACE	= NACE Rev. 1, Nomenclature statistique des activités économiques dans la Communautée Européenne
NATI	Niedersächsische Agentur für Technologie und Innovation GmbH

NIW	Niedersächsisches Institut für Wirtschaftsforschung Hannover
NLS	Niedersächsisches Landesamt für Statistik
OECD	Organisation for economic co-operation and development
PAXIS	Pilot Action on Excellence in Innovation and Start-ups
RIS	Regionale Innovations-Strategie
RITTS	Regionale Innovations- und Technologietransferstrategie
SV	Stifterverband
TSER	Specific programme of targeted socio-economic research
WZ	Wirtschaftszweige
ZEW	Zentrum für Europäische Wirtschaftsforschung GmbH

I. EINLEITUNG UND FRAGESTELLUNG

1 Die Bedeutung kleiner Unternehmen

Kleine und auch mittlere Unternehmen gelten als Schrittmacher von Volkswirtschaften, da sie über ihre Innovationsfähigkeit, Flexibilität und Anpassungsfähigkeit einen wertvollen Beitrag zur Bewältigung von Strukturwandel leisten und mit hoher Geschwindigkeit auf Herausforderungen marktlicher Veränderungen reagieren können [Acs & Audretsch, 1992]. Eine prompte Reaktion im Markt auf die viel diskutierten Auswirkungen struktureller Veränderungsprozesse sowie die Ideen- und Marktführerschaft in Nischen gehören zu den Stärken kleinerer unternehmerischer Einheiten, auch wenn sie sich demgegenüber Kostenvorteile der Massenproduktion nicht zu Nutze machen können.

In Deutschland bestanden im Jahre 1999 ca. 3,2 Millionen KMU, die rund 20 Millionen Personen beschäftigten. Das bedeutet, dass 69,3 % aller Beschäftigten ihren Arbeitsplatz in kleinen oder mittleren Betrieben haben. Diese Betriebe stellen zugleich einen überwältigenden Anteil von 99,3 % aller Unternehmen dar, tragen zu 44,8 % zu allen besteuerten Umsätzen bei, besitzen einen Anteil von 57,0 % an der Bruttowertschöpfung aller Unternehmen und tätigen 46,0 % aller Investitionen [Hauser, 2000]. Leicht [1994] stellt dar, dass sogar 98 % aller Unternehmen und Arbeitsstätten weniger als 50 Personen beschäftigen und dass gerade die kleineren Betriebe mit weniger als 20 Beschäftigten immer noch 94 % aller Arbeitsstätten mit einem Anteil von weit über einem Drittel aller Beschäftigten vorhalten. Im europäischen Vergleich (EU) machen KMU über 99,9 % aller Unternehmen aus und beschäftigen über 74,5 Millionen Personen [Europäische Gemeinschaften, 2000], was einem Durchschnitt von vier Personen entspricht gegenüber dem Durchschnittswert von 6,25 für Deutschland.

Allgemein besehen ist die Zahl kleiner und mittlerer Unternehmen in Deutschland über einen längeren Zeitraum hinweg stetig gewachsen [Leicht, 1994], die Gesamtzahl aller Unternehmen nahm im Zeitraum von 1980 – 1994 in den alten Bundesländern von über 1,6 Millionen auf 2,3 Millionen zu. Dabei änderte sich die relative Verteilung nach Unternehmensgrößen nur kaum [Clemens et al., 1997], was folglich aufgrund deren hohen Anteils einen überproportionalen Anstieg der absoluten Anzahl kleiner Unternehmen bedeutet. Vergleichbare Entwicklungen sind auch in Europa zu beobachten: Dort wurden alleine im Jahr

1995 2 Millionen Neugründungen gezählt, die 1,5 Millionen Schließungen gegenüberstehen [Europäische Gemeinschaften, 2000].

Neben der Funktion als wichtigen Trägern der Ausbildung, zu der sie zu 80 % in Deutschland beitragen, wird kleinen und mittleren Unternehmen auch ein bedeutender Beschäftigungseffekt zugeschrieben. So wurden in Deutschland im Zeitraum 1990 – 1994 mit relativ exakt einer Million die meisten Arbeitsplätze in Betrieben mit weniger als 500 Beschäftigten geschaffen, was auf das hohe Potenzial zur Generierung von Arbeitsplätzen gerade im Dienstleistungsbereich zurückzuführen ist. Die – absolut – geringeren negativen Salden des verarbeitenden Gewerbes [Clemens et al., 1997] werden dadurch mehr als aufgewogen. Gerade die Gruppe der Unternehmen mit zwei bis neun Mitarbeitern besitzt bei der Schaffung neuer Arbeitsplätze eine hohe Dynamik, da ihr 44 % des gesamten Arbeitsplatzzugangs zugeschrieben werden [Hauser, 2000].

Um im Wettbewerb zu bestehen, stetig Know-how-Vorteile zu erreichen oder zu behalten bzw. Marktführerschaften in Nischenmärkten zu verteidigen oder zu gewinnen, sind gerade auch Kleinunternehmen ständig gezwungen, ihre Produkte und Dienstleistungen an den Markt anzupassen. Forschung und v.a. Entwicklung bilden die Grundlage für ihre Innovationsfähigkeit. Ein möglicher Indikator für die Beschreibung der FuE-Bemühungen ist der Anteil der FuE-Aufwendungen am Umsatz [Meyer-Kramer & Schmoch, 1993]. So hatten im Jahr 1997 die FuE betreibenden kleinen und mittleren Unternehmen mit 100 - 250 Beschäftigten einen Anteil der FuE-Aufwendungen an ihrem Umsatz von 4,8 % und die Unternehmen mit weniger als 100 Beschäftigten einen Anteil von 5,4 % [Stifterverband, 1999]. Die mit geringer Beschäftigtenzahl relativ zunehmenden messbaren Anstrengungen im Bereich Forschung und Entwicklung werden auch von Backhaus & Seidel [1997] dargestellt, wobei jedoch darauf verwiesen werden muss, dass gerade kleine Unternehmen auch diskontinuierlich, d.h. immer nur punktuell innerhalb von Mehrjahreszeiträumen, innovieren [Penzkofer & Schmalholz, 1999]. Dennoch sind es gerade Kleinunternehmen mit bis zu 50 Beschäftigten, die in den vergangenen Jahren beispielsweise in Niedersachsen beachtenswerte Innovationsintensitäten zeigten [Legler et al., 2000].

Die Situation kleiner Unternehmen in ihrer Einbindung in globale, nationale und regionale Wirtschaftssysteme wird durch eine Reihe sozio-ökonomischer Faktoren bedingt, die u.a. auch Gegenstand regionalwissenschaftlicher Untersuchungen sind [Koschatzky, 2001]. Demnach sind kleine Unternehmen in stärkerem

Maße in regionale Kooperationen und Zusammenhänge eingebunden als größere Einheiten und machen sich zugleich in geringerem Umfang das Wissen aus Hochschulen und Forschungseinrichtungen zu Nutze als dies größeren Unternehmen möglich ist. Die Unterstützung im Innovationsgeschehen für kleine Unternehmen, insbesondere durch Hochschulen und Technologiemittler innerhalb regionaler Kontexte, ist Gegenstand der hier vorliegenden Untersuchung. Dabei wird u.a. auf Diskussionslinien Bezug genommen, nach denen gerade kleine Unternehmen mit ihrer Präferenz für lokale und regionale Partner in hohem Maße auf die Unterstützungsfähigkeit ihres räumlichen Umfeldes angewiesen sind, was gerade in peripheren Gebieten ohne verfügbare Wissensgeber einen mangelhaften Know-how-Zufluss bedingen kann [Koschatzky, 2001; Koschatzky & Sternberg, 2000].

Dabei ist der allgemeine Definitionsrahmen zur Unternehmensgröße nicht einheitlich [vgl. Ziegler, 1996] und wird in verschiedenen Kontexten eingesetzt, beispielsweise als Basis aggregierter, statistischer Darstellungen oder zur Ausrichtung von Förderinstrumentarien. Clemens et al. [1997] zeigen auf, dass auf der Basis der bestehenden Heterogenität von Unternehmen schon die Begriffswahl „Mittelstand" nicht unproblematisch sei. Auch stellen sie verschiedene Größenklassenunterscheidungen auf europäischer und einzelstaatlicher Ebene dar, die sich z. B. an Mitarbeiterzahlen orientieren und stark variierende Aggregationsschritte vorsehen. Im Folgenden soll hier mit den u.a. von Semlinger [2000] beschriebenen Größenklassen gearbeitet werden, die kleine Unternehmen in der Regel als solche mit weniger als 100 Beschäftigten ansprechen. Als mittlere Unternehmen werden solche mit bis zu 250 Mitarbeitern bezeichnet, als Mikrounternehmen solche mit weniger als 10 Beschäftigten.

Ob und inwiefern neue Ansätze eines offensiven Wissens- und Technologietransfers mit gezielter Orientierung an technologischen Trajektorien und regionalen Angeboten Einfluss auf das Innovations- und Kooperationsverhalten insbesondere kleiner Unternehmer ausüben kann, wird u.a. Gegenstand der hier vorliegenden Untersuchung sein.

Die vorliegende Arbeit gliedert sich in vier Teile. Nach dem einleitenden Teil, der zudem die interessierenden Fragestellungen eingrenzt, erfolgt eine Darstellung des Standes der relevanten Literatur in Teil II. Teil III betrachtet eine Fallstudie, deren Auswertung Antworten auf offene Fragen liefert. Im abschließenden vierten Teil finden sich Schlussfolgerungen und – anknüpfend an den bis dort erfolgten Gang der Betrachtungen – ein weitergehender Ausblick.

2 Regionale Innovationssysteme

2.1 Entstehung von Innovationen

Innovationen werden sowohl auf der einzelbetrieblichen Ebene als auch aus gesamtwirtschaftlicher Sicht als der Motor wirtschaftlicher Weiterentwicklung und wirtschaftlichen Wachstums gesehen. Eine allgemein gehaltene Definition versteht Innovationen als neue Produkte und Verfahren sowie deren Einführung in den Markt [vgl. u.a. Koschatzky, 1995; Fischer, 1999]. Damit wird deutlich, dass das Innovationsgeschehen unter dieser Definition maßgeblich von den Unternehmern als Trägern einer Marktwirtschaft gestaltet wird [Staudt & Auffermann, 1996]. Allerdings ist zu beachten, dass mit einem solchen Innovationsbegriff sowohl eine prozessuale als auch eine ergebnis-orientierte Implikation verbunden ist. Innovationen entstehen in einem Prozess der Entdeckung, Diffusion und Entwicklung von Neuerungen, die dann in Form von neuen Produkten und Verfahren in den Markt gebracht werden können.

Im Wettbewerb muss den Betrieben daran gelegen sein, ihre Marktposition stetig abzusichern oder auszubauen. Aus diesem Grunde sind sie gezwungen, sich in einem dynamischen Prozess gegenüber anderen Wettbewerbern zu behaupten, indem sie versuchen, neue Produkte zu implementieren oder bestehende Produkte in ihrer Qualität zu verbessern. Dabei spielen Routine- oder inkrementale Innovationen insbesondere im deutschen Innovationssystem eine hervorgehobene Rolle [Hellmer et al., 1999]. In der stetigen Umsetzung kleiner Entwicklungsschritte werden auf hohem Niveau ständige Innovationsfortschritte erzielt [ZEW et al., 2001]. Demgegenüber stehen sogenannte Basisinnovationen, die erhebliche und sektorübergreifende Wirkungen entfalten können [Schönert, 2000].

Staudt & Auffermann [1996] beschreiben die Vielfalt an Definitionen des Begriffes Innovation und geben einige, von ihnen benannte „Dimensionen" des Innovationsbegriffes an. Dabei weisen sie u.a. auf die Subjektivität von Innovationen hin: „Maßgeblich ist nicht die objektive (Welt-)Neuheit einer Innovation, sondern die Erstmaligkeit für das innovierende Subjekt" (S. 2). Insbesondere für die in dieser Arbeit zu betrachtende Gruppe der kleinen Unternehmen dürften technische Neuerungen zwangsläufig schon aufgrund der begrenzten (personellen) Ressourcen vergleichsweise öfter subjektiv als Innovationen empfunden werden als dies in großen Unternehmen mit dem Potenzial zu umfangreichen und vielfältigen Suchaktivitäten nach Neuerungen der Fall ist.

Penzkofer & Schmalholz [1994] weisen darauf hin, dass ein Verfahren durchaus bereits anderswo bekannt sein kann, aber erstmalig durch einen bestimmten Innovator umgesetzt und aus dem Grund einer besseren Bedürfnisbefriedigung am Markt erfolgreicher als durch Wettbewerber neu eingeführt werden kann.

Ebenfalls stellen die beiden Autoren den Prozess von Aktion und Reaktion dar, mit dem marktwirtschaftliche Dynamik beschrieben werden könne. So fordere eine Initiative die Gegenreaktion heraus und stoße damit einen Prozess an, der sich verselbständige und oftmals die Unterscheidung in Auslöser und Reaktion nicht mehr möglich mache, wenn beispielsweise die Herausgeforderten sich durch einen weiterreichenden Vorstoß wieder an die Spitze zu setzen versuchten.

In diesem Zusammenhang ist auch der Induktionsmechanismus [Staudt & Auffermann, 1996] grundlegend entscheidend, auf dessen Basis eine Innovation zu Stande kommt. So besteht einerseits ein Wandel des Angebotes an Problemlösungen, technischen Neuerungen und Erfindungen, die als nutzbare Ergebnisse zur Verfügung stehen. Das dadurch induzierbare Innovationspotenzial wird auch mit „Technology Push" [u.a. Reinhard & Schmalholz, 1996] beschrieben. Auf der Basis dieses Angebotes gilt es, neue Anwendungsbereiche – v.a. durch Unternehmen – zu suchen bzw. diese zu schaffen. Andererseits besteht eine „bedarfsorientiere Induktion" [Staudt & Auffermann, 1996], die sich aus einem Wandel der Nachfrage am Markt ergibt. Aufgrund der Marktorientierung wird diese Induktion auch als „Market Pull" bezeichnet.

Mit der theoretischen Betrachtung von Innovationen hat sich als einer der ersten Schumpeter [1911] in seiner Theorie der wirtschaftlichen Entwicklung beschäftigt. Er zeigt die Bedeutung der Kombination neuer Ideen und Verfahren in ihrer Wirkung auf, die zum Aufbrechen bestehender Gleichgewichte und zum Ausbruch aus existierenden Kreisläufen beitragen kann und so zu einem Angebot erweiterter Lösungen am Markt führt. Sog. Pionierunternehmer erkennen die Chancen zur Implementation von Innovationen, die von den Konsumenten teilweise noch nicht artikulierte Bedürfnisse befriedigen helfen sollen und die – verbunden mit der bei deren Umsetzung und Einführung hohen Kapitalintensität - zu einer Monopolstellung des Pionierunternehmers führen können. Diese

Alleinstellung sei allerdings über die Zeit gefährdet, da Konkurrenten des Monopolisten als Imitatoren aufträten, um selbst ebenfalls mit vergleichbaren Produkten auf den Markt zu treten, Monopolstellungen zu durchbrechen und erlittene Verluste auszugleichen. Dadurch verliere das angebotene Produkt oder Verfahren seine Exklusivität [vgl. Penzkofer & Schmalholz, 1994].

Schumpeter betrachtete noch nicht näher die einzelnen Phasen der Initiierung und Entstehung von Innovationen. Eine Erklärung suchten hier die sog. evolutionstheoretischen Ansätze wie von Nelson & Winter [1982]. Sie sahen Innovationen – entgegen den Vorstellungen Schumpeters von einem relativ ungeplanten Innovationsprozess – in einem evolutionären Verfahren schrittweise und durch ständige Anpassungen in einem wohlstrukturierten Entscheidungsprozess durchgeführt. Ob und inwiefern gerade kleine Betriebe Innovationen mehr oder weniger zielgerichtet umsetzen, wird später noch zu diskutieren sein. Dabei soll dann u.a. auch auf aus dem strategischen Management stammende, betriebswirtschaftliche Ansätze Bezug genommen werden, die Sell [2000] als „praxeologische Ansätze" (S. 56) beschreibt.

Ausführlich geben sowohl Schönert [2000] als auch Staudt & Auffermann [1996] einen Überblick über ergänzende theoretische Ansätze, auch wenn letztgenannte Autoren feststellen, dass bis zum jetzigen Zeitpunkt keine geschlossene Innovationstheorie bestehe. Dies sei in verschiedenen Ursachen begründet und liege u.a. in der uneinheitlichen Differenzierung nach Innovationsarten, in der Unschärfe und Unvollständigkeit der Operationalisierung der untersuchten Input- und Outputfaktoren sowie in der unvollständigen Betrachtung von Interdependenzen im Innovationsprozess.

Um idealtypische Verläufe betrieblicher Innovationsprozesse zu verdeutlichen, bemühen sich Staudt & Auffermann [1996] um deren prinzipielle Abbildung in Modellen sowie um eine Darstellung ausgewählter Modelle. Sie betonen mehrfach die Probleme bei der Darstellung der vielfältig in Innovationsprojekten auftretenden nicht-linearen Prozesse mit Rückkopplungsschleifen und Querbezügen, denen sie folglich auch in der Auswertung und Wiedergabe bestehender Innovationsmodelle in großer Vielfalt und unterschiedlicher Gestaltung begegneten.

So habe sich auch in historischer Sicht die Betrachtung des Innovationsgeschehens geändert: Aufbauend auf den bereits beschriebenen Ansätzen linearer Prozesse von technology push und market pull aus den 1950er und 1960er Jahren [Staudt & Auffermann, 1996; Fischer, 1999] wurde von dem einfachen linearen Verständnis einer Folge aus Invention, Diffusion und Innovation ausgegangen. Kline & Rosenberg [1986] brachten demgegenüber das sog. „chain-linked model" in die Diskussion ein, das diverse nichtlineare Rückbezüge im Innovationsprozess berücksichtigte [vgl. u.a. auch Cantner; 2000]. Eine zentrale Ebene nimmt dabei die durchaus lineare Kette der Entwicklung ein. Prozesse der Konzeption (Erfinden, Entwerfen, Analysieren), des Erstellens von Prototypen, der Überplanung, der Produktion sowie der Distribution und Vermarktung sind dabei aufeinander folgend oder auch rekursiv miteinander verbunden. Gleichzeitig allerdings geschieht zu allen Prozessen stets eine Rückkopplung zu dem potenziellen Markt. Und parallel zu diesen Feed-Back-Schleifen sind alle Entwicklungsschritte stets auch in Parallele rückgebunden in eine Art Wissensspeicher, der mit allgemeinem Anwendungswissen sowie mit den Erkenntnissen aus Wissenschaft und Forschung gefüllt ist. Die Entwicklung von Neuprodukten vollzieht sich somit in einem komplexen System von Rückkopplungen, die sowohl zwischen den Entwicklungsschritten bestehen, die aber auch auf der Basis des während der Entwicklung als Wissen erhaltenen und abgespeicherten Know-hows von den Entwicklungsschritten hin zu den Quellen wissenschaftlicher Erkenntnisse reichen. Über diesen Zusammenhang wird die Ausrichtung der wissenschaftlichen Erkenntnis zugleich an den bereits beschriebenen marktorientiert ablaufenden Entwicklungsprozessen abgeglichen und es ergibt sich eine Verknüpfung der unternehmerischen und somit marktbezogenen Innovationsschritte mit wissenschaftlichen Disziplinen. Fischer [1999] ergänzt diesen Ansatz und unterscheidet den Wissenspool in unternehmensspezifisches Wissen und allgemein zugängliches Wissen. Damit weist er den Weg zu der Unterscheidung in tacides und kodifiziertes Wissen, auf die ebenfalls weiter unten noch einzugehen sein wird.

Zusammenfassend lässt sich zur theoretischen Betrachtung unternehmerischer Innovationen also feststellen, dass der Innovationsprozess in den dynamischen Wettbewerb einer Gesamtwirtschaft eingebunden ist und diesen erst maßgeblich mitbestimmt. Kennzeichnend ist dabei, dass die Abläufe zwischen den beteiligten Ebenen keinesfalls linear sind. Zudem können sie u.a. durch folgende Merkmale charakterisiert (nach Staudt & Auffermann [2000]) werden:

- Neuartigkeit: Ein Änderungsprozess vollzieht sich erstmalig und kann in seinem Ausmaß, der Innovationshöhe, differieren,
- Komplexität: Das Vorgehen geschieht nicht standardisiert und nicht in bekannten (linearen) Routinen,
- Unsicherheit: Der Ausgang des Vorhabens ist offen und es besteht ein Risiko des Scheiterns,
- Konfliktgehalt: Gegenüber Routineprozessen beinhalten Innovationen das Potenzial zu Widerständen nicht nur bei den unmittelbar beteiligten Personen.

Im bisherigen Verlauf der Darstellung von Innovationsprozessen wurde bereits auf die Kategorie von „Wissen" in Verbindung mit Prozessen von Forschung und Entwicklung hingewiesen. Gerade in der Debatte um die Stärkung der Innovationsfähigkeit von Wirtschaftssystemen steht in Frage, wie und auf welchem Wege das von den Unternehmen in ihrem Innovationsprozess benötigte Know-how und Wissen in deren Entwicklungsabteilungen entsteht oder dorthin gelangt. Hier öffnet sich angesichts der u.a. notwendig werdenden externen Beschaffung die breite Diskussion über die Innovationen unterstützenden Umfeldbedingungen von Unternehmen. Einerseits betrifft dies die zur Verfügung stehende Infrastruktur an Forschungs- und Wissenschaftseinrichtungen sowie das Vorhandensein anderer Unternehmen, die gegebenenfalls komplementäres Wissen weitergeben können. Andererseits stellt sich die Frage nach Intermediären, die den Transfer von Wissen und Technologie unterstützen könnten. Zugleich ist bei einer Diskussion unternehmerischer Umfeldbedingungen in Bezug auf das unternehmerische Innovationsverhalten zu hinterfragen, ob gerade regionale Beziehungen die Entstehung von Innovationen begünstigen und inwiefern solche Effekte, so sie zu beobachten sind, in Abhängigkeit von anderen Faktoren wie z.B. der Betriebsgröße oder der Art der Partner beeinflusst werden. Das heißt, es ist die Frage der Kooperationsaktivitäten auf horizontaler sowie vertikaler Ebene genauer zu untersuchen und in summa bedeutet dies die Diskussion der Einbindung der Unternehmen in regionale oder nationale Innovationssysteme und der Bedeutung der darin beteiligten Akteure [vgl. Koschatzky, 1995; Beise et al., 1995, Fritsch et al., 1998].

Zu beachten wird dabei auch die Entwicklung hin zu verstärkt auftretenden Vernetzungen bei der Entstehung von Innovationen sein. Die dabei zu beobachtenden technologischen Komplementaritäten können durchaus auch zu opportunistischem Verhalten einzelner Akteure führen. Das bedeutet, dass zur Überwindung ggf. auftretender lock-in-Effekte besondere Organisationsformen innerhalb (regionaler) Innovationssysteme angedacht werden müssen [Elsner, 2001a].

2.2 Der Forschungsansatz

2.2.1 Region, Innovation und Netzwerkakteure

Wurde durch Schumpeter auf Innovationen als dem zentralen Moment zur aufrecht Erhaltung des Wettbewerbes erstmalig dezidiert hingewiesen, so ist mit seiner Argumentationslinie keine Aussage über ein räumliches Bedingungssystem für die Entstehung und Förderung des technischen Fortschrittes getroffen. Allerdings besteht nach Koschatzky [1995, S. 3] „zwischen technologischem Wandel und räumlichen Faktoren [...] ein enger Zusammenhang". So gibt Schönert [2000] einen Überblick über verschiedene theoretische Ansätze und stellt zusammenfassend „eine Verbindung zwischen Innovationsstärke und Agglomeration bzw. Innovationsschwäche und Nicht-Agglomeration" (S. 13) heraus.

Er verweist u.a. auch auf die sog. polarisationstheoretischen Ansätze, die eine Erklärung für regionale Disparitäten versuchten. Entwicklungspole würden allgemein als sektorale bzw. regionale Zusammenballungen wirtschaftlicher Aktivitäten verstanden. Insbesondere die - von Schumpeter beschriebenen großen und kapitalstarken - innovativen Unternehmer entwickelten in diesem Konzept eine Dynamik, die durch ihre Verknüpfung mit anderen Branchen Auswirkungen auf ganze Wirtschaftsbereiche haben könne. Krätke [1995] stellt dar, dass solche sektoralen Pole allerdings nicht zwingend auch regionale Polarisation implizieren. Diese sei nur dann gegeben, wenn die Akteure eines sektoralen Pols zur räumlich nahen Ansiedlung tendierten. Entscheidend an der Polarisationstheorie ist im Zusammenhang einer regional orientierten Blickrichtung jedoch vor allem die leitende Hypothese, nach der zu beobachtende „regionalökonomische Disparitäten nicht einem Ausgleichungsprozess unterliegen, sondern sich in einem Prozess ‚zirkulärer Verursachung' verstärken" [Krätke, 1995, S. 62].

Zu nennen ist im Bezug auf eine raumbezogene Betrachtung des Innovationsgeschehens auch der Ansatz des Produktlebenszyklus. Dieser dient vorzugsweise der Betriebswirtschaft zur Darstellung verschiedener Entwicklungs- und Reifephasen von Produkten. Doch wurde er auch herangezogen als „*Erklärungsansatz* für die selektive Zentralisierung hochqualifizierter Arbeitsplätze und die räumliche Dezentralisierung von Ausführungsfunktionen" [Krätke, 1995, S. 67]. Dabei wird von einem Lebenszyklus eines Produktes ausgegangen, der von der wissensintensiven Entwicklung über die Markteinführung zu einem massenhaften Absatz (Wachstumsphase) und danach bis zu einer Stagnation (Reifephase) sowie zu einem Nachfragerückgang (Degenerationsphase) mit ggf. letztendlichem Verschwinden des Produktes aus dem Markt führt [vgl. z.B. Pleschak et al., 1994]. Entsprechend der beschriebenen Reifephasen ändert sich auch der betriebswirtschaftlich günstigste Standort für die Herstellung eines Produktes. So ist in der Entwicklungsphase noch die Verfügbarkeit hoch qualifizierter Arbeitskräfte, die räumliche Nähe zu FuE-Kapazitäten, zu Risikokapitalgebern und zu Zulieferern und Nachfragern entscheidend. Diese Anforderungen würden in Agglomerationen am besten erfüllt. Die danach folgenden Produktionsschritte sowie die Weiterentwicklung zu einer standardisierten Massenfertigung seien jedoch in immer geringerem Maße auf die Nähe zu Metropolregionen angewiesen und könnten somit in immer periphere Gebiete verlagert werden. Gegen Ende des Zyklus würde dem steigenden Kostendruck durch Rationalisierungen begegnet, die Produktion könne von wenigen und auf relativ geringem Qualifikationsniveau stehenden Personen durchgeführt werden [vgl. Schönert, 2000; Krätke, 1995].

Ob allerdings der Ansatz des Produktlebenszyklus noch uneingeschränkt zur Anwendung kommen kann, wird durch Krätke [1995] kritisch hinterfragt, wo er sich auch auf die Theorie der räumlichen Arbeitsteilung von Bade [1979] bzw. deren Weiterentwicklung [Tödtling, 1990] bezieht. So sei in empirischen Befunden festzustellen, dass es mehr und mehr zu einer funktionalen denn an einem Reifegrad orientierten Arbeitsteilung komme. Großunternehmen würden ihre dispositiven und produktiven Funktionen räumlich immer stärker trennen. Unterschiedliche Raumbedingungen könnten über eine flexible Verteilung von Teilfunktionen ideal genutzt werden. Den Agglomerationen komme dabei insbesondere als Zentren der Kapitalverwertung hohe Bedeutung als Standort allgemeiner Kontrollfunktionen, d.h. der Verwaltungs- und Logistikfunktionen, zu.

In ähnlicher Weise wie bei der räumlichen Bezugnahme auf die Theorie des Produktlebenszyklus verfolgen Piore und Sabel [1985] den Ansatz einer räumlichen Arbeitsteilung. Dabei gehen sie von einem ersten Schritt, dem Humankapital intensiven Zeitraum der Produktentwicklung, aus, der in Hochlohnländern mit qualifizierten Entwicklern und Facharbeitern durchgeführt wird. Dieser werde von einer zweiten Stufe gefolgt, die eine Verlagerung in ländliche Gebiete oder sogar in Niedriglohnländer mit sich bringe. In der aktuell allerdings gleichzeitig zu beobachtenden Abkehr von einer Massenfertigung hin zu spezialisierten Fertigungsschwerpunkten u.a. für Marktnischen (flexible Spezialisierung) sei eine Reaktion auf die größeren, teilweise krisenhaften Unsicherheiten in der Massenproduktion wahrzunehmen. Dem japanischen Vorbild der Fertigung in regionalen Produktionsclustern folgend, würde ein Strukturwandel in die Richtung flexibler Spezialfertigung einsetzen, der insbesondere von einer starken Regionalisierung begleitet würde [vgl. von Einem et al., 1995]. Auf der Grundlage derartiger Überlegungen entwickelte sich eine umfangreiche Debatte um die damit einhergehenden Bedarfe, um den Umfang sowie um die Rahmenbedingungen für die Innovationstätigkeit der in Einzelregionen tätigen Unternehmen.

So bildeten sich in den vergangenen Jahren eine Reihe von Theorieansätzen zur Erklärung regionaler Bedeutsamkeit im Innovationsprozess, auf die u.a. auch in Kapitel 4.1 in ihrem Bezug zu Transferprozessen von Technologie und Wissen näher eingegangen wird. Arndt & Sternberg [2000] geben einen Überblick über neuere Literatur zu den zwischenzeitlich umfangreich vorliegenden und unterschiedliche Schwerpunkte beleuchtenden Erklärungsansätzen regionaler Innovationssysteme. Sie benennen die generelle Gemeinsamkeit dieser Ansätze, die Vorteile für Unternehmen durchweg in einem leichten (räumlichen) Zugang zu Informationen und Wissen sehen. Auch Koschatzky [1997] beschreibt die Übereinstimmungen in neueren Studien mit ihrem Blick auf den Vorteil räumlich nahen Zugangs zu Information und Wissen. Dabei weist er insbesondere auf die Bedeutung des sog. taciden, impliziten Wissens hin, welches in nicht kodierter Form vorliege, oft komplexe Zusammenhänge betreffe, nicht standardisiert werden und nur über persönliche Kontakte übermittelt werden könne.

Parallel werden durch Koschatzky [1995] besonders die handelnden Personen als Innovationsakteure einer Region und somit als die zentralen Figuren eines regionalen Innovationssystems angesehen. Sie personifizieren somit nahezu im Wortsinne das regionale Innovationspotenzial, welches sich allgemein fassen lasse als „die Ausprägung aller Faktoren, die die Innovationsleistung einer Region bestimmen bzw. hemmen" (S. 4). Explizit genannt werden die Unternehmen, die Forschungseinrichtungen und die Nutzung der regionalen Wissens- und Technikbasis sowie des innovations- und diffusionsunterstützenden Dienstleistungsangebotes (Transfer- und Informationsvermittlungsstellen). Die Liste der

Akteure wird durch Arndt & Sternberg [2000] u.a. um Wettbewerber und unternehmensnahe Dienstleister ergänzt.

Um Beziehungen zwischen Akteuren zu kennzeichnen, wird in den vergangenen Jahren intensiv auf den Begriff der Netzwerke zugegriffen. Dabei ist die Verwendung dieses Begriffes sehr vielschichtig. Regional-ökonomisch bedeutende Netzwerke wurden in den 80er und 90er Jahren in ihrer generellen Existenz sowie in ihren Rahmenbedingungen ausführlich beschrieben und debattiert. Einige prominente Beiträge werden in Kapitel 4.1 noch näher benannt. Einen Überblick über die Diskussion von Netzwerken in ökonomischen Zusammenhängen geben die Autoren bei Krumbein [1994]. Sowohl dort als auch in den Beiträgen der Folgejahre ist die Bestrebung zu erkennen, den Grad der Einbindung, Interdependenzen sowie die Rahmen- und Einflussbedingungen von unternehmerischen und auch von nicht-unternehmerischen Akteuren in Netzwerken zu identifizieren.

So beschreibt beispielsweise Rehfeld [1994], wie Netzwerke und deren Bedeutung in regionalen Verflechtungen als zentraler Motor für Wettbewerbsfähigkeit und innerregionale Stabilität eine intensiv diskutierte Größe darstellten. Es sei der Gedanke der Netzwerkbildung auch von der Volkswirtschaft durch Porter [1991] und von der Betriebswirtschaft durch Sydow [1992] aufgenommen worden. Allerdings bedürften diese Ansätze einer regional-wissenschaftlich orientierten Anpassung wie im folgenden Exkurs beschrieben werden soll:

Porter [1991] lieferte mit der Beschreibung des nationalen Diamanten bestehend aus den Elementen

- Faktor- und Nachfragebedingungen,
- verwandte und unterstützende Branchen,
- Unternehmensstrategien und
- Struktur und Wettbewerb

sowie mit den Variablen Staat und Zufall ein sich wechselseitig verstärkendes System, das „die Fähigkeit der Unternehmen eines Landes, in einer bestimmten Branche einen Wettbewerbsvorteil zu erzielen“, beeinflusse [Porter, 1991, S. 97]. Dabei werde die Existenz von Branchenanhäufungen oder sog. Clustern, die durch vertikale und horizontale Beziehungen verknüpft sind, zu einer wichtigen Voraussetzung für die Erzielung nationaler Vorteile [vgl. Bruch-Krumbein

& Hochmuth, 2000, S. 46; Seidel, 1998]. Porters Augenmerk richtete sich bei seiner Argumentation allerdings nicht in erster Linie auf die Betrachtung regional-ökonomischer Bedeutsamkeiten.

Ebenso spielte auch bei Sydow [1992], der reine Unternehmensnetzwerke beschreibt, die regionale Betrachtung eine untergeordnete Rolle. Diese charakterisiert er als eine Mischform zwischen Markt und Hierarchie und führt aus, dass dies gleichwohl eine Organisationsform ökonomischer Aktivitäten darstelle, welche auf die Realisierung von Wettbewerbsvorteilen ziele.

Zur stärkeren Konzentration auf räumliche Interdependenzen richtete nun also Rehfeld [1994] angesichts dieser Netzwerkbeschreibungen das Augenmerk auf regional begrenzbare Zusammenhänge und weist darauf hin, dass die Gefahr bestehe, bei der Ausweitung und Ausdifferenzierung von Netzwerkbeziehungen könnten regionalwissenschaftlich bedeutsame Aspekte undeutlich werden. Er definiert selbst aus dieser Motivation heraus eine von ihm sog. Produktionskette, „unter der [...] alle Funktionen und Produktionsstufen verstanden werden, die für die Entwicklung, Herstellung und Vermarktung eines Produktes bzw. einer Produktgruppe notwendig sind. Hierzu gehören - neben der Produktion selbst - die der Produktion vor- und nachgelagerten Funktionen, die für die Durchführung des Produktionsprozesses notwendigen Funktionen wie auch Muster der Integration der einzelnen Teilbereiche über Standardisierung bzw. Normierung" [S. 190, vgl. auch Rehfeld, 1999]. Seiner Ansicht nach würde durch diese Produktionskette ein Vergleichsinstrumentarium geschaffen, mit dem die räumliche Verteilung der Produktionsstufen und der Funktionen analysiert werden könne.

Eine Beziehung zwischen Netzwerken und den ebenfalls intensiv diskutierten Clustern stellt Elsner [1999] her. Er definiert „*Cluster* als vertikal und/oder horizontal verflochtene, *funktionale* (d.h., marktlich bedingte) Komplexe. Netzwerke seien darauf aufbauende *strategische*, d.h. langfristig, multilateral und thematisch breit kooperierende Komplexe" [S. 62]. (Regionale) Cluster sind demnach „(regionally concentrated) groups of firms which are functionally interconnected (vertically as well as horizontally), including manufacturing and services, plus related ("hard" or "soft") infrastructures and public, semi-public, and social agents financing and/or running them." [Elsner, 2000, S. 413]. Die Unternehmensbeziehungen sind dabei immer marktlich bestimmt und können vertikal oder horizontal ausgestaltet sein, wobei im letzteren Fall die Verbindungen durch Substitutions- oder Komplementaritätsbeziehungen charakterisiert sind. Gerade Komplementaritätsbeziehungen brächten insbesondere sog. technologische Netzwerkexternalitäten mit sich. (Regionale) Netzwerke besäßen dabei eine eher strategische Dimension, verfügten über dauerhafte, intensive, und multilaterale Kooperation und bezögen auch hier die kooperationsrelevanten öffentlichen und gesellschaftlichen Akteure mit ein.

Elsner [2000] zeigt ferner diverse Mechanismen von Marktversagen auf. Diese könnten mit Bezug auf Innovationen in Netzwerkbezügen gerade solche Phänomene wie opportunistisches Free-Rider-Verhalten, das sog. Gefangenen-Dilemma der einseitigen Ausbeutung eigener Kooperationsbereitschaft durch andere [Elsner, 2000, 2001], die oftmals nicht mögliche Appropriierbarkeit von Innovationsgewinnen, hohe Eintrittsbarrieren, sog. „sunk costs“ bei Bemühungen um die falschen Partner und diverse andere umfassen. Eine Lösung im Sinne einer Institutionalisierung könne aus seiner Sicht die Organisation und geplante Aufrechterhaltung von Netzwerken darstellen. Er nennt einige für ein aktives Networking erfolgskritische Faktoren, wie beispielsweise

- Multizentrizität und Vielfalt,
- häufige und dauerhafte Austauschbeziehungen,
- die Idee einer gemeinsamen Zukunft der Akteure,
- Machtkontrolle,
- offener Zugang und offene Technologien,
- breite Teilhabe der Stakeholder,
- Interaktion mit der Umwelt und externe Verbindungen,
- Selbstorganisation und langfristige Verfahrens- und Entwicklungsperspektive,
- Redundanz der Produktion und parallele Verfügbarkeit,
- regionale Vision,
- öffentliche Vermittlung,
- finanzielle Unterstützung und infrastrukturelle Hilfen etc.

Institutionen-ökonomische Gründe führt auch Schamp [2000] an als eine mögliche Ursache dafür, dass sich viele neue Unternehmen in neuen Industriebranchen räumlich konzentrierten. Solche Hochtechnologie-Cluster lägen zudem auch in dynamischen, urbanen Agglomerationsvorteilen oder in transaktionskosten-theoretischen Überlegungen begründet.

Viele der bisher genannten Netzwerkdeterminanten finden sich auch bei Koschatzky [2001] wieder, der allerdings mit Blick auf die Innovationstätigkeit in Netzwerken den Wettbewerb zwischen den Netzwerkteilnehmern bei gleichzeitiger Kooperation betont und somit ein Netzwerkcharakteristikum beschreibt, das im Prinzip gerade ursächlich für free-rider-Verhalten und reduziertes Vertrauen in Netzwerken erscheint. Auch hier zeigt sich, dass die Diskussionsstränge bezüglich regionaler Innovationssysteme bisweilen heterogen verlaufen.

Netzwerke oder Cluster - einen Versuch, Gemeinsamkeiten in den vielen vorliegenden Ansätzen zu finden und als Ausgangspunkt für weitere Forschungen zu nehmen, unternimmt Enright [1996]. In dieser Absicht spricht er von dem Begriff eines „regionalen Clusters" und subsummiert darunter kleine und mittlere Unternehmen, Konzentrationen hoch technologischer Unternehmen, die durch die Nutzung gemeinsamer Technologien miteinander verbunden sind, sowie Produktionssysteme, die große Ansammlungen von Unternehmen mit deren lokalen spin-offs und Zulieferern umfassen. Die von ihm zielgerichtet aufgeworfenen Forschungsfragen umfassen gerade die Rolle der Politik in der Bildung und Unterstützung der beschriebenen Cluster.

Als erster Exkurs in empirische Betrachtungen sei erwähnt, dass das Vorliegen regionaler Beziehungen unabhängig von definitorischen Unterschieden auch über statistische Belege verfügt, wie Fritsch & Franke [2000] zeigen: Über verschiedene Branchen hinweg stellen sie auf der Basis umfangreicher, empirischer Daten dar, dass – mit Blick auf regionale knowledge spill-overs - FuE-Ausgaben von produzierenden Unternehmen jeweiliger Regionen hoch signifikant innerhalb derselben Branche getätigt wurden, wohingegen keine Signifikanz für Verausgabungen in anderen Branchen innerhalb einzelner Regionen gefunden wurde. Sie folgern, dass diese Erkenntnis vielfältige Ergebnisse anderer Untersuchungen stütze, die eine Tendenz der räumlichen Clusterbildung innovativer Aktivitäten in jeweils gleichen Technologiefelder oder Branchen fanden. Es zeige sich aber auch, dass räumliche Clusterung v.a. ein Ergebnis urbanisierter Ökonomien sei.

Durch weitere Beiträge aus der Netzwerkdiskussion werden – neben den unternehmerischen - auch die politisch-administrativen Netzwerkteilnehmer als wichtige Akteure innerhalb regionaler Innovationssysteme genannt. Bruch-Krumbein & Hochmuth [2000] stellen dar, wie die Wahrnehmung des politischen Umfeldes in die Diskussion um Cluster an Bedeutung gewinnt und insbesondere für die Diskussion der sog. Industrial-Districts eine wichtige Rolle spielt. Allerdings stellen die Autorinnen ein starkes Übergewicht ökonomisch ausgerichteter Regionaluntersuchungen fest und fragen, wie sich denn ein Zustand charakterisieren lasse, „der eine relativ große Vielfalt administrativer, politischer und auch gesellschaftlicher Einrichtungen, Verbände, Vereine etc. mit einem auch auf die regionale Ökonomie gerichteten Handlungsfeld umfaßt“ (S. 36). Um in der Diskussion regional wirksamer Netzwerke die Aufmerksamkeit stärker auf die nicht aus Unternehmen stammenden Akteure zu lenken, bemühen sie sich ebenso wie Hellmer et al. [1999] um die Klärung der Einordnung des politisch-adminsitrativen Umfeldes und definieren den Begriff eines Politikclusters als „ein Set von auf die ökonomischen Strukturen orientierten (d. h. z. B. mit Unternehmen interagierenden) räumlich konzentrierten Akteuren und Organisationen“ [Bruch-Krumbein & Hochmuth, 2000, S. 36]. Konkret nennen sie politisch-administrative und ggf. gesellschaftliche Einrichtungen, die Wirtschaftsförderung, Arbeitsverwaltungen, Aus- und Weiterbildungseinrichtungen sowie Forschungseinrichtungen.

Zusammenfassend kann für die Fülle an Beschreibungen regionaler (Netzwerk)-Beziehungen festgestellt werden, dass die Bemühungen um die Klärung von Rollen, Beziehungen und Handlungsmustern in räumlich begrenzten Netzwerken unternehmerischer und politisch-administrativer Ausrichtung allen genannten Ansätzen durchaus gemeinsam ist. Auf die dabei entwickelten Argumente wird im Verlauf dieser Arbeit noch zurückzukommen sein.

2.2.2 Die Forschungsfrage: Aktive Einbindung von Unternehmen in (regionale) Innovationsnetzwerke, Aufbau der Arbeit

Parallel und unter Bezug auf die theoretische Debatte wurde in den vergangenen Jahren eine umfangreiche empirische Basis zur Unterstützung der Argumentation entwickelt: Hahn et al. [1994], Backhaus & Seidel [1997, 1998], Fritsch et al. [1998], Fritsch & Schwirten [1998, 1999], Fritsch [2001], Fritsch & Lukas [2001], Koschatzky [1998, 2000 a], Sternberg [1998, 2000, 2000a], Diez [2000], Arndt & Sternberg [2000], Koschatzky & Sternberg [2000], Bureth & Héraud [2001], Strambach [2001], Muller [2001] u.a. erarbeiteten in ihren Forschungsarbeiten eine Reihe eindeutiger Ergebnisse zu der tatsächlichen Existenz regionaler Bedeutsamkeiten im Innovationsgeschehen. Es handelt sich dabei um Beziehungen der Unternehmen

- zu Kunden,
- zu Zulieferern und
- zu Wettbewerbern sowie
- zu unternehmensnahen Dienstleistern und
- zu Forschungseinrichtungen u.a. öffentlichen Akteuren.

Somit werden klar abgegrenzte Gruppen von Akteuren [Fritsch, 2001] identifiziert und in ihrer Bedeutung – oder auch Unbedeutendheit – für regionale Innovationssysteme angesprochen. Ebenfalls untersucht wird der Einfluss der Größe auf die räumliche Dimension des Kooperationsverhaltens. Koschatzky & Sternberg [2000] fassen die Ergebnisse der umfangreichen Arbeiten zusammen und weisen auf die hohe Bedeutung der Region gerade für kleine Unternehmen hin. Zugleich verweisen sie darauf, dass die hohe Abhängigkeit kleiner Unternehmen von den Wissensquellen ihrer Region in Agglomerationen vermutlich geringere Probleme verursache als dies in peripheren Gegenden der Fall sein werde.

In ähnlicher Weise argumentieren auch Hellmer et al. [1999] bei ihrer Betrachtung sog. Normalregionen, die zudem einen allgemein sehr weit verbreiteten Regionstyp darstellten [Krumbein et al., 1994]. In Normalregionen spiele das regionale Umfeld durch ein Netzwerk vielfältiger Institutionen eine wichtige Rolle, und zwar als Basis für die Vermittlung allgemeinen Wissens – was durchaus auch tacides, an Personen gebundenes Wissen beinhalte [Hellmer et al., 1999]. Allerdings, und hier heben sie sich in ihrer Argumentation durchaus von den vorgenannten Autoren ab, geschehe die „Weitergabe von technologischem Know-how entlang von regions-unabhängigen Trajektorien“ (S. 203). Dies sei insbesondere für KMU wichtig, die in Nischenmärkten auf stark spezialisiertes Know-how angewiesen seien, was wiederum bedeute, dass diese KMU sich das benötigte Spezialwissen vorwiegend überregional dort beschafften, wo es - teilweise nur in Alleinstellung – konkret vorhanden sei.

Aufgrund der weitgehenden Abwesenheit von Primärinnovationen großindustrieller Entwickler seien in Normalregionen neben der beschriebenen regionalen Unabhängigkeit hochspezialisierter Innovationsprozesse eher Vorgänge der Adaption und Diffusion zu vermuten, die u.a. institutionelle Formen des interorganisatorischen Informations- und Wissenstransfers wichtig erscheinen ließen. Gefragt könnten hier durchaus auch Technologietransfereinrichtungen sein.

Die bisher beschriebenen Arbeiten stellen eine umfangreiche theoretische Basis dar, auf der in der Tat von der Existenz regionaler Innovationssysteme mit einer hohen Bedeutung persönlicher Kontakte ausgegangen werden kann. Dabei wurden die Erkenntnisse oftmals durch Befragungen quantitativer oder auch qualitativer Art gewonnen. Fritsch & Schwirten [1998] stellen dar, dass nur wenige Aussagen über die spezifischen Motive und Handlungsmuster der Unternehmen und verantwortlichen Individuen auf der Grundlage von Mikro-Daten getroffen werden könnten. Gerade die Kenntnis der Funktionsweise und der Vielfalt von Transfermechanismen fernab von aggregierten Innovationsindikatoren sei eine wichtige Voraussetzung für die „Formulierung problemadäquater wirtschafts- und wissenschaftspolitischer Handlungsempfehlungen" (S. 255). So formulieren sie auch auf der Basis der eigenen Befunde, dass über die genauen Abläufe der verschiedenen Kooperationsformen zwischen Unternehmen und Hochschulen relativ wenig Kenntnisse bestünden und gerade zur Rolle der öffentlichen Forschungseinrichtungen im (regionalen) Innovationssystem noch umfangreicher Forschungsbedarf bestehe.

Verschiedene Akteure und Einflussfaktoren solcher Systeme werden u.a. von Meyer-Kramer & Gundrum [1995] und von Koschatzky [1995] beschrieben. Dazu gehören das Technologieangebot durch Hochschulen und Wissensgeber, die verfügbaren Innovationsdienstleistungen, zwischenbetriebliche Beziehungen, betriebliche FuE-Aktivitäten, das regionale Umfeld und nicht zuletzt das politische Umfeld. Die hier vorliegende Arbeit betrachtet im Schwerpunkt ein spezifisches Segment und fokussiert in erster Linie auf die Kooperationen von Unternehmen mit regional verfügbaren Wissensgebern. Dabei rückt die Tätigkeit von Intermediären v.a. des Wissens- und Technologietransfers zu Hochschulen in den Mittelpunkt der Betrachtung. Aufgrund der engen Verzahnung der verschiedenen Determinanten regionaler Innovation sind zudem weitere Faktoren und Akteure des politisch-administrativen Bereiches wie solche der Wirtschaftsförderung und des technologiepolitischen und –unterstützenden Umfeldes in ihrer Bedeutung zu untersuchen, was Aufschluss über die vielfältigen Varianten von Kooperationsformen zwischen Unternehmen und Wissensgebern geben soll.

Eine Bewertung von Transferbemühungen muss zwangsläufig an der Debatte über die Rahmenbedingungen des Wissens- und Technologietransfers gespiegelt werden, denn nur über den Abgleich zwischen den Zielen eines mit umfangreichen Angeboten aufwartenden, institutionalisierten und mit Netzwerkansprüchen aufwartenden Transfers einerseits mit den für Unternehmen tatsächlich nutzbaren Erfahrungszugewinnen andererseits leistet einen Beitrag zur Diskussion über die Effektivität und Effizienz (regionalen) Technologietransfers. Denn gerade der institutionalisierte Technologietransfer sei in seiner Wirksamkeit dadurch begrenzt, dass die Ergebnisse von Forschungsarbeiten mit Bezug auf die Wissensvermittlung die hohe Bedeutung persönlicher Kontakte für die Entscheidungsträger in Unternehmen unterstrichen [Staudt et al, 1992]. Angebotsorientierter Technologietransfer könne auf solche Kontakte selten oder gar nicht bauen, so dass eine Vermittlung durch Dritte von den Unternehmen meist nicht genutzt werde.

Andererseits wird mangelnde Nachfrage eines angebotsorientierten Transfergeschehens auch von Reinhard & Schmalholz [1996] beschrieben, wobei dort neben der Analyse der fehlenden persönlichen Bindungen auch Defizite aufgrund einer mangelnden unternehmerischen Denkweise der Transferverantwortlichen ausgemacht werden. Regionale Aspekte stehen allerdings bei letztgenannten Autoren weniger im Mittelpunkt ihres forscherischen Interesses.

So soll in der hier vorliegenden Arbeit insbesondere die Gruppe der kleinen Unternehmen im Fokus stehen, die – gemessen an der oben beschriebenen Debatte – aufgrund ihrer begrenzten Ressourcen und spezifischen Handlungsmuster [Gehlshorn et al., 1991; Beise et al., 1995] von dem Zufluss externen und gegebenenfalls regional zur Verfügung stehenden Wissens besonders profitieren sollte [Koschatzky & Sternberg, 2000]. Zu beachten wird dabei aber auch das Argument von Koschatzky [1997a] sein, wonach bisweilen „interne Betriebscharakteristika einen stärkeren Einfluß auf Produkt- und Prozeßinnovationen ausüben als betriebsexterne Faktoren" (S. 108).

Als direkter Gegenstand von Untersuchungen ihres Innovationsverhaltens stellen Kleinunternehmen bisher neben ihrer Betrachtung in oft aggregierten und alle Betriebsgrößen untersuchenden Arbeiten eine eher selten zielgerichtet betrachtete Gruppe dar [Acs & Audretsch, 1992], die in aggregierten Untersuchungen zudem oft unterrepräsentiert ist [Backhaus & Seidel, 1997]. Teilweise liefern beispielsweise die Beiträge von Scheidt [1995] sowie von Gelshorn et al. [1991] wertvolle Erkenntnisse, während andere Disziplinen wie die Industriesoziologie [vgl. Hilbert & Sperling, 1990; Leicht, 1994; die Beiträge bei Bögenhold, 2000] oder Teilbereiche der Volkswirtschaft [Clemens et al., 1997; Hauser, 2000] mehr auf die Untersuchung nicht originär innovations-orientierter Handlungs-, Organisations- und Entwicklungsmuster kleiner Unternehmen fokussieren. Eine besondere Aufmerksamkeit richtet sich in der jüngsten Diskussion auf die Untersuchung junger - und somit kleiner – Unternehmen [Pleschak, 1994, Pleschak et al., 1994; Pfirrmann, 1998; Kay et al., 2001], die im Falle von Gründungen aus Hochschulen oft Technologie-orientiert arbeiten [Klandt et al., 2000; Lilischkis, 2001, zur Gründungsforschung Schmude & Sternberg, 2000; Sternberg, 2000a]. Zu bedenken sei jedoch nach ZEW et al. [2001], dass deren geringe Bedeutung als Transferkanal im offensichtlichen Gegensatz zu der ihnen gewidmeten hohen Aufmerksamkeit in der öffentlichen Diskussion stehe. Wie bereits beschrieben, handelt es sich bei derartigen technologieorientierten Gründungen allerdings gleichzeitig um vorwiegend in urbanen, agglomerierten Regionen ablaufende Vorgänge, die wiederum nicht für sog. Normalregionen als typisch angesehen werden können.

Gerade das spezifische Innovationsverhalten in peripherer Lage gelegener, kleiner und bereits lange am Markt agierender Betriebe in ihrer Zusammenarbeit mit Hochschulen und Intermediären dagegen war bisher noch nicht Gegenstand ausführlicher Betrachtungen und soll in dieser Arbeit in der Rückbindung auf regionale Kontexte näher untersucht werden. So kann ggf. auch ein Beitrag geleistet werden zu einigen Aspekten der von Schasse [1998] aufgeworfenen Frage: „Wissen wir denn eigentlich, wieviele, warum und auf welche Weise kleinere Unternehmen FuE-Kooperationen mit öffentlichen Forschungseinrichtungen eingehen?“ (S. 36)

Auf der Basis einer Literaturauswertung von wissenschaftlichen Betrachtungen des Innovations- und Kooperationsverhaltens kleiner Unternehmen, deren regionaler Einbindung in Innovationssysteme und der Rahmenbedingungen für Wissens- und Technologietransfer sollen in der hier vorliegenden Untersuchung empirische Befunde aus 268 Beratungsprojekten dargestellt werden, die mit dem Ziel komplementärer Vermittlungen zwischen KMU und Hochschuleinrichtungen durchgeführt wurden. Die Datenlage ermöglicht eine Analyse vielfältiger Parameter der Vermittlung. Daneben wird versucht, auf der mikroökonomischen Ebene unternehmensbezogene Charakteristika zu identifizieren und die Beziehungen der vermittelten Unternehmen zu Partnern unterschiedlicher Bereiche des politisch-administrativen Umfeldes zu beschreiben. Abhängigkeiten und Interdependenzen zwischen Akteuren und Einflussfaktoren sollen betrachtet werden.

Folgende forschungsleitenden Fragen ergeben sich vor dem Hintergrund der Debatte um Bestimmungsfaktoren regionaler Innovationssysteme:

- Wie sind kleine Unternehmen charakterisiert und wo stellen sich diesen besondere Restriktionen dar?
- Welche Möglichkeiten zur Überwindung derartiger Restriktionen bestehen – insbesondere unter Einbezug öffentlicher Akteure?
- Inwiefern profitieren Kleinbetriebe von aktiver Vermittlung im Wissens- und Technologietransfer bei der Suche nach Partnern aus Bereichen der Wissenschaft sowie bei der Durchführung von Kooperationsprojekten?
- Inwiefern sind bei derartigen Vermittlungen regional ausgerichtete Bezugssysteme bedeutend?
- Wie gestaltet sich in diesem Zusammenhang die Einbindung von Unternehmen in bestehende regionale und politisch-administrative Innovationsnetzwerke?
- Inwiefern unterliegen Innovationsprojekte kleiner Unternehmen und somit auch deren (ggf. dann regionalen) Kooperationsabsichten einer strategischen Planung, die sie die regionalen Angebote auch gezielt nutzen lässt, wobei Organisationsformen, Größen- und Entscheidungsstrukturen und auch Persönlichkeitsmerkmale, Präferenzen und Erfahrungshintergründe der Entscheider zu hinterfragen sind?
- Können durch Vermittlung und aktive Vernetzung intra-regionale Potenziale erschlossen und tacides Wissen zugänglich gemacht werden und lässt sich somit den Unternehmen der Zugang zum regionalen Innovationssystem erleichtern?

Die empirischen Daten der zur Annäherung an diese Fragen untersuchten Fallstudie stützen sich räumlich auf den niedersächsischen Landkreis Diepholz, einer sog. Normalregion [Krumbein et al., 1994], die nach der aktuellen Systematik des Bundesamtes für Bauwesen und Raumordnung als siedlungsstruktureller Kreis vom Typ „Ländliche Kreise" klassifiziert und dem Regionstyp „Agglomerationsräume mit herausragenden Zentren" zugeordnet ist. Aufgrund der Funktionalstruktur im produzierenden Gewerbe kann in Ansätzen von einem altindustrialisierten Verdichtungsraum gesprochen werden, der durch seine Nähe zu der

Stadt Bremen in einem heterogenen Gefüge gleichzeitig agglomerationsbeeinflusste sowie in hohem Maße periphere, stark agrarisch geprägte Gebiete beinhaltet [BBR, 2001]. Gerade dieser Umstand der relativen Ferne von Agglomerationsräumen wird in der Bewertung bzw. Unterscheidung zu vielen Untersuchungen in verdichteten Räumen noch näher zu betrachten sein.

Die Basis der verwendeten Daten bildet ein Beobachtungszeitraum von ca. vier Jahren, während dessen über einen Intermediär Vermittlungen zwischen Unternehmen und Hochschulen sowie zu weiteren relevanten Akteuren politisch-administrativer Bereiche durchgeführt wurden. Die zu beobachtenden Ergebnisse der vor allem in kleinen Unternehmen durchgeführten Beratungsprojekte sollen an der Diskussion regionaler Innovationssysteme gespiegelt werden. Zugleich wird die intensive Debatte zur Lage des Wissens- und Technologietransfers in Deutschland aufgenommen und versucht, an dieser die Erkenntnisse aus der Arbeit mit vorwiegend kleinen Unternehmen abzugleichen. Gerade im Licht der These mangelnder Transfervoraussetzungen bei Technologieproduzenten und –nachfragern gleichermaßen [Reinhard & Schmalholz, 1996] sowie der spezifischen Organisations- und Handlungsmuster kleiner Unternehmen [Khan & Manopichetwattana, 1989; Gelshorn et al., 1991; Scheidt, 1995; Geschka, 1999] können die empirischen Daten hilfreiche Aussagen in die Diskussion einbringen, zumal sie mikroökonomisch orientierte Informationen über die jeweilige Situation der Unternehmen mit Informationen über die regionale Transferfähigkeit und -realität verbinden. Erkenntnisse über den Grad der Einbindung in die unterschiedlich ausgerichteten Netzwerke der Transferlandschaft und des politisch-administrativen Bereiches werden gewonnen.

Um sich den aufgeworfenen Fragestellungen zu nähern, werden in Kapitel 3 zuerst die bestehenden Rahmenbedingungen des institutionalisierten Wissens- und Technologietransfers untersucht. Dabei wird einführend eine Beschreibung der Entwicklung der vergangenen Jahre gegeben. Daran schließt sich eine Betrachtung der aktuellen Rahmenbedingungen auf europäischer, bundesdeutscher und niedersächsischer Ebene an. Gerade für den Bereich des nordwestlichen Niedersachsens - in Verbindung auch mit den Bestrebungen einer Zusammenarbeit mit dem Land Bremen - werden verschiedene regional orientierte Ansätze für Technologie- und Wissenstransfer und damit einhergehende Überlegungen zur Bildung von Netzwerken beschrieben.

Kapitel 4 widmet sich umfangreichen empirischen Untersuchungen regionalökonomischer Zusammenhänge, von denen offenkundig vor allem kleinere Betriebe profitieren. So wird auf die Betrachtung der Kooperationsrealität und –fähigkeit von Unternehmen ein besonderes Augenmerk gelegt und dabei auch deren Verhalten in der Zusammenarbeit mit Hochschulen betrachtet. Die allgemeine Innovationsfähigkeit kleiner Unternehmen in ihrer Abhängigkeit von verschiedenen Persönlichkeitsmerkmalen des Unternehmers steht des weiteren im Fokus der Darstellung. Das Kapitel wird abgeschlossen mit einem Zwischenfazit, welches den aktuellen Stand der Forschung umreißt und damit den theoretischen Teil der Arbeit zusammenfasst. Der Rahmen für die empirische Analyse und somit der Gang der Untersuchung werden dort in einem Schema zusammengefasst.

Die aufgeworfenen Forschungsfragen sollen im empirischen Teil der Arbeit für den Beispiel-Raum des niedersächsischen Landkreises Diepholz als Case-Study untersucht werden. Kapitel 5 beschreibt diesen Raum anhand verschiedener raumstruktureller Daten und nimmt eine Darstellung sektoraler Strukturen sowie einiger Kennzahlen des FuE-In- und Outputs vor. Die in dem Landkreis durchgeführten Vermittlungen als Basis der empirisch gewonnenen Daten sowie die Vorgehensweise bei der Zusammenstellung der Daten werden beschrieben.

Kapitel 6 dient der umfangreichen Auswertung der empirischen Daten der Case Study, die aus einem vierjährigen Zeitraum regional orientierter Wissens- und Technologietransferberatungen in vorwiegend kleinen Unternehmen gewonnen wurden. Neben der Charakterisierung der Unternehmensstichprobe erfolgt die Ermittlung von Abhängigkeiten zwischen verschiedenen mikroökonomischen Faktoren, dem Vermittlungs- und Kooperationserfolg sowie räumlich determinierter Einflüsse. Besondere Beachtung wird dabei den beteiligten Partnern aus Hochschulen und Netzwerkeinrichtungen sowie dem spezifischen Verhalten der angesprochenen Kleinunternehmen geschenkt. Ebenso erfolgt eine Betrachtung der Rolle von Netzwerkmoderatoren.

Kapitel 7 fasst die Ergebnisse der Arbeit zusammen. Ein Fazit bilanziert die gewonnen Erkenntnisse regionaler Vermittlungstätigkeit zur Innovations-Unterstützung kleiner Unternehmen und führt die Ergebnisse mit dem Stand der wissenschaftlichen Diskussion zusammen. Das am Ende des vierten Kapitels aufgeworfene Fragenset wird aufgegriffen und an den Ergebnissen der Fallstudie gespiegelt.

Kapitel 8 zeigt im Rahmen der Schlussfolgerungen am Beispiel der Untersuchungsregion auf, welche Implikationen sich aus den Ergebnissen für die Innovationsfähigkeit von Regionen ergeben können.

Schließlich werden in einem Ausblick in Kapitel 9 weitergehende Diskussionslinien aufgezeigt, die im Rahmen dieser Arbeit nicht intensiver beleuchtet werden und die als offener Forschungsbedarf verbleiben.

II. AUSGANGSLAGE UND THEORETISCHE GRUNDLAGEN

3 Wissens- und Technologietransfer und Innovationsförderung

3.1 Entwicklungen im Bereich des Wissens- und Technologietransfers

Kleine Unternehmen unterliegen Restriktionen, die vor allem in deren mangelnden Ressourcen begründet sind. Bereits Strebel [1978] konstatiert diesen Umstand. Nicht ausreichendes und für das notwendige Innovationsmanagement unzureichend geschultes Personal, Finanzrestriktionen oder mangelnde Marktkompetenz führen zu Informations- und Organisationsdefiziten [Schmoch et al., 2000; ZEW et al., 2001; Rehfeld, 1995; Gelshorn et al., 1991; s.a. Kapitel 4].

Neben der seitdem umfangreich angebotenen Unterstützung und Information im Bereich des Managementes vor allem auch kleiner Unternehmen stellt die Verfügbarkeit von Wissen, das an Hochschulen und Forschungseinrichtungen generiert wird, einen wichtigen Faktor zur Unterstützung dieser Unternehmen in ihrer Innovationsfähigkeit dar. Wissens- und Technologietransfer übernimmt dabei eine wichtige Schnittstellenfunktion. Seit ungefähr 1975 wurde in der Bundesrepublik intensiv über Möglichkeiten des Technologietransfers diskutiert (s. dazu überblicksartig Staudt et al. [1980] sowie Staudt [1980]). Dabei ging man vorwiegend von einem linearen Modell aus, das die Hochschulen als Ort der Inventionen sah, welche über einen Diffusionsprozess zu Unternehmen vermittelt werden sollten um dort als Innovationen in den Markt eingeführt zu werden. Verfeinerte Ansichten zu Market pull und Technology push sowie sich gegenseitig bedingenden Prozessen im Innovationsgeschehen wurden später im Rahmen der sich intensivierenden Innovationsforschung erarbeitet, was auch zu erweiterten Ansätzen im Verständnis des Transfers führte.

Entsprechend ging man in der Anfangszeit der spezifischen Technologietransfereinrichtungen von einem idealtypischen Vermittler aus, der die Sphäre der Erfindungen (Hochschulen) mit der Sphäre der Innovation (Unternehmen) verbinden sollte. Ergänzend wurden weitere Themenschwerpunkte definiert. So ergibt sich beispielsweise für das Land Niedersachsen auf der Grundlage eines entsprechenden Erlasses für die Hochschulen aus dem Jahr 1985 folgendes Aufgabenspektrum [Ertel, 1987; Wiegmann & Ermert, 1998]:

- Informations- und Dokumentationsaufgaben: Das Beratungspotenzial der Hochschulen sollte erfasst und dokumentiert werden, es sollte eine Verschlagwortung und damit die Grundlage für eine Datenbank geschaffen werden und es sollten geeignete Informationsmaterialien erstellt werden.
- Kooperationsfunktion: Eine Zusammenarbeit mit den weiteren zu der Zeit bestehenden Innovationsberatungsstellen wurde gefordert.
- Akquisitionsaufgaben: Dieser Bereich stellte sich relativ vielschichtig dar mit der Betreuung von Messen und Ausstellungen, der Mithilfe bei der Gründung technologieorientierter Unternehmen sowie bei der Unterstützung von Wissenschaftlern mit transferierbaren Ideen bei der Findung von Kooperationspartnern.

Ertel [1987] stellt fest, dass bereits mit dem heterogenen Aufgabengebiet eine Durchbrechung eines eindeutigen Anbieter-Nachfrager-Modells auf der Anbieterseite geschah.

Das damals für Niedersachsen formulierte Anforderungsprofil hat sich durch die Tätigkeit der Transferverantwortlichen im Prinzip mit nur leichten Modifikationen hindurchgezogen. Reinhard & Schmalholz [1996] fügen in ihrer bundesweiten Analyse des Technologietransfers als weiteres Aufgabengebiet des Hochschultransfers den Personaltransfer hinzu und erweitern das Spektrum unter anderem um die Bereiche der Qualifizierung und des Projektmanagements. Wiegmann & Ermert [1998] ergänzen die Unterstützung bei Anmeldungen und Vermarktungen von Hochschulpatenten.

Technologietransfer zwischen Hochschulen und Unternehmen stellt dabei einen Baustein innerhalb der in allen Bundesländern nahezu parallel angelegten Ziele der Innovationspolitik dar. Forschungsnahe Technologiemittler werden ergänzt durch wirtschaftsnahe (Kammereinrichtungen) und sog. eigenständige Technologiemittler (Transferagenturen und -netzwerke, Informationsvermittlungsstellen, Technologie- und Gründerzentren) [Reinhard & Schmalholz, 1996].

Für Niedersachsen geben Legler & Schasse [1999a] einen Überblick über das Netzwerk der Arbeitsgemeinschaft der niedersächsischen Technologiemittler und Innovationsförderer (AGTIF, vgl. NATI [2000]) und rechnen für das Jahr

1998 auf alle Mitgliedseinrichtungen dieses Netzwerkes eine Zahl von 220 Personen hoch, die „in Mittler-, Ausbildungs- oder Beratungseinrichtungen mit Fragen des Technologietransfers und der Innovationsberatung befaßt" [Legler & Schasse, 1999a, S. 17] waren. Davon entfielen 60 Personen auf den Bereich der Transferstellen der Hochschulen, 35 auf Technologiezentren und 30 auf den Bereich der Kammern. Der Rest verteilt sich auf Forschungseinrichtungen und auf sonstige (spezifische) Mittlereinrichtungen. Es wird allerdings auf die Beschränktheit der Aussagekraft dieser Angaben hingewiesen, die nicht weiter zwischen Voll- und Teilzeitbeschäftigten unterscheide und keine detailliertere Untersuchung der Organisationsstruktur in außeruniversitären Forschungseinrichtungen zu Grunde liegen habe. Zudem zeigen die Befragungsergebnisse auf, dass nicht immer die volle Arbeitszeit für den Bereich des Technologietransfers verwandt wird. Während bei Mittlern eine relativ hohe Konzentration auf diesem Bereich liegt, verfolgen insbesondere in den Forschungseinrichtungen vergleichsweise viele Beschäftigte mit relativ geringer Intensität Aufgaben des Technologietransfers.

Strukturelle Unterschiede bestehen auch in den Qualifikationsspektren. So bestehen im Prinzip zwei Gruppen. Die „Generalisten" decken hohe Breiten an Wissen in geringerer Tiefe ab und sind eher in den Bereichen der Mittlereinrichtungen zu finden, während „Spezialisten" ein schmales inhaltliches Spektrum in der Tiefe beherrschen und eher an Forschungseinrichtungen und Fachinstituten zu finden sind.

Diese Qualifikationsspektren weisen auch hin auf die zu beratende Klientel der Einrichtungen. So stellen Klein- und Mittelunternehmen die eigentliche Zielgruppe der Bemühungen landeseigener Forschungs- und Technologiepolitiken dar [Legler & Schasse 1999b]. Die Mittlereinrichtungen in Niedersachsen gaben in der von Legler & Schasse [1999a] durchgeführten Befragung an, dass es sich bei ihren Unternehmenskontakten zu 81 % um KMU handelte, die zu 66 % aus dem Bereich des produzierenden Gewerbes und zu 95 % aus Niedersachsen stammten. Die Notwendigkeit einer generalisierenderen Beratung und „Weitervermittlung" kann bei der Breite eines solchen Spektrums an KMU erwartet werden.

Mit ansteigender Größe kooperieren Unternehmen direkt mit den für sie geeignet erscheinenden Forschungseinrichtungen oder Fachinstituten und verzichten zunehmend auf die Einschaltung von Mittlereinrichtungen [Reinhard & Schmalholz, 1996]. Entsprechend sind dort die für den Technologietransfer zuständigen Ansprechpartner in stärkerem Ausmaß auf Fachgebiete spezialisiert.

Zur Kooperationsaktivität der niedersächsischen Forschungseinrichtungen stellen Legler & Schasse [1999a] fest, dass diese mit 65 % vergleichsweise weniger KMU in ihrer Klientel besitzen, die auch nur zu 39 % aus Niedersachsen stammen. Technologietransfer in die Region könne nicht als die primäre Aufgabe dieser Einrichtungen gesehen werden.

Die Autoren konstatieren mit Blick auf den Austausch von tacidem Wissen die besondere Bedeutung direkter und informeller Beziehungen für einen erfolgreichen Technologietransfer [Beise et al., 1995] und geben unter Bezug auf Veröffentlichungen zu dem Mannheimer Innovationspanel sowie zu dem Hannoveraner Firmenpanel einen zusammenfassenden Überblick über das FuE-Verhalten kleiner und mittlerer Unternehmen in Niedersachsen.

So hätte rund ein Drittel der niedersächsischen Betriebe – und hier im Schwerpunkt solche mit weniger als 50 Beschäftigten – im dreijährigen Untersuchungszeitraum keine Innovationen durchgeführt und komme in dieser Situation für Technologietransfer vermutlich überhaupt nicht in Betracht [Schasse, 1998].

Übereinstimmend mit anderen Untersuchungen [z.B. Staudt et al., 1992] zeige sich auch für niedersächsische Betriebe ein Anstieg der FuE-Aktivitäten mit zunehmender Unternehmensgröße. Kleinbetriebe mit weniger als 20 Beschäftigten engagierten sich im Jahr 1997 zu 10 % in FuE, Betriebe mit 10 – 49 Beschäftigten zu 33 % und Betriebe mit 50 – 250 Beschäftigten zu 60 % [Schasse, 1998, s. auch Kapitel 4].

Nach Aussagen von Beise et al. [1995] könne der Anteil der innovierenden KMU, die mit geeigneten Maßnahmen für eine Zusammenarbeit mit Hochschulen gewonnen werden könnten, branchenabhängig auf 30 – 60 % geschätzt werden, wobei rückläufige Tendenzen auszumachen seien: „Der Anteil der Auftragsmittel für Hochschulen und Forschungsinstitute an allen externen FuE-Aufwendungen der Unternehmen lag 1995 noch bei 22 vH, er dürfte inzwischen unter 20 vH liegen. Dies sind rund 3 vH aller FuE-Aufwendungen aller deutschen Unternehmen“ [Legler & Schasse, 1999a, S. 56].

Bezogen auf ganz Deutschland hätten KMU im Jahr 1996 nur 5 % ihrer Innovationsaufwendungen für an Dritte vergebene Forschungsaufträge und rund 2 %

für extern erworbenes Wissen ausgegeben [Beise & Ebling, 1998, zitiert nach Legler & Schasse, 1999a].

Knapp 9 % der zwischen 1993 und 1996 durchgeführten Produkt- und Prozessinnovationen profitierten eindeutig von Forschungsergebnissen, wobei mit solchen Produkten, die nur mit Hilfe öffentlicher Forschung zustande kamen, im Jahr 1995 nur 5 % des Umsatzes gemacht wurden [Beise & Stahl, 1998, zitiert nach Legler & Schasse, 1999a].

Aus diesen Aussagen leiten die Autoren ab, dass die Meßlatte für die Aktivitäten von Technologietransferverantwortlichen nicht zu hoch gehängt werden dürfe, da die tatsächlichen Transferleistungen immer nur komplementär zu den entsprechenden FuE-Aktivitäten in der Wirtschaft erbracht werden könnten. Andererseits lässt sich ein bedeutendes Potenzial für das Wirken öffentlicher Akteure erkennen, wenn es gelingt, die Betriebe für das in den Hochschulen entwickelte bzw. zu entwickelnde Know-how zu öffnen.

Freilich sind für einen optimierten Transfer verschiedene Problemfelder zu überwinden. Ob insbesondere für KMU das „Not-invented-here-Syndrom" [Reinhard & Schmalholz, 1996] eine Rolle spielt, wird in dieser Arbeit nicht weiter überprüft werden können. Sicherlich größere Bedeutung ist der mangelnden Adaptionsfähigkeit kleiner und mittlerer Unternehmen für Technologien aus Hochschulen sowie für die Integration der Wissensträger zuzuschreiben. Zur Behebung dieses Mankos fordern Legler & Schasse [1999a] als ersten Schritt einen intensiven Personaltransfer. Dadurch würde den Betrieben aufgrund des Zuflusses innovationsrelevanten Know-hows die Möglichkeit zur Reduzierung von Innovationshemmnissen sowie zur Senkung innovations-immanenter Unsicherheiten eröffnet. Tromsdorff et al. [1991] sowie Schmalholz & Reinhard [1996] und ZEW et al. [2001] benennen verallgemeinernd als Hemmnis für Innovationen das in Kleinunternehmen oftmals fehlende Innovationsmanagement.

Legler & Schasse [1999a] identifizieren weitergehend in Anlehnung an Beise et al. [1995] sog. Kooperations-„Insider" und -„Outsider". Erstere verfügten bereits über Erfahrungen in der Zusammenarbeit mit dem Wissenschaftsbetrieb und in der Nutzung von Transfer- und Beratungseinrichtungen. Letztere wiesen demgegenüber zumindest grundsätzlich die Voraussetzungen für eine Zusammenarbeit auf und zeigten auch entsprechendes Interesse. Allerdings sei insbesondere von Beise et al. [1995] darauf hingewiesen worden, dass bei der ersten

Kontaktaufnahme Unsicherheiten bezüglich des Ablaufes und der Erfolgschancen einer Hochschulkooperation bestünden, da diese u.a. aufgrund mangelnden Vertrauens als risikobehaftet empfunden würden. Insbesondere hier böte sich ein geeignetes Aktionsfeld zur Schaffung von Transparenz durch die Vermittlung entscheidender und für das Zustande Kommen von Kooperationen kritischer Informationen. Transfer und Beratung könnten zu einer Verstetigung der Innovationsprozesse beitragen, indem sie Marktunsicherheiten und Umsetzungsprobleme reduzierten.

Analysen zum Innovationsverhalten von KMU zeigen, dass Wissens- und Technologietransfer nicht durch ausschließlich angebotsorientierte Maßnahmen zu erreichen ist [Beise et al., 1995]. Vielmehr sei ein Ansatz zu finden, bei dem die Vielfalt des Transferangebotes in einer kontinuierlichen Kommunikation zwischen Wirtschaft und Wissenschaft unter Einsatz möglichst flexibler Formen der Zusammenarbeit vermittelt werden kann. Persönliche Kommunikation, flexibles Reagieren auf die Anforderungen im Vermittlungsprozess sowie die Unterstützung der Unternehmen bei deren eigener Organisation der Transferbedürfnisse würden gerade durch kleine und mittlere Unternehmen erwartet.

Auch wenn durch Fritsch & Schwirten [1998] durch Wissens- und Technologietransfereinrichtungen angebahnte Kontaktvermittlungen zwischen Wirtschaft und Wissenschaft mit einem Anteil von 4 % als auf sehr niedrigem Level liegend beschrieben werden, so weisen Schmoch et al. [2000] darauf hin, dass trotz der auf den ersten Blick unbedeutenden Rolle der Wissenschaft als Innovationsquelle deren Bedeutung für den Erfolg unternehmerischer Innovationsanstrengungen insgesamt erheblich sei.

3.2 Politische Rahmenbedingungen

3.2.1 Europäische Innovationspolitik

Mitte der 90er Jahre unternahm die Europäische Kommission vielfältige Anstrengungen zur intensivierten und koordinierten Förderung von Innnovationen. Zu diesem Zwecke wurden umfangreiche Ergebnisse des Community Innovation Survey (C.I.S.) innerhalb eines sog. European Innovation Monitoring Systems (EIMS) [u.a. Bosworth et al., 1996] ausgewertet. Die Auswertungen flossen in das Grünbuch zur Innovation [Europäische Kommission, 1996] ein und legten die Basis für programmatische Aussagen. Gleichzeitig sollte mit dem Programm „Innovation“ eine Stimulierung der Innovationskraft innerhalb der

Gemeinschaft erreicht werden. Die aufgestellten Forderungen wurden in der Folge in dem weiterführenden sog. ersten Aktionsplan für Innovation in Europa [Europäische Kommission, 1997] aufgenommen, der auf die Erarbeitung des fünften Forschungsrahmenplanes zielte und die Einbeziehung der KMU-orientierten Forschung innerhalb der EU verbessern helfen sollte.

Fünf Handlungsfelder wurden identifiziert:

- Stärkere Ausrichtung der Forschung auf Innovationen, z.B. durch Fokussierung auf potenzielle Märkte mittels Verbreiterung der Basis an Wirtschaftsinformationen,
- Stärkung der menschlichen Ressourcen durch Weiterbildung und Förderung der Mobilität,
- Verbesserung der Finanzierungsbedingungen,
- Optimierung des rechtlichen und administrativen Rahmens sowie
- Verwaltungsvereinfachung, Verbesserung der Koordination und unternehmensnahes Verwaltungshandeln.

Aufgrund der spezifischen Eigenschaften kleiner und mittlerer Unternehmen sollten diese auf lokaler und regionaler Ebene verstärkt unterstützt werden [Europäische Kommission, 1996]. Aus Gründen der oftmals verbesserungswürdigen Managementstrukturen in KMU, wegen des schwierigeren Zugangs zu Informationen sowie wegen des beobachteten zögerlichen Verhaltens bei der eigenständigen Aufnahme von Kontakten zu den in großer Vielfalt bestehenden Mittlereinrichtungen stehe insbesondere die Stärkung der Aufnahmefähigkeiten neuer Technologien im Mittelpunkt der Politik gegenüber Betrieben kleinerer Größe. Es sollte den KMU der Zugang zu Fördermaßnahmen sowie zu externer Kompetenz vereinfacht werden, zumal zwischen 60 – 80 % der Betriebe von Unterstützungsleistungen ausgeschlossen blieben. Ein besonderes Interesse sollte sich zudem auf die sog. Kleinstunternehmen (Mikrounternehmen) mit weniger als zehn Beschäftigten richten. Gerade auf regionaler Ebene könnten diese Zielgruppen aufgrund der räumlichen Nähe in vertrautem Umfeld gut erreicht werden.

In der sog. Aktionslinie 12 [Europäische Kommission, 1995] wird zur Innovationsförderung in Unternehmen die Bildung technologischer oder sektoraler Cluster vorgeschlagen, die internationale Ausrichtung sei auszubauen und Instrumente zur Aufklärung des Bedarfs der Unternehmen seien einzurichten. Zur

Verbesserung des Wissens- und Technologietransfers werden die Verstärkung der Zusammenarbeit zwischen Wirtschaft und Wissenschaft, der Zugang zu Informationen, die Erleichterung des Dialogs zwischen lokalen Partnern sowie die Vernetzung und Rationalisierung der Unterstützungsstrukturen in Form von Technologieverbreitungsnetzen gefordert.

Und in dem sog. Ersten Aktionsplan [Europäische Kommission, 1997] wird ferner auf die Vielzahl der weiteren Gemeinschaftsinstrumente verwiesen, mit deren Hilfe Innovationen stimuliert bzw. indirekt unterstützt werden sollten. Explizit genannt werden die Strukturfonds, Maßnahmen gemäß Artikel 10 des EFRE sowie Initiativen wie KMU, ADAPT und LEADER.

Um strukturschwache Regionen in ihrem Innovationsverhalten auch mit Hinblick auf die angestrebte Kohäsion zu stützen, fördert die Europäische Union im Rahmen ihrer Richtlinien [vgl. Landabaso et al., 2001] sog. Regionale Innovationsstrategien (RIS) bzw. Regionale Innovations- und Technologietransferstrategien (RITTS) [vgl. Musyck, 1999, Zenker, 2001]. Da gerade kleine Unternehmen wichtige ökonomische Größen in peripheren Regionen darstellten, gleichzeitig allerdings nur erschwerte Zugangsbedingungen zu überregionalen Netzwerken sowie unterdurchschnittliche Anzahlen an Kooperationsbeziehungen besäßen, sollen die genannten Strategien gerade diese Zugänge ermöglichen [Koschatzky & Gundrum, 1997; Koschatzky & Sternberg, 2000]. Insbesondere die Stärkung der Kooperationsfähigkeit mit Forschungseinrichtungen sowie die Verbesserung des Zugangs zu diesen stehe für kleine Unternehmen im Vordergrund. Netzwerkbildung im Sinne von lernenden Regionen soll zu einer Stärkung der Innovationskraft beitragen [Landabaso et al., 2001], die neben der intensiveren Verflechtung der Beziehungen von Unternehmen mit Unternehmen insbesondere durch die Optimierung des Transfers von Know-how-Quellen wie Hochschulen und wissensintensiven Dienstleistern zu Unternehmen geleistet werden soll.

Unter vergleichbarer Begründung waren kleine und mittlere Unternehmen gerade der Hochtechnologiebranchen im Rahmen des sog. TSER-Netzwerks der Gegenstand von Untersuchungen, die deren Netzwerkbildung, sog. kollektive Lernprozesse und deren Forschungs- und Entwicklungstätigkeit in regionalen Clustern im Zeitraum 1996 bis 1999 betrachteten [Lawson & Lorenz, 1999] und deren Ergebnisse in die oben beschriebenen Politikansätze der EU zurückwirkten.

Im Rahmen des durch das fünfte Forschungsrahmenprogramm initiierten Forschungsschwerpunktes PAXIS formierte sich u. a. das Technologietransfernetzwerk BESTCOIN, das Technologietransfer und andere best-praxis-Methoden bei der Kooperation zwischen Forschungseinrichtungen und KMU zu identifizieren sucht. Ein wesentliches und sehr konkret dargestelltes Ergebnis einer Befragung ist, dass Transferverantwortliche selbst eine Schar von Qualifikationen in ihrer Person vereinen müssen, um allen Anforderungen an ihre vielfältige Arbeit gerecht zu werden. Es zeichnet sich eine Einteilung in folgende fünf Anforderungskategorien ab:

- professional skills,
- management skills,
- analytical skills,
- social and communication skills,
- knwoledge about framework conditions [Diebler & Deitmer, 2001].

In einer dort aufgeführten, näheren Spezifizierung konstruiert sich so ein nahezu ideales Profil, dessen Anforderungen in der geforderten Breite kaum durch einzelne Personen in der geforderten Gesamtheit und somit ggf. auch nur innerhalb von Institutionen abgedeckt werden kann. Die hier – als Ergebnisse eines europäischen Forschungsprojektes – aufgezeigten Anfordernisse spannen den Bogen zu der im folgenden dargestellten Entwicklung von Diskussionslinien zum Technologietransfer in Deutschland.

3.2.2 Die Technologietransferdiskussion in Deutschland

In Westdeutschland setzte zu Beginn der Achtziger Jahre die Etablierung breit gestreuter Technologietransferaktivitäten ein. Begleitend begann die Innovationsforschung umfangreiche Analysen der Bedarfe und Potenziale sowie der Wirkungen und Effekte eines organisierten Wissens- und Technologietransfers. Das damalige Bundesministerium für Bildung und Wissenschaft unterstützte umfangreiche Auswertungen, von denen hier Allesch et al. [1988] exemplarisch genannt werden sollen. Die Autoren liefern einen umfangreichen Überblick über den seinerzeitigen Stand der Diskussion. Sie verweisen vor dem Hintergrund der bestehenden Transferlandschaft bereits auf ein dreigliedriges Entwicklungsmodell, das

- auf institutionelle Kontakte zwischen Hochschulen und Wissenschaft mittels Wissens- und Technologietransferstellen,
- auf direkte Kooperationen durch sog. angelagerte Institute sowie
- auf Kooperationen über externe Transferagenturen

setzte.

Dabei komme den Hochschul-Transfereinrichtungen eine Art „Schaufenster"- und Kontaktfunktion im vorwettbewerblichen Bereich zu. An den Instituten sollte in den jeweiligen Forschungsschwerpunkten angewandte und industrienahe Forschung in direkter Zusammenarbeit mit Unternehmen durchgeführt werden. Wirtschaftsnaher Wissens- und Technologietransfer mit regionalwirtschaftlicher Orientierung sollte in externe Transfereinrichtungen ausgelagert werden, welche für die Technologieabnehmer in der Region die Kontakte zu den potenziellen Technologiegebern vermitteln sollten.

Insbesondere das gegenseitige Vermitteln dieser letztgenannten Partner innerhalb regionaler Kontexte ziele auf kleine und mittlere Unternehmen ab und stelle eine Zielsetzung regionaler Wirtschaftsförderung dar. Vorteile ergäben sich u.a. in der engen Einbindung in Maßnahmen der innovationsorientierten Regionalpolitik.

Im Gegensatz zur Angebotsorientierung der Transferstellen selbst könnten externe Transfereinrichtungen nachfrageorientiert arbeiten und komplementär zu dem gesamten Leistungsspektren der Hochschultransferstellen zielgerichtete Diffusionsprozesse unterstützen.

Grabow et al. [1990] stellten in einer Befragung lokaler Akteure in etwa zeitgleich fest, dass im Rahmen lokaler Innovations- und Technologiepolitik innovationsbezogene Strukturmerkmale als nicht ausreichend betrachtet wurden. So gaben die von den Autoren Befragten an, dass neben anderen Standortfaktoren auch Forschung und Entwicklung in Instituten und Betrieben sowie Technologietransfer und Beratung ihrer Meinung nach unzureichend seien. Gerade die u.a. befragte Gruppe der Landkreise sah bei diesen genannten Strukturmerkmalen besonders große Defizite, was erneut auf Diskrepanzen zwischen peripheren Gebieten und agglomerierten Räumen hindeutet.

Die ersten Erkenntnisse aus der intensiven Diskussion zum Technologietransfer führten zu umfangreichen empirischen Untersuchungsansätzen, die zu einer

Verbreiterung der der Diskussion zu Grunde liegenden Datenbasis entscheidend beitrugen. Einerseits sind hier der ifo Konjunkturtest sowie der ifo Innovationstest zu nennen, die als regelmäßige Umfragen u.a. den Umfang und die Rahmenbedingungen für unternehmerische Innovationstätigkeit untersuchen. Eine umfangreiche Darstellung und Analyse der Ergebnisse findet sich bei Penzkofer & Schmalholz [1994, 1999]. Vergleichbare Zielsetzungen liegen dem Mannheimer Innovationspanel (MIP) zu Grunde, auf dessen Basis u.a. eine ausführliche Auswertung der Transferlandschaft in Baden-Württemberg entstand [Beise et al., 1995]. Die Ergebnisse und viele in dieser Arbeit enthaltene Erklärungsansätze können zugleich zur Erhellung des Transfer- und Kooperationsverhaltens in anderen Teilen Deutschlands herangezogen werden, wenn man voraussetzt, dass man sich im Prinzip in einem gleich gearteten Innovationssystem bewegt [vgl. Koschatzky, 2000a]. Eine dritte Quelle empirisch gewonnener Daten stellen die regelmäßig herausgegebenen Berichte der Wissenschaftsstatistik GmbH im Stifterverband für die Deutsche Wirtschaft dar [z. B. Stifterverband 1999]. Schließlich erhob auch das sog. Hannoveraner Firmenpanel Daten zum Innovationsverhalten von Unternehmen [Klodt, 1998; Schasse, 1998], die weitgehende Auswertungen zuließen.

Unter dem Eindruck der sich recht breit ergebenden Datenlage verstetigte sich die Diskussion um Technologietransfer gerade auch auf der Argumentationslinie des bereits mehrfach angeführten Beitrages von Reinhard & Schmalholz [1996]. Die Autoren untersuchten sowohl die Nachfrager- als auch die Anbieterseite neuer Technologien. Auf der Nachfragerseite kamen u.a. die oben dargestellten, empirisch gewonnenen Daten zum Einsatz. Auf der Anbieterseite wurden durch Expertenbefragungen die Umfeldvoraussetzungen und Aktivitäten der Transferverantwortlichen erhoben. Dabei wurde unterschieden in die Gruppen der forschungsnahen, der wirtschaftsnahen sowie der eigenständigen Technologiemittler. Zusammengefasst zeige die Analyse des Transfersystems, dass zwar Hemmnisse im Transferprozess bestünden, doch beruhten diese vielmehr auf fehlenden Transfervoraussetzungen bei den Transferpartnern selbst (Produzenten und Nachfrager). Diese Hemmnisse könnten jedoch von Intermediären nicht beseitigt werden.

Aus Sicht der Autoren sei insbesondere der direkte Transfer aus Forschungseinrichtungen und Instituten zu fördern. Durch die direkten Kontakte würde tacides Wissen im persönlichen Kontakt weitergegeben. Indirekte Mittler, wie sie manche forschungsnahe und sehr viele Hochschultransferstellen darstellen, sollten nur in den Bereichen tätig werden, die von den Transferpartnern selbst nicht vorgenommen werden könnten: „Inwieweit Technologieproduzenten und –anwender bei bestehenden Such- und Selektionsproblemen Unterstützung von Dritten benötigten, sollte so weit wie möglich durch Marktprozesse oder marktähnliche Mechanismen herausgefunden werden“ (S. 164). Dies gelte auch für nicht-technische aber zur Innovationsfähigkeit notwendige Bereiche transferrelevanter Dienstleistungen wie Unternehmensberatung und Qualifizierung. Bedarfe für Transfereinrichtungen ergäben sich ggf. in der möglichst unternehmensnahen Bereitstellung und Vermittlung von Erstinformationen und –kontakten, in der Vermittlung von schutzrechtlich abgesicherten Forschungsergebnissen sowie im Aufbau produzentenorientierter Netzwerke.

Beise et al. [1995] machen fünf Prinzipien aus, die die Zusammenarbeit zwischen Unternehmen und Wissenschaft erleichtern:

a) Kontinuierliche Kommunikation zwischen Wissenschaft und mittelständischer Wirtschaft könne dazu beitragen, die bisher noch nicht für eine Zusammenarbeit gewonnenen sog. Outsider zu erreichen und diese sowie die bislang völlig Technologietransfer-Uninteressierten zu gewinnen.

b) Eine Vielfalt an Technologietransfereinrichtungen erhöhe die Wahrscheinlichkeit, dass Unternehmen einen Partner sowie eine Form des Technologietransfers fänden, die der eigenen Unternehmenskultur entspreche. Außerdem belebe ein gewisser Wettbewerb das Engagement der Transferstellen. Eine organisierte Arbeitsteilung der Stellen sei aus diesem Grunde nicht zu empfehlen.

c) Die hohe Flexibilität, die durch die Existenz verschiedenster Forschungseinrichtungen gegeben sei, wirke sich auf den Such- und Wahlprozess der Unternehmen positiv aus, zumal Technologietransfer durch Personen getragen werde und sich die ergebenden Prozesse von Vertrauen und individuellen Organisationsformen variabel gestalten ließen.

d) Eine Dezentralisierung sei zu fordern. Mittelständische Unternehmen ließen sich nicht gerne zentral vermitteln und transferieren, sondern wünschten, den Technologietransfer selbst zu organisieren. Persönliche Beziehungen entschieden über den Transfererfolg, so dass Institutionen hier stark in den Hintergrund zu treten hätten.

e) Letztlich wird eine optimierte Anreiz- und Motivationsstruktur zur Kooperation für die Wissenschaftler gefordert. Diese könne sich sowohl in dienstrechtlichen Änderungen als auch in der Form von Belohnungssystemen gestalten.

Aufgrund der geforderten größtmöglichen Selbstorganisation des Transferprozesses durch die Unternehmen selbst wird durch die Autoren die allgemeine Beratung im Vorfeld von Technologietransfer „nur dann als sinnvoll angesehen, wenn das Innovationsmanagement des Unternehmens so unzureichend ist, dass eine direkte Abstimmung mit den Wissenschaftlern nicht möglich ist“ [Beise et al., 1995, S. 110]. Die gerade für diesen Bereich vorzuhaltenden Beratungsleistungen seien allerdings im Aufgabenspektrum der Wirtschaftsförderung anzusiedeln und sollten nicht von wissenschaftlichen Einrichtungen selbst durchgeführt werden.

Zur Definition der Aufgaben von Transferstellen lautet der Vorschlag, die fachliche Verantwortung für den Transfer sollte bei den direkt Beteiligten, d.h. den Wissenschaftlern, liegen. Für die Technologietransferstellen seien somit Integrationskompetenz und Moderatorenfunktion wichtiger als technisches Fachwissen.

Dort wie auch bei Reinhard & Schmalholz [1996] wird das Konzept der Steinbeis-Stiftung für Wirtschaftsförderung als ein Beispiel eines marktorientierten Technologietransfers näher vorgestellt. Es handele sich bei der Konstruktion aus technischen Beratungsdiensten und sog. Transferzentren um ein „Organisationsgerüst, das Wissenschaftlern ermöglicht, ihr Know-how [...] zu transferieren [...]. Der eigentliche Transfer vollzieht sich [...] innerhalb des organisatorischen Rahmens [...] durch persönliche Kontakte der Professoren mit den auftraggebenden Unternehmen“ [Beise et al., 1995, S. 65]. Insbesondere Fachhochschulprofessoren nutzten diesen Rahmen. Neben den administrativen Unterstützungsleistungen werde außerdem die Übernahme von Gewährleistungsverpflichtungen besonders geschätzt.

Auf der Basis der Erfahrungen der Leiter der Transferzentren geht Auer [2000] in der marktwirtschaftlichen Bewertung noch einen Schritt weiter und beweist die Existenz eines sog. Transferunternehmertums. Ein so bezeichneter Transferunternehmer entfalte auf der Grundlage seiner persönlichen Voraussetzungen unternehmerisches Handeln, bei dem er eigenes Know-how, Kompetenzen, Marktwissen und systemisches Wissen zur Realisierung erkannter Chancen und selbst gesteckter Ziele nutze. Dienlich seien dabei der organisatorische und netzwerkbildende Rahmen des Steinbeis-Verbundes.

Im Rahmen der regelmäßigen Berichterstattung zur technologischen Leistungsfähigkeit Deutschlands wird die Diskussion zum Technologietransfer regelmäßig an den Kennzahlen der Wirtschaftsentwicklung gespiegelt. Im Bericht für das Jahr 2000 erfährt der Bereich des Technologietransfers eine schwerpunktmäßige Würdigung [ZEW et al. 2001].

So wird auch in Fortsetzung der Argumentationslinien vorheriger Berichte festgestellt, dass Deutschland in seinem Innovationssystem durchaus Eigenheiten aufweise, in der Verfolgung einer sog. „fast follower" Strategie jedoch dennoch sehr erfolgreich sei. So nehme das Land eine weltweite Spitzenstellung bei den etablierten Spitzen- und höherwertigen Technologien ein. Die „breite Wissensbasis sowie die regionale und sektorale Vielfalt Deutschlands [seien] die Grundlage für die schnelle Diffusion neuer Technologien in innovative Produkte und Prozesse" [BMBF, 1999, S. 8]. Durch geeignete Aus- und Weiterbildungsmaßnahmen sowie durch den Aufbau neuer Kompetenzen sei diese Stellung zu halten und auszubauen.

Hier setzt auch die Berichterstattung des Jahres 2000 an und nimmt die aktuelle Diskussion um den Wissens- und Technologietransfer der vergangenen Jahre wieder auf. Da die FuE-intensiven Branchen für Deutschland wachsende Bedeutung gewönnen, sei ein effizientes System des Wissens- und Technologietransfers zu fordern. Gerade aus Gründen der erweiterten Bedeutung des Dienstleistungssektors sowie der Tertiarisierung im verarbeitenden Gewerbe erfuhr der Anteils des Bereiches „Wissen" im Begriffspaar Wissens- und Technologietransfer erhöhte Aufmerksamkeit [ZEW et al., 2001].

Auch wurde der Rahmen für die Arbeit von Wissens- und Technologietransferstellen konkretisiert. So sei unter anderem auch die Breite des Aufgabenspektrums dafür verantwortlich, dass sowohl Wissenschaftler als auch Unternehmen diesen Stellen eine geringe Akzeptanz entgegenbrächten. Schmoch et al. [2000] zeigen verschiedene mögliche Funktionen indirekter Mittler auf: Der Kontaktvermittlung (Promotor-Funktion) sollte sich insbesondere eine kompetente Rechtsberatung hinsichtlich einer eventuellen Zusammenarbeit anschließen. Kleinen und mittleren Unternehmen sollten aber zugleich in einer Supporter-Funktion konkrete Dienstleistungen und Informationen angeboten werden. Klare

Evaluationskriterien sollten diese Funktionen überprüfbar machen. Es findet sich hier das Argument der Konzentration auf nur einige der vielen denkbaren Tätigkeitsschwerpunkte im Wissens- und Technologietransfer wieder [vgl. u.a. Wiegmann & Ermert, 1998], dem bei ZEW et al. [2001] die Fokussierung auf KMU hinzugefügt ist.

Zwei weitere Schwerpunkte werden in dem Bericht vorgeschlagen: So sollte eine Internetplattform mit Hilfe politischer Unterstützung das gesamte Angebot öffentlicher Forschung darstellen und so zu einer Erhellung der bestehenden Vielfalt von Informationen beitragen. Zum anderen wird gefordert, die Absorptionsfähigkeit der Unternehmen für FuE auszuweiten, was auch der Diktion der oben dargestellten europäischen Politik entspricht.

Letzteres Argument bezieht der Bericht u.a. aus einer Arbeit teilweise identischer Autoren, die eine aktuelle Bestandsaufnahme des Wissens- und Technologietransfers in Deutschland vornahm [Schmoch et al., 2000]. So wird dort darauf verwiesen, dass die sog. Prozesskompetenz und die Innovationskultur, d.h. das grundlegende Innovationsmanagement der Unternehmen, wesentliche Faktoren für die Absorptionsfähigkeit neuer Technologien darstellen. Über eine geeignete Benchmarkinginitiative sowie durch Weiterbildung könne diese Kompetenz von Unternehmen gezielt unterstützt werden.

Hier wird auch das Spezialisierungsprofil der Vermittlungseinrichtungen konkretisiert: Als Promotoren besäßen sowohl wissenschafts- als auch wirtschaftsnahe Intermediäre ihre Aufgaben in dem Anstoßen direkter Kontakte zwischen Wissenschaft und Wirtschaft durch Anbahnung und Pflege von – meist regionalen – Netzwerken, durch die Zielgruppen-orientierte Ansprache in Informationsveranstaltungen, durch die Organisation von Transfer-orientierten Aus- und Weiterbildungen oder durch Personalvermittlung. Wissenschaftsnahen Intermediären käme allerdings zusätzlich die Aufgabe zu, als Supporter Dienstleistungen im administrativen Bereich, in der Öffentlichkeitsarbeit oder bei der Information über Förderprogramme wahrzunehmen. Wohlgemerkt sei hier aber eine Schwerpunktbildung aus dem gesamten Spektrum anzubieten. Hervorgehoben wird in dem letztgenannten Bereich die Funktion der Patentberatung und –verwertung wissenschaftlicher Ergebnisse [Schmoch et al., 2000].

Dass für einen intensivierten Transfer und für neue Formen der Vermittlung umfangreiches Potenzial vorhanden sei, konstatiert auch Meißner [1999], der sich auf Befragungsdaten sowohl von Unternehmen als auch von Hochschulen stützt und eine Bestandsaufnahme der Kooperationsrealität in Form von Intensitäten auf verschiedenen Feldern wie direkten Forschungskooperationen, Serviceleistungen der Universitäten, Personaltransfer, Informationsvermittlung u.a. vornimmt.

Ein aktueller bundespolitischer Ansatz weist mit der Zielsetzung eines verbesserten Wissenstransfers seit geraumer Zeit insbesondere auf die Einrichtung sog. Kompetenznetze, wie sie u.a. Staudt [1996] gefordert hat. Dabei geht es u.a. um die Stärkung informellen Wissens zur Ausweitung innovationsrelevanter Kompetenzen. Nach Ansicht des Autors ist die Überwindung von Schnittstellen zwischen Disziplinen, Institutionen, Funktionsbereichen und Marktebenen notwendig, um eine Integration von Erfahrungswissen sowie die Übertragung bestehenden Know-hows auf neue Anwendungsfelder zu leisten. In dieser Argumentationskette liegend wurden BioRegio, InnoRegio oder EXIST durch den Bund als Wettbewerbe zur Erreichung derartiger Kompetenznetze initiiert [Koschatzky, 2000]. Ansatzweise haben diese Netzwerkansätze ihre Wurzeln auch in regionalwissenschaftlich ausgerichteten Motiven der Innovationsförderung.

Eine spezifische Plattform zur expliziten Darstellung innovativer Netzwerke startete das Bundesministerium für Forschung und Technologie im Jahr 2000 und erhofft sich eine Präsentation innovativer, horizontal und vertikal vernetzter, regional aktiver und besonders forschungsintensiver Netzwerke [Kompetenznetze, 2001].

3.2.3 Der Netzwerkansatz im Land Niedersachsen sowie im Nordwesten

Der Netzwerkgedanke stand lange Zeit auch in der Technologiepolitik des Landes Niedersachsen an hervorgehobener Stelle. Ab 1990 setzten hier intensive Regionalisierungsbestrebungen in der Landespolitik [Hellmer et al., 1999] ein, die vielfältige Bestrebungen zur Schaffung regionaler Innovationsstrategien, eines „Networkings“ in offener und geschlossener Akteursstruktur im Rahmen einer projektorientierten Wirtschaftsförderungspolitik sowie Schwerpunktsetzungen in einzelnen Technologiebereichen und Koordination der Technologietransfereinrichtungen vorsahen. Über 80 Einrichtungen des Wissens- und Technologietransfers sowie Forschungseinrichtungen, Technologiezentren u.a. sind im sog. Innovationsnetzwerk AGTIF [NATI, 2000] zusammengefasst. Dieses

Netz wurde im Jahre 1999 einer eingehenden Analyse unterzogen. Dabei weisen die Autoren darauf hin, dass es sich nicht um ein sog. regionales Innovationsnetzwerk unter maßgeblicher Beteiligung von Unternehmen handelt, wie sie beispielsweise bei Fritsch et al. [1998] oder Backhaus & Seidel [1998] untersucht werden. Vielmehr handele es sich um ein reines Netzwerk von Mittlern, zu dem die Autoren zu dem Schluss kommen, dass es insbesondere in seiner Mittlerfunktion seine Aufgabe durchaus erfülle. Grundlage seien dabei der weitgehend dezentrale Charakter des Netzes und das Vertrauensverhältnis unter den beteiligten Partnern [Legler & Schasse, 1999a]. Dazu trage auch die von den Autoren dargestellte Funktion der Niedersächsische Agentur für Technologie und Innovation (NATI) als „back office“ bei. Wie auch Reinhard und Schmalholz [1996] angesichts der Zentralinstanz NATI darstellen, besteht allerdings – wie in Netzwerken allgemein - die Gefahr der Belastung von Vertrauen, wenn organisatorische oder politische Rahmenbedingungen opportunistisches Verhalten unterstützen, d.h. in der Konsequenz zu Profilierungsversuchen einzelner Partner führen.

Legler & Schasse [1999a] weisen ebenfalls darauf hin, dass ein gut funktionierendes Mittlernetz allerdings nicht die Innovationsbereitschaft der Unternehmen per se erhöhe. Nicht zuletzt deshalb formuliert das Land Niedersachsen in einem „Aktionsprogramm Wissenschaft und Wirtschaft für neue Arbeitsplätze“ [Niedersächsisches Ministerium für Wirtschaft, Technologie und Verkehr, 2001] die Absicht eines intensivierten Personaltransfers bei dem gleichzeitigen Ziel der Forcierung von FuE-Kooperationen.

Demgegenüber hinterfragen Hellmer et al. [1999] angesichts der für Niedersachsen zu beobachtenden Regionalisierungsbestrebungen die kooperationsgenerierende Wirkung räumlicher Nähe und stellen fest, dass diese aus ihrer Sicht als sehr gering veranschlagt werden müsse. Ihre Argumentation liege im Bereich technologischer oder organisatorischer Innovationen vor allem in der hohen Bedeutung persönlicher Kontakte begründet. Derartige face-to-face-Kontakte zum Zwecke eines Wissens- und Technologietransfers seien zwar unerlässlich, doch ergäben diese sich vor allem entlang technologischer Trajektorien und seien aufgrund infrastruktureller Gegebenheiten keineswegs an regionale Grenzen gebunden. Eine entscheidende Aufgabe für Regionen könne demzufolge darin liegen, „allgemeines Wissen – was nicht mit ‚tacit knowledge‘ gleichzusetzen ist, dieses jedoch auch umfassen kann – durch vielfältige Initiativen zu generieren und zu verbreitern“ (S. 204). Dabei führen die Autoren das Beispiel der niedersächsischen Wissens- und Technologietransferstellen an, die nach effizienten Wegen des Technologietransfermanagements suchten. Regionalpolitische Initiativen könnten so immer nur günstige Voraussetzungen für Verbreiterung allgemeinen Wissens und somit für die Aufnahme persönlicher Kontakte in der Region schaffen, ein Austausch von Wissen geschehe dann allerdings in bilateralen und nicht in netzwerkartigen Beziehungen.

Für den Bereich der Gemeinsamen Landesplanung Bremen/Niedersachsen (GLP) setzte Mitte der Neunziger Jahre eine intensive Konzeptphase ein, die sich im Rahmen regionaler Strukturpolitik auch des Bereiches Information und Technologietransfer annahm. Auf der Basis einer Bestandsaufnahme und der damit verbundenen Defizitanalyse wurden umfangreiche Maßnahmen und Empfehlungen gegeben. Das Gebiet der GLP umfasst den Agglomerationsraum Bremen sowie 12 weitere Gebietskörperschaften (Landkreise, Städte) im Umkreis von ca. 80 km.

Im Vordergrund der geforderten technologiepolitischen Maßnahmen steht die Stärkung des endogenen Potenzials der betreffenden Region. So wird durch die Autoren als Antwort auf das festgestellte Nachfragedefizit der regionalen Wirtschaft ein deutlich angebotsorientiertes Verhalten der Transfereinrichtungen gefordert, das zudem entsprechend bekannt zu machen sei. Gerade das für KMU typische Informationsverhalten führe dazu, dass das zur Verfügung Stellen von Informationsangeboten nicht ausreichend sei. Es bestehe ein eindeutiger Bedarf an Mittlern, die die Unternehmen schrittweise an die Angebote heranführen sollten, um die tatsächliche Nutzung sowie damit verbunden die Akzeptanz der Angebote zu verbessern [GLP, 1994].

Organisatorisch wird die Notwendigkeit gesehen, in der Fläche unternehmensnah kompetente Ansprechpartner bereit zu stellen, die als Moderatoren themenbezogene Kooperationsnetzwerke initiieren und koordinieren sollten. Diese Funktion der Moderatoren reiche über klassische Vorstellungen institutionalisierten Technologietransfers hinaus und weise den Akteuren die Rolle von sog. Fachpromotoren zu. Diese sollten vorwiegend sektorspezifisch arbeiten und neben der fachlichen Kompetenz über gute kommunikative Fähigkeiten sowie über eine enge Beziehung zur Verwaltung verfügen. Die Promotoren sollten ein aktives Informationsmanagement betreiben und durch ihre Herkunft aus Unternehmen oder Forschungsinstituten idealerweise Marktkenntnisse und persönliche Beziehungen mitbringen. Teilweise könne es notwendig werden, „öffentliche“

Moderatoren einzusetzen, deren Aufgabe sich allerdings nach dem Entstehen von funktionierenden Netzwerken, die ihre Stellung am Markt gefunden hätten, erledige.

Parallel jedoch seien in der Fläche gerade auch zur Intensivierung der direkten Kontakte zu den örtlichen KMU die Einrichtungen der Wirtschaftsförderung gefordert, um insbesondere im stets zu präferierenden persönlichen Kontakt (vor der reinen Weitergabe technischer Informationssammlungen) Informationen weiterzugeben. Zu diesem Zwecke seien ggf. auch die Personalkapazitäten auszubauen.

Zur Rolle der Transferstellen widerspricht das Konzept den Vorschlägen eines diversifizierten und parallelen Transferangebotes mehrerer Einrichtungen, das Beise et al. [1995] insbesondere zur effektiven Befriedigung der Bedürfnisse unterschiedlicher Anfrager befürworten. Vielmehr wird eine klarere Strukturierung mit der Bildung von Querschnittsfunktionen gefordert, die zudem die teilweise mit transferfremden Aufgaben belasteten Transfereinrichtungen der Hochschulen entlasten würden. Wesentliche Effekte zur Verbesserung des innovativen Klimas würden ohnehin von den geforderten Moderatoren im Innovationsprozess ausgehen.

Willms [1998] stellt in Ergänzung der oben dargestellten Handlungsempfehlungen die Rolle von Großunternehmen als Innovationskerne heraus, denen im Rahmen von Netzwerken eine Art Schrittmacherfunktion insofern zufiele, als dass deren Stärkung möglicherweise das Innovationsverhalten der zuliefernden KMU sogar besser unterstützen könne als allgemeine Maßnahmen der technologietransfer-orientierten Mittelstandsförderung.

Als *Zwischenergebnis* ist festzuhalten, dass die Diskussion um Wissens- und Technologietransfer allgemein verschiedene Linien vefolgt:

Einerseits scheinen die Überlegungen von Beise et al. [1995] nach wie vor gültig, nach denen

- Outsider gewonnen werden können,
- Wettbewerb und Vielfalt den Transfer beflügeln,
- flexible, personengebundene Kontakte vertrauensfördernd wirken,
- möglichst persönliche und nicht institutionalsierte Vermittlungen hilfreich sind und

- entsprechende Motivationsstrukturen Transfer zu einem Eigenanliegen der Beteiligten machen.

Andererseits wird auf ein dreigliedriges System aus institutionellen Kontakten, direkten Transferkontakten und durch Dritte und Agenturen vermittelten Kontakten verwiesen. Vielfältige Politikbereiche – im Rahmen der EU-Innovationspolitiken sowie in nationalen und regionalen Politikansätzen – heben die Notwendigkeit der Unterstützung von Transferprozessen vorwiegend für KMU und die Entwicklung deren Absorptionsfähigkeit hervor. Den Transferverantwortlichen werden dabei in jüngeren Arbeiten gerade sog. Promotoren- und Supporterfunktionen zugewiesen [vgl. Schmoch et al., 2000].

Im Lichte der Fragestellung dieser Arbeit leitet sich somit ein wichtiger Untersuchungsgegenstand ab: Welchen Beitrag leisten öffentliche Akteure des Wissens- und Technologietransfers zu den bestehenden Anfordernissen tatsächlich und inwiefern können sich Promotoren- und Supporterfunktionen auf das Suchverhalten v.a. kleiner Unternehmen auswirken. Anhand der in Teil III betrachteten Fallstudie werden Antworten auf diese Fragen gesucht werden.

4 Das Innovations- und Kooperationsverhalten kleiner Unternehmen

4.1 Regionale Bedeutsamkeiten

Das Innovationsverhalten von Unternehmen kann mit unterschiedlichen Zielsetzungen aus mikro- oder makroökonomischer Sicht untersucht werden und befindet sich gerade auch unter Berücksichtigung regional bedeutsamer Aspekte seit geraumer Zeit im Fokus der Betrachtung. Angesichts der weit verbreitet zu beobachtenden Globalisierungstendenzen versuchen verschiedene Bereiche der Innovations- und der Regionalforschung seit den 80er Jahren, regionale Bedingungssysteme, deren Voraussetzungen sowie deren Effekte auf das Innovationsverhalten von Unternehmen zu beschreiben. Dabei rückt u.a. auch die Diskussion um Netzwerke und um die Beziehungen verschiedener Akteure zueinander auf den unterschiedlich einzugrenzenden Bezugsebenen in den Blickpunkt. Besonders für kleine Unternehmen scheint ihr regionales Umfeld gerade auch für ihre Innovationsfähigkeit und -tätigkeit eine wichtige Größe darzustellen [Koschatzky & Sternberg, 2000; Koschatzky, 2001].

Ein wesentlicher Impuls für die Annahme einer hohen Bedeutung der Region an sich für die darin angesiedelten Unternehmen ist deren prinzipielle Einbettung in ein umfangreiches lokales und regionales Bezugssystem, was in besonderem Maße für kleine und mittlere Betriebe angenommen wird. Hier nennen Meyer-Kramer & Gundrum [1995] als bestimmende Größen räumliche Faktoren wie die Verfügbarkeit qualifizierter Arbeitskräfte, FuE-, Transfer- und Beratungsstellen, die regionale Wirtschaftsstruktur, höherwertige Infrastruktur sowie das Wohn- und Freizeitangebot. Bedeutend sei das gesamte Unternehmensumfeld, das sich neben der Branchensituation insbesondere durch Markt-, Nachfrage- und Wettbewerbsentwicklungen sowie durch die Technologie- und Wissenschaftsentwicklung manifestiere. Ergänzt würden die genannten Bereiche um die Rahmen gebende Forschungs- und Technologiepolitik, so dass alle Faktoren gemeinsam – zusammen mit den unternehmensinternen Merkmalen – die Art und das Ausmaß der betrieblichen Innovation bestimmten. Koschatzky [1997] ergänzt die Elemente des regionalen Innovationssystems um die Faktoren der zwischenbetrieblichen Beziehungen sowie des politischen Umfeldes und weist damit dezidiert auf die Notwendigkeit unternehmerischer Orientierung auch jenseits des Marktes hin.

Das Bestehen und die Rahmenbedingungen regional bedeutsamer Bezugssysteme wurden in den vergangenen Jahren in einer Vielzahl an Untersuchungen näher beschrieben (z.B. Hahn et al. [1994], Fromhold-Eisebith [1995], Koschatzky [1995, 1998, 2000], Lompe et al. [1996], Backhaus & Seidel [1997, 1998], Sternberg [1998], Willms [1998] und zusammenfassend beispielsweise Fritsch et al. [1998]).

Überblicksartig beschreiben Sternberg [2000] sowie Arndt & Sternberg [2000] allgemein die Entwicklung verschiedener theoretischer Konzepte dynamischer Regionalentwicklung. Insbesondere im letztgenannten Beitrag wird darauf hingewiesen, dass trotz mancher Unterschiede bezüglich der Sichtweise der Analyse und bezüglich der Gewichtung diverser Einflussfaktoren im Grunde Einigkeit insofern auszumachen sei, als dass ein hohes Ausmaß an Kooperation und Kommunikation generell eine positive Wirkung auf Innovationsaktivitäten ausübe [Arndt & Sternberg, 2000].

Nach Aussage von Fritsch et al. [1998] sei zudem ein weitgehender Konsens dahingehend festzustellen, dass in der Tat „als Analogon zu den beiden interdependenten Prozessen der Globalisierung und Regionalisierung neben nationalen [...] auch regionale Innovationssysteme“ ausgemacht werden könnten (S. 245).

In ihren weiteren Ausführungen beschreiben sie die umfangreichen Randbedingungen regionaler Innovationssysteme und geben so einen Abriss über den Stand der aktuellen Diskussion:

Die Autoren beschreiben, dass die Generierung von Innovationen stets Information und Wissen voraussetze, welches oft als tacides Wissen einen entscheidenden Erfolgsfaktor ausmache und wegen seines „unsichtbaren“ Charakters nur schwer zugänglich sei. Über die Einbindung in Netzwerke sei ein Zugang zu solchem Wissen allerdings leichter möglich. Gerade bei arbeitsteiligen Innovationsprozessen – zwischen Partnern unterschiedlicher horizontal oder vertikal ausgeprägter Herkunft– komme dem regionalen Innovationssystem eine wesentliche Bedeutung zu, wie jüngste Untersuchungsergebnisse zeigten.

Netzwerken werden einige allgemeingültige Merkmale zugeschrieben. Wesentliche Charakteristika von Netzwerken sind deren Stellung zwischen Markt und

Hierarchie, die lose Kopplung der Beziehungen der – weitgehend autarken - Beteiligten [Granovetter, 1973, zitiert nach Fritsch, 2001; Grabher, 1993] und der Begriff der Reziprozität [Lompe et al., 1996]. Damit würde eine für viele soziale Systeme grundlegende Norm beschrieben, nach der ein sozialer Austausch immer zu einem sofortigen oder späteren Gegentausch führt [Sydow, 1992]. Zudem impliziert diese gegenseitige „Verpflichtetheit" neben Vertrauen in den Partner insbesondere auch die Option der Langfristigkeit.

Im Licht der Diskussion regionaler Bezugssysteme kommt mit dem sog. Transaktionskostenansatz noch ein zusätzliches Konzept zum Tragen. Transaktionskosten entstehen, wenn nicht alle für Transaktionen erforderlichen oder erwünschten Information frei verfügbar sind, was für sog. unvollständige Marktsituationen gilt und auf nahezu alle realen Märkte zutrifft [Krätke, 1995]. Dies betrifft Suchkosten bei der Vertragsanbahnung, Aushandlungskosten bei Vertragsabschluß, Kosten für die Abwicklung der Transaktion sowie Kontroll- und Durchsetzungskosten. Unsicherheiten und Schutz vor opportunistischem Verhalten des Gegenübers verursachen in vergleichbarer Weise erhöhte Transaktionskosten.

Gemäß dem Transaktionskostenansatz stellen Netzwerke also „unter bestimmten Bedingungen die aus Transaktionskosten-Minimierungs-Kalkülen rational handelnder Akteure resultierende effizienteste (d.h. transaktionskostengünstigste) Organisationsform dar" [Hellmer et al., 1999, S. 55]. Insbesondere die Einbettung der Transaktionen in soziale Bindungen rückt die sozialen Zusammenhänge wie Vertrauen, Normen und Werte, die gemeinsame Beziehungsgeschichte etc. in den Mittelpunkt. Unter Umständen kann diese Einbettung aufgrund der regional vorhandenen Beziehungen die Kosten für Transaktionen, die über den Markt oder innerhalb von Unternehmen abgewickelt werden, minimieren.

Für die Debatte um die Beziehung zwischen Innovationen und Regionalentwicklung wird der Transaktionskostenansatz zu einem wichtigen Element, da durch räumliche Nähe die Flexibilität von Transaktionen gesteigert und deren Kosten verringert werden können. Das genannte Konzept spielt auch bei der Erklärung sog. innovativer Milieus eine wichtige Rolle, das auf Arbeiten der französischen Forschergruppe GREMI (Groupe de Recherche Européen sur les Milieux Innovateurs) beruht und umfangreich bei Camagni [1991] und Aydalot & Keeble [1988] beschrieben wird. „Für die Protagonisten der Schule des innovativen Milieus sind Innovationen und innovative Unternehmen das Ergebnis eines kollektiven, dynamischen Prozesses vieler Akteure einer Region, die ein Netzwerk synergieerzeugender Verflechtungen bilden. Das Milieu resultiert demnach aus den Interaktionen von Unternehmen, politischen Entscheidungsträgern, Institutionen und Arbeitskräften, die durch gemeinsames, kooperatives Lernen die Unsicherheiten während technologischer Paradigmenwechsel reduzieren" [Fritsch et al., 1998, S. 245 f.]. Weiter werden von den Autoren als Bedingungen für gemeinsames Lernen die Mobilität von Arbeitskräften, bestehende Lieferverflechtungen sowie Face-to-face-Kontakte genannt, die allesamt durch die räumliche Nähe begünstigt würden.

Fromhold-Eisebith [1995] faßt die Merkmale (sog. kreativer) Milieus zusammen und stellt den Charakter des Netzes informeller sozialer Beziehungen, die räumliche (nicht administrative) Abgegrenztheit, die aus verschiedenen Bereichen stammenden Akteure (Unternehmen, Forschungs- und Bildungseinrichtungen, lokale Behörden), die Austauschprozesse zur effektiveren Ausnutzung vorhandener Ressourcen sowie die hohe Lernfähigkeit der Akteure heraus. „Ausdrücklich bilden also Menschen und ihr soziales Verhalten, ihre Sympathien und persönlichen Präferenzen die Substanz eines kreativen Milieus" [Fromhold-Eisebith; 1999, S. 170].

Prominentestes Beispiel für die nachweisbare Existenz eines Raumes, in dem aufbauend auf persönlichen Beziehungen vor allem kleine und mittlere Unternehmen besonders profitieren, ist das des „Third Italy" [vgl. Dei Ottati, 1996, Brusco, 1992]. Ausgehend von der Analyse von Piore & Sabel [1985] bezüglich einer flexiblen Spezialisierung als ablösendem Trend herkömmlicher tayloristischer Produktion und von der Begleitung dieses Strukturwandels durch eine ausgeprägte Regionalisierung, prägte sich der Begriff der neuen „Industrial Districts" [vgl. Pyke & Sengenberger, 1992]. Dieser lehnt sich im Ursprung an ein Konzept von Marshall [1919, zitiert nach von Einem et al., 1995, S. 127] an, der aufgrund regionaler Kooperationen ein dichtes Netzwerk lokaler Zusammenarbeit mit dem Effekt von Skalenvorteilen der Beteiligten (Klein-)Unternehmen ausmachte und die räumliche Anordnung als „industrial district" bezeichnete. Die sich bildende Agglomeration wirke wie „ein Großbetrieb, indem sie auch Spezialproduktionen eine Auslastung gewährleistet und indem sie aufgrund räumlicher Nähe hilft, die Transaktionskosten zu kontrollieren. [...] Gleichzeitig bildet sich ein gemeinschaftlich zur Verfügung stehender Pool an Know-how, ein spezialisierter Arbeitsmarkt sowie ein Milieu der wechselseitigen Stimulierung von Produkt- und Prozessinnovationen“ [von Einem et al., 1995, S. 127]. Eingehend wurde die Third Italy genannte Region Norditaliens als ein solches neues industrial district angesprochen. Eine Schar umfangreicher Betrachtungen versuchte, weitere industrial districts und vergleichbare regionale Produktionssysteme zu identifizieren und zu beschreiben [vgl. Sternberg, 1995]. Speziell in neueren Arbeiten werden die Charakteristika und Beziehungsmuster kleiner und mittlerer, räumlich v.a. urban konzentrierter Hochtechnologie-Unternehmen untersucht, wie Keeble & Wilkinson [1999] in ihrem Überblick über jüngste Untersuchungsergebnisse europäischer Regionen beschreiben. Zugleich allerdings wird eine Übertragbarkeit der ausgemachten Charakteristika kritisch gesehen. Verallgemeinerungen der aus singulär untersuchten Regionen erhaltenen Ergebnisse und Rückschlüsse auf andere Regionen seien nur bedingt zulässig [Krumbein et al., 1994]. Dies liege vor allem darin begründet, dass man – hier in konkreter Betrachtung des Third Italy - aufgrund spezifischer und relativ singulärer Ausgangsbedingungen Ausnahmebedingungen sehen müsse. Demgegenüber befände sich eine Vielzahl anderer Regionen eher jenseits von signifikanten Ausnahmeentwicklung, so dass diese auch zutreffender als „Normalregionen“ zu bezeichnen seien. Der von den Autoren gegebene Überblick zeigt beispielsweise, dass die Typisierung der „Normalregion“ ohnehin auf einen Großteil der dort untersuchten Regionen zutreffe. Die Möglichkeit der Übertragbarkeit der Erkenntnisse auf andere Regionen - insbesondere in Flächenländern - liegt somit nahe [vgl. Krumbein, 1998].

Auch wenn oder gerade weil das Beschreibungsmodell der Industrial Districts in seiner generellen Übertragbarkeit auf Normalregionen in die Kritik geriet [vgl. auch von Einem et al., 1995, S. 130], so bietet die theoretische Betrachtung der Zusammenhänge zwischen dem Verhalten kleiner und mittlerer Unternehmen und ihrer Einbettung in soziale Bindungen den Anlass, erweiterte Untersuchungen über die Beziehungsgeflechte und über das Kooperationsverhalten der Akteure regionaler Innovationssysteme anzustellen. Zu erhellen waren konkrete Ausgestaltungsmerkmale der Bezüge zwischen Partnern unterschiedlicher Ebenen (Unternehmen, Forschungseinrichtungen, Mittlereinrichtungen, horizontale und vertikale Beziehungen) sowie deren relative Häufigkeiten und der Einfluss der Nähe auf das Zustandekommen von Kooperationen.

Es stand zur Überprüfung, ob Faktoren regionaler Eingebundenheit wie Vertrauen, gemeinsames Lernen, informelle Kontakte, Nutzung von an Personen gebundenem Know-how in komplexen Entscheidungsprozessen usw. gerade auf regionaler Ebene verstärkt zum Tragen kommen. Ein Europa weit angelegtes Forschungsprojekt sollte im Rahmen einer umfangreichen Primärerhebung quantitative und qualitative Daten erzeugen, die aus amtlichen Statistiken nicht zu entnehmen waren. Konkret ging es darum, das gesamte Bezugssystem der Unternehmen zu untersuchen, das aus marktlichen wie auch institutionellen Kontakten besteht. Um die jeweilige Intensität sowie die Entfernungsabhängigkeit von Kooperationsbeziehungen zu erhellen, sollten möglichst viele Verflechtungen zu Kunden, Wettbewerbern, Zulieferern, unternehmensnahen Dienstleistern sowie zu Hochschuleinrichtungen untersucht werden.

Um diese im Fokus stehenden Parameter des intra- oder interregionalen Kooperations- und Innovationsverhaltens zu untersuchen, fand bis zum Jahr 1999 die Datenerhebung in mehreren europäischen Regionen für das unter dem Namen European Regional Innovation Survey (ERIS) durchgeführte Forschungsprojekt statt, das sich Aufklärung der oben beschriebenen Fragestellungen erhoffte [Sternberg, 2000; Muller, 2001; Backhaus & Seidel, 1997].

Auch verschiedene andere empirische Quellen stärken die Datenbasis zur Beantwortung der oben aufgeworfenen Fragen, die ergänzend und aus der Blickrichtung der Innovations- und Technologieforschung das Kooperationsverhalten kleinerer Betriebe mit wissenschaftlichen Einrichtungen untersuchen [Penzkofer & Schmalholz, 1994, 1999; Reinhard & Schmalholz, 1996]. Auch wenn dabei regionale Aspekte eher nachrangig betrachtet werden, so bilden die Daten einen wichtigen Ausgangspunkt für die in dieser Arbeit zu untersuchenden Effekte aktiver und regional orientierter FuE-Kooperationsvermittlungen. Auf die im folgenden Kapitel dargestellten empirischen Befunde wird im weiteren Verlauf noch vermehrt eingegangen sowie Bezug genommen werden.

4.2 Bisherige empirische Erkenntnisse

Ziel der nun folgenden Beschreibungen ist eine Auswertung zur Verfügung stehender Literatur bezüglich der unternehmerischen Innovations- und Kooperationstätigkeit. Dabei soll jeweils ein besonderes Augenmerk auf die Bezugsquellen externen Wissens und auf deren ggf. regionale Lage gelegt werden. Ebenso interessieren unternehmensstatistisch beschreibbare Einflussgrößen in ihrer Bedeutung für das zu beobachtende Innovationsverhalten.

Backhaus & Seidel [1997, 1997a] untersuchen mögliche Zusammenhänge zwischen dem Innovationsverhalten und der Kooperation mit anderen Innovationsakteuren in regionalen Innovationsnetzen. Sie stützen sich dabei auf Datenmaterial des ERIS-Projekts aus drei Untersuchungsregionen. Dabei wird einerseits deutlich, dass mit ansteigender Unternehmensgröße der Anteil FuE-Beschäftigter einem ungefähr parabelförmigen Verlauf gehorcht. Kleine Betriebe beschäftigen anteilig mehr FuE-Personal als mittlere Betriebe, während der Personaleinsatz für FuE bei Großbetrieben mit über 500 Mitarbeitern wieder höher liegt. Dieser Effekt wird für die Regionen Sachsen und Baden besonders deutlich.

Andererseits zeigte sich in der Untersuchung, dass FuE-Einrichtungen in ihrer Bedeutung als externe Informationsquellen durch die befragten Unternehmen als relativ gering eingeschätzt werden. Mit steigender Unternehmensgröße steigt allerdings die empfundene Bedeutung. Zum Kooperationsverhalten stellen die Autoren fest, dass innovierende KMU zu bis zu einem Fünftel auf Forscher zugreifen, während Abnehmer, Zulieferer und auch Weiterbilder weit höhere Bedeutung einnehmen. Zudem unterhielten sehr kleine Betriebe generell vergleichsweise weniger Kooperationsbeziehungen (vgl. Koschatzky & Sternberg [2000], Diez [2000]). Bei einer Betrachtung regionaler Reichweiten von Kooperationsbeziehungen fällt auf, dass gerade bei der Zusammenarbeit mit Forschungseinrichtungen ein Wert von 63 % für Kooperationen innerhalb der untersuchten Region „Forschungsdreieck Niedersachsen" erreicht wird (vgl. Backhaus & Seidel [1998]). Dieser Wert liegt weit oberhalb der regionalen Anteile bei Kooperationen mit Unternehmen (Abnehmer, Zulieferer, Wettbewerber). Einen Erklärungsansatz stellt für die Autoren die hohe Komplexität in umfangreichen Entwicklungsvorhaben dar, bei denen Verständnisprobleme und die Handhabbarkeit neuen Wissens bevorzugt in face-to-face-Kontakten und über implizites Wissen der Beteiligten gelöst werden könnten (vgl. auch Backhaus & Seidel, [1998]).

Ebenfalls untersucht wurden Fachhochschulen, Universitäten und Forschungseinrichtungen in ihrer Eigenschaft als Kooperationspartner von Unternehmen. Es zeigt sich, dass für ohnehin mit Partnern kooperierende Unternehmen die Kooperationshäufigkeit mit der Größe der Unternehmen ansteigt (vgl. auch Fritsch & Schwirten [1998]). Dieses Verhalten spiegelt sich dann auch in der Tatsache, dass Betriebe mit 1 bis 20 Beschäftigten in der Region des Forschungsdreiecks in geringem Ausmaß mit Forschungseinrichtungen zusammenarbeiten: keine

Zusammenarbeit mit Universitäten geben über 60 % der Kleinbetriebe an. Für Sachsen werden Werte der „Nicht-Zusammenarbeit" bis über 50 % erreicht, die dort allerdings auch für alle Betriebsgrößenklassen gleichermaßen zutreffen.

Regionale Reichweiten der Zusammenarbeit zeigen für Forschungseinrichtungen eindeutige Unterschiede in der Art der Institutionen. So arbeiteten Universitäten überwiegend mit Unternehmen außerhalb der Untersuchungsregion zusammen, während bei Fachhochschulen eine deutliche Regionsorientierung zu erkennen sei. 67 % der Fachhochschuleinrichtungen in Hannover-Braunschweig-Göttingen und über 50 % in Sachsen kooperierten innerhalb ihrer Region. Bei Universitäten beträgt der regionale Kooperationsanteil 37 % in beiden Untersuchungsregionen. Sonstige Forschungseinrichtungen kooperierten sogar nur zu 14 % in der Region Hannover-Braunschweig-Göttingen, besäßen demgegenüber allerdings zu 58 % bundesweite und zu 28 % internationale Unternehmenspartner (vgl. auch Fritsch & Schwirten [1998, 1999, 2000]).

Fritsch & Schwirten [1998] heben hervor, dass die räumliche Nähe von Forschungseinrichtungen zu Unternehmen keineswegs belanglos sei, da bereits aus Gründen der Wahrscheinlichkeit bei einer regionalen Verfügbarkeit von kooperationsbereiten Professoren mit diesen dann auch eine aktive Zusammenarbeit zu Stande kommen müsse. Möglicherweise liegen hier auch die Ursachen für die Erkenntnisse von Seeber [1985], wonach Städte mit Universitätsstandorten im bundesweiten Vergleich verschiedener Strukturindikatoren tendenziell besser abschneiden als Städte ohne Universitätsstandorte. Im Hinblick auf die Anbahnung von Kooperationen stellen Fritsch & Schwirten [1998] allerdings dar, dass persönliche Kontakte mit 39 % aller Nennungen am bedeutendsten waren, wobei Kontaktvermittlungen nur zu 4 % durch Transfereinrichtungen betrieben worden waren.

Backhaus & Seidel [1998] weisen auf einen weiteren aufschlussreichen Aspekt hin, indem sie die Intensität von Kooperationsbeziehungen von Universitäten in Abhängigkeit von der Entfernung untersuchten. So zeige sich, dass „bei den regionalen Kooperationsbeziehungen eine hundertprozentige intensive/sehr intensive Zusammenarbeit vorliegt, während bei den überregionalen Kooperationen das Intensitätsniveau lediglich bei 85 % der Beziehungen zu Unternehmen festgestellt wird" (S. 268).

Dass die Reichweiten von Kooperationsbeziehungen von Unternehmen mit Forschungseinrichtungen im Vergleich zu solchen Beziehungen mit Abnehmern, Zulieferern oder anderen (z.B. Wettbewerber) tendenziell eher regional orientiert sind, bestätigen auch Koschatzky [1998, 2000] in einer vergleichenden Untersuchung der Räume Baden und Elsass sowie Fritsch & Lukas [1999] und Sternberg [1998] für die deutschen Regionen des ERIS-Projektes. Arndt & Sternberg [2000] stellen die Unterschiede regionaler Ausprägungen im Kooperationsverhalten gegenüber unterschiedlichen Partnern anschaulich dar und benennen die regional orientierten Kooperationsanteile mit Forschungseinrichtungen mit 40 % bis 70 % für alle untersuchten Regionen. Auch die Bestätigung auf statistisch signifikantem Niveau des Zentrum-Peripherie-Paradigmas durch Fritsch [2000 und 2000a] für den gesamten ERIS-Raum deutet tendenziell in die gleiche Richtung, wobei er in einer multivariaten Auswertung insbesondere das allgemeine und z.T. durch Outputfaktoren beschreibbare Innovationsverhalten untersucht.

Zahlen über Querschnitte kompletter unternehmerischer Grundgesamtheiten analysiert Rehfeld [1995] und stellt dar, dass nur 3,3 % der in einer repräsentativen Umfrage befragten Unternehmen häufige Nutzung von Universitäten und Forschungseinrichtungen angeben. Die Nutzung steige tendenziell mit der Betriebsgröße.

Acs & Audretsch [1992] stellen folgendes fest: Kleine Unternehmen entfalten eine besondere Innovationskraft, wenn sie in nicht kapitalintensiven, nicht werbeintensiven und nicht konzentrierten Märkten agieren können. Vorteilhaft ist für kleine Unternehmen, wenn sie auf der Basis von Wissen arbeiten können, das außerhalb vorhandener Hauptproduzenten und außerhalb bestehender Industriezweige entsteht. Folglich müssen auch diejenigen kleinen Unternehmen eher innovativ und erfolgreich sein können, die externes Know-how beispielsweise auch aus Hochschulen nutzen können. Dementsprechend konstatieren Acs et al. [1994] eine signifikante Wirkung regionaler Nähe gerade für kleine und mittlere Unternehmen, auf welche ohnehin ein stärkerer Effekt universitärer Forschung ausgehe als auf große Unternehmen.

In einer Untersuchung zur Bedeutung räumlicher Nähe für Unternehmen des Technologieparks Bremen stellt Willms [2000] dar, dass das infrastrukturelle Angebot und die Nähe zu Forschungseinrichtungen und anderen Unternehmen gemessen an Umsatzkategorien umso größere Bedeutung für das FuE-Koooperationsverhalten von Unternehmen habe, je kleiner diese seien. Auch ließen sich mit abnehmender Unternehmensgröße Tendenzen zu einer positiveren Bewertung von Wissenschaftstransfer ausmachen.

Einen gemessen an der Unternehmensgröße steigenden Anteil an FuE-Personal mit abnehmender Anzahl der Mitarbeiter stellen ergänzend auch Staudt et al. [1992] in einer Untersuchung bereits innovierender Unternehmen fest, was auf eine für diese Gruppe umso größere relative FuE-Aktivität hindeutet je kleiner die Betriebe sind. Die Autoren konstatieren ferner die große Bedeutung persönlicher Kontakte bei den Informations- und Suchprozessen von KMU, welche zu einem hohen Anteil (85 %) angeben, durchaus auf externe Informationsquellen zuzugreifen. So werden Kunden und Lieferanten auch hier als die wichtigsten Quellen von Informationen identifiziert. Im Rahmen der möglichen Mehrfachnennungen wurden ferner zu 33,3 % Universitäten und Fachhochschulen, zu 24,7 % Forschungseinrichtungen und zu 16 % Technologietransferstellen als weitere Quellen genannt. Absolut gesehen nimmt Beratung bei der externen Informationsbeschaffung allerdings mit einem Anteil von 21 % ohnehin nur einen geringeren Stellenwert ein, was durchaus mit der ggf. unscharfen Abgrenzung gegenüber der mit 52 % als sehr wichtig angegebenen persönlichen Kommunikation erklärt werden kann.

Dass kooperative Beziehungen von bereits kooperierenden Unternehmen in erster Linie zu Kunden (61,1 %), zu Zulieferern (49,5 %) und erst dann zu anderen Unternehmen (32,5 %) und zu öffentlichen Forschungseinrichtungen (33,8 %) gehalten werden, bestätigen auch Fritsch & Lukas [2001] (vgl. auch Fritsch & Franke [2000]). Sie stellen gleichzeitig bei einem Blick auf die Anzahl an Kooperationen einzelner Betriebe fest, dass diese Beziehungen gegenüber Forschungseinrichtungen über alle Betriebsgrößenklassen auf einem gleichbleibenden Anteilsniveau verharren und stellen fest: „if enterprises have overcome the hurdle of establishing a cooperation with a public research institution, the size of the enterprise seems to be relatively unimportant for explaining the number of relationships“ (S. 308). Unter Einbeziehung auch solcher Unternehmen in die Auswertung, die bislang keine Innovationstätigkeit zeigten, sei jedoch bei der Betrachtung der Kooperationsbeziehungen zu Forschungseinrichtungen ein eindeutiger Zusammenhang zwischen der Unternehmensgröße und der Kooperationstätigkeit auszumachen.

Die Ergebnisse bestätigen auch Erkenntnisse aus Untersuchungen im Rahmen des Mannheimer Innovationspanels (MIP, vgl. Beise et al. [1997]). Beise et al. [1995] beobachten einen hohen Stellenwert informellen Erfahrungsaustausches zwecks externen Wissenserwerbs gegenüber eher institutionalisierten Transfermechanismen. Dies treffe umso stärker für Betriebe mit abnehmender Unternehmensgröße zu. Und auch die Bedeutung der Bezugsquellen passt in das bereits von Staudt et al. [1992] gezeichnete Bild: Hochschulen und noch eindeutiger Technologietransferstellen sind in ihrer Bedeutung für Unternehmen eher nachrangig gegenüber Kunden, Lieferanten und Wettbewerbern oder Messen und internem Informanten. So nimmt auch nach Beise et al. [1995] die Bedeutung wissenschaftlicher Einrichtungen mit der Unternehmensgröße zu, wobei Hochschulen gegenüber Großforschungseinrichtungen und Technologietransferstellen eine höhere Bedeutung besitzen, was auf die Präferenz eines direkten Zugangs zu Wissen durch Unternehmen schließen lasse. Zusammenfassend stellen die Autoren fest, dass u.a. dann die Wahrscheinlichkeit, mit der ein Unternehmen im Untersuchungsjahr 1992 mit einer Hochschule kooperiert hat, stieg, je mehr Mitarbeiter das Unternehmen beschäftigt, je höher die FuE-Personalintensität des Unternehmens ist und je höher die Bedeutung der Hochschulen als Informationsquelle eingeschätzt wird. Dabei kooperierten etwas mehr als 5 % der Betriebe, die fünf bis 49 Mitarbeiter beschäftigen, mit Hochschulen. In der Größenklasse 50 – 499 Mitarbeiter lag der Anteil bei knapp 15 %. Ebenfalls auf der Basis der Daten des MIP zeigen zudem Gemünden & Ritter [1997] auf, dass tendenziell ein positiver Zusammenhang zwischen der Zusammenarbeit von Unternehmen und Forschungseinrichtung einerseits mit dem Erfolg von Produkt- und Verfahrensinnovationen andererseits festgestellt werden könne. Beise et al. [1997] vergleichen die Daten des gesamten MIP mit den Antworten niedersächsischer Unternehmen und kommen zu ähnlichen Ergebnissen, was die generelle Gewichtung im Informationsverhalten der Unternehmen, deren FuE-aktive Anteile in Betriebsgrößenklassen und deren FuE-Intensität mit steigender Betriebsgröße sowie deren Kooperationsverhalten mit Hochschulen und anderen Unternehmen anbelangt.

Für eine Auswertung des Jahres 1998 der Daten des MIP stellen Legler et al. [2000] einen unveränderten Sachstand dar, wonach durch Unternehmen des verarbeitenden Gewerbes immer noch die Wissenschaft als mit Abstand gering angesprochene Informationsquelle genannt wird. Bei einer Konzentration auf Produktinnovationen sei allerdings generell die Nutzung externer Wissensquellen höher als bei Unternehmen mit Verfahrensinnovationen. Auch bestätigen die Autoren den ansatzweisen U-förmigen Verlauf von Innovationsanstrengungen, wenn diese über die Betriebsgrößenklasse betrachtet werden. So stellen sie die sog. Innovationsintensität dar, die prozentuale FuE-Anteile am Umsatz misst. Niedersächsische Kleinunternehmen (5 bis 49 Beschäftigte) erreichen dabei Werte von annähernd 7 %, wobei Mittelwerte über alle Betriebsgrößenklassen bei 3,5 % bis 4,5 % liegen. Großunternehmen erreichen wiederum über 6 %. Allgemein nehme die Innovationstätigkeit mit zunehmender Unternehmensgröße allgemein zu. In der Beschäftigtengrößenklasse von 5 bis 49 trieben knapp 30 % der niedersächsischen Unternehmen FuE, in der Größenklasse 50 – 249 seinen es etwas mehr als 40 % und in der Größenklasse 250 bis 999 seien dies annähernd 80 %. Für das gesamte frühere Bundesgebiet ergebe sich ein ähnliches Bild der Zunahme. Dass allerdings für niedersächsische kleine und mittlere Betriebe, deren Bedeutung durch die Daten des MIP vergleichsweise stark gewichtet sei, in der Kontinuität der Innovationen ein Rückstand im Bundesvergleich bestehe, wird dort gleichfalls konstatiert.

So wird insgesamt die bestehende Tendenz bestätigt, die auch Penzkofer & Schmalholz [1999] in ihren Untersuchungen ausmachten. Sie stellen dar, dass die Kontinuität im Innovationsverhalten mit der Unternehmensgröße deutlich zunehme. So waren Betriebe mit einer Anzahl von 20 bis 49 Mitarbeitern in dem Dreijahreszeitraum 1990/1993 zu 27,1 % und in dem Siebenjahreszeitraum 1990/1997 zu 15,5 % überhaupt nicht mit Innovationen befasst, während 45 % aller Betriebe mit 200 bis 499 Beschäftigten alleine im kürzeren Zeitraum 1990/1993 kontinuierlich innovierten.

Gleichermaßen bestätigen auch die Daten des Hannoveraner Firmenpanels diese Aussagen [Schasse, 1998]: Rund ein Drittel der befragten Unternehmen hat innerhalb des Beobachtungszeitraumes von vier Jahren keine Produkt- oder Verfahrensinnovationen durchgeführt. Kleinbetriebe mit weniger als 20 Beschäftigten waren zu einem Anteil von 40 % nicht innovativ - entsprechend Betriebe mit 20 bis 49 Beschäftigten zu 30 %, Betriebe mit 50 bis 249 Beschäftigten zu 13 % und Großbetriebe zu 5 %. Zugleich sind bei den Kleinstbetrieben nur knapp ein Viertel, bei den Großbetrieben rund drei Viertel kontinuierlich mit Innovationen beschäftigt. Positiv betrachtet bedeutet dies, dass sich Betriebe mit fünf bis 19 Mitarbeitern zu etwas über 10 % mit FuE befassen. Betriebe mit 20 bis 49 Beschäftigten tun dies zu etwas mehr als 30 %, mit 50 bis 299 Beschäftigten zu etwas mehr als 55 % und mit über 250 Beschäftigten zu ca. 80 %. Und auch gemessen am Umsatz bestätigen die Daten die Befunde anderer Untersuchungen: Mit steigender Betriebsgröße steigt der absolute Anteil an Unternehmen, die FuE überhaupt betreiben bzw. dies dann noch mit einer Intensität oberhalb eines Schwellenwertes von 3,5 % des Umsatzes tun. Innerhalb der Gruppe der FuE-betreibenden Betriebe liegen die Anteile derjenigen Betriebe, die mehr als 3,5 % ihres Umsatzes für FuE aufwenden bei etwas über 20 % bei kleinen Betrieben (5 bis 19 Beschäftigte) und bei bis zu ca. 40 % bei Betrieben mit über 250 Beschäftigten.

Als wichtigste Kooperationspartner für Betriebe identifiziert auch Schasse [1998] in einer Auswertung von Daten des Hannoveraner Firmenpanels [vgl. Klodt, 1998] – ebenfalls in Parallele zu anderen Untersuchungen - andere Unternehmen. Generell steigt die Kooperationsneigung mit zunehmender Betriebsgröße. In der Ansicht nach Forschungseinrichtungen spielen als Kooperationspartner die Hochschulen die wichtigste Rolle und werden von über der Hälfte der Betriebe mit mehr als 250 Beschäftigten und von über 40 % der Betriebe mit 50 bis 249 Beschäftigten genannt. Für Kleinstbetriebe mit 5 bis 19 sowie für kleine Betriebe mit 20 bis 49 werden öffentliche Forschungseinrichtungen zu gut 30 % bzw. zu ca. 25 % und somit auf niedrigerem Niveau als Partner genannt. Eine regional orientierte Betrachtung der Kooperationspartner ergibt eine hohe Bedeutung regionaler Zusammenarbeit, die über alle Betriebsgrößen zu 50 % oder knapp darunter - sowohl mit anderen Unternehmen als auch mit Forschungseinrichtungen - praktiziert wird. Demgegenüber steigt allerdings die überregionale und internationale Kooperationstätigkeit mit steigender Betriebsgröße eindeutig an.

Auch die Untersuchungen von Nicolay & Wimmers [2000] bestätigen den Trend. Sie stellten fest, dass Kontakte zu Forschungseinrichtungen in einem sehr hohen Ausmaß bei über 75 % und mehr aller befragten Unternehmen bestanden. Auch hier waren Universitäten die bedeutendsten Partner mit 70 % der Nennungen, gefolgt von Fachhochschulen und Gemeinschafts- und Großforschungseinrichtungen. Ebenfalls bestätigen sich die Befunde zur Abhängigkeit des Kooperationsverhaltens von der Unternehmensgröße, wo die Gruppe mit 1 bis 49 Beschäftigten anteilig weniger Kontakte zu Forschungseinrichtungen angab als größere Einheiten. Für die genannte Größenklasse bedeutet dies bei Kontakten zu Universitäten 67,3 % und bei Kontakten zu Fachhochschulen 49,6 %, in der

Größenklasse 50 – 249 respektive 65,7 % und 56,3 % und in der Größenklasse 250 – 999 respektive 73,8 % und 59,7 %. Die vergleichsweise durchweg hohen prozentualen Niveaus dürften in der eher unscharfen Kategorie des „Kontaktes" begründet liegen, die auch informelle Beziehungen mit einschließt. Zu der in ihrer Entfernung nicht näher spezifizierten regionalen Verteilung der Kontakte stellen die Autoren fest, dass über alle Betriebsgrößenklassen eine regionale Orientierung der Kontakte zu Forschungseinrichtungen von ca. 65 % angegeben wird, wohingegen bei den überregionalen Kontakten ein eindeutiger, Unternehmensgrößen bezogener Trend von 49,3 % bei Betrieben mit ein bis 49 Beschäftigten über 52,0 % bei 50 bis 249 Beschäftigten hin zu 62,7 % bei 250 – 999 Beschäftigten auszumachen sei.

Fritsch & Franke [2000] nehmen bei der Einwerbung hoher Drittmittelbeträge durch Hochschulen eine hohe Forschungsqualität an, auf deren Basis im Wettbewerb um Forschungsförderung gute Erfolge erzielt werden. Mit der so beschriebenen Variable untersuchen sie unter regionaler Betrachtung sog. spill-over-Effekte und stellen fest, dass messbare Unterschiede zwischen den FuE-Bedingungen in den Regionen u.a. mit den dort von Forschungseinrichtungen eingeworbenen Drittmitteln korrelieren. Sie leiten ferner aus ihren Auswertungen eine allgemein hohe Standortattraktivität von Zentren ab. Ferner stellen sie fest, dass bei solchen Unternehmen, die allgemein Kooperationen eingehen, nahezu immer auch Beziehungen zu regionalen Partnern bestehen. Allerdings stellen sie fest, dass Kooperationen nicht per se zu einem erhöhten spill-over von Wissen führe und es ihnen nicht gelinge, die Charakteristika gerade solcher Kooperationsformen zu identifizieren, die als relevant für spill-over von Know-how zu bezeichnen seien. Bei Kooperationen mit Hochschulen hingegen lasse sich durchaus ein erhöhter knowledge spill-over beobachten. Interessant sind jüngste Auswertungen von Fritsch [2001a], der bei Betrachtung des FuE-Outputs von Unternehmen in Abhängigkeit von deren Kooperationsneigung erneut eine tendenzielle Übereinstimmung mit dem Zentrum-Peripherie-Paradigma bestätigt. Gleichzeitig allerdings stellt er auch mit Blick auf die Auswertungen von Fritsch & Franke [2000] fest, es sei ggf. davon auszugehen, dass regionale FuE-spill-over-Effekte sich weitgehend unabhängig vom Kooperationsverhalten von Unternehmen mit anderen, regionalen Unternehmen entwickelten. Ausschließlich der Zusammenhang zwischen der Anzahl an regional orientierten Kooperationen mit Forschungseinrichtungen und der Anmeldung von Patenten erweise sich als statistisch signifikant abgesichert [Fritsch, 2001a].

Regionale Kooperationen zwischen Betrieben untersuchen Kinkel & Lay [2000]: In der Investitionsgüterindustrie kooperiert nur ein Drittel aller Unternehmen mit regionalen Partnerfirmen. Die regionale Kooperationsneigung nehme mit der Betriebsgröße ab und sei allerdings umso größer, je kundenspezifischer das Fertigungsspektrum und je krisenhafter die Situation für die Betriebe ist. Produktionskooperationen sind die durchaus häufigste Form der regionalen Zusammenarbeit (ca. 20 % der befragten Betriebe) innerhalb von Entfernungen von 50 km, gefolgt von Vertriebskooperationen (13 %) und Beschaffungs- und Servicekooperationen (je 8 %), womit sie auch die von Hellmer et al. [1999] beobachtete Tendenz unterstützen, wonach im Fall von Unternehmenskooperationen marktliche Beziehungen gegenüber sog. strategischen Kooperationen überwiegen.

Eine europaweite Befragung von 96 Betrieben des Maschinenbaus und von 60 Firmen des Fahrzeugbaus wird durch Schienstock [2000] vorgestellt: Demnach dominieren im Maschinenbau Klein- und Mittelbetriebe (bis 200 Mitarbeiter), während im Fahrzeugbau Großbetriebe vorherrschen. Entsprechend ist das Kooperationsverhalten mit Hochschulen gekennzeichnet. Keine Kooperationsbeziehungen zu Universitäten bestehen bei 69 % der befragten Maschinenbaubetriebe, während dieser Anteil bei den größeren Fahrzeugbaubetrieben nur bei 54 % liegt. Eine hohe Kooperationsneigung mit Universitäten geben im Maschinenbau immerhin 13 % und im Fahrzeugbau 20 % der Betriebe an.

Auch Schumann [2000] arbeitete im Rahmen des sog. NIFA-Panels, das als Sonderforschungsbereich an der Ruhr-Universität Bochum gezielt Unterschiede im betrieblichen Organisationsverhalten mit unterschiedlicher Unternehmensgröße untersuchte, einen Zusammenhang zwischen der Kooperationstätigkeit von Unternehmen und deren Innovativität heraus. Zwar würden nur reine Unternehmenskooperationen dargestellt, doch sind auch hier die Ergebnisse eindeutig: Kleinbetriebe könnten demnach durch Zusammenarbeit ihre Ressourcen und somit ihre Innovationsfähigkeit erhöhen, während ab einer Größe von 200 Mitarbeitern dieser positive Effekt weit geringer ausfalle.

Hilbert & Sperling [1990] interviewten kleine und mittlere Unternehmen und stellten bei zwei Dritteln eine völlige Indifferenz gegenüber den Hochschulen der Region fest. Das Angebotspotenzial der Hochschulen im untersuchten Raum Paderborn sei nahezu unbekannt. Demgegenüber werde deren Qualifizierungsfunktion etwas stärker wahrgenommen.

Eine weitere Bestätigung der beschriebenen Aussagen zum Innovationsverhalten erfolgt auch durch ein umfassendes Forschungsprojekt zu Produktinnovationen im Maschinenbau [SFB 187, 1997]: Die Größe eines Betriebes beeinflusse das Innovationsverhalten, wobei die Innovationstätigkeit von Betrieben mit der Betriebsgröße genauso steige wie deren Kontinuität. Kleine Betriebe führten eher Prozessinnovationen vor Produktinnovationen durch. Dieser Zusammenhang zeige sich besonders bis zu einer Betriebsgröße von 200 Beschäftigten, darüber sei die Betriebsgröße nicht mehr so entscheidend in ihrem Einfluss auf die Art der Innovationstätigkeit. Der Grund für die geringere Innovationstätigkeit von Kleinbetrieben wird in der mangelnden Verfügbarkeit und in der geringen freien Disponierbarkeit von Ressourcen gesehen.

Als *Zwischenergebnis* lässt sich folgendes festhalten:

FuE-Kooperationen gelten als ein Schlüsselelement zur Stärkung der Innovationskraft von Unternehmen. Und in der Tat beweisen reichhaltige Untersuchungen, dass Unternehmen sich in hohem Maße Know-how aus der Zusammenarbeit mit andern Unternehmen, wie Kunden, Zulieferern oder Wettbewerbern, beschaffen bzw. sich dieses über Messebesuche etc. aneignen.

Demgegenüber rangiert die Zusammenarbeit mit Hochschul- und Forschungseinrichtungen auf einem weit niedrigerem Rang, obwohl zu vermuten sein müsste, dass gerade diese Institutionen als umfangreiche Quellen von Wissen besonders attraktive Kooperationspartner darstellen sollten. Aus der vielfältig vorliegenden Empirie geht hervor, dass kleine Unternehmen z.T. sehr diskontinuierlich innovieren und in ihrem Kooperationsverhalten stärker regional orientiert sind. Mit zunehmender Größe steigen die Kontinuität und das Ausmaß von Forschung und Entwicklung ebenso an wie die überregionale Orientierung, die generelle Kooperationsneigung und die Ausprägung des Innovationsmanagements.

Allerdings machen Backhaus & Seidel [1997] für die Suche nach Forschungspartnern durchaus einen Trend zur stärkeren regionalen Orientierung sowie einer abnehmenden Kooperationsintensität bestehender Beziehungen mit zunehmender Entfernung aus. Umfangreiche statistische Analysen im Rahmen eines europaweiten Forschungsprojektes sind in ihren Aussagen zurückhaltender. Sie finden jedoch zumindest für einen Outputfaktor (Patente) einen statistisch belegten Zusammenhang mit der regionalen Kooperation mit Forschungseinrichtungen

[Fritsch, 2001a]. Allerdings ließen sich für andere Outputfaktoren sowie für andere Kooperationspartner keine nachweisbaren Effekte auf FuE-Output nachweisen.

Allgemein zeigt die umfangreich vorliegende Empirie, dass kleine im Vergleich zu größeren Unternehmen diskontinuierlicher und gemessen an sog. Throughput- und Outputfaktoren in geringerem Maße Innovationen betreiben. Auch ist ihre allgemeine Kooperationsneigung geringer ausgeprägt.

4.3 Spezifische Handlungsmuster von KMU

Unternehmensstatistische Daten zum auffällig unterschiedlichen Innovationsverhalten kleiner Unternehmen liegen somit also reichlich vor. Im Folgenden soll den Ursachen für diese auf Größendifferenzen beruhenden Unterschiedlichkeiten intensiver nachgegangen werden.

Dass Kleinbetriebe in ihrem Innovationsverhalten spezifischen Herausforderungen gegenüberstehen, beschrieb bereits Strebel [1978]. Aufgrund mangelnder Ressourcen sähen sie sich größeren Schwierigkeiten ausgesetzt, wohingegen mittlere Betriebe bereits über professionelle und gut ausgebildete Geschäftsführer mit innovations-orientiertem Verständnis verfügten. Große Betriebe arbeiteten ohnehin mit ausgeprägter strategisch-organisatorischer Ausrichtung, auch wenn dort die Hierarchien und Größen der Apparate ggf. zu mangelnder Motivation führten. Dass allgemein besehen ein gut ausgeprägtes Innnovationsmanagement die Innovationsfähigkeit von Unternehmen stärkt, wird auch jüngst von Schmoch et al. [2000] bestätigt. Ebenso weisen ZEW et al. [2001] auf die teilweise unzureichenden Innovationsmanagementfähigkeiten von KMU hin.

Entsprechend beschreibt auch Rehfeld [1995] Kleinbetriebe im Zusammenhang mit der Innovationstätigkeit mit Begriffen wie „Pragmatische Durchwurstler" oder „Stück-für-Stück-Innovatoren", was dem Versuch einer Typologisierung von Innovationsentscheidungen entspricht, welche aufgrund der beschriebenen, oft unzureichenden Ressourcen in kleineren Unternehmen oftmals nicht strategischen Planungen gehorchen.

Gelshorn et al. [1991] liefern hier einen grundlegenden und umfangreichen Ansatz für eine Typologisierung mittelständischer Unternehmen im Innovationsprozess, der im Folgenden dargestellt werden soll:

Ausgangspunkt der Betrachtung ist die starke Stellung des mitarbeitenden Unternehmers in kleinen und mittleren Betrieben - wie sie im Übrigen für den Bereich von Forschung und Entwicklung auch von Reinhard & Schmalholz [1996] und von Penzkofer & Schmalholz [1999] beschrieben wird. Die Persönlichkeitsmerkmale des Unternehmers, seine Fähigkeiten und Denkstrukturen seien in hohem Maße handlungsrelevant. Zudem seien Entscheidungen nicht wie bei Geschäftsführern in Großbetrieben rational-ökonomisch begründet, sondern unterlägen einer großen Subjektivität. Subjektive innovations-orientierte Entscheidungen würden neben der Basierung auf Werthaltungen und Gefühlen auch auf der Basis von Können, Wissen und Kreativität sowie der generellen Innovationsbereitschaft eines Unternehmers getroffen. Letztere unterliege zwar keiner einheitlichen Definition, doch wird sie durch Gelshorn et al. [1991] entweder als "Lust auf Veränderung" oder als Einsicht in die Notwendigkeit zur Innovation zwecks Aufrechterhaltung der Wettbewerbsfähigkeit - verbunden mit einem entsprechenden unternehmerischen "Selbstbewußtsein" - beschrieben.

Fünf Bereiche unternehmerischen Handelns seien auszumachen, in denen das Verhalten der Geschäftsführung Innovationsrelevanz erhalte:

- Marketing und Marktkompetenz seien entscheidend für die Konzeption und den späteren Absatz von Produkten.
- Die Produktionsstruktur innerhalb der Betriebe determiniere die Möglichkeiten, Innovationen umzusetzen und so sei entscheidend, inwiefern die technische Kompetenz erlaube, die Brauchbarkeit und den Bedarf neuer Technologien zu erkennen.
- Finanzierungskompetenzen seien ein Schlüsselbereich für Innovationsprojekte: Gerade die Eigenschaft, eigene finanziellen Spielräume offensiv oder defensiv einzuschätzen, spiele eine Rolle, notwendige Finanzmittel zu beschaffen oder an die Grenzen der finanziellen Belastbarkeit zu gehen.
- Der Umgang des Unternehmers im Personalbereich sei entscheidend dafür, wie durch Anreiz- und Beteiligungsinstrumente die Beschäftigten in den Innovationsprozess eingebunden werden könnten.
- Letztlich spiele die Kenntnis des staatlichen Umfeldes und die Kommunikationskompetenz mit den zuständigen Entscheidungsträgern eine Rolle - sowohl in regulatorischer Hinsicht bezüglich zu beachtender Auflagen als auch in fördertechnischer Hinsicht, wenn es die Kenntnis nutzbarer Subventionen betreffe.

Das unternehmerische Vorgehen in diesen Bereichen zeitige zudem jeweils auch externe Wirkungen. So unterliege jeder Betrieb im Wettbewerb einer von außen determinierten Preis- und Qualitätskonkurrenz und müsse innerhalb der Region insbesondere um Kapital sowie um Personal mit anderen konkurrieren. Das zuletzt angesprochene Argument regionaler Arbeitsmärkte als Innovationshindernisse sei in Interviews besonders hervorgehoben worden.

Die Autoren führen an, dass eine ausgewogene Position eines Unternehmens nur dann gegeben sei, wenn ein Unternehmer hohe bereichsübergreifende Fähigkeiten besitze. Entscheidend seien Kompetenzen in allen genannten Bereichen und deren Integration in den Innovationsprozess. Aus der Summe der Kompetenzen lasse sich ein sog. Innovationspotenzial für jedes Unternehmen ableiten. Diesem stehe aufgrund der Markt- und Wettbewerbssituation zudem ein gewisser Innovationsdruck gegenüber. Irgendwo zwischen dem beschriebenen Innovationspotenzial und dem Innovationsdruck sollte das tatsächliche Innovationsverhalten der Unternehmen angesiedelt sein.

Für verschiedene der oben genannten Bereiche werden in einer qualitativen Umfrage de facto allerdings Engpässe ausgemacht, auf deren Basis die Autoren sog. Engpassgruppen generieren und somit gleichzeitig Typen von Unternehmern beschreiben: Es seien ausgewogene Unternehmen, Unternehmen mit Einzelproblemen und solche mit Problembündeln auszumachen.

Zur Gruppe der ausgewogenen Unternehmungen gehörten sog. Konservative Kaufleute und Routinierte Kaufleute sowie die Offensiven Innovatoren: *Konservative Kaufleute* entschieden ausschließlich nach kaufmännischen Gesichtspunkten und bezögen ihre innovationsrelevanten Informationen hauptsächlich aus dem Markt von aktuellen und potenziellen Kunden. Als Spezialisten seien sie mit diesem Vorgehen erfolgreich und das Merkmal Lust auf Veränderung träfe auf sie in geringem Maße zu. *Routinierte Kaufleute* seien Unternehmer, die ebenfalls auf der Basis kaufmännischer Fakten Entscheidungen träfen. Allerdings seien sie stets bestrebt, den eigenen Betrieb weiterzuentwickeln und dadurch Turbulenzen zu vermeiden. Entwicklungsmöglichkeiten würden zwar nicht von sich aus gesucht. Dennoch sei eine überdurchschnittliche Außenorientierung beispielsweise in Verbänden zu beobachten, um Anpassungsbedarf frühzeitig zu erkennen. Innovationsprojekte würden u.a. dann angegangen, wenn Marktveränderungen sie erforderlich machten oder wenn eine Rentabilität klar nachweisbar sei und das Innovationspotenzial nicht überbeansprucht werde. *Of-*

fensive Innovatoren dagegen wollten aktiv am technischen Fortschritt teilnehmen. Technische Denkweise sei hier gleichrangig mit kaufmännischer Denkweise anzutreffen, und die zumeist bereits erreichte technologische Spitzenstellung werde zu halten oder auszubauen versucht. Die Unternehmer hätten ein hohes innovationsförderndes Selbstbewusstsein und versuchten, auch ihre Mitarbeiter zu motivieren und in die Ideenfindung und Problemlösung zu integrieren.

In die Gruppe der Unternehmungen mit Einzelproblemen seien Pausierende Innovatoren und Finanzschwache Innovatoren einzuordnen: So ähnelte die Innovationsorientierung der *Pausierenden Innovatoren* in weiten Teilen denen der offensiven Innovatoren, allerdings bestünde für sie ein Problem im Personalbereich, da sie aus verschiedenen Motiven heraus (u.a. hohe Lust auf Veränderung) eine Sprunginnovation durchgeführt hätten ohne die eigenen Mitarbeiter rechtzeitig und umfassend genug vorbereitet zu haben. Durch gute Marktkenntnis wüssten sie, dass mit ihrem Verhalten ein aufgekommener Innovationsdruck abgebaut wurde und sie zeitweise mit einer Unterbrechung der Innovationstätigkeit gut leben könnten. Um als kaufmännisch denkende Personen den Engpass zu meistern, sind sie bereit, das aktuelle Innovationsniveau zu senken. Ein anderes Einzelproblem sei für *Finanzschwache Innovatoren* auszumachen, zu denen oft kleinere und jüngere Unternehmen gehörten. Angesichts einer stark ausgeprägten Lust auf Veränderung der technisch orientierten Unternehmer würden diese gerne große Innovationsvorhaben planen und zu deren Umsetzung aktiv finanzielle Mittel suchen. Generell sei auch in dieser Gruppe kein umfangreiches kaufmännisches Defizit auszumachen, doch trüge auch die Zurückhaltung von Bankinstituten zu den tatsächlich zu beobachtenden finanziellen Engpässen bei. Die Unternehmungen befänden sich ansonsten im Gleichgewicht.

Anders stelle sich die Situation bei den Unternehmungen mit Problembündeln dar, den Jungen Technikern und den Konzeptionslosen Kaufleuten: *Junge Techniker* zeichneten sich durch hohe Technikorientierung und durch hohe Lust auf Veränderung aus. Allerdings besäßen diese Unternehmen Engpässe in den Bereichen Markt, Personal und Finanzen. Wohl nähmen die Produkte technologische Spitzenstellungen ein, könnten allerdings im Wettbewerb teilweise nicht ausreichend geschützt werden, da die Beschäftigung mit kaufmännischen Fragestellungen zugunsten der Entwicklungstätigkeiten hintangestellt würde. Entsprechend entstünden Finanzierungsengpässe, in ähnlicher Weise würde auch die Personalentwicklung teilweise als den Innovationsprozess behindernd empfunden und vernachlässigt. Innovationen sprengten teilweise die Möglichkeiten der Unternehmungen, was zu Liquiditätsengpässen führe. Die durchaus wahrgenommenen Engpässe würden oft nicht durch eine bessere Abstimmung von Innovationsverhalten und –potenzial in den verschiedenen Problembereichen gemildert, sondern es werde versucht, auf der Basis weiterer technischer Innovationen den eigenen Innovationsgrad zu steigern ohne damit das Problembündel zu lösen. *Konzeptionslose Kaufleute* hätten ebenfalls mit Problembündeln zu kämpfen. Sie seien aus der Position routinierter oder konservativer Kaufleute hervorgegangen und hätten sich als gute Marktkenner mit geringer Lust auf Veränderung zu sehr auf eine eigene Innovationstätigkeit verlassen, die auf der Basis von Kundenanforderungen aufbaute. Grundlegende Technikentwicklungen seien nicht beobachtet worden und auch in den Bereichen Personal und Technik seien nicht rechtzeitig die notwendigen Anpassungen erfolgt. Oft sei eine Entwicklung in Nischen durchgeführt worden, die eine trügerische Sicherheit vermittelt hätte. Die nun notwendigen Umstrukturierungen widersprächen ggf. den in Familienunternehmen tradierten Verhaltensweisen, seien aufwändig und animierten wegen hoher Kosten die ohnehin stark kaufmännisch orientierten und mit geringer Lust auf Veränderung ausgestatteten Unternehmer umso weniger zu umfassenden Neuerungen. Hinzu komme, dass neben dem Bereich der Technik auch der Personalbereich nicht ausreichend entwickelt worden sei. Aufgrund des für alle Unternehmen dieses Typs eher demotivierenden Umgangs gegenüber den Mitarbeitern komme es auch hier zu Engpässen.

Die Autoren deuten an, dass es zwischen allen beschriebenen Typen Mischformen und Übergangsphänomene gibt. Zudem ließe sich in Teilen eine Genese ableiten (vgl. Abb. 4.1), wenn sich beispielsweise aus einem Jungen Tüftler ein Finanzschwacher Innovator entwickle, der später zu einem Offensiven Innovator werde. Mit zunehmenden Alter der Geschäftsführer ließe die in der Person des Entscheidungsträgers begründete Lust auf Veränderung nach, so dass sie damit auch immer mehr hin zu dem Verhalten eines Konservativen Kaufmannes tendierten. Letztere allerdings besäßen wie auch routinierte Kaufleute und offensive Innovatoren aufgrund erfolgreichen Arbeitens eher weite Finanz- und Ressourcenspielräume.

Geschka [1999] macht sich die hier aufgezeigte Typologie zu Nutze und führt sie mit der Zielsetzung Typen-spezifische Transfermöglichkeiten und –ansätze zu finden sogar noch weiter aus. Dabei geht er auch noch intensiver auf Übergänge zwischen den Typologien ein. Rein terminologisch ändert er den Konzeptionslosen Kaufmann in „Macher im Tagesgeschäft“ und führt mit dem *Turnaround Sanierer* einen weiteren Übergangstypen ein. Unternehmungen des letztgenannten Typs machten einen fundamentalen Umstrukturierungsprozess durch, der auf Wechseln auf der Geschäftsführungs- und/oder Gesellschafterseite beruhe. Die Unternehmung solle in einem Kraftakt modernisiert werden, wobei die Innovationstätigkeit zu intensivieren und die Marktposition zu festigen sei. Oftmals sei festzustellen, dass angesichts der umfangreichen Vorhaben zwischendurch ein Konsolidierungsschritt eingelegt werde. Es sei jedoch eine wohl begrenzte, aber meist ausreichende Kapitalbasis vorhanden und aufgrund der Aufgeschlossenheit der Beteiligten bessere sich die Ertragssituation langsam mit dem Greifen der neuen Maßnahmen.

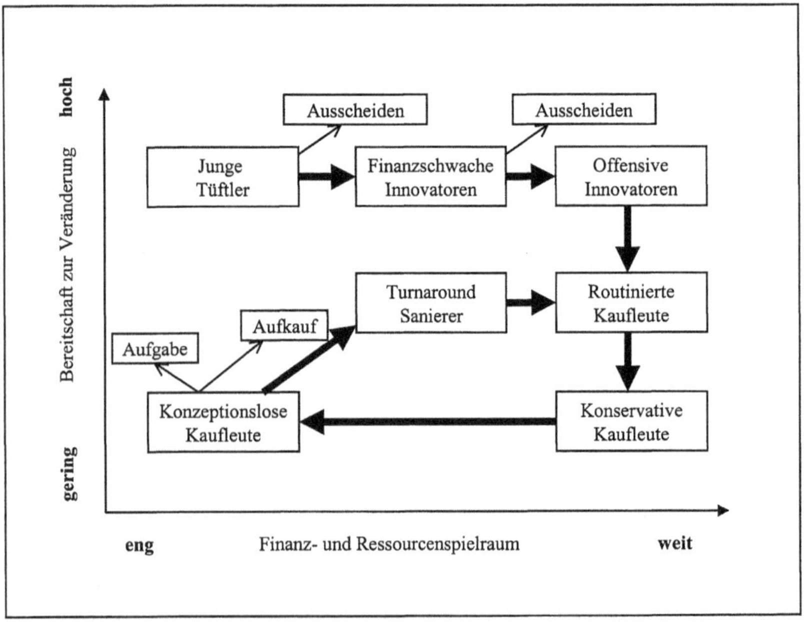

Abb. 4.1: Genese innovationsbezogener Unternehmertypen (eigene Darstellung nach Gelshorn et al. [1991] und Geschka [1999])

Unabhängig vom Typ sei allen kleinen und mittleren Unternehmen gemein, dass – wohl in unterschiedlicher Intensität – verschiedene Engpässe aufträten:

- Die strategische Planung oder Orientierung sei schwach ausgeprägt oder fehle,
- die Informationsbeschaffung über Märkte und Technologien sei unzureichend,
- es bestünden Defizite in der Systematik und Methodik in allen Stufen des Innovationsprozesses und
- die Markteinführung neuer Produkte erfolge eher unsystematisch und nicht professionell [Geschka, 1999, S. 146].

Um für die beschriebenen Unternehmenstypen das Innovationsmanagement und damit in Teilen auch den Know-how Transfer zur Vorbereitung der Innovationen zielgerichtet zu optimieren, beschreibt der Autor einen umfangreichen Baukasten an Ansatzpunkten. Vergleichbar intendieren Gelshorn et al. [1991] eine Optimierung der Innovationskraft mittelständischer Unternehmer und zeigen umfangreiche und ebenfalls auf Unternehmenstypen bezogene Handlungsoptionen für Technologieberater auf, die aus der Blickrichtung der Autoren oftmals auch Fördermittelberater sind. Zur konkreten Zusammenarbeit der befragten Unternehmen mit Hochschulen bestätigen auch sie die bereits weiter oben umfangreich beschriebene hohe Bedeutung persönlicher Kontakte. Lägen diese nicht vor, so unterliege eine Kooperationsabsicht mit Hochschulen weniger strategischen Überlegungen oder der Einsicht, die eigene Wissensbasis durch Informationen aus Forschungseinrichtungen anreichern zu können. Vielmehr resultiere der Kooperationswille dann eher aus solchen Gründen wie „dem Gefühl etwas versäumen zu können“ [Gelshorn et al., 1991, S. 96].

4.4 Zwischenfazit und Fragenset

In einem Zwischenfazit sollen die Erkenntnisse des Teil II im Folgenden nochmals zusammengefügt werden:

Kleine und mittlere Unternehmen besitzen für Volkswirtschaften eine große Bedeutung. Einerseits nimmt diese Gruppe in Deutschland einen Anteil von über 99 % an allen Unternehmen ein und beschäftigt mehr als zwei Drittel aller Beschäftigten. Zudem tragen diese Unternehmen in großem Umfang zur volkswirtschaftlichen Entwicklung bei.

Kleinere Unternehmen bedienen oftmals Nischen und können in ihren spezialisierten Märkten eine Marktführerschaft einnehmen. Dabei erstreckt sich der

Handlungsspielraum v.a. auf nationale und europäische Bereiche [vgl. Hellmer et al., 1999].

Kleinere Unternehmen sehen sich in ihrer Reaktion auf Marktveränderungen und -anfordernisse einem Innovationsdruck ausgesetzt und begegnen diesem mit sog. Routine- oder Inkrementalinnovationen, was für das deutsche Innovationsverhalten ohnehin typisch ist und sich über viele Jahre als eine erfolgreiche Strategie auch im internationalen Wettbewerb bewiesen hat.

Allerdings müssen gerade kleinere Unternehmen im Innovationsprozess spezifische Hürden überwinden, was sie von größeren Betrieben unterscheidet. So verfügen sie nur über begrenzte Ressourcen u.a. in den Bereichen Personal und Kapital. Dies zeigt sich neben anderen Effekten wie beispielsweise den begrenzten Möglichkeiten der Informationsbeschaffung gerade auch im Innovationsmanagement der Betriebe. Dieses ist oftmals unzureichend. Hinzu kommt, dass kleine Unternehmen zu hohem Anteil inhabergeführt sind, so dass sich im Innovationsverhalten die Persönlichkeitsstruktur des Unternehmers selbst stark auswirkt.

Unternehmen sind daneben eingebunden in ein lokales und regionales Bezugssystem. Dieses besteht u.a. aus dem Angebot an Arbeitskräften, aus anderen Unternehmen wie Zulieferern, Wettbewerbern und Kunden, aus Forschungseinrichtungen und aus politisch-administrativen Rahmenbedingungen. Diese Gesamtheit des unternehmerischen Umfeldes mit Auswirkungen auf deren Innovationsverhalten kann auch als sog. „Regionales Innovationssystem" bezeichnet werden [Meyer-Kramer & Gundrum, 1995; Koschatzky, 1997, Fritsch et al., 1998].

Kleinere Unternehmen profitieren besonders von einer räumlichen Nähe. Diese fördert durch die sich ergebenden persönlichen Beziehungen gegenseitiges Vertrauen und gemeinsames Lernen. Transaktionskosten werden dadurch gesenkt. Informelle Kontakte, die auf der Basis sog. Face-to-face-Kontakte zustande kommen, werden erleichtert und ermöglichen verschiedene Austauschbeziehungen. Insbesondere das an Personen gebundene Know-how, sog. tacit knowledge, wird leichter weitergegeben. Vorhandene und begrenzte Ressourcen werden somit effektiv ausgenutzt. Lose Zusammenschlüsse lokal zusammenarbeitender Unternehmen könnten sogar durch sich ergänzende Tätigkeitsfelder Skalenvorteile erlangen, die sonst nur Großunternehmen erreichen [vgl. von Einem et al., 1995].

Die Voraussetzung räumlicher Nähe, allerdings mit einer dezidierteren Blickrichtung auf einzelne Branchen oder Produktionsfelder, rückt für den Bereich sog. Cluster in den Mittelpunkt der Betrachtung. Insbesondere durch die Konzentration der Unternehmen in einer Agglomeration mit der gleichzeitigen Nähe zu anderen Einrichtungen wie branchenorientierten Forschungseinrichtungen etc. werde ein innovatives und sich selbst verstärkendes Umfeld geschaffen. Einen Überblick über jüngste Beispiele sich bildender High-Tech-Regionen geben Keeble & Wilkinson [1999]. Die Diskussion kennt dabei neben dem Begriff des Clusters auch den des Netzwerkes. Beide werden in vielfältigen Zusammenhängen und teilweise divergierenden Konnotationen gebraucht. So bemüht sich auch ein Teilbereich der Debatte um die Trennung der Betrachtung rein unternehmerischer Zusammenarbeit von der Betrachtung des politisch-administrativen Umfeldes, dem für Aktivitäten der allgemeinen Wirtschaftsförderung und im Speziellen des Wissens- und Technologietransfers hohe Bedeutung beizumessen ist. Zur Klärung der Begrifflichkeiten stehen verschiedene Ansätze im Raum. [vgl. Hellmer et al., 1999; Bruch-Krumbein & Hochmuth, 2000; Elsner, 1999, 2001].

Von besonderer Wichtigkeit scheint in der Betrachtung regionaler Innovationssysteme das von Krumbein et al. [1994] in die Diskussion eingebrachte Argument, wonach bei der in der Netzwerkdebatte bevorzugt wahrgenommenen Betrachtung von Ausnahmeregionen die Masse der de facto zu betrachtenden Regionen unberücksichtigt bleibe: „Normalregionen sind [...] schlichtweg die große Mehrzahl der durch das verarbeitende Gewerbe geprägten Regionen in Deutschland“ [Krumbein et al., 1994, S. 167]. Ähnlich stellen auch Fritsch & Schwirten [1998] dar, dass viele Fallstudien in der Tat in solchen nicht-repräsentativen Regionen angesiedelt seien, die sich durch eine besondere Innnovationstätigkeit sowie durch intensive Kooperationen zwischen Wirtschaft und Wissenschaft auszeichnen.

Unabhängig davon, ob kleine Unternehmen in peripheren und als Normalfall zu betrachtenden Räumen oder in Agglomerationen in ihrer Entwicklung unterstützt werden sollen, bestehen verschiedene Hebel zur Erleichterung der in der Innovationstätigkeit zwangsläufig auftretenden Suchprozesse. FuE-Kooperationen gelten als ein Schlüsselelement zur Stärkung der Innovationskraft von Unternehmen. Und in der Tat beweisen reichhaltige Untersuchungen, dass Unternehmen sich in hohem Maße Know-how aus der Zusammenarbeit mit andern

Unternehmen, wie Kunden, Zulieferern oder Wettbewerbern, beschaffen bzw. sich dieses über Messebesuche etc. aneignen.

Demgegenüber rangiert die Zusammenarbeit mit Hochschul- und Forschungseinrichtungen auf einem weit niedrigerem Rang, obwohl zu vermuten sein müsste, dass gerade diese Institutionen als umfangreiche Quellen von Wissen besonders attraktive Kooperationspartner darstellen sollten. Genauere Untersuchungen zeigen, dass bei der Kooperation mit Hochschulen auf Seiten der Unternehmen zwischen bereits aktiven „Insidern“, potenziell zu gewinnenden „Outsidern“ und nicht zu Interessierenden zu unterscheiden ist [Beise et al., 1995]. Aus der vielfältig vorliegenden Empirie geht hervor, dass kleine Unternehmen z.T. sehr diskontinuierlich innovieren und in ihrem Kooperationsverhalten stärker regional orientiert sind. Mit zunehmender Größe steigen die Kontinuität und das Ausmaß von Forschung und Entwicklung ebenso an wie die überregionale Orientierung, die generelle Kooperationsneigung und die Ausprägung des Innovationsmanagements.

Werden unternehmerische Partner vor allem entlang technologischer Fragestellungen gesucht, so üben regionale Faktoren relativ geringe Auswirkung auf das Kooperationsverhalten aus [Hellmer et al., 1999]. Allerdings machen Backhaus & Seidel [1997] für die Suche nach Forschungspartnern durchaus einen Trend zur stärkeren regionalen Orientierung sowie einer abnehmenden Kooperationsintensität bestehender Beziehungen mit zunehmender Entfernung aus. Umfangreiche statistische Analysen im Rahmen eines europaweiten Forschungsprojektes sind in ihren Aussagen zurückhaltender. Sie finden jedoch zumindest für einen Outputfaktor (Patente) einen statistisch belegten Zusammenhang mit der regionalen Kooperation mit Forschungseinrichtungen [Fritsch, 2001a]. Demgegenüber ließen sich für andere Outputfaktoren sowie für andere Kooperationspartner keine nachweisbaren Effekte auf FuE-Output nachweisen.

Allgemein zeigt die umfangreich vorliegende Empirie, dass kleine im Vergleich zu größeren Unternehmen diskontinuierlicher und gemessen an sog. Throughput- [Backhaus & Seidel, 1997] und Outputfaktoren in geringerem Maße Innovationen betreiben. Auch ist ihre allgemeine Kooperationsneigung geringer ausgeprägt.

Für die Stellung von institutionalisiertem Technologietransfer zeigt sich in den Untersuchungen eine zusätzlich noch reduzierte Bedeutung gegenüber der ohnehin bereits auf relativ niedrigem Niveau befindlichen Kooperationsrealität zwischen Unternehmen und Hochschulen. Dabei gehören zum Leistungsspektrum der gleichmäßig an allen Hochschulen angesiedelten Transferstellen u.a. Informations- und Dokumentationsaufgaben, der Personaltransfer, die Anbahnung von Kooperationen sowie die Betreuung von Unternehmensgründungen aus Hochschulen. Als Transferhemmnisse, die eine Begründung für die vergleichsweise niedrige Bedeutung von Wissens- und Technologietransfer liefern können, werden wiederkehrend mehrere Argumente genannt:

- das Wissen der Unternehmen um die oftmals rein angebotsorientierten Möglichkeiten an den Hochschulen sei unzureichend,
- die ursprünglich bei der Konzeption der Transferstellen angenommenen Modelle einer reinen Diffusion von Hochschulerfindungen an Unternehmen gingen an der Realität vorbei. Vielmehr lägen für kleine Unternehmen dringende Fragestellungen in der konkreten und intensiven Markt- und Problemorientierung ihrer Innovationsaktivitäten,
- schließlich seien für Unternehmen persönliche Kontakte zur Anbahnung von Kooperationen entscheidend, über die die Transferverantwortlichen nur in geringem Maße verfügten.

Zur Überwindung dieser Hemmnisse seien andere Formen des Wissens- und Technologietransfers zu suchen, die beispielsweise eine stetige Kommunikation zwischen Wissenschaft und Wirtschaft ermöglichten, die eine Nachfrageorientierung besäßen, die flexibles und an die Bedürfnisse der anfragenden (kleinen) Unternehmen angepasstes Reagieren ermöglichten. Promotoren oder Netzwerkpiloten sollten Betriebe in ihrer Innovationstätigkeit unterstützen und zu einer Vernetzung von Akteuren führen.

Ob und inwiefern neue Ansätze eines offensiven Wissens- und Technologietransfers mit gezielter Orientierung an technologischen Trajektorien und regionalen Angeboten Einfluss auf das Innovations- und Kooperationsverhalten insbesondere kleiner Unternehmer ausüben können, wird u.a. Gegenstand der hier vorliegenden Untersuchung sein.

Es ist zu untersuchen, inwiefern für kleine Unternehmen in sog. Normalregionen die Frage der gegenseitigen Bedingung von Innovations- und Kooperationsverhalten mit öffentlichen Akteuren innerhalb eines regionalen Kontextes von Bedeutung ist. Antworten werden u.a. gesucht auf die offene Frage, wie sich beispielsweise die genauen Abläufe der verschiedenen Kooperationsformen zwischen Unternehmen und Hochschulen gestalten und welche Rolle die öffentlichen Forschungseinrichtungen im (regionalen) Innovationssystem einnehmen [Fritsch & Schwirten, 1999].

Die Untersuchung wird sich an einem Fragenset orientieren, das sich aus den bisherigen Betrachtungen ableitet, das Umfeld öffentlicher Akteure gegenüber ausschließlich Hochschulen und Forschungseinrichtungen erweitert und den von Bruch-Krumbein [2000] geprägten Begriff des Politikclusters als „Vielfalt administrativer, politischer und auch gesellschaftlicher Einrichtungen, Verbände, Vereine etc. mit einem auch auf die regionale Ökonomie gerichteten Handlungsfeld" (S. 36) aufgreift, so dass das Wirken von Teilen der genannten Gruppen von Akteuren genauer untersucht werden kann.

Im Einzelnen stellen sich u.a. folgende Fragen:

Fragenset

- Welche Partner aus Hochschulen und aus dem politisch-administrativen Umfeld kommen – und zu welchem Anteil - in einer Region als Innovationspartner in Frage?
- Können regionale Kooperationen zwischen kleinen Unternehmen und Partnern aus Hochschulen und aus dem politisch-administrativen Umfeld Gegenstand von Vermittlung sein?
- Welche Qualität zeigen die Ergebnisse von regional orientierten Vermittlungsaktivitäten?
- Welche Funktion und welchen Stellenwert besitzt (Netzwerk)-Moderation für kleine Unternehmen?
- Wie gestaltet sich die Bedeutung eines (Netzwerk-)Moderators?
- Ist opportunistisches Verhalten von Partnern bei moderierter Vermittlung eine relevante Größe?
- Besteht in Kooperationen ein Zusammenhang zwischen der Herkunft (Institution) öffentlicher Partner mit der Art der unternehmerischen Innovationstätigkeit?

- Zeitigt das Unternehmensalter einen Einfluss auf das Innovationsverhalten?
- Übt Unternehmensgröße einen Einfluss aus auf die Art des Know How-Transfers?
- Existieren Unterschiede im Innovationsverhalten zwischen wissens-intensiven und nicht wissens-intensiven Unternehmen?
- Beeinflussen Abhängigkeiten im Markt das Innovationsverhalten von kleinen Unternehmen?
- Wie gehen kleine Unternehmen mit Schutzrechten geistigen Eigentums als Innovationsmanagement-Instrument um?
- Welche Dimensionen besitzen von kleinen Unternehmen durchgeführte Innovationsprojekte?
- Lassen sich die Ressourcen-Engpässe von kleinen Unternehmen überwinden?
- Welcher Intensität bedarf die Vorbereitung und Vermittlung von Kooperationen bei Kleinunternehmen?
- Wie ausgeprägt ist die Adaptionsfähigkeit von kleinen Unternehmen?
- Sind bislang nicht transfer-aktive Unternehmen für Innovations-Aktivitäten mit externen öffentlichen Akteuren erreichbar?
- Lassen sich Innovations- und Kooperationsverhalten von kleinen Unternehmen innerhalb eines regionalen Kontextes unterstützen?

Das folgende Schema in Abb. 4.2 skizziert damit den bisherigen Gang der Argumentation und zeigt den weiteren Verlauf der Arbeit auf.

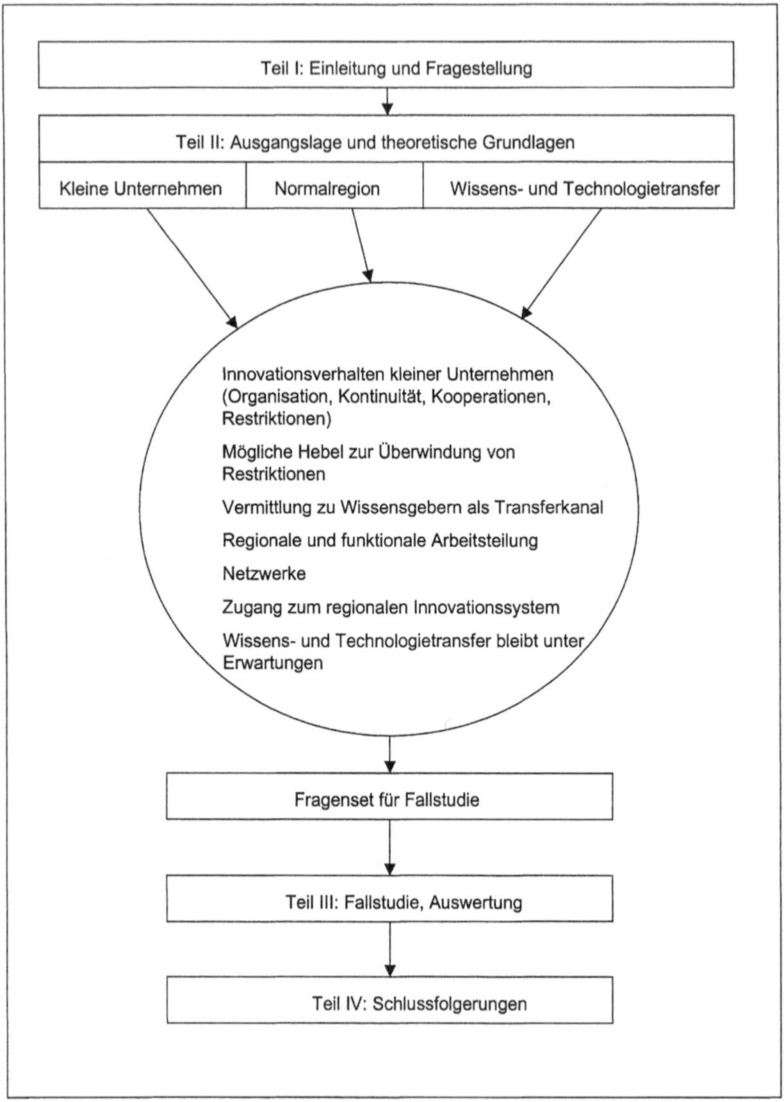

Abb. 4.2: Schema zum Verlauf der Untersuchung

III. Fallstudie: Kooperationsvermittlung in einem Netzwerk

5 FuE-orientierte Unternehmensberatung im Landkreis Diepholz

Im Rahmen dieser Arbeit sollen Ergebnisse einer aktiven Vermittlungstätigkeit untersucht werden. Die Basis dafür bildet die in Einzelberatungen initiierte Kooperationsaktivität kleiner und mittelständischer Unternehmen in dem niedersächsischen Landkreis Diepholz. Dieser Landkreis unternimmt verschiedene Anstrengungen zur Ausrichtung der kommunalen Wirtschaftsförderung hin zu einem Unternehmens-orientierten Dienstleistungsangebot. So werden bereits seit der Gebietsreform des Jahres 1977 durch eine Landkreis eigene Wirtschaftsförderungs-GmbH die Förderinstrumente aus dem Programm der Gemeinschaftsaufgabe zur Förderung der Regionalen Wirtschaftsstruktur vermittelt und verwaltet. Ergänzt wurde diese Förderung durch eine immer wieder aktualisierte Richtlinie des Landkreises zur Förderung arbeitsplatzbezogener Investitionen.

Eine Bestandsaufnahme zur Wirtschaftsförderung mit angebundenen Handlungsempfehlungen [ARSU, 1992] ergab insbesondere im Bereich Forschung/Entwicklung/Technologie geringe Tätigkeiten im Kreisgebiet bei Unternehmen außerhalb der großen Konzerne. Die niedrige Anzahl an Unternehmenskooperationen zwischen Unternehmen und Hochschuleinrichtungen sei u.a. auf das „Informationsdefizit über potentielle Kooperationspartner und deren ‚Know-how' bzw. Forschungsschwerpunkte" (S. 129) zurückzuführen. Beratungsbedarfe wurden in den Bereichen Informationstransfer, Wissenstransfer, Technologietransfer und Kooperationsvermittlung ausgemacht. Durch gezielte Informationsbeschaffung und -vermittlung der Unternehmen könnten die Unternehmensplanungen unterstützt und durch gezielte Fördermittelakquisition Investitionsentscheidungen befördert werden.

Im Rahmen der Konzepterstellung für eine regionale Infrastrukturpolitik im Raum der gemeinsamen Landesplanung Bremen/Niedersachsen wurden nahezu gleichlautende Bedarfe identifiziert [GLP, 1994]. So stehe angesichts der hauptsächlich durch KMU geprägten Wirtschaftsstruktur die Stärkung regionaler Netzwerke im Vordergrund möglicher Handlungsansätze. Gerade Kooperationen zwischen Wirtschaft und Wissenschaft böten schon zur Formulierung eigener Innovationsbedarfe aber auch zur Unterstützung der eher suboptimal entwickelten FuE-Infrastrukturen der Betriebe entscheidende Impulse. Erforderlich seien „Beratungsleistungen in den Unternehmen im Vorfeld von Projekten, die aktive Initiierung von Kooperationen, Initiierung und Mitarbeit bei der Entwicklung von neuen Technologiefeldern [...] und die Aufarbeitung und Weiterleitung innovationsrelevanter Informationen bis hin zur notwendigen Unterstützung und Beratung bei der Formulierung von Projektanträgen. Gefordert [seien] Moderatoren im Innovationsprozess, die [...] in Kenntnis der regionalen Strukturen eine ‚Übersetzungsfunktion' zwischen Wissenschaft und Wirtschaft" (S. 186) wahrnehmen könnten.

Im Lichte dieser Argumentation beschloss der Landkreis im Jahr 1996 eine aktive Ansprache der Unternehmen durch eine externe Beratungseinrichtung, die die geforderte Mittler- und Moderatorenfunktion zwischen Wirtschaft und Wissenschaft übernahm. Es handelt sich dabei um eine Innovationsgesellschaft, die als ein spin-off der Wissens- und Technologietransferstelle der Carl von Ossietzky Universität Oldenburg entstanden ist. Die von dort für die Unternehmen angebotene sog. FuE-orientierte Unternehmensberatung wurde ab August 1996 durchgeführt. Die Vermittlung von FuE-Partnern erfolgte unter Beachtung fachlicher Komplementarität sowie regionaler Präferenz und sollte sich an den Forderungen regional-ökonomischer Debatten zur der Stärkung endogener Potenziale in ländlichen Gebieten orientieren [vgl. Meyer-Krahmer & Gundrum, 1995]. Das Vorgehen bei der Beratungstätigkeit [vgl. Heinlein & Seeber, 1998] wird nach einer Einführung in raumstrukturelle und sektorale Umfeldbedingungen des Betrachtungsgebietes in diesem Kapitel näher beschrieben.

Diese Beschreibung dient einer Darstellung des vorwiegend peripher gelegenen Kreisgebietes, das gleichzeitig im Norden von dem direkt angrenzenden Oberzentrum Bremen beeinflusst wird. Bei der Darstellung wird ein besonderes Augenmerk auf innovationsrelevante Strukturdaten (wie z.B. FuE-Beschäftigung und Qualifikationsniveaus, Patentanmeldungen oder Wissensintensität) gelegt.

5.1 Landkreis Diepholz als Standort im Nordwesten

5.1.1 Raumstrukturelle Grunddaten

Boye & Ridder [2001] stellen in einem ausführlichen Überblick eine Vielzahl regionalanalytischer Daten des betrachteten Landkreises Diepholz vor:

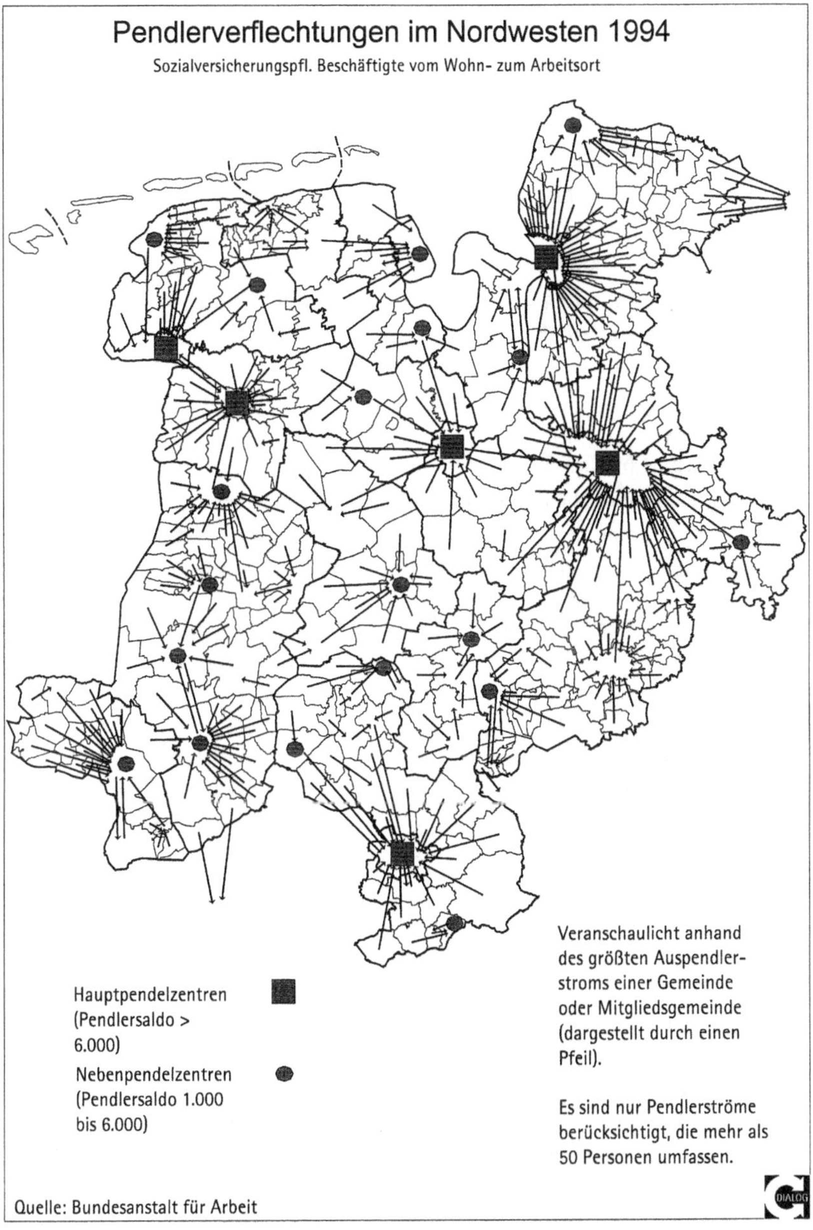

Abb. 5.1: Pendlerverflechtungen im Nordwesten, Quelle: Arbeitsstelle DIALOG [1996]

Dieser ist im Zentrum Niedersachsens gelegen und wird im Norden von dem Land Bremen sowie im Süden von dem Land Nordrhein-Westfalen begrenzt. Nachbarkommunen sind die Stadt Delmenhorst, sowie die Landkreise Verden, Nienburg, Minden-Lübbecke (NRW), Osnabrück, Vechta und Oldenburg. Zusammen mit den Landkreisen Verden und Osterholz sowie der Stadt Delmenhorst bildet der Landkreis Diepholz die Raumordnungsregion Bremen-Umland, die nach der Systematik des Bundesamtes für Bauwesen und Raumordnung zum Regionstyp „Agglomerationsräume mit herausragenden Zentren" (Grundtyp I2) gehört. In der Einordnung zu siedlungsstrukturellen Kreistypen wird der Landkreis Diepholz als ländlicher Kreis in einem Agglomerationsraum (Kreise/Kreisregionen unter 150 E/km²) eingestuft. Der Landkreis gehört dem Regierungsbezirk Hannover an.

Das Kreisgebiet beträgt 1.987 km². Bei einer Wohnbevölkerung von 210.000 Menschen entspricht dies einer Bevölkerungsdichte von 106 Einwohnern pro km², was weit unter den Vergleichswerten des früheren Bundesgebietes (268 E/km²) und auch unter dem Wert Niedersachsens (166 E/km²) liegt.

Bei 72.800 Erwerbstätigen im Jahr 1997 (1988: 66.200) ergab sich innerhalb von zehn Jahren eine Zunahme von 10,0 %. 1999 waren für den gleichen Raum 51.138 sozialversicherungspflichtig Beschäftigte registriert (1988: 43482), was einer Zunahme von 21,0 % entspricht.

Die Nähe zu dem Oberzentrum Bremen hat für den Landkreis vielfältige Auswirkungen, die sich verstärkt auf die Kommunen im nördlichen Kreisgebiet auswirken und teilweise zu einem Nord-Süd-Gefälle im Bereich wichtiger Strukturindikatoren führen.

Einerseits ergibt sich so ein Auspendlersaldo von 16.300 Erwerbstätigen (1999). Eine graphische Auswertung von Arbeitsstelle DIALOG [1996] visualisiert die Pendlerverflechtungen für den Gesamtraum im Jahr 1994 (Bezugsgröße: 49.798 sozialversicherungspflichtig Beschäftigte im Landkreis Diepholz im Jahr 1994) und ist in Abb. 5.1 dargestellt.

Bedeutende Zuströme von Einpendlern in die Stadt Bremen fallen dort auf. Als regionale Zentren mit Einpendlerüberschuss sind die Stadt Diepholz im Südwesten sowie die Stadt Sulingen im Südosten auszumachen. Die detaillierte Betrachtung der Einpendlerströme in das Oberzentrum Bremen (s. Abb. 5.2) zeigt

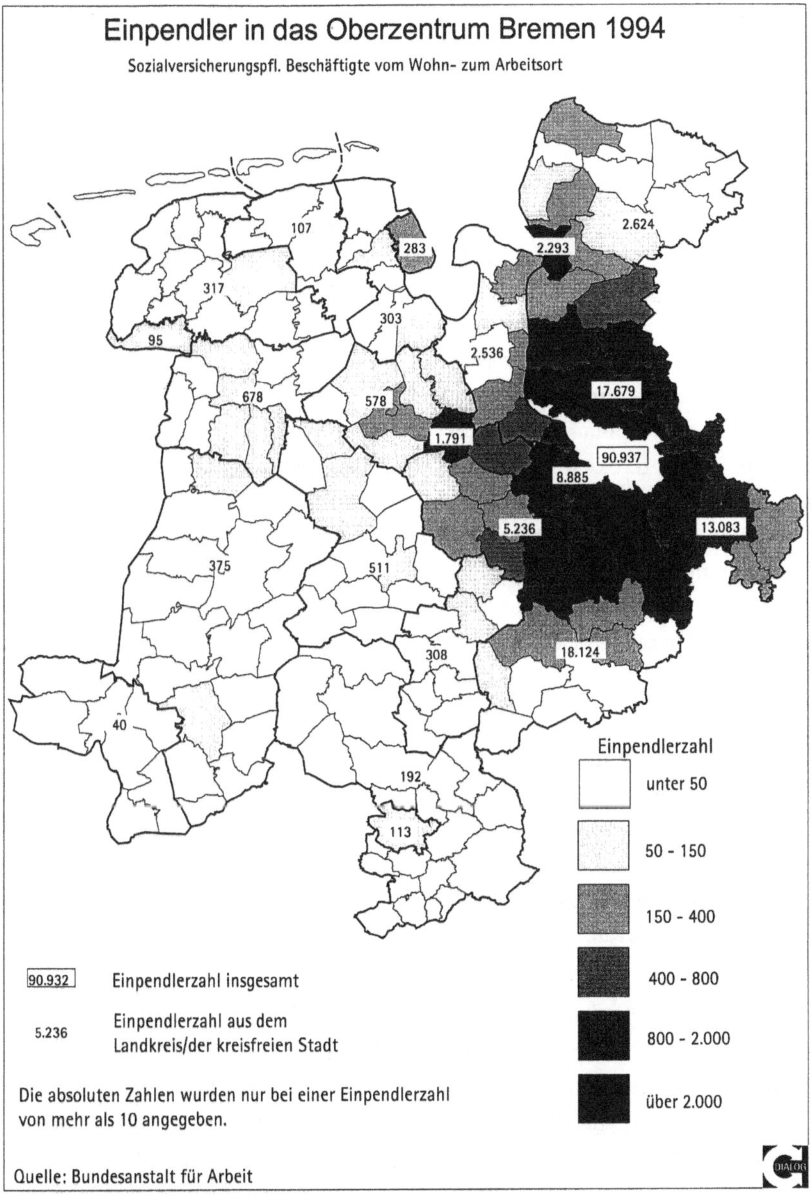

Abb. 5.2: Einpendler in das Oberzentrum Bremen, Quelle: Arbeitsstelle DIALOG [1996]

die klare Verflechtung des Nordkreises, in dessen Kommunen teilweise weit über 2000 Personen wohnen, die in der Stadt Bremen beschäftigt sind.

Vergleichbar auffällig sind die überdurchschnittlichen Einkommen der Einwohner in den nördlichen Landkreisgemeinden, die in der Gemeinde Stuhr bei einem Wert von 130 % und in der Gemeinde Weyhe bei 115 % gegenüber dem Durchschnitt des früheren Bundesgebietes liegen [Boye & Ridder, 2001]. Die Stadt Syke erreicht exakt den Bundesdurchschnitt, alle weiteren Kommunen liegen darunter. Die geringsten Werte von unter 80 % bis zu 70 % entfallen auf die ländlichen Südkreisgemeinden Schwaförden, Wagenfeld und Kirchdorf. Vergleichbare Aussagen des Nord-Süd-Gefälles lassen sich auch zu den Bereichen der Gewerbesteuereinnahmen, des Gemeindeanteils an der Einkommenssteuer sowie der Steuereinnahmekraft je Einwohner treffen, wobei in der „Spitzengruppe" dieser direkten bremischen Anrainergemeinden mitunter auch die im südlichen Kreisgebiet liegende Samtgemeinde Lemförde erscheint. In deren Gebiet befindet sich ein Tochterunternehmen eines global players der Kunststoffverarbeitung. Zugleich ist dort ein Tochterunternehmen eines großen Automobilzulieferers angesiedelt. Beide beschäftigen über 1000 Mitarbeiter und üben unübersehbare raumstrukturelle Effekte auf lokaler Ebene aus.

5.2 Sektorale Aspekte, Unternehmens- und Beschäftigtenstruktur

Als Grundlage für die im weiteren Verlauf der Arbeit vorzunehmenden Auswertungen sollen nun sektorale und branchenspezifische Schwerpunkte auf der Basis unternehmens- und beschäftigtenstatistischer Daten identifiziert werden. Im Anschlusskapitel wird ein Schwerpunkt auf die Betrachtung des Humankapitals des Untersuchungsraumes gelegt werden. Die hier zu treffenden Aussagen erhalten ihre Relevanz insbesondere dadurch, dass für die späteren Analyse ein Abgleich mit den hier zu findenden Schwerpunkten möglich wird.

Die Betrachtung nach Sektoren bei Boye & Ridder [2001] zeigt, „dass die sektorale Struktur des Landkreises Diepholz in einem hohen Maß an überregionale Trends ‚angepaßt'" (S. 47) sei. Die im niedersächsischen sowie im Bundesvergleich durchschnittliche und somit deutliche Ausprägung des Dienstleistungssektors sei für Regionen mit weiten ländlichen Anteilen ungewöhnlich und deute darauf hin, dass im Landkreis Diepholz zum Teil Dienstleistungen angesiedelt seien, die für das angrenzende Oberzentrum Bremen von Bedeutung seien (vgl. Tab. 5.1).

Schwerpunkte machen die Autoren für Zahlen der Erwerbstätigkeit im Jahr 1997 insbesondere im produzierenden Gewerbe (30 % der Erwerbstätigen) sowie in der Wirtschaftsabteilung Handel, Verkehr und Nachrichtenübermittlung aus, in der über 28 % der Erwerbstätigen beschäftigt sind (Bundeswert: 19%).

Tab. 5.1: Erwerbstätigkeit nach Sektoren in Prozent, Quelle: Boye & Ridder [2001] nach NLS, eigene Darstellung

	Landkreis Diepholz	Niedersachsen	Früheres Bundesgebiet
Primärer Sektor	7,1	3,7	2,6
Sekundärer Sektor	29,8	31,4	34,0
Tertiärer Sektor	63,1	64,8	63,4

Im Folgenden sollen die für das Jahr 1999 nach der aktuellen statistischen Gliederung WZ '93 [Statistisches Bundesamt, 1994] erhobenen Daten ausgewertet werden (vgl. Tab. Anhang 1). Dabei ist zu beachten, dass die seit dem Jahr 1999 geltende Neuregelung zur Teilzeitbeschäftigung eine Zuordnung von Beschäftigten mit einem zusätzlichen sozialversicherungspflichtigen Teilzeitarbeitsverhältnis zu dem Wirtschaftszweig der Teilzeitbeschäftigung vornimmt. Dies führt ggf. zu Verzerrungen. Für das Land Bremen liegen teilweise nur Summenwerte der Wirtschaftsabteilungen vor.

Insgesamt wurden im Jahr 1999 im Landkreis Diepholz 52.601 Personen sozialversicherungspflichtig beschäftigt. Bei der Betrachtung der Zahlen sozialversicherungspflichtig Beschäftigter (vgll. Tab Anhang 1) liegt der Wert der in der Land- und Forstwirtschaft Beschäftigten im Landkreis Diepholz mit 1.134 und entsprechend 2,2 % erwartungsgemäß auf höherem Niveau als im Land Bremen (0,3 %) und zugleich auch höher als im Land Niedersachsen (1,5 %).

Für das produzierende Gewerbe ist ein Wert von 18.477 Beschäftigten für den Landkreis Diepholz ausgewiesen, was einen Anteil von 35,1 % entspricht. Dieser Wert liegt im niedersächsischen Landesvergleich leicht unterhalb des Durchschnittes (36,6 %), bewegt sich allerdings deutlich oberhalb des bremischen Anteils von 31,1 %. Innerhalb des produzierenden Gewerbes fällt auf, dass das verarbeitende Gewerbe mit 12.064 Beschäftigten und einem Anteil von 22,9 % noch beachtlich unter dem niedersächsischen Durchschnittswert von 26,5 %, aber auch unter dem bremischen Vergleichswert von 23,7 % rangiert. Ausgeglichen werden diese unterdurchschnittlichen Werte von einem im Baugewerbe deutlich überdurchschnittlichen Wert des Landkreises Diepholz mit 5.575 Beschäftigten, was 10,6 % entspricht bei 8,6 % als niedersächsischem und 6,1 % als bremischem Durchschnitt.

Innerhalb des verarbeitenden Gewerbes können Vergleiche aufgrund nicht ausgewiesener Zahlenwerte nur bedingt angestellt werden. Auffällig ist hier ein vergleichsweise höherer Anteil Beschäftigter in der Wirtschaftsabteilung Ernährungsgewerbe und Tabakverarbeitung im Landkreis Diepholz mit 2.298 Beschäftigten, was 4,4 % entspricht (Niedersachsen: 3,7 %, Bremen: 3,5 %). Erhöht ist ebenfalls der Bereich der Herstellung von Gummi- und Kunststoffwaren mit 1.675 Beschäftigten und einem Anteil von 3,2 % (Niedersachsen: 2,0 %, Bremen: 0,2 %). Eindeutig niedrigere Vergleichswerte weist das Kreisgebiet Diepholz aus für die Herstellung von Büromaschinen, Datenverarbeitungsgeräten und –einrichtungen, Elektrotechnik usw. mit 508 Beschäftigten. Dies entspricht 1,0 % bei Vergleichswerten von 2,7 % für das Land Niedersachsen und 2,9 % für das Land Bremen. Noch auffälliger ist der geringe Anteil im Bereich Fahrzeugbau mit 1.163 Beschäftigten und 2,2 % im Vergleich zu 5,7 % für das Land Niedersachsen und zu 8,9 % für das Land Bremen. Vergleichsweise überdurchschnittlich schneiden das Verlags- und Druckgewerbe sowie die Herstellung von Möbeln, Schmuck und Musikinstrumenten ab.

Für die Wirtschaftsabteilung Handel, Gastgewerbe und Verkehr lässt sich für den Landkreis Diepholz ein besonders auffälliger Schwerpunkt ausmachen. Hier werden 16.266 Personen beschäftigt, was einem Anteil von 30,9 % entspricht und leicht über dem bremischen Vergleichswert von 29,0 % sowie weit über dem niedersächsischen Vergleichswert von 24,1 % liegt. Insbesondere die Handelsvermittlung (9,8 %) sowie der Großhandel (9,3 %) tragen hierzu entscheidend bei. Die entsprechenden niedersächsischen Durchschnittswerte liegen bei 4,9 % und 4,2 %. Mit Bezug auf die Zahlen der sozialversicherungspflichtig Beschäftigten nach alter Systematik zeigen Boye & Ridder [2001] für das Jahr 1998 auf, dass 60 % aller im Handel Tätigen (absolut insgesamt: 10.545) auf die nördlich gelegenen Kommunen Stuhr, Weyhe und Syke entfallen. In einer genaueren Analyse zeigen die Autoren, dass überdurchschnittliche Auswirkungen auf diese Zahlen insbesondere durch den in den nördlichen Kommunen stark vertretenen Großhandel mit einem Anteil von 10.9 % an der landkreisweiten Beschäftigung (absolut insgesamt: 5.554) gegenüber einem Landesdurchschnitt von 4,7 % bewirkt werden. Aus diesen Aussagen muss somit geschlossen werden, dass für die von der Stadt Bremen entfernter liegenden Bereiche eher unterdurchschnittliche Werte für den Handel und somit eher überproportionale Beschäftigungsschwerpunkte im produzierenden Gewerbe anzutreffen sein müssen.

Die Unterabteilung Verkehr verzeichnet im Landkreis 5,2 % der sozialversicherungspflichtig Beschäftigten (1999) gegenüber 4,8 % im Land Niedersachsen und 10,8 % im Land Bremen. Dieser Sachverhalt relativiert zusätzlich die für den Landkreis Diepholz hohe Gewichtung der gesamten Abteilung Handel, Gastgewerbe und Verkehr und unterstreicht somit die für den Beobachtungsraum hervorgehobene Bedeutung des Handels.

In den Wirtschaftsabteilungen des Bereiches Dienstleistungen sind für den Landkreis Diepholz 16.687 Beschäftigte verzeichnet. Dies entspricht 31,7 % und liegt unterhalb des niedersächsischen Durchschnittswertes von 37,7 % sowie unter dem für den Agglomerationsraum Bremen erwartungsgemäß noch höheren Anteil von 39,5 %. Begründet liegen diese niedrigeren Werte in gleichmäßig niedrigeren Niveaus in den Bereichen Kredit-, Versicherungs- und Grundstückswesen sowie Öffentliche und private Dienstleistungen.

Die Betrachtung der Betriebsgrößen nach Beschäftigtenanzahl soll im Folgenden durch die Analyse der in einem regionalen Wirtschaftsinformationssystem enthaltenen Daten unterstützt werden, welches unter dem Namen Regionales Informationssystem RegIS [2000] umfangreiche Aussagen liefert. Dieses Informationssystem basiert auf Erhebungen der Einrichtungen der Wirtschaftsförderung bei Unternehmen und repräsentiert somit nicht die amtliche Statistik. Schwerpunkt der Aufnahmen der Unternehmen in dieses Wirtschaftsinformationssystem ist das Vorliegen verschiedener Indikatoren, die auf eine überdurchschnittliche Innovationsfähigkeit der Betriebe schließen lassen (eigene Produkte, überregionaler Absatz, spezielles Fertigungs-Know-how, besonders qualifiziertes Personal, Zulieferertätigkeit). Für den Landkreis Diepholz waren dort bei einem Stand zum Juni des Jahres 2000 insgesamt 539 Betriebe registriert. Neben der Zuordnungen zu den Wirtschaftsabteilungen, die in Interviews vor Ort vorgenommen wird, besteht in dem Zahlenmaterial eine für Aussagen zur Betriebsgrößenverteilung hinreichende Grundgesamtheit: Verzeichnet sind für das produzierende Gewerbe 378 Unternehmen. Die noch nicht korrigierte Angabe des Niedersächsischen Landesamtes für Statistik im Jahr 1999 weist für das Kreisgebiet 1433 Unternehmen aus [NLS, 2001], so dass in RegIS von einem Erfassungsgrad von ca. 25 % der produzierenden Unternehmen ausgegangen werden kann. Eine Zusammenstellung nach Betriebsgrößenklassen ergibt die in Tab. 5.2

dargestellte Größenverteilung, aus der ein hoher Anteil kleiner Unternehmen sehr deutlich wird. Dieser Anteil liegt für die Betriebsgrößenklasse unter 50 Mitarbeitern bei summierten 81 %. Einer – angesichts der zur Verfügung stehenden Intervalle - relativ weiten Definition von kleinen und mittleren Unternehmen als solchen mit bis zu 299 Beschäftigten folgend, stellen weitere 16 % solche KMU dar. Es sind zwei Betriebe der Größenklasse 400 bis 499 Beschäftigten sowie zwei Großbetriebe erfasst, die dann in die Größenklasse über 1000 Beschäftigte fallen.

Tab. 5.2: Betriebsgrößenverteilung im produzierenden Gewerbe, Quelle: Regionales Informationssystem; RegIS [2000], eigene Berechnungen

Betriebs-grössen-klassen	Absolut	in %
1 - 4	26	7
5 - 9	77	20
10 - 19	110	29
20 - 49	96	25
50 - 99	41	11
100 - 199	12	3
200 - 299	6	2
300 - 399	0	0
400 - 499	2	1
500 - 999	0	0
> 1000	2	1
k.A.	6	2
Summe	378	100

Eine Analyse der Betriebsgrößenverteilung für den Landkreis Diepholz ergibt bei Boye & Ridder [2001] in der Größenklasse unter 50 Beschäftigten einen Anteil von 80,5 % an Betrieben (absolut: 210) für das Jahr 1998 bei vergleichsweise 71,3 % im Land Niedersachsen (absolut: 4.931). Im erweiterten Intervall von 50 – 500 Beschäftigten findet sich ein Anteil von 19,2 %, was absolut 50 Betrieben entspricht (Niedersachsen 26,4 %, absolut: 1.823), der Bereich mit über 500 Mitarbeitern wird von 0,4 %, respektive einem Betrieb, erreicht (Niedersachsen 2,3 %, absolut: 158). Die dieser Schätzung zu Grunde liegende Grundgesamtheit von insgesamt 261 Betrieben für den Landkreis Diepholz im produzierenden Gewerbe ist außer der Quellenangabe „NIW" nicht näher in ihrer Herkunft beschrieben. Dennoch lässt diese Teilmenge die Abbildung realistischer Verhältnisse vermuten und wird durch die Zahlen des RegIS [2000] bestätigt.

Unter Einbeziehung der Dienstleistungsunternehmen und des Handels ergibt die Betrachtung des gesamten Betriebsbestandes für das Kreisgebiet eine absolute Zahl von 5.717 Betrieben im Jahr 1999 [NLS, 2001]. Die Anzahl der Handwerksbetriebe betrug gemäß der für das Jahr 1995 durchgeführten Handwerkszählung 1.508 [NLS, 2001], die ihrerseits insgesamt 13.946 Beschäftigte aufwiesen. In Ermangelung der seinerzeit noch nicht erhobenen Vergleichsgröße für das Jahr 1995 kann die Anzahl der Handwerksbetriebe als Orientierungswert nur mit der Anzahl aller Betriebe des Jahres 1998 in Höhe von 5.606 abgeglichen werden, woraus sich ein ungefährer Anteil von 25 % ableitet.

5.2.1 FuE-Intensität und FuE-Beschäftigte, Wissensintensive Branchen und Qualifikationsstruktur

Auf Ebene eines Landkreises Aussagen zur umsatzbezogenen FuE-Intensität zu machen, führt teilweise an Grenzen im Bereich der verfügbaren statistischen Datenlage. Dennoch existiert verwertbares Zahlenmaterial. So kann einerseits bei Erwerbstätigen nach deren Qualifikationsstand unterschieden werden. Beispielsweise gibt somit die Angabe eines Hochschulabschlusses Auskunft über ein vergleichsweise hohes Qualifikationsniveau, dessen Vorliegen insbesondere als notwendige Voraussetzung für FuE in den Betrieben allgemein postuliert wird. So steige gerade auch die Adaptionsfähigkeit für innovative Ideen mit dem Grad der Ausbildung. Eine dezidierte Aussage über die tatsächlich durchgeführten FuE-Aktivitäten von Betrieben ist mit dieser Angabe alleine allerdings nicht möglich.

Eine bedeutende Quelle für fundierte Aussagen ist die Forschungs- und Entwicklungsstatistik der SV-Wissenschaftsstatistik GmbH, einer Tochter des Stifterverbandes für die Deutsche Wirtschaft [Bullinger, 1999]. Parallel stellen auch das Mannheimer Innovationspanel (MIP), das Hannoveraner Firmenpanel (HAP), sowie der ifo-Innovationstest Datenmaterial zur Verfügung. Dieses ist jedoch teilweise Restriktionen der Geheimhaltung unterworfen, wenn regionale Feingliederungen die Daten einzelner Unternehmen singularisieren würden. Mehrere auf dem Zahlenmaterial aufbauende interpretierende Veröffentlichungen zur technologischen Leistungsfähigkeit lassen dennoch verschiedene Auswertungen zu.

Die genannten Unternehmensbefragungen generieren u.a. Daten mit Aussagen zur Innovationsintensität. Mit Hilfe dieses Indikators werden die FuE-Ausgaben pro Umsatz von Einzelbetrieben oder Betriebszweigen erfasst. Andererseits wird auch die FuE-Personal-Intensität gemessen, die den Anteil der mit FuE befassten sozialversicherungspflichtig Beschäftigten eines Betriebes oder Betriebsteiles ausdrückt.

Genaue Angaben der FuE-Personalintensität sozialversicherungspflichtig Beschäftigter im verarbeitenden Gewerbe werden auf Kreisebene von der SV-Wissenschaftsstatistik nicht veröffentlicht. Dem stehen u.a. die oben genannten Vorbehalte entgegen. Aus der von Legler [1999] für das NIW ausgearbeiteten Sonderauswertung auf Kreisebene für Niedersachsen wird jedoch ersichtlich, dass der Landkreis Diepholz in den Bereich einer Personalintensität von 2,2 – 4 % fällt. Es wird dort ergänzend ein Niveau über dem niedersächsischen Durchschnitt (2,6 %) für das Kreisgebiet konstatiert. Die Raumordnungsregion Bremen-Umland allerdings falle auf ein Niveau unter 2,8 % zurück. Angesichts der Tatsache, dass der Landkreis Diepholz in der Raumordnungsregion Bremen Umland eine durchaus durchschnittliche Stellung im Sektor verarbeitendes Gewerbe einnimmt, kann von einem Bereich innerhalb von 2,6 % bis etwas über 2,8 % ausgegangen werden. Legte man optimistisch einen Wert von 3 % zu Grunde, so ließe sich eine Anzahl von maximal 411 FuE-Beschäftigten annehmen, bezogen auf die Gesamtzahl der Beschäftigten im verarbeitenden Gewerbe im Jahr 1997 von 13.690. Als Orientierungsgröße, die statistischen Unsicherheiten unterworfen ist, muss hier ein Wert um 400 genügen. Zum Vergleich der prozentualen Werte sei hier auch der Bundesdurchschnitt aufgeführt, der bei einem Wert von 3,2 % liegt. Bremen erreicht ein Niveau von 3 %. Im Zeitvergleich ist für den Landkreis Diepholz dann festzustellen, dass gegenüber dem Niveau von 1,5 % bis unter 2,5 % des Jahres 1987 [vgl. Legler, 1991] eine leichte Verbesserung der Situation zu beobachten ist.

Neben den Daten der erwähnten Befragungen zu Anteilen FuE-Beschäftigter und der Fülle daraus abgeleiteter Sonderauswertungen steht zur Charakterisierung der Wirtschaftsstruktur zugleich eine Systematik zur Verfügung, die branchenbezogene Einteilungen in Hochtechnologie-Bereiche vornimmt [Grupp et al., 2000]. Dazu wird für das produzierende Gewerbe eine Häufigkeitsanalyse über die FuE-Intensität (FuE-Aufwendungen in Prozent der Bruttowertschöpfung) durchgeführt und somit ein Industriedurchschnitt ermittelt. Als Hochtechnologie werden in der Folge alle Wirtschaftsbereiche definiert, die über der durchschnittlichen FuE-Intensität von 3,5 % liegen. Um eine weitere Unterscheidung zu erhalten, gilt der Bereich der FuE-Intensität von 3,5 % - 8 % als sog. Hochwertige Technologie. Warengruppen mit FuE-Intensitäten über 8,5 % gelten als sog. Spitzentechnologie. In diesem Bereich wird von bedeutenden externen Effekten ausgegangen. Zudem werde in besonderem Maße auf dem Stand der Wissenschaft gearbeitet.

Auch wenn für das Kreisgebiet Diepholz keine Angaben über FuE-Umsätze verfügbar sind, so führt die beschriebene Indikatorik im Rahmen der Diskussion um die zunehmende Tertiarisierung, der durch Dienstleistungen im Vergleich zur Industrie höheren erzielbaren Wertschöpfung [Straßberger, 1997] und die damit verbundene besondere Bedeutung wissensintensiver Dienstleister zu einer Klassifikation, die auf öffentlich verfügbares Datenmaterial – auch unter Einbeziehung von FuE-orientierten Dienstleistern - angewandt werden kann:

FuE im Dienstleistungssektor lässt sich nicht mit den über lange Jahre entwickelten Indikatoren zur Innovationsfähigkeit des produzierenden Gewerbes messen, da Innovationen im Dienstleistungssektor nicht in vergleichbarem Maße von FuE-Aufwendungen abhängen. Um einen „‘gemeinsame[n] Nenner‘ für Innovationspotenziale von Industrie *und* Dienstleistungen“ [Grupp et al., 2000, S. 27] zu finden, erarbeiteten die Autoren eine sog. „Liste Wissensintensiver Industrien und Dienstleistungen 2000“, mit deren Hilfe solche Branchen identifiziert werden sollen, die einen überdurchschnittlichen Anteil von Naturwissenschaftlern und Ingenieuren sowie von (Fach-)Hochschulabsolventen an den Beschäftigten aufweisen [Grupp et al., 2000] und bei denen von einem überdurchschnittlichen Output an Hochtechnologien ausgegangen wird.

Das Regionale Informationssystem RegIS [2000] stellt die in persönlichen Interviews bzw. als Selbsteinschätzung erhobenen Daten zur Verfügung und ermöglichen eine mehrfache Zuordnung zu Einzelbranchen gemäss der bis auf die dritte Ebene disaggregierten Wirtschaftszweiggliederung [Statistisches Bundesamt, 1994]. Zusätzlich bestehen in einem nicht öffentlichen Teil freiwillige Angaben zu dem Qualifikationsniveau der beschäftigten Mitarbeiter. Unter Nutzung der Liste der wissensintensiven Industrien und Dienstleistungen 2000 wird im Folgenden einerseits eine Schwerpunktfindung der Branchen der vorhandenen Betriebe durchgeführt.

Ferner wird eine Zuordnung derjenigen Betriebe vorgenommen, die nach ihren Angaben Mitarbeiter mit Hochschulabschluss beschäftigen. (s. Tab. 5.3). Aufgrund der Mehrfachnennungen muss beachtet werden, dass bei 539 in RegIS aufgeführten Betrieben insgesamt 326 Branchennennungen in den Bereich der wissensintensiven Betriebe fallen (vgl. Tab. Anhang 2). Dies entspricht dann insgesamt der niedrigeren Anzahl von absolut 156 Betrieben oder einem Anteil von knapp 29 % an allen aufgenommenen Betrieben. Um qualitative Aussagen zu den Schwerpunkten des Innovationsgeschehens im zu untersuchenden Kreisgebiet zu ermöglichen, wird von den Aussagen aus den Mehrfachnennungen insbesondere auch deswegen Gebrauch gemacht, da die Zuordnung zu mehreren Branchenbereichen im Sinne der Abbildung vielfältig diversifizierter Produkt- und Dienstleistungsspektren sinnvoll erscheint.

Die Darstellung in Tab. 5.3 enthält innerhalb der dort aufgeführten vier Hauptgruppen der Wirtschaftsabteilungen keine Mehrfachnennungen. Über die Hauptgruppen hinweg sind allerdings Mehrfachnennungen enthalten. Die Anzahl dieser Mehrfachnennungen kann mit der Differenz aus der in der Tabelle dargestellten Summe von 176 Betrieben und der bereits weiter oben beschriebenen Anzahl von 156 wissensintensiven Betrieben in RegIS [2000] mit 20 angegeben werden. Dieses Ausmaß von 20 Betrieben mit Mehrfachnennungen über Wirtschaftsabteilungen hinweg – entsprechend einem Anteil von 13 % an den betrachteten Betrieben wissensintensiver Bereiche - weist u.a. auf eine zu beobachtende Tendenz zur Tertiarisierung hin.

Ein bedeutender Anteil der in der in RegIS [2000] für das Beobachtungsgebiet des Landkreises Diepholz aufgenommenen Betriebe ist dem produzierenden Gewerbe zuzurechnen (378). Somit ist nicht überraschend, dass für Tab. 5.3 ein hoher Anteil an Betrieben aus der Produktion auch in der dort vorgenommenen Selektion wissensintensiver Industrien eine Rolle spielt. Durchschnittlich beschäftigen die 92 genannten Betriebe 2,3 Beschäftigte mit Hochschulabschluss. Die Schwankungsbreite beträgt hier 0 bis 60 Mitarbeiter. Im Bereich der Dienstleistungen mit einer durchschnittlichen Beschäftigung von rechnerisch 4,1 Hochschulqualifizierten je Betrieb fallen besonders die Software- und Ingenieurdienstleistungen auf: Aufgrund eines hohen Extremwertes in der betriebsbezogenen Anzahl Beschäftigter, der in der Betrachtung der über alle Betriebe festgestellten Schwankungsbreite als Maximum von 166 ersichtlich wird, muss in der Breite allerdings von deutlich niedrigeren Durchschnittswerten ausgegangen werden. Im Bereich der öffentlichen und privaten Dienstleistungen sowie für Handel, Gastgewerbe und Verkehr werden die Angaben in dem Informationssystem nahezu ausschließlich vom Großhandel mit Maschinen, Ausrüstungen und Zubehör (25 Betriebe) dominiert.

Tab. 5.3: Anzahlen der Betriebe im Bereich der wissensintensiven Dienstleistungen und Industrien mit Angabe der Anzahl Beschäftigter mit Hochschulabschluss; Mehrfachnennungen, Quelle: Regionales Informationssystem; RegIS [2000], eigene Berechnungen

Wirtschaftsabteilung	Anzahl Betriebe je Hauptgruppe	Summe Beschäftigter mit Hochschulabschluss je Hauptgruppe	Schwankungsbreite	Durchschnittliche Anzahl Beschäftigter mit HS-Abschluss je Betrieb
C – F Produzierendes Gewerbe	92	213	0 - 60	2,3
G - I Handel, Gastgewerbe, Verkehr	28	15	0 - 14	0,5
J - Q Dienstleistungen	53	215	0 - 166	4,1
M - P Öffentliche und private Dienstleistungen	3	4	0 - 4	1,3
Summe	**176**	**447**		

Bei einer detaillierten Betrachtung der Hochschul-Qualifizierten nach Einzelbranchen können aus Geheimhaltungsgründen die konkreten Zahlen der Beschäftigung je Branche nicht explizit genannt werden um Rückschlüsse auf einzelne Unternehmen zu vermeiden. Die Schwerpunkte der Einzelbranchen, die im Bereich der wissensintensiven Dienstleistungen und Industrien generell Mitarbeiter mit Hochschulabschluss beschäftigen, korrelieren allerdings auffällig mit den aus Tab. Anhang 2 ersichtlichen Schwerpunkten solcher Branchen, die als wissensintensive Branchen gelten. Unterschiede lassen sich allenfalls bei einer Betrachtung der zahlenmäßigen Reihenfolge ausmachen. So lässt sich zusammenfassend folgende Aussage zu den vorwiegenden wissensintensiven Dienstleistungen und Industrien für den Landkreis Diepholz treffen:

Es ragen im produzierenden Gewerbe sehr stark der Maschinenbau und auf niedrigerem Niveau auch die Herstellung von Mess- und Kontrollgeräten und der Steuerungsanlagenbau heraus. Hierzu passend ist auch der sehr bestimmende Einzelwert im Großhandel mit Maschinen, Ausrüstungen und Zubehör. Im Dienstleistungsbereich liegen Schwerpunkte bei den Ingenieurbüros sowie in der Hard- und Software und in der Datenverarbeitung.

Gehrke et al. [1997] werten regional verfügbare Daten der Statistik der Bundesanstalt für Arbeit insbesondere mit Blick auf das Qualifikationsniveau aus. Dies beruht auf Überlegungen zur Aussagekraft der in einer regionalen Wirtschaft verfügbaren Qualifikationsniveaus. Je höher das Ausbildungsniveau sei, desto stärkere Effekte ergäben sich hinsichtlich der Wissensproduktion bei den Beschäftigten. Es wird davon ausgegangen, dass Qualifizierte zu einer schnelleren Verbreitung des Wissens beitragen und über die Akkumulation von Wissen letztlich Innovationen generieren. Insgesamt gehe mit der hier beschriebenen Entwicklung des Übergangs in eine Wissensgesellschaft auch ein sektoraler Strukturwandel einher.

Im Rahmen des verarbeitenden Gewerbes allerdings sei zudem zu betrachten, inwieweit hier die Beschäftigten mit „(höherwertigen) Dienstleistungsfunktionen betraut" [Gehrke et al, 1997, S. 80] seien. Es sei zu untersuchen, wie stark die regionale Wirtschaft in Fertigungsprozesse eingebunden sei oder ihre Schwerpunkte bereits in Dienstleistungsfunktionen übertrage. Je höher der Anteil an Dienstleistungen und je niedriger der Fertigungsbereich im überregionalen Vergleich gewichtet sei, desto höher sei die Wettbewerbsfähigkeit einer regionalen Wirtschaft einzuschätzen.

Tab. 5.4: Sozialversicherungspflichtig Beschäftigte nach Funktionen und Qualität der Funktionen im Verarbeitenden Gewerbe 1995,
Quelle: Bundesanstalt für Arbeit: Sozialversicherungspflichtig Beschäftigte nach Wirtschaftsklassen, Sonderauswertungen, Berechnungen des NIW, nach Gehrke et al. [1997]

	Fertigungs-intensität[1]	Dienstleistungs-intensität[2]	Humankapital-intensität der Fertigung[3]	Humankapital-intensität der Dienstleistungen[4]	Ausgebildeten-quote[5]	Wissenschaftler-intensität[6]
	Angaben in %					
LK Diepholz	69,6	30,4	49,7	9,2	68,3	1,5
Niedersachsen	69,3	30,7	44,6	12,5	71,4	2,8
Früheres Bundesgebiet	64,7	35,3	45,4	16,5	69,0	3,8

[1] Anteil der sozialversicherungspflichtig beschäftigten Arbeiter an den sozialversicherungspflichtig Beschäftigten insgesamt.
[2] Anteil der sozialversicherungspflichtig beschäftigten Angestellten an den sozialversicherungspflichtig Beschäftigten insgesamt.
[3] Anteil der sozialversicherungspflichtig beschäftigten Facharbeiter an den sozialversicherungspflichtig beschäftigten Arbeitern insgesamt.
[4] Anteil der sozialversicherungspflichtig Beschäftigten mit Fachhochschul-oder Universitätsabschluss an den sozialversicherungspflichtig beschäftigten Angestellten insgesamt.
[5] Anteil der sozialversicherungspflichtig Beschäftigten mit Berufsausbildung an den sozialversicherungs-pflichtig Beschäftigten insgesamt.
[6] Anteil der sozialversicherungspflichtig beschäftigten Wissenschaftler an den sozialversicherungspflichtig Beschäftigten insgesamt.

Zur Identifikation der beschriebenen Entwicklung des Spektrums der Funktionalstruktur liegen Angaben für das Jahr 1995 für den Landkreis Diepholz vor, wie die nachfolgende Tabelle zeigt.

Um eine Vergleichbarkeit mit Bremen herzustellen, sei im Folgenden der Ländervergleich zitiert, den Gehrke et al. [1997] für das Jahr 1996 vornehmen. Die Gründe für die leicht veränderten Zahlenwerte sind in den unterschiedlichen Untersuchungszeiträumen zu suchen. In den folgenden Auswertungen soll nur für den Vergleich mit Bremen auf die folgenden Daten des Jahres 1996 zurückgegriffen werden.

Tab. 5.5: Sozialversicherungspflichtig Beschäftigte nach Funktionen und Qualität der Funktionen im Verarbeitenden Gewerbe 1996,
Quelle: Bundesanstalt für Arbeit: Sozialversicherungspflichtig Beschäftigte nach Wirtschaftsklassen, Sonderauswertungen, Berechnungen des NIW, nach Gehrke et al. [1997]

	Fertigungs-intensität[1]	Dienstleistungs-intensität[2]	Humankapital-intensität der Fertigung[3]	Humankapital-intensität der Dienstleistungen[4]	Ausgebildeten-quote[5]	Wissenschaftler-intensität[6]
	Angaben in %					
Niedersachsen	68,7	31,3	45,3	13,0	72,4	2,8
Bremen	60,8	39,2	54,1	24,6	75,2	7,4
Früheres Bundesgebiet	64,0	36,0	46,2	17,0	69,9	3,9

[1] Anteil der sozialversicherungspflichtig beschäftigten Arbeiter an den sozialversicherungspflichtig Beschäftigten insgesamt.
[2] Anteil der sozialversicherungspflichtig beschäftigten Angestellten an den sozialversicherungspflichtig Beschäftigten insgesamt.
[3] Anteil der sozialversicherungspflichtig beschäftigten Facharbeiter an den sozialversicherungspflichtig beschäftigten Arbeitern insgesamt.
[4] Anteil der sozialversicherungspflichtig Beschäftigten mit Fachhochschul-oder Universitätsabschluss an den sozialversicherungspflichtig beschäftigten Angestellten insgesamt.
[5] Anteil der sozialversicherungspflichtig Beschäftigten mit Berufsausbildung an den sozialversicherungs-pflichtig Beschäftigten insgesamt.
[6] Anteil der sozialversicherungspflichtig beschäftigten Wissenschaftler an den sozialversicherungspflichtig Beschäftigten insgesamt.

Es zeigt sich, dass der Landkreis Diepholz in der Fertigungsintensität nahezu im Durchschnitt Niedersachsens liegt, der sich allerdings deutlich oberhalb des Wertes des Bundesgebietes bewegt. Innerhalb der Dienstleistungsintensität erreicht der Landkreis noch einen leicht geringeren Wert als das niedersächsische Gesamtgebiet, das bereits im Bundesvergleich zurück liegt. Beachtlich hoch ist die Ausstattung mit Facharbeitern (Humankapitalintensität der Fertigung), die für das Kreisgebiet deutlich über dem niedersächsischen sowie dem Bundesdurchschnitt liegt. Demgegenüber allerdings fällt die Humankapitalintensität der Dienstleistungen als Ausdruck des Anteils sozialversicherungspflichtig Beschäftigter mit Hochschulabschluss drastisch hinter das ohnehin im Bundesvergleich niedrige Niveau Niedersachsens zurück. Parallel verhält sich die Wissenschaftlerintensität. Im Bereich der Ausgebildetenquoten liegt das Kreisgebiet relativ nahe am Bundesdurchschnitt.

Bremen als Stadtstaat verfügt im Gegensatz dazu über eine weit höhere Ausstattung mit Dienstleistungsfunktionen [Gehrke et al., 1997] und weit geringerer Fertigungsintensität. In den Kategorien, die das Ausbildungsniveau und die Dienstleistungs-orientierten Tätigkeiten beschreiben, werden teilweise weit über dem Bundesdurchschnitt liegende Werte erreicht.

Stellt man in Rechnung, dass insbesondere in den an den Stadtstaat angrenzenden Gemeinden des nördlichen Kreisgebietes des Landkreises Diepholz noch vergleichbare Effekte der Agglomeration erzielt werden, so muss dies bei den für den Gesamtkreis ohnehin schon unterdurchschnittlichen Werten bedeuten, dass insbesondere in den ausgeprägt ländlich strukturierten Kommunen des südlichen Kreisgebietes weit unterdurchschnittliche Anteile an Dienstleistungsfunktionen auszumachen sind. Insofern ist die Aussage von Gehrke et al. [1997, S. 82] für dieses Gebiet in kleinräumlicher Betrachtung ggf. noch zu relativieren, dass „der ländliche Raum in Niedersachsen (...) über eine in etwa ausgewogene Ausstattung mit Dienstleistungskompetenzen“ verfüge. Insgesamt allerdings stimmt die geringe Dienstleistungsintensität von 30,4 % des Kreisgebietes mit dem Niveau überein, das von den Autoren für altindustrialisierte Verdichtungsräume (Typisierung 1985) als in etwa typisch bezeichnet wird. Ländliche Regionen Niedersachsens fallen demgegenüber auf Werte bis zu 26,5 % (peripher gelegen) ab.

Es zeigt sich, dass der Landkreis Diepholz über eine starke Gewichtung der Fertigung verfügt und demgegenüber die Dienstleistungsfunktionen in der Industrie unterdurchschnittlich vertreten sind. Im Licht der Aussagen zur Wettbewerbsfähigkeit einer regionalen Wirtschaft bedeutet dies, dass insbesondere im Bereich der Umorientierung hin zu industriellen Dienstleistungen bedeutendes Potenzial besteht. Zugleich wird auch hier die bereits getroffene Beobachtung des starken

Gewichtes der Produktion gegenüber dem Dienstleistungsbereich im Kreisgebiet unterstützt.

Tab. 5.6: Sozialversicherungspflichtig Beschäftigte im Landkreis Diepholz sowie im Land Niedersachsen nach Grad der Vorbildung zum 30.6.1999, Qualifizierungsquotient, Quelle: Niedersächsisches Landesamt für Statistik, eigene Berechnungen

	Landkreis Diepholz					**Niedersachsen**		
		Höhere Fach-schule, Fach-hoch-schule	Univer-sität oder entspr. Einrich-tung	Sum-me mit höhe-rem Ab-schluß	Anteil an Gesamt-beschäf-tigten (vH)	Sum-me mit höhe-rem Ab-schluß	Anteil an Ge-samt-beschäf-tigten (vH)	Qualifi-zierungs-quotient
A - Q Alle Wirt-schaftsbereiche	**52.601**	**1.040**	**1.071**	**2.111**	**4,0**	**140.412**	**5,9**	**0,68**
A + B Land-, Forst- und Fischerei-wirt-schaft	**1.134**	13	6	**19**	1,7	**888**	2,4	**0,69**
C - F Produzieren-des Gewerbe	**18.477**	370	287	**657**	3,6	**40.717**	4,7	**0,76**
G - I Handel, Gastge-werbe und Ver-kehr	**16.266**	88	109	**197**	1,2	**9.740**	1,7	**0,71**
J - Q Dienstleistun-gen	**16.687**	569	669	**1.238**	7,4	**89.024**	9,9	**0,75**
M - P Öffentliche und private Dienst-leistungen	**8.009**	234	420	**654**	8,2	**48.156**	10,8	**0,76**
Z Ohne Angabe	**37**	0	0	**0**	0,0	**43**	3,5	**0,00**

Untersucht man die Qualifikationsniveaus über alle Wirtschaftsabteilungen, so zeigt sich das in Tab. 5.6 dargestellte Bild. Die Anteile der Beschäftigten mit Abschlüssen in höheren Fachschulen, Fachhochschulen und Universitäten liegen für den Landkreis Diepholz in allen Hauptgruppen der Wirtschaftsabteilungen niedriger als im Landesvergleich. Setzt man die prozentualen Anteile im Kreisgebiet von Diepholz mit denen im Land in das Verhältnis, so erhält man einen

Zahlenwert, der als Qualifikationsquotient bezeichnet werden könnte. Es zeigt sich, dass die Anteile höher Qualifizierter maximal bei drei Vierteln der Landesanteile liegen.

Im Vergleich mit den weiter oben beschriebenen nahezu landesdurchschnittlichen FuE-Personalintensitäten zeigt sich, dass für das betrachtete Gebiet durchschnittliche FuE-Leistungen mit tendenziell niedriger qualifizierten Beschäftigten erreicht werden. Dies spricht im Prinzip für eine vergleichsweise hohe Adaptionsfähigkeit des FuE-Personals. Eine andere Erklärung läge (neben statistischen Unsicherheiten) auch in der Vermutung begründet, dass die bei den zu Grunde liegenden Datenerhebungen eingesetzten Definitionen von den befragten Unternehmen im Hinblick auf die Tätigkeiten in FuE besonders weit ausgelegt wurden und somit vergleichsweise mehr Personal solchen Entwicklungsprozessen zugeordnet wurde.

Zusammenfassend lässt sich feststellen, dass das produzierende Gewerbe für den Landkreis Diepholz hohe Bedeutung hat und insbesondere auch der Bereich des Handels im nördlichen Kreisgebiet stark ausgeprägt ist. Dienstleistungen besitzen einen vergleichsweise geringeren Anteil im Spektrum der wirtschaftlichen Aktivitäten. Die vorwiegend kleinen Betriebe beschäftigen im niedersächsischen Vergleich durchschnittliche Anteile an FuE-Personal. Das Qualifikationsniveau im produzierenden Gewerbe ist insbesondere im Fertigungsbereich (Facharbeiter) überdurchschnittlich hoch, während die höher Qualifizierten in unterdurchschnittlichem Ausmaß vertreten sind. Noch deutlicher tritt dieser Nachholbedarf der Beschäftigung höher Qualifizierter im Bereich der Dienstleistungen auf. Es kann – gemessen am Bildungsniveau – ein hohes Adaptionsvermögen des eingesetzten FuE-Personals vermutet werden.

Im Bereich der wissensintensiven Industrien und Dienstleistungen können insbesondere der sehr stark dominierende Maschinenbau und die Automatisierungs- und Regelungstechnik sowie der Betrieb von Ingenieurbüros und Softwarehäusern als Schwerpunkte ausgemacht werden.

Krumbein et al. [1994] führten den Begriff der Normalregionen ein. Insbesondere in der Diskussion um Ausnahmeentwicklungen in wenigen Regionen kommen sie zu einer Definition, die über Negativ-Zuordnungen folgende Kriterien abfragt: Die Abwesenheit von besonderem wirtschaftlichen Erfolg oder Misserfolg, die Abwesenheit hochgradiger Spezialisierung und die Abwesenheit von regionalen Milieus mit intensiven Kooperationsstrukturen und interpersonalen Vertrauensverhältnissen. Diesem dergestalt als Normalregion definierten Regionstyp gehöre nach ihrer Einschätzung ein Großteil der niedersächsischen Regionen an, die sie auf Ebene der Landkreise untersuchten. Eine Untersuchung des sog. Wirtschaftserfolgsindikators bezieht das Wachstum der Bruttowertschöpfung, der Rate der sozialversicherungspflichtig Beschäftigten und der Arbeitslosenquoten ein und generiert eine mathematisch basierte Vergleichsgröße.

Eine auf diese Weise mögliche weitere Differenzierung der Normalregionen in relativ erfolgreiche und relativ nicht-erfolgreiche sieht den Landkreis Diepholz im Bereich der relativ nicht-erfolgreichen Normalregionen. Allgemein wird festgestellt, dass für stark agrarisch geprägte Landkreise bei weiterhin hoher Bedeutung des primären Sektors ein Bedeutungszuwachs des verarbeitenden Gewerbes ausgemacht werden kann, das als strukturbestimmend und für die Beschäftigungsentwicklung zusammen mit dem Dienstleistungssektor entscheidend gelten müsse.

5.2.2 Patentanmeldungen im Landkreis Diepholz

Als Abschluss der Diskussion der FuE-Schwerpunkte des Untersuchungsgebietes folgt hier eine Darstellung der dort erfolgten Patentanmeldungen. Patente schützen für ein zeitlich begrenztes Intervall das geistige Eigentum an Erfindungen und garantieren dem Inhaber ein Alleinverwertungsrecht. Dabei können nur solche Erfindungen zum Patent angemeldet werden, die die Kriterien der Neuheit, der ausreichenden Innovationshöhe und der wirtschaftlichen Verwertbarkeit erfüllen. Nicht alle Neuerungen werden somit zum Patent angemeldet, dennoch lässt sich ein Zusammenhang zwischen der Anzahl an Patentanmeldungen als FuE-Output mit der FuE-Tätigkeit herstellen [Greif 1998]. Dabei ist zu berücksichtigen, dass nicht alle Patentanmeldungen später als Patente tatsächlich zum Tragen kommen. Da dieser Effekt bei regional vergleichender Betrachtung allerorts zutrifft, steht einem regionalen Strukturvergleich aus dieser Sicht über die Anzahl von Patentanmeldungen nichts im Wege [vgl. Legler et al., 1997; Koschatzky, 1997b]. Als ein Maß zur vergleichenden Innovationskraft eines Raumes kann somit durchaus die Anzahl der angemeldeten Patente dienen. Beim Einsatz des Indikators „Patentanmeldung“ sind einige einschränkende Vorbemerkungen zu machen. Dies trifft zu, wenn Anmeldungen von Erfindungen aus Mehrbetriebsunternehmen am Sitz des Unternehmens durchgeführt werden. Hierdurch entstehen Verzerrungen der Aussagekraft, weil nur über die

Konstruktion einer Zuordnung zum Erfindersitz und mit der Prämisse einer relativen Wohnortnähe des Erfinders zu seinem Arbeitgeber eine Aussage über die regionale Herkunft der erfinderischen Leistung getroffen werden kann. Ebenfalls muss in Betracht gezogen werden, dass viele betriebliche Innovationen durch die Anzahlen angemeldeter Patente nicht erfasst werden - dieses gilt gerade auch für den Dienstleistungsbereich, in dem andere Schutzverfahren wie Urheberrechte [BMBF, 1998] und Markenschutz eine größere Rolle spielen. Es muss hier ferner berücksichtigt werden, dass zeitliche Schwankungen und Zufälligkeiten, die mit einer Verkleinerung des beobachteten Flächenzuschnitts zunehmen, v.a. nur Aussagen im Rahmen einer Schwerpunktfindung zur Beschreibung räumlicher Verhältnisse zulassen. Zur eingehenderen Diskussion über die Eignung von Patentstatistiken zur Identifikation von Indikatoren regionaler Innovationsneigungen siehe bei Legler et al. [1997] sowie bei Greif [1998].

Tab. 5.7: Patentanmeldungen nach verschiedenen Aspekten im Durchschnitt der Jahre 1992 – 1994, nach Greif [1998]

Region	Patentanmeldungen nach dem						Patent-anmeldungen nach Erfindersitz je	
	Anmeldersitz		Erfindersitz					
	gesamt	darunter aus der Wirt-schaft	gesamt	davon aus der Wirt-schaft	davon aus der Wissen-schaft	davon von Freien Erfin-dern	100 000 Ein-wohner	100 000 Beschäf-tigte
Landkreis Diepholz	43,3	33,0	39,8	30,4	0,3	9,1	20,0	79,9
Arbeits-marktregion Bremen	257,0	189,7	236,1	172,8	6,2	57,2	20,3	58,9
ROR Bremen-Umland	103,3	79,3	124,7	99,8	1,5	23,4	24,8	97,4
Bremen	154,7	111,7	98,6	61,5	4,6	32,6	14,4	33,0
Nieder-sachsen	2062,3	1540,0	2048,0	1555,0	37,7	455,3	26,8	85,3

Aus den Angaben des Deutschen Patentamtes zu Patentanmeldungen im Zeitraum 1992 –1994 zeigtTab. 5.7 eine Übersicht zu den für diesen Zeitraum ermittelten Durchschnittswerten für verschiedene räumliche Zuschnitte im Bereich der interessierenden Untersuchungsregion.

Unter Bezugnahmen auf absolute Größen wie die Einwohnerzahl oder die Beschäftigtenzahl lassen sich die sog. Patentintensität oder die sog. Patentproduktivität ermitteln. So kann eine Vergleichbarkeit der unterschiedlichen Regionszuschnitte teilweise hergestellt werden. Es zeigt sich, dass bei der Betrachtung der Patentintensität nach Erfindersitz bei dem Bezug auf je 100 000 Einwohner und die Anzahl der Anmeldungen für den Landkreis Diepholz mit 20,0 im Durchschnitt der Gesamtregion liegt. Demgegenüber fällt das benachbarte Bremen (14,4) ab, während die Raumordnungsregion Bremen-Umland (24,8) sowie Niedersachsen (26,8) höhere Werte verzeichnen. Der Bundeswert liegt bei 38,1.

Eine objektive Vergleichbarkeit dieser Werte kann für die dargestellten Räume unter Bezugnahme auf die Beschäftigtenzahlen angesichts der hohen positiven Einpendlersalden nach Bremen nur bedingt behauptet werden. Aufschlussreicher ist hier ggf. ein Vergleich der auf den Beschäftigtenzahlen aufbauenden Patentproduktivitäten innerhalb gleichartiger strukturierter regionaler Zuschnitte ohne die Stadt Bremen: Für den Landkreis Diepholz besteht mit 79,9 Anmeldungen je 100 000 Beschäftigten Aufholbedarf im Vergleich mit ganz Niedersachsen (85,3) bzw. mit der Raumordungsregion Bremen-Umland (97,4). Der Vergleichswert für die gesamte Bundesrepublik ergibt hier einen Wert bei 109,6.

Einen ansatzweisen Überblick über Schwerpunkte in der Erfindertätigkeit im Landkreis Diepholz gibt eine Aufschlüsselung der Patentanmeldungen nach den 32 vom Deutschen Patentamt gemäss der internationalen Patentklassifikation vergebenen technischen Gebieten [vgl. z. B. DPMA, 2001]. Der Fokus dieser Darstellung liegt auf der möglichen In-Wert-Setzung der aus den Anmeldungen entstehenden Potenziale. Aus diesem Grund sind die Anzahlen der Anmelder aufgeführt. Diesem Vorgehen liegt zu Grunde, dass mit hoher Wahrscheinlichkeit die aus einer Patentanmeldung und dem daraus folgenden Patent sich ergebende Wertschöpfung dem Unternehmen selbst und damit dem Unternehmenssitz zu Gute kommt. Die Einteilung der technischen Gebiete entspricht dem genannten internationalen Standard. Somit verbergen sich hinter den Begriffen teilweise größere Technikbereiche, die durch die Sammelbegriffe nicht umfänglich beschrieben werden können (vgl. Greif [1998], der am Beispiel der Begriffe „Fermentierung, Zucker, Häute“ aufzeigt, dass hierunter unter anderem auch die

Biotechnologie gefasst ist). Legler et al. [1997] greifen in ihren Auswertungen für das Land Niedersachsen auf Einteilungen in 30 Technikfelder zurück, die homogene Gruppen hervorbringen. Für den Landkreis Diepholz werden für die weiteren Betrachtungen die von Greif [1998] veröffentlichten Daten des Deutschen Patentamtes ausgewertet, an denen die intendierte Schwerpunktfindung durchaus abzulesen ist.

Tab. 5.8: Patentanmeldungen nach technischen Gebieten im Landkreis Diepholz. Anmeldersitz. Durchschnitt 1992 – 1994, nach Greif [1998]

Technisches Gebiet	Anzahl
Landwirtschaft	-
Nahrungsmittel, Tabak	-
Persönlicher Bedarf, Haushaltsgegenstände	0,7
Gesundheitswesen (ohne Arzneimittel), Vergnügungen	1
Medizinische und kosmetische Präparate	-
Trennen, Mischen	2,3
Metallbearbeitung, Gießerei, Werkzeugmaschinen	-
Schleifen, Pressen, Werkzeuge	5
Druckerei	0,3
Fahrzeuge, Schiffe, Flugzeuge	12,3
Fördern, Heben	2,3
Anorganische Chemie	2
Organische Chemie	-
Organische makromolekulare Verbindungen	3
Farbstoffe, Mineralölindustrie, Öle, Fette	0,3
Fermentierung, Zucker, Häute	-
Hüttenwesen	-
Textilien, biegsame Werkstoffe	0,3
Papier	-
Bauwesen	3
Bergbau	-
Kraft- und Arbeitsmaschinen	1,3
Maschinenbau im allgemeinen	6
Beleuchtung, Heizung	1,3
Waffen, Sprengwesen	-
Messen, Prüfen, Optik, Photographie	0,7
Zeitmessung, Steuern, Regeln, Rechnen, Kontrollieren	0,3
Unterricht, Akustik, Informationsspeicherung	-
Kernphysik	-
Elektrotechnik	0,3
Elektronik, Nachrichtentechnik	0,3
Nicht in IPC klassifiziert	0,3

Tab. 5.8 zeigt die Verteilung der Anmeldungen. Ein eindeutiger Schwerpunkt liegt in dem Untersuchungszeitraum der Jahre 1992 – 1994 in dem Bereich Fahrzeugbau mit einem Jahresdurchschnitt von 12,3 Patentanmeldungen, gefolgt vom allgemeinen Maschinenbau (6), von dem Bereich Schleifen, Pressen,

Werkzeuge (5), sowie von Bauwesen (3) und von Organische makromolekulare Verbindungen (3).

Es zeigt sich, dass andere Bereiche wie beispielsweise Elektronik, Nachrichtentechnik, Elektrotechnik und Messen, Prüfen, Optik, Photographie oder anorganische Chemie, organische Chemie und organische makromolekulare Verbindungen im Untersuchungsgebiet in sehr geringem Ausmaß vorkommen. Geht man davon aus, dass gerade diese Technikbereiche beispielsweise auch auf solche Hochtechnologiebereiche wie Informations- und Kommunikationstechnologien oder Life Sciences hinweisen, so bedeutet dies, diesbezüglich Defizite in dem Untersuchungsgebiet bestehen.

Insbesondere der niedersächsische Schwerpunkt der Patentanmeldungen im Maschinenbau [vgl. Legler et al., 1997] sowie aber auch die bestimmende Rolle der Automobilindustrie in Niedersachsen sowie der Luft- und Raumfahrt im Agglomerationsraum Bremens spiegeln sich in den gefundenen Zahlen wieder. Die Betrachtung nach der regionalen Herkunft zeigt bei Legler et al. [1997, S. 48], dass gerade für den Maschinenbau und für Konsumgüter die „regionale Bindung" der Anmelder sehr hoch sei. Folglich kann angesichts der für den Landkreis Diepholz ermittelten Anmeldeschwerpunkte durchaus von einer hohen Bindung der Anmelder an die Region ausgegangen werden. Im Zusammenhang mit der vorzufindenden Betriebsgrößenstruktur weitestgehend inhabergeführter kleiner und mittlerer Unternehmen kann zudem auch davon ausgegangen werden, dass die Patentanmeldungen aus der Wirtschaft zu einem hohen Grad von den Unternehmen im Kreisgebiet selbst wirtschaftlich genutzt und umgesetzt werden.

Es wird auffällig, dass bei der Auswertung der Patentanmeldungen nach Erfindersitz nur ein einziges Patent im betrachteten Dreijahreszeitraum aus dem Wissenschaftsbereich stammte. Wie Tab. 5.9 zeigt, liegt der Landkreis Diepholz hier mit 0,8 % hinter dem Landesdurchschnitt von 1,8 % und auch hinter dem Durchschnitt der Region zurück. Besonders auffällig ist der höhere Vergleichswert der Stadt Bremen mit 4,7 %. Die Anteile der Anmeldungen in dem betrachteten Landkreis aus der Wirtschaft bzw. von freien Erfindern liegen nahe dem Landesdurchschnitt Niedersachsens. Gegenüber der Stadt Bremen ergeben sich deutliche Unterschiede in den dort niedrigeren Anteilen von Anmeldungen aus der Wirtschaft (62,4 % gegenüber 76,4 % im Landkreis Diepholz) und den dort höheren Anteilen freier Erfindungen (33,1 % gegenüber 22,9 % im Landkreis Diepholz).

Einer Einteilung nach der Wirtschaftsstatistik folgend stellt Greif [1998] eine Verbindung zwischen den FuE-Aufwendungen mehrerer Branchen und der Anzahl der Patentanmeldungen in diesen Branche her. Daraus leitet er ab, dass Branchen mit vergleichsweise höheren oder niedrigeren Kosten pro Patent existieren. Unter der Maßgabe einer eindeutigen Schwerpunktbildung im Landkreis Diepholz in den Bereichen Fahrzeug- und Maschinenbau bedeutet dies zwei gegenläufige Tendenzen. Im Fahrzeugbau liegen die durchschnittlichen FuE-Ausgaben pro Patentanmeldung über dem Durchschnitt aller Branchen. Im Maschinenbau ergibt sich ein deutlich unter dem Durchschnitt liegender Wert, der somit auf vergleichsweise niedrige FuE-Ausgaben hinweist.

Tab. 5.9: Patentanmeldungen nach verschiedenen Aspekten im Durchschnitt der Jahre 1992 – 1994, nach Greif [1998], sowie deren prozentuale Anteile nach Regionen, eigene Berechnungen

Region	Patentanmeldungen nach dem Erfindersitz						
	gesamt	davon aus der Wirtschaft	in v. H.	davon aus der Wissenschaft	in v. H.	davon von Freien Erfindern	in v. H.
Landkreis Diepholz	39,8	30,4	76,4	0,3	0,8	9,1	22,9
Arbeitsmarktregion Bremen	236,1	172,8	73,2	6,2	2,6	57,2	24,2
ROR Bremen-Umland	124,7	99,8	80,0	1,5	1,2	23,4	18,8
Bremen	98,6	61,5	62,4	4,6	4,7	32,6	33,1
Niedersachsen	2048,0	1555,0	75,9	37,7	1,8	455,3	22,2

Ergänzend führt Greif [1998] auch aus, dass mit abnehmender Unternehmensgröße der Output an Patenten gegenüber dem Input an FuE-Ausgaben größer wird. Das lässt für die vorwiegend kleinen und mittleren Unternehmen im Landkreis Diepholz erwarten, dass die für die Entwicklung aufgebrachten Kosten im Verhältnis sehr effizient eingesetzt werden.

Im Rahmen ihrer Untersuchung nehmen Legler & Schasse [1999] eine räumliche Differenzierung auf der Ebene niedersächsischer Regierungsbezirke vor und stellen eine erhöhte Patentaktivität in den Regionen mit hoher Dichte der Forschungs- und Entwicklungskapazitäten fest. Auf einen Einzellandkreis wie den Landkreis Diepholz übertragen bedeutet dies, dass angesichts nahezu gänzlich fehlender Forschungseinrichtungen im überwiegend ländlich strukturierten Kreisgebiet und gleichzeitigem Forschungsangebot in der Stadt Bremen durchaus gegensätzliche Einflüsse zu beobachten sein sollten. Die Lagerung unter dem Durchschnitt Niedersachsens in der Patentintensität und Patentproduktivität bestätigt Teile dieser Erwartung und weist im Sinne dieser Argumentation in der Tat auf ein starkes Gewicht der Peripherie-gebundenen Effekte für das Untersuchungsgebiet hin.

Zusammenfassend lässt sich darstellen, dass im Landkreis Diepholz Schwerpunkte der Erfinder- und somit auch der Innovationstätigkeit insbesondere im Fahrzeug- sowie im Maschinen- und Werkzeugbau liegen. Insgesamt ist ein leicht niedrigeres Niveau im Bereich der Patentintensität und auch der Patentproduktivität gegenüber geeigneten Vergleichsräumen wie der Raumordnungsregion Bremen sowie dem Land Niedersachsen festzustellen. Die Betrachtung zeigt auch, dass die Abweichungen von den Vergleichswerten moderat sind, so dass für den großenteils ländlich strukturierten Bereich am Rande des Agglomerationsraumes Bremen durchaus von einigen „technischen“ Diffusionseffekten – besonders zu vermuten für den Bereich des Fahrzeugbaus - aus dem Raum Bremen ausgegangen werden kann. Andere Hochtechnologiebereiche, die auf Lifesciences, Biotechnologie oder IuK-Technologien hinweisen, sind in den Patentzahlen unterrepräsentiert. Die Beobachtungen decken sich auch mit den weiter oben gemachten Aussagen zur Schwerpunktbildung in der Sektoral- und Qualifikationsstruktur.

5.3 Ablauf der Unternehmensberatungen

Die Datengrundlage der hier durchgeführten Untersuchung beruht auf einer Vermittlungstätigkeit für KMU im Landkreis Diepholz zur Zusammenführung komplementärer Partner insbesondere aus Wirtschaft und Wissenschaft. Diese Dienstleistungen wurden mit dem Ziel eines projektbezogenen Wissens- und Technologietransfers zwischen Wissenschaft und Wirtschaft eingegangen. Die Qualifikation des Vermittlers entstammte dem Ingenieur-Bereich, da auch die Beratungen auf technologieorientierte Fragestellungen fokussierten. Die Dienstleistungen waren für die Unternehmen im Kreisgebiet mit einer niedrigen Eintrittsschwelle gehalten und wurden aus diesem Grunde kostenfrei angeboten.

Insbesondere die Einbeziehung des Forschungs- und Entwicklungspotenzials der Universitäten, Fachhochschulen und außeruniversitären Forschungseinrichtungen Niedersachsens und der benachbarten Bundesländer sollte dazu beitragen, das Innovationspotenzial in den Unternehmen zu verstärken und die sog. endogenen Potenziale zu stärken. Die Informationen zur Forschungsstruktur lagen der vermittelnden Einrichtung u. a. durch ihre Einbindung in das Netz der Arbeitsgemeinschaft der niedersächsischen Technologiemittler und Innovationsförderer (AGTIF, vgl. Kapitel 3.2.3) vor.

Den Unternehmen wurde ein Baustein im Rahmen der Wirtschaftsförderung offeriert, der den Weg zu einer modernen Form des Verwaltungshandelns weisen sollte. Wirtschaftsförderung wurde als eine Form der Wirtschaftsberatung verstanden, wobei die Beratung konkret in der Form eines „Information Broking" durchgeführt wurde. Auf Anfrage erhielten kleine und mittlere Unternehmen Informationen aus dem Wissenschaftsbereich, deren Recherche für sie weit höhere Suchkosten verursachen würde und somit sehr aufwändig bis unmöglich wäre. Über die Vermittlungsangebote konnte aus der Kontaktaufnahme mit der Wirtschaftsförderung eine längerfristige Kooperation mit einer Hochschuleinrichtung hervorgehen. Im Idealfall brachte eine Kooperation durch entsprechende Leistungen in Forschung und Entwicklung Produkt- oder Verfahrensinnovationen hervor. Die intensive Begleitung in der Anbahnungsphase sollte Unsicherheiten reduzieren (vgl. Kapitel 2.1)

Unter Betrachtung des Netzwerkgedankens rückten noch weitere Aspekte ins Blickfeld: Für jede Zusammenarbeit von Unternehmen und Hochschuleinrichtungen wurde im Sinne der in regionalen Innovationssystemen festzustellenden Vernetzung neben dem Transfer mit FuE-Output in Form von Produkten und Verfahren auch ein Wissenstransfer über Köpfe intendiert. Das heißt, dass sich Unternehmen durch den direkten Kontakt mit wissenschaftlichen Mitarbeitern strategisch wertvolles Wissen erschlossen und neben Know-how auch Know-who, Know-why und Know-what [vgl. u.a. Fischer, 1999] erlernten. Dieses sollte insbesondere dann gewährleistet sein, wenn der Kontakt innerhalb überschaubarer Entfernungen stattfand und ein inhaltlicher Austausch der Personen kurzfristig und unproblematisch möglich war. Das auf diese Weise transportierte Wissen blieb den Unternehmen der Region erhalten und sollte somit insbesondere die regionale Wirtschaftsstruktur stärken. Über den Austausch sog. informellen Wissens sollte es zu einem beschleunigten Innovationsverhalten in der gesamten Region kommen. Es wurde von der These ausgegangen, dass Innovationspotenziale gerade für KMU durch die Einbindung in solche Kooperationsstrukturen erschlossen werden, die innerhalb einer Region zustande kommen. Wechselseitig konnte auch jede Hochschuleinrichtung durch die Bearbeitung regionaler Projekte ihr Know-how ausbauen, ihr Profil schärfen und persönliche Kontakte herstellen, was entsprechende positive Auswirkungen auf die Qualität von Forschung und Ausbildung mit sich brächte.

Das hier beschriebene Vorgehen umfasste Vermittlungen zwischen den drei Bereichen Wirtschaft, Wissenschaft und Verwaltung und verfolgte dabei einen gezielt ganzheitlichen Beratungsansatz des gesamten unternehmerischen Umfeldes. Ein vernetztes Projektmanagement schloss alle Handlungsebenen ein und intendierte die von Koschatzky [1997] geforderte „Flankierung" (S. 12) des hochschulseitigen Wissens- und Technologietransfers. Durch gezielte Ansprache sollte je nach Informationsbedarf die fachlich kompetenteste Stelle eingebunden werden. Im wissenschaftlichen Bereich sollten neben den Hochschuleinrichtungen auch deren spin-offs erschlossen werden. Gleichzeitig sollten zielgenau und bedarfsorientiert die kommunalen Entscheidungsträger in den Genehmigungsbehörden angesprochen werden. Dies betraf insbesondere Genehmigungsverfahren, die bei der Konfrontation mit Innovationsprojekten auch für das Verwaltungshandeln mit Neuerungen verbunden sind und somit durch die technologieorientierte Vermittlung Unterstützung erfahren sollten. Parallel dazu sollten durch das vernetzende Projektmanagement diejenigen Verwaltungsstellen eingebunden werden, die über die zur Verfügung stehenden Förderinstrumentarien verfügten.

Die FuE-orientierte Beratung und Vermittlung ging in folgenden Schritten vor:

Erstberatung: Zusammen mit dem Technologiebeauftragten der Wirtschaftsförderung des Landkreises suchte der Vermittler Unternehmen auf Anfrage zu einer Erstberatung auf. In diesem Gespräch standen das Kennenlernen sowie eine Aufnahme wichtiger Firmenparameter im Vordergrund. Dabei sollte versucht werden, einen Überblick über die Produkte, über die Marktsituation, über existierende Partner, über bereits angestellte strategische Überlegungen und über angedachte Projekte zu erhalten. Erste Informationen sollten bereits in den Erstberatungen beantwortet werden. Derartige als Erstberatungen bezeichnete Beratungen konnten auch mehrfach in Folge durchgeführt werden. Insofern wird auch in der hier vorzunehmenden Auswertung selbst bei mehrfach in einzelnen Unternehmen durchgeführten „Erstberatungen" in Abgrenzung zu vertiefenden Beratungen die verwendete Terminologie beibehalten

Analyse: Das vermittelnde Institut ist als ein Unternehmen an der Universität Oldenburg eng mit der dortigen Wissens- und Technologietransferstelle verbunden. Diese stellt einen Knoten im Netz der niedersächsischen Technologiemittler dar und verfügt über weitergehende Kontakte zu den Transfereinrichtungen der weiteren Region der norddeutschen Küstenländer sowie Nordrhein-Westfalens. Vermittelt werden konnten mehr als 1700 niedersächsische Wissenschaftler sowie eine vergleichbare Anzahl aus den benachbarten Bundesländern. Erreicht werden sollte in der Analyse in erster Präferenz die optimale Übereinstimmung der FuE-Fragestellung (technologische Trajektorie) mit wissenschaftlichen Angeboten, die bevorzugt in der Region und erst nachrangig in weiteren Reichweiten gesucht wurden, womit u.a. auch dem Argument der Antennenfunktion von regional verfügbaren Hochschulen Rechnung getragen wurde. In entsprechenden Vorgesprächen mit den zu vermittelnden Fachwissenschaftlern sollte eine Eingrenzung der aufgenommenen Sachverhalte und Problemlagen vorab vorgenommen werden. Bereits die auf diese Weise gefundenen Ergebnisse sollten den Unternehmen zur Verfügung gestellt werden, um bereits so zu einem Know-how-Zugewinn beizutragen. Lagen die geforderten Kompetenzen an den Hochschulen und Forschungseinrichtungen der Region nicht vor, so war eine Vermittlung an die nächstgelegene Forschungsstätte vorgesehen, die sich fachlich komplementär zeigte [vgl. Fritsch, 2000b].

Nicht in allen Fällen sollte eine Kooperation mit Wissenschaftlern angestrebt werden. So legten der Innovationsgehalt, der bereits vorab beschrittene Projektverlauf oder andere projektspezifische Gründe eine Vermittlung an andere Partner außerhalb des Wissenschaftsbereiches nahe. Es sollte auch in solchen Fällen gezielt eine regionale Präferenz beachtet werden. Je nach Anforderungsprofil sollte eine Vermittlung an andere (regionale) Netzwerkpartner und an fördernde Institutionen, an unternehmensnahe Dienstleister oder an Unternehmen mit spezifischem Know-how angestellt werden.

Die vorgesehene Moderatoren- und Vermittlungsfunktion sah beispielsweise auch vor, je nach Sachlage eine schriftliche Konzepterstellung durchzuführen, die potenziell die Grundlage für eine Antragstellung in einem Förderprogramm darstellen konnte. Zugleich sollten in einem solchen Verfahrensschritt Zielrichtungen und Erwartungen klar definiert werden. Wie die Darstellung in den vorangegangenen Kapiteln aufzeigte, stößt gerade für kleine und auch für mittlere Unternehmen die strategische und konzeptionelle Planung von Innovationsprojekten an Grenzen der vorhandenen Ressourcen und kann gerade in diesen Elementen wertvolle Unterstützung erfahren.

Vertiefende Beratung und Kooperation: Die Analysephase sollte u.a. zu dem Ergebnis führen, das betreffende Unternehmen vor Ort zusammen mit dem zielgerichtet und in erster Präferenz aus dem Wissenschaftsbereich ausgewählten Partner zu einer vertiefenden Beratung aufzusuchen. Das an den regionalen Forschungseinrichtungen vorhandene Know-how sollte dadurch den Unternehmen der Region zufließen. Die vertiefende Beratung sollte durchaus auch verschiedene Innovationsarten und -phasen [vgl. Fritsch & Schwirten, 1998] betreffen. Im Idealfall sollten sich beide Partner auf eine Zusammenarbeit einigen

- in der Analyse des Umfeldes,
- in der Gewinnung neuer Ideen,
- in der Prototypenentwicklung,
- in der Umsetzung bereits entwickelter Produkte oder
- in der Markteinführung.

Prozess- und Produktinnovationen sollten dabei durchaus simultan und miteinander verknüpft auftreten können. Nicht in jedem Fall sollte davon ausgegangen werden, dass nach einer vertiefenden Beratung bereits die Basis für den Beginn einer Zusammenarbeit gelegt wäre. Sollten Verhandlungen zum Projekt in weitere Gespräche münden, um zu konkreten Projektabsprachen zu gelangen, so sollten diese von dem Vermittler weiter begleitet werden, um bis zu dem Zeitpunkt des förmlichen Projektstarts moderierend einzugreifen sowie als Kenner der möglicherweise anzuwendenden Förderinstrumentarien die zeitlich und formal richtigen Wege beschreiten zu helfen. Eine lose Begleitung während durchgeführter Kooperationen sollte fallweise auftretende technische oder kommunikative Engpässe überwinden helfen.

Eine eingehende Beschreibung der Beratungsprojekte findet sich in Kapitel 6. Dort wird einführend eine Darstellung der beratenen Unternehmen vorgenommen. Ferner wird eine Analyse der Innovationsaktivitäten und –phasen, der räumlichen und sachlichen Beziehungen der Kooperationspartner sowie der Kooperationsergebnisse ersichtlich.

5.4 Sammlung der Daten

Die in der oben beschriebenen Form durchgeführten Beratungen und Vermittlungen wurden im Rahmen qualitativer Berichte dokumentiert. Als Basis der in dieser Untersuchung betrachteten Aktivitäten dienen Beratungen eines Zeitraumes von August 1996 bis Ende Juni 2000. Die in den Beratungen erstellten Gesprächsprotokolle wurden ausgewertet und die Ergebnisse nach einem Kategorienschema zu Einzelkategorien zugeordnet. Das dazu benutzte Fragenschema findet sich am Ende des Anhangs. Um zu einer möglichst umfangreichen Beschreibung der in der Grundgesamtheit beratener Unternehmen enthaltenen Einzelbetriebe zu kommen und diese mittels unternehmensstatistisch beschreibender Daten darzustellen, erfolgte eine Auswertung der für diese beratenen Unternehmen in dem Wirtschaftsinformationssystem RegIS [2000] enthaltenen Angaben (z.B. Kammerzugehörigkeiten, Branchenzugehörigkeiten, Beschäftigtenzahlen etc). Bei einem Fehlen der Angaben wurden diese gemäß den mit den Einrichtungen der Wirtschaftsförderung für eine RegIS-Erhebung abgesprochenen Richtlinien intern nacherhoben. Die auf dieser Basis erhobenen Daten erlauben Aussagen zur Struktur und Orientierung der untersuchten Unternehmen. Da im Rahmen der Auswertung eine direkte Befragung der Unternehmen vor Ort nicht möglich war, läßt die Datenbasis demgegenüber allerdings keine Output-orientierten Aussagen zur Innovationstätigkeit zu, die sich beispielsweise an FuE-bezogenen Umsatzzahlen messen ließen und auf die konkreten Auskünfte der Unternemen angewiesen wären.

Die gesamte Datenaggregierung und –auswertung erfolgte unter Anwendung einer standardisierten Tabellenkalkulation. Die untersuchten Einzelkategorien als Indikatoren für allgemeine oder spezifische Handlungsmuster der Unternehmensstichprobe werden im folgenden Kapitel 6 näher vorgestellt und ausgewertet.

Die Beratungsleistungen wurden auch nach Juni 2000 fortgesetzt, so dass für die hier vorliegenden Arbeiten zu diesem Zeitpunkt ein glatter Schnitt in laufenden Projekten notwendig wurde. Der Stand angebahnter Projekte bzw. der Verlauf durchgeführter Kooperationen fließt auf der Basis des Stichtages mit ein.

Aufgrund der Tatsache, dass die aufgetretenen Projektinhalte teilweise inhaltlich stark unterschiedlichen Bereichen entstammen, wurde für den Fortgang der Betrachtungen die Orientierung an einem Projektbezug zu Grunde gelegt. Es wurden Unternehmen in 268 Projekten beraten. Diese Anzahl an Beratungsprojekten bildet die immer wiederkehrende statistische Grundgröße für die weitere Arbeit. Wurden Unternehmen mehrfach, jedoch in voneinander verschiedenen Projektzusammenhängen, beraten, so ergab sich aufgrund des Projektbezuges eine mehrfache Zählung.

Im Zuge einer anonymisierten Betrachtung werden keine Angaben zu den Namen der Unternehmen gemacht.

6 Darstellung und Interpretation der empirischen Befunde

Das folgende Kapitel dient der umfangreichen Auswertung der empirischen Daten, die aus dem beschriebenen vierjährigen Zeitraum regional orientierter Transferberatungen in vorwiegend kleinen Unternehmen gewonnen wurden. Nach der Charakterisierung der Unternehmensstichprobe erfolgt die Ermittlung von Abhängigkeiten zwischen verschiedenen mikroökonomischen Faktoren, dem Vermittlungs- und Kooperationserfolg sowie räumlich determinierter Einflüsse. Besondere Beachtung wird dabei den beteiligten Partnern aus Hochschulen und Netzwerkeinrichtungen sowie dem spezifischen Verhalten der angesprochenen Kleinunternehmen geschenkt. Ebenso erfolgt eine Betrachtung der Rolle von Netzwerkmoderatoren.

6.1 Vermittelte Innovationsprojekte in kleinen Unternehmen im ländlichen Raum – die Datenbasis

Aus dem Milieu-Ansatz und aus den Überlegungen zu Netzwerken heraus lassen sich verschiedene Faktoren ableiten, die das regionale Innovationspotenzial charakterisieren [Fritsch, 1998]. Dazu gehören FuE-Kontakte zwischen Partnern einer Region oder auch die sozio-ökonomische Einordnung der Betriebe vor Ort, die durch ihre Größe, durch ihren organisatorischen Status und ihre Stellung innerhalb einer räumlich-funktionalen Arbeitsteilung charakterisiert werden. Somit rücken solche Faktoren wie die Anzahl der an FuE-Kontakten beteiligten Akteure und deren Einbindung in die Region in den Mittelpunkt der Betrachtung.

Für die hier durchgeführte Untersuchung werden die vorliegenden Daten insbesondere unter Betrachtung der Kooperations- und Vermittlungspotenziale in regionalen Kontexten entlang dieser genannten Faktoren sowie unter Berücksichtigung zahlreicher davon abgeleiteter Indikatoren betrachtet. Im folgenden einleitenden Kapitel soll eine nähere Beschreibung des Datenbestandes und dadurch eine Charakterisierung der untersuchten Stichprobe vorgenommen werden. Für vergleichende Aussagen wird dabei auf Angaben anderer Quellen zurückgegriffen.

6.1.1 Anzahl der Projekte, Kontinuität und Mehrfachprojekte

Begonnen wird mit einer Beschreibung der Anzahlen insgesamt durchgeführter Beratungsprojekte. Um bei mehreren Projekten innerhalb von Unternehmen einen Bezug zur Diskussion der Kontinuität von Innovationsprozessen herzustellen, werden einführend bereits bestehende Erkenntnisse anderer Autoren dargestellt: Innovationen in Unternehmen werden nicht immer kontinuierlich durchgeführt. Unterschiedliche Produktlebenszyklen zwingen Unternehmen zu einer unterschiedlich schnellen Reaktion auf die Marktgegebenheiten und ermöglichen durchaus auch Innovationspausen. So stellten Staudt et al. [1992] fest, dass in einer Grundgesamtheit patentaktiver Unternehmen ein Anteil von 42 % einen Zeitabstand von einem Jahr zwischen durchgeführten Innovationen angab. Einen Abstand von ein bis drei Jahren benannten 26,7 % und einen Abstand von mehr als drei Jahren benannten 16,7 % der von den Autoren Befragten.

Dass gerade kleinere Unternehmen ausgeprägt diskontinuierlich innovieren, stellen auch Penzkofer & Schmalholz [1999] dar. Im Dreijahreszeitraum von 1990/93 gab ein Anteil von 60,2 % in der Gruppe der Kleinbetriebe mit 20 bis 49 Mitarbeitern an, diskontinuierlich Innovationen zu tätigen. Im Siebenjahreszeitraum 1990/97 lag der Anteil diskontinuierlicher Innovation in dieser Größenklasse sogar bei 78,9 %. Im Vergleich mit den Aussagen von größeren Unternehmen streichen die Autoren heraus, dass „unabhängig vom betrachteten Intervall [...] die Kontinuität im Innovationsverhalten deutlich mit der Unternehmensgröße“ steigt (S. 16). Vergleichbare Aussagen zu einer solchen Kontinuität der Innovationstätigkeit mit ansteigender Unternehmensgröße macht auch Schasse [1998]. Und schließlich stellen Reinhard & Schmalholz [1996] fest, dass von kleinen Unternehmensgrößen externes technologisches Wissen bei 76,4 % der Betriebe nur fallweise nachgefragt wird.

Diese Beobachtungen lassen sich für die hier betrachtete Gruppe der Kleinbetriebe bestätigen. Wie in Kapitel 5.4 dargestellt, wurden 268 Beratungsprojekte durchgeführt. Dabei kamen in 23 Unternehmen in dem sich über vier Jahre erstreckenden Untersuchungszeitraum je zwei verschiedene Projekte zu Stande, was einem Anteil von 10 % an den beratenen Unternehmen entspricht. In acht Unternehmen kam es zu drei verschiedenen Projekten im Untersuchungszeitraum, entsprechend einem Anteil an den Unternehmen von 3,5 %. In der Summe leitet sich eine Anzahl von 229 beratenen Unternehmen ab (vgl. Tab. 6.1).

Tab. 6.1: Einfach- und Mehrfachprojekte

Anzahl Unternehmen	Anzahl durchgeführter Projekte pro Unternehmen	Anzahl Projekte (gewichtet)
198	1	198
23	2	46
8	3	24
Summe: 229		Summe: 268

Die Anteile kontinuierlich nach innovationsunterstützender Beratungsleistung nachfragender Betriebe ist im Abgleich mit den oben genannten Quellen auf vergleichbar niedrigem Niveau einzuordnen. Dies mag damit zu erklären sein, dass anders als bei den von Staudt et al. [1992] betrachteten patentaktiven Unternehmen hier eine Grundgesamtheit zu Grunde liegt, die nicht per se als ausgesprochen innovationsaktiv zu charakterisieren ist und die aufgrund der vorherrschenden geringen Unternehmensgröße zur Gruppe der diskontinuierlich innovierenden Unternehmen zu rechnen ist. Wie zudem Abb. 6.1 zeigt, fanden zu drei Vierteln einmalige Beratungsprojekte statt, die möglicherweise auch eine Art Türöffnerwirkung für FuE in den Unternehmen ausüben konnten. Folgeprojekte fielen dann nicht mehr in den Untersuchungszeitraum. Mit Bezug auf die in Kapitel 5 als äußerst gering beschriebenen FuE-Anstrengungen der Unternehmen im Untersuchungsgebiet [ARSU, 1992] liegt eine solche Folgerung nahe.

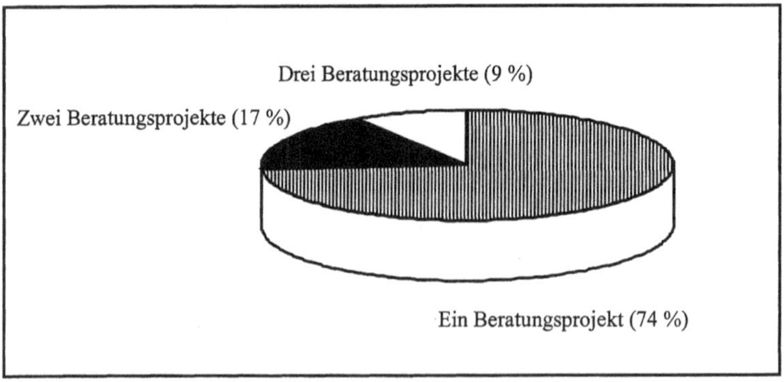

Abb. 6.1: Anzahl der einmaligen und der Mehrfachprojekte (N = 268)

Gleichzeitig betraf ca. ein Viertel aller Beratungen (vgl. Abb.6.1) Unternehmen, bei denen mehrmalige und für den Untersuchungszeitraum somit nahezu als kontinuierlich zu bezeichnende Beratungsprojekte durchgeführt wurden. Nur in zwei Fällen handelte es sich dabei um simultan und parallel ablaufende Innovationsaktivitäten, deren vollkommen unterschiedliche inhaltliche Ausrichtung eine klare Differenzierung in verschiedene Projektzusammenhänge und somit in verschiedene Beratungsprojekte erlaubte. Diese Feststellung zeigt, dass die hier untersuchten, vorwiegend kleinen Unternehmen nur in seltenen Fällen mehrere Innovationsaktivitäten gleichzeitig entfalten und offensichtlich ihre begrenzten Ressourcen eher auf zentral erscheinende Bereiche konzentrieren. Innovationsaktive Unternehmen gehen ihre Innovationsprojekte in zeitlicher Folge nacheinander an und zeigen damit ein durchaus zielgerichtetes strategisches Vorgehen.

6.1.2 Rechtsform und Abhängigkeit

Aus der Betrachtung der Rechtsformen der Grundgesamtheit lassen sich Aussagen zur beherrschenden Stellung der Entscheidungsträger ableiten. Es folgt hier eine Darstellung der vorgefundenen Rechtsformen und daraus abzuleitender möglicher Abhängigkeiten, welche auch von anderen Autoren beschrieben oder vermutet werden. Die Rechtsform der Unternehmen ist für die meisten Fälle bekannt. In den Beratungsprojekten trat in der Regel diejenige Firma auf, die sich im operativen Geschäft befand. Im Hintergrund bestehende Betriebsaufspaltungen wurden somit teilweise nicht bekannt. Das Hauptaugenmerk liegt bei der hier vorliegenden Einordnung auf einer späteren Zuordnung der Entscheidungswege in Abhängigkeit von den im Unternehmen entscheidenden Personen und Gruppen. Vorgenommen wird somit die Unterscheidung in Kapitalgesellschaften oder Einzelunternehmen. Weitere Formen werden dargestellt, soweit sie bekannt sind. In einigen Beratungen traten angehende Existenzgründer auf, die bei Vorliegen keiner gewerblichen Rechtsform als Privatpersonen eingeordnet wurden. Die Verteilung der Rechtsformen ist in Tab. 6.2 ersichtlich.

Dabei zeigt sich, dass die Gruppe der Kapitalgesellschaften, d.h. Gesellschaften mit beschränkter Haftung - mit und ohne Kommanditisten - mit 51,1 % der Projekte (entsprechend 137 Projekten) sowie Aktiengesellschaften mit 1,5 % (4) der Projekte zu mehr als der Hälfte beraten wurde. Alleinunternehmen machen mit 26,5 % (71) etwas mehr als ein Viertel aus, gefolgt von Kommanditgesellschaften mit 9,7 % (26) und Privatpersonen mit 7,8 % (21). Gesellschaften bürgerlichen Rechts entsprechen 1,1% (3), unter Sonstige fallen unter Vereinssatzungen oder als Körperschaften öffentlichen Rechts organisierte Projektpartner. Diese wurden in 2,2 % (6) der Beratungsprojekte beraten.

Bei einem Großteil der Beratungsprojekte waren die Rechtsformen dazu geeignet und entsprechend konstruiert, die bereits bei Gelshorn et al. [1991] beschriebene starke Stellung der Unternehmerpersönlichkeit in kleinen Unternehmen zu unterstreichen. Dabei ist davon auszugehen, dass die Anteile und Beteiligungen an den Unternehmen sich großenteils in Familienbesitz befinden. Eine Abhängigkeit in wichtigen Entscheidungen von anderen Personen wurde durch die Geschäftsführungen nur sehr vereinzelt geäußert und hing dann oftmals ursächlich mit einer faktischen Beteiligung eines „Mutterunternehmens" zusammen.

Tab. 6.2: Rechtsformen der Unternehmen

		Häufigkeit	Prozent	Gültige Prozente	Kumulierte Prozente
Gültig	GmbH, GmbH & CO.	137	51,1	51,1	51,1
	AG	4	1,5	1,5	52,6
	KG	26	9,7	9,7	62,3
	GbR	3	1,1	1,1	63,4
	Alleinunternehmen	71	26,5	26,5	89,9
	Privatperson	21	7,8	7,8	97,8
	Sonstige	6	2,2	2,2	100,0
	Gesamt	268	100,0	100,0	

Um derartige Abhängigkeiten genauer zu untersuchen, wurden als abhängige Unternehmen solche definiert, deren Anteile zu mehr als 25 % von anderen Unternehmen und Einrichtungen gehalten wurden. Die in Tab. 6.3 wiedergegebenen Angaben zeigen die Verteilung zwischen Abhängigen und Unabhängigen auf.

Tab. 6.3: Abhängige Unternehmen (zu mehr als 25 % im Besitz Dritter)

		Häufigkeit	Prozent	Gültige Prozente	Kumulierte Prozente
Gültig	Unabhängig	253	94,4	94,4	94,4
	Abhängig	15	5,6	5,6	100,0
	Gesamt	268	100,0	100,0	

Die große Mehrzahl (253) der Beratungen wurde in unabhängigen Unternehmen durchgeführt, die als kleine und mittlere Unternehmen ihren Sitz im Gebiet des Landkreises Diepholz haben. 15 Beratungsprojekte betrafen formal abhängige Unternehmen, dies entspricht einem Anteil von 5,6 % der Beratungen.

Im Rahmen der relativ kleinen Grundgesamtheit abhängiger Unternehmen soll hier eine Spezifizierung der Beziehung zwischen Müttern und abhängigen Unternehmen vorgenommen werden, die solche Charakteristika wie die Entfernung zur Mutter, die Art der Einflussnahme oder auch die strategische Zielsetzung für die Tochter genauer hinterfragt. Die gewonnenen Aussagen erlauben ggf. Rückschlüsse für den weiteren Verlauf der Diskussion auf das Maß der Beeinflussung des Innovationsverhaltens der Töchter vor Ort durch die Mütter.

So ist für sechs Unternehmen ein Verhältnis zu unterstellen, wie es im Zusammenhang mit der Diskussion um die räumliche Arbeitsteilung [vgl. Bade, 1979; Tödtling, 1990] postuliert wird: Die Mutterunternehmen befinden sich - teilweise weit - außerhalb der Region und bedienen sich des Standorts für die Produktion oder auch als Verkaufsstützpunkt. Hochwertige FuE-Arbeiten stehen für die Töchter nicht im Mittelpunkt.

Für alle anderen Unternehmen kann eine solche offensichtliche Zuordnung nicht gefunden werden: Weitere drei Betriebe befinden sich in Abhängigkeit eines Unternehmens vor Ort und drei Betriebe werden von der öffentlichen Hand getragen.

In der gesamten Gruppe abhängiger Unternehmen wurde in den Gesprächen durchaus auf die begrenzte Entscheidungsfreiheit hingewiesen. Zielzahlen der Mütter mussten erfüllt werden. Innovationen wurden im Rahmen der bestehenden Budgets eher für Verfahrensinnovationen eingesetzt, die Gesprächsinhalte fokussierten in geringem Maße auf Produktinnovationen und fragten vorwiegend allgemeinere Informationen der Wirtschaftsförderung ab. Differenziert zu betrachten ist dieser Befund allerdings für weitere drei – aufgrund der angelegten Definition formal - abhängige Betriebe, für die wegen ihrer Einbindung in lokal ausgerichtete Holding-Strukturen die oben beschriebene Autonomie und Entscheidungsfreiheit des Eigentümers weiterhin zutreffend ist.

Zusammenfassend ist festzustellen, dass die große Mehrzahl der Beratungsfälle in Betrieben durchgeführt wurde, deren Entscheider als Eigentümer eine beherrschende Stellung einnahmen und somit auch die Risiken in den durchzuführenden Innovationsprojekten selbst zu tragen hatten.

6.1.3 Unternehmensgröße

Die Größe eines Unternehmens hat einen ausgeprägten Einfluss auf dessen Innovations- und Kooperationsverhalten. Dabei kommt zum Tragen, dass beispielsweise in kleineren Unternehmen begrenzte Ressourcen die Handlungs- und Gestaltungsspielräume stärker einengen als dies für große Unternehmen gilt. Entsprechende Auswirkungen auf die Kontinuität im Innovationsverhalten wurden bereits oben diskutiert. Im Folgenden werden einige Quellen mit relevanten Aussagen zu diesem Themenbereich dargestellt, um abschließend die untersuchte Stichprobe bezüglich der vorzufindenden Größenverteilung auszuwerten.

Verschiedene weitere Betrachtungen der Beziehung zwischen der Unternehmensgröße und dem Innovations- sowie Kooperationsverhalten liegen vor. So untersuchten Penzkofer & Schmalholz [1999] die Anteile an Innovatoren im westdeutschen verarbeitenden Gewerbe. Aus einer Zeitreihe von 1990 bis 1996 ergibt sich aus der Größenklasse mit 20 – 49 Beschäftigten ein durchschnittlicher Anteil an Innovatoren von 40,4 % und aus der Größenklasse von 50 – 199 Beschäftigten von 64 %. Hin zu größeren Unternehmen steigen die Anteile kontinuierlich an.

Arndt & Sternberg [2000] untersuchten allgemein das Kooperationsverhalten von Unternehmen unter Betrachtung räumlicher Distanzen. Im Hintergrund steht die Überlegung, dass Kooperationstätigkeit innovationsorientierten Suchprozessen förderlich sei. Als Messgröße betrachten sie beispielsweise ein erhöhtes Umsatzwachstum kooperierender Unternehmen. Dabei stellen sie fest, dass sehr kleine Unternehmen mit bis zu zehn Beschäftigten eindeutig von regionale Kooperationen profitierten. Abgeschwächt gelte dies auch für die darauf folgende Größenklasse: kleine Unternehmen mit 10 bis 99 Beschäftigten erführen nahezu vergleichbar hohe Umsatzsteigerungsraten, wenn sie in einem Mix aus regional und überregional orientierter Kooperation arbeiten. Größere Einheiten mit über 100 Beschäftigten allerdings könnten stärker von überregionalen Kooperationen profitieren. Zur Betrachtung gelangen bei dieser Untersuchung Kooperationen mit unterschiedlichsten Partnern.

Zur regionalen Ausrichtung des FuE-Kooperationsverhaltens stellt auch Schasse [1998] dar, dass eine regionale Orientierung über alle Größenklassen von einem gleichbleibenden Anteil von ca. 40 – 50 % der Unternehmen im betrachteten Hannoveraner Firmenpanel angegeben wurde. Allerdings stieg die überregionale

Ausrichtung mit steigender Unternehmensgröße eindeutig an. Ergänzt werden die Angaben um Aussagen zu Kooperationspartnern. So gaben etwas mehr als 30 % der Unternehmen mit 5 bis 19 Beschäftigten an, mit öffentlichen Forschungseinrichtungen zu kooperieren, in der Größenklasse von 20 bis 49 Beschäftigten belief sich der Anteil bei etwas unter 25 % um dann über ca. 40 % in der Größenklasse 50 – 249 auf knapp 60 % (> 250 Beschäftigte) anzusteigen.

Eine geringere Kooperationsaktivität kleinerer unternehmerischer Einheiten mit Forschungseinrichtungen stellen auch Nicolay & Wimmers [2000] fest, die sich durch nahezu alle Kontaktarten hindurchzieht. Und auch Diez [2000] stellt dar, dass in den drei von ihm untersuchten Metropolregionen (Barcelona, Wien, Stockholm) eine auffällig geringe Kooperationstätigkeit sehr kleiner Unternehmen mit Forschungseinrichtungen auszumachen war [vgl. auch Koschatzky & Sternberg, 2000].

Tab. 6.4: Verteilung der Beratungsprojekte nach Betriebsgrößenklassen

		Häufigkeit	Prozent	Gültige Prozente	Kumulierte Prozente
Gültig	1-4	98	36,6	36,6	36,6
	5-9	40	14,9	14,9	51,5
	10-19	47	17,5	17,5	69,0
	20-49	38	14,2	14,2	83,2
	50-99	23	8,6	8,6	91,8
	100-199	21	7,8	7,8	99,6
	200-499	1	0,4	0,4	100,0
	Gesamt	268	100,0	100,0	

Entsprechend finden sich auch für die Betrachtung der durch Technologiemittler angebahnten Kooperationen eindeutig mit der Größe der Unternehmen verbundene Trends. So beschreiben Reinhard & Schmalholz [1996], dass solche Anbahnungen für Betriebe mit 20 – 49 Beschäftigten von einem Anteil von 7,8 % der befragten Unternehmen im verarbeiteten Gewerbe angegeben wurden. In der Größenklasse 50 – 199 Beschäftigte betrug der Anteil 26,8 %, um mit ansteigender Größe der Unternehmen auf Werte zwischen 40 % und 50 % zu steigen. Ebenso stellt Geisler [1998] einen signifikanten Zusammenhang zwischen der Unternehmensgröße und der Inanspruchnahme von Transferleistungen fest.

Um größenorientierte Strukturen im Innovationsverhalten zu untersuchen, wurde für die Unternehmen der hier vorliegenden Stichprobe anhand der Anzahl der Beschäftigten eine Einteilung in Betriebsgrößenklassen vorgenommen. Tab. 6.4 gibt einen Überblick (vgl. auch zur Betriebsgrößenverteilung im produzierenden Gewerbe im Untersuchungsgebiet Tab. 5.2).

Es zeigt sich, dass die als sog. „Mikrounternehmen“ anzusprechenden Einheiten mit bis zu 9 Beschäftigten bei den Beratungen zu 51,5 % vertreten waren. Zu dieser Gruppe werden implizit auch die gründungswilligen Privatpersonen gezählt. Kleinbetriebe mit bis zu 99 Beschäftigten nehmen einen Anteil von weiteren 40 % an den Beratungsprojekten ein.

Die Betrachtung der einzelnen Segmente ergibt folgendes Bild: Mit ansteigender Unternehmensgröße und sich zugleich vergrößernden Intervallen sinken die Anteile an Beratungsprojekten in den betrachteten Gruppen nahezu kontinuierlich von 36,6 % (1 – 4) über 14,9 % (5 – 9), über 17,5 % (10 – 19) und über 14,2 % (20 – 49) auf 8,6 % (50 – 99). Ein Anteil von 7,8 % der Beratungsprojekte wurde in mittleren Betrieben mit 100 – 199 Beschäftigten durchgeführt und ein Projekt erfolgte in einem Unternehmen mit etwas über 200 Beschäftigten (vgl. Abb. 6.2).

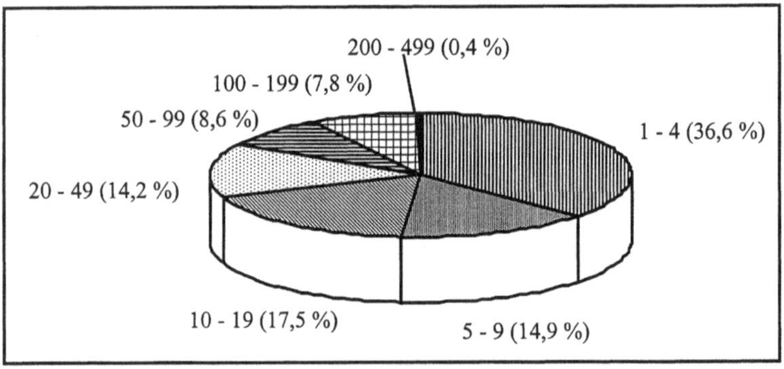

Abb. 6.2: Verteilung der Beratungsprojekte nach Betriebsgrößenklassen (N = 268)

Das hohe Gewicht an Unternehmen mit weniger als 100 Beschäftigten an der untersuchten Grundgesamtheit, das durch einen Anteil von nahezu 92 % der Beratungsprojekte beschrieben wird, erlaubt für die weiteren im Rahmen dieser Arbeit diskutierten Aussagen eine Schwerpunkt bildende Bezugnahme auf diese ausschließliche Gruppe der kleinen Unternehmen. Sollte für den vergleichsweise geringen Anteil der Gruppe der größeren Unternehmen ein auffällig abweichendes Verhalten festgestellt werden, so wird an entsprechender Stelle darauf eingegangen.

Auf einen Aspekt zur verallgemeinernden Aussagekraft der Ergebnisse ist an dieser Stelle ergänzend hinzuweisen: Wie bereits in Kapitel 5.2.1 beschrieben, setzt sich die Gruppe innovationsaktiver, produzierender Unternehmen in dem betrachteten Gebiet zu ebenfalls knapp 92 % aus Betrieben mit bis zu 99 Beschäftigten zusammen. Diese auf hohem Niveau übereinstimmende Verteilung der Unternehmensgrößen legt die Basis für die repräsentative Aussagefähigkeit der hier beschriebenen Ergebnisse für einen von kleinen Unternehmen dominierten Wirtschaftsraum, wie ihn das untersuchte Kreisgebiet darstellt.

6.1.4 Branchenzugehörigkeiten und Tertiarisierungseffekte

Der Grundgesamtheit der Beratungsprojekte liegt systembedingt die in ihrer Entstehung bereits beschriebene Stichprobe zu Grunde, deren Branchenzusammensetzung im Folgenden näher charakterisiert werden soll. Mehrere Aspekte werden dabei fokussiert. Zum einen wird eine Einordnung in die für das Beobachtungsgebiet vorliegende Branchenverteilung vorgenommen. Vertiefend erfolgt sodann eine Betrachtung des Anteils an Dienstleistungen in der Stichprobe sowie der zu beobachtenden Tertiarisierungseffekte, um mit einer Analyse der Anteile wissensintensiver Industrien und Dienstleistungen das Kapitel der Branchenzugehörigkeiten abzuschließen.

Zur Einordnung der Unternehmen kommt die Allgemeine Systematik der Wirtschaftszweige in den europäischen Gemeinschaften (sog. NACE-Code) von 1993 [Statistisches Bundesamt, 1994] zur Anwendung. Die Branchenzugehörigkeiten wurden auf der Basis der Zuordnung zu Branchenklassen des Regionalen Informationssystems RegIS [2000] übernommen. Die dort vorzufindende Zuordnung erfolgt in der Regel durch die Unternehmen selbst in Zusammenarbeit mit den Mitarbeitern der die Eintragung bearbeitenden Einrichtung der Wirtschaftsförderung. Liegt keine Angabe vor, was insbesondere bei angehenden Gründern oder bei solchen Unternehmen der Fall ist, die nicht in dem System RegIS enthalten sind, so wurde diese auf der Grundlage der in den Beratungsprojekten gemachten Angaben im Verlauf der Arbeit vorgenommen. Um eine hinreichend genau Zuordnung zu Branchen zu erreichen, wurde innerhalb der Systematik des NACE-Codes auf die beiden ersten Stellen genau zugeordnet. In

86 Fällen war mindestens eine zweite, ergänzende Angabe zur Branchenzuordnung verfügbar. Bei Vorliegen von mehr als zwei Nennungen erfolgte eine Schwerpunktfindung zur Reduzierung auf zwei Nennungen. Diese Reduktion stützte sich auf die von den Unternehmen im Gespräch geäußerten aktuellen Schwerpunkte der bedienten Tätigkeitsfelder. Es ergaben sich für die 268 zu Grunde liegenden Beratungsprojekte 354 Branchenzuordnungen. In Abb. Anhang 1 sind durch die beschriebene Betrachtung der Mehrfachnennungen 354 Zuordnungen ersichtlich, deren Schwerpunkte sich wie folgt darstellen:

Eine offensichtliche Häufung tritt in der Branche 28 (Herstellung von Metallerzeugnissen) mit 46 Nennungen (prozentualer Anteil an den Nennungen mit Bezug auf 268 Beratungsprojekte: 17,2 %) und in der Branche 29 (Maschinenbau) mit 38 Nennungen (14,2 %) auf. Ebenfalls werden unternehmensnahe Dienstleistungen (Branche 74) von 41 Unternehmen mit einem hohen Anteil (15,3 %) erbracht. Weiterhin stärkere Gewichtung erfährt die Branche 72 (Datenverarbeitung und Datenbanken) gleichauf mit der Branche 51 (Handelsvermittlung) mit 24 Nennungen (je 9,0 %). Diese werden gefolgt von der Branche 33 (Medizin-, Mess-, Steuer- und Regelungstechnik, Optik; 21 Nennungen; 7,8 %), von der Branche 25 (Herstellung von Gummi- und Kunststoffwaren; 17 Nennungen; 6,3 %), von der Branche 45 (Baugewerbe; 15 Nennungen; 5,6 %), von der Branche 15 (Ernährungsgewerbe; 12 Nennungen; 4,5 %) und von der Branche 1 (Landwirtschaft, gewerbliche Jagd; 10 Nennungen; 3,7 %). Die Aufteilung in alle Branchen ist in Tab. Anhang 3 ersichtlich.

Zusammengefasst in die Hauptgruppen der Wirtschaftsabteilungen nach WZ 93 ergibt sich für die Land-, Forst- und Fischereiwirtschaft bei 10 Nennungen ein Anteil von 3,7 %, für das produzierende Gewerbe bei 209 Nennungen ein Anteil von 78,0 %, für Handel, Gastgewerbe und Verkehr bei 48 Nennungen ein Anteil von 18,0 % und für Dienstleistungen (inkl. öffentliche und private Dienstleistungen jedoch ohne öffentliche Verwaltung) bei 87 Nennungen ein Anteil von 32,5 %.

Mit Bezug auf die in Kapitel 5.1 getroffenen Aussagen zur Schwerpunktbildung der Untersuchungsregion in den Bereichen des produzierenden Gewerbes sowie des Handels ist somit eine vergleichbare Schwerpunktsetzung im Rahmen der Beratungsprojekte festzustellen. Folglich sind auch in den Beratungsprojekten die Metallverarbeitung und der Maschinenbau von hervorgehobener Bedeutung, wobei sowohl der Dienstleistungsbereich in den unternehmensnahen Dienstleistungen und in der Datenverarbeitung als auch der Handel ebenfalls bedeutende Anteile für sich reklamieren konnten.

Wie Straßberger [1997] beschreibt, ist die zunehmende Nachfrage des primären und sekundären Sektors nach Vorleistungen aus Dienstleistungsunternehmen der wichtigste Grund für die wachsende Bedeutung des Dienstleistungsbereiches, der beispielsweise die Beschäftigungszuwächse der 1980er Jahre und danach nahezu ausschließlich getragen hat [Schasse, 1994]. Strambach [2001] hebt die tragende Rolle hervor, die wissensintensive Dienstleister durch die Generierung und Weiterverbreitung von Informationen an der Schnittstelle verschiedener Branchen bzw. zwischen der Anbieter- und der Nachfragerseite ausüben. Licht und Kukuk [1997] stellen dar, dass auch Dienstleister im Rahmen des Strukturwandels ihre Ablaufprozesse entscheidend verändern müssten. Um u.a. solche Innovationsprozesse, die im Rahmen der Tertiarisierung bzw. bei Unternehmen des tertiären Sektors durchgeführt werden, auch für die hier untersuchte Grundgesamtheit näher einzugrenzen, soll im Folgenden eine genauere Betrachtung derjenigen Beratungsprojekte erfolgen, die bei Dienstleistern oder auch bei Unternehmen des produzierenden Gewerbes mit einer zusätzlichen Angabe von Dienstleistungsaktivitäten durchgeführt wurden.

Die zum Vergleich heranziehbaren Befragungsergebnisse bei Licht und Kukuk [1997] ergaben konkret, dass durch Dienstleister Ausgaben für Innovationen mehrheitlich für Investitionsgüter oder für Investitionen im Kontext der Einführung neuer Produkte bzw. bei Verfahrensoptimierungen getätigt wurden. Aufwendungen für eigene FuE-Vorhaben seien nur für 13 % der Unternehmen wichtige Ausgabenposten. In Einzelbranchen allerdings, wie der technischen Planungs- und Beratungsbranche sowie in der Softwareentwicklung [vgl. auch Backhaus & Seidel, 1997], seien FuE-Aktivitäten ähnlich weit verbreitet wie in der Industrie.

Tab. 6.5: Beratungsprojekte im Dienstleistungsbereich und Tertiarisierung

	Beratungsprojekte	Prozentualer Anteil an allen 268 Projekten
Handel, Gastgewerbe und Verkehr	19	7,1
Dienstleistungen (ohne öfftl. Verwaltung)	65	24,3
Landwirtsch./Produktion *und* Handel	23	8,6
Landwirtsch./Produktion *und* Dienstleistung	17	6,3

Mit diesen Werten korreliert der hier zu machende Befund, dass 84 Beratungsprojekte mit einem Anteil von 31,4 % an allen Projekten in solchen Unternehmen durchgeführt wurden, die aufgrund ihrer Branchenzuordnung u.a. als Dienstleister [vgl. Legler, 2000] (distributiver Bereich (19) sowie öffentliche und private Dienstleistungen ohne öffentliche Verwaltung(65)) zu gelten haben (vgl. Tab. 6.5). Dabei nehmen die Branche 72 (Datenverarbeitung und Datenbanken) sowie die Branche 74 (Erbringung von Dienstleistungen überwiegend für Unternehmen) mit zusammen bereits 51 Beratungsprojekten (19,0 %) eine hervorgehobene Stellung ein.

Es ist davon auszugehen, dass Dienstleistungen in der Strategie einer Produktdiversifikation der Unternehmen eine zunehmende Rolle einnehmen. Die in Tab. 6.5 ergänzend in den letzten beiden Zeilen dargestellten Werte werfen auch ein Licht auf die bereits in Kapitel 5.2.1 beschriebene Beobachtung der Tertiarisierung innerhalb des Produzierenden Gewerbes.

Aus Gründen der Vollständigkeit und unter Berücksichtigung des aus der landwirtschaftlichen Prägung herrührenden Strukturwandels in dem Untersuchungsgebiet werden hier acht Beratungsprojekte mit u.a. landwirtschaftlicher Prägung subsummierend mit betrachtet. Es zeigt sich somit bezüglich der zu beobachtenden Tertiarisierungseffekte, dass in knapp neun Prozent aller betrachteten Beratungsprojekte eine Doppelnennung aus der (Primär-)produktion und dem Bereich Handel, Gastgewerbe, Verkehr vorlag und dass die Anzahl der Doppelnennungen aus der (Primär-)produktion und dem Bereich der weiteren Dienstleistungen mit etwas über sechs Prozent ebenfalls recht gering ausfiel. Das heißt, es waren in ca. 15 % der Beratungsprojekte (entsprechend 40 Fällen in 36 Unternehmen) Doppelnennungen anzutreffen, die auf sektorale Diversifizierungen (= Tertiarisierung) sowohl aus dem primären als auch aus dem sekundären Sektor hinweisen.

Zur Bewertung der auf diese Weise festgestellten Tertiarisierungstendenzen ist im Untersuchungsgebiet folgendes festzustellen: Die Befunde entstanden auf der Basis von in innovations-orientierten Beratungsprojekten beratenen Unternehmen. Daraus leitet sich ab, dass die Generierung von Dienstleistungsfunktionen im Bereich des primären und sekundären Sektors quantitativ auf relativ niedrigem Niveau ablaufen muss. Ein Vergleich mit den in Kapitel 5.2.1 dargestellten Indikatoren zur Funktionalstruktur kann hier nur bedingt gezogen werden. Doch lag das Untersuchungsgebiet mit einem Wert von ca. 30 % in der Dienstleistungsintensität nahezu genau im Durchschnitt des Landes Niedersachsen, die Humankapitalintensität der Dienstleistungen jedoch fiel mit 9,2 % gegenüber einem Wert von 12,5 % des Gesamtlandes zurück. Für den Beobachtungsraum bedeutet dies, dass die Bilanz der Anpassung an strukturelle Veränderungen durch Prozesse der Tertiarisierung bei einer Betrachtung innovations-orientierter Beratungsprojekte unterhalb des Durchschnittes ausfällt.

Insofern sich im weiteren Verlauf der Auswertungen besondere Charakteristika von Transferprozessen für den Dienstleistungsbereich identifizieren lassen, wird darauf in den folgenden Kapiteln noch näher eingegangen.

Den in Kapitel 5.2.1 ebenfalls beschriebenen wissensintensiven Industrien und Dienstleistungen [vgl. Grupp et al., 2000] wird ein überdurchschnittliches Maß an externen Effekten sowie an Output im Bereich der Hochtechnologien zugeschrieben. Unter Betrachtung des auf drei Stellen detaillierten Branchencodes (NACE) wurde für die zu Grunde liegende Gesamtheit an Beratungsprojekten folgende Verteilung gefunden: 131 Beratungsprojekte und damit 49 % wurden in Unternehmen durchgeführt, die dem Bereich der wissensintensiven Industrien und Dienstleistungen zuzuordnen sind. Dementsprechend erfolgten 137 Beratungsprojekte (51 %) in nicht wissensintensiven Unternehmen. Dies bedeutet, dass über die Beratungsprojekte eine beträchtliche Anzahl der bereits weiter oben für den Beobachtungsraum identifizierten wissensintensiven Unternehmen (156) angesprochen wurden.

Aufschlussreich ist auch eine Betrachtung dessen, wie sich einzelne Akteure der Gruppe der wissensintensiven verhalten oder ob beispielsweise die von Beise et al. [1995] dargestellten Kooperations-Insider und -Outsider schwerpunktmäßig in den Gruppen der wissensintensiven und nicht wissensintensiven Industrien und Dienstleistungen gefunden werden können: Es zeigt sich, dass in der Gruppe der in wissensintensiven Unternehmen durchgeführten Beratungsprojekte 55,0 % der Unternehmen als vormalige „Outsider" und 45,0 % als „Insider" zu bezeichnen sind (vgl. 6.3.1) – gemessen daran, ob sie angaben, bereits vorher mit externen Akteuren zusammengearbeitet zu haben. Demgegenüber ist in der Gruppe der nicht wissensintensiven Unternehmen der Anteil vormaliger Outsider mit 70,1 % bedeutend höher.

Gegenüber diesen Auffälligkeiten zeichnet sich eine offensichtliche Gleichverteilung des Nachfrageverhaltens nach Beratungsprojekten zwischen den beiden Gruppen der wissensintensiven und nicht-wissensintensiven ab und zieht sich in vergleichbarer Einheitlichkeit auch durch die Betrachtungen in Bezug auf die

Inanspruchnahme von Erst- oder vertiefenden Beratungen bzw. in Bezug auf die Vermittlung zu Partnern (s. auch 6.2.4) hindurch. Unter Anlegen derartiger Kenngrößen zeigen die Gruppen wissensintensiver und nicht-wissensintensiver Industrien und Dienstleistungen mit einer hohen Auffälligkeit ein nahezu identisches Verhalten wie Tab. 6.6 darstellt.

Tab. 6.6: Vergleich des Innovationsverhaltens nicht wissensintensiver und wissensintensiver Industrien und Dienstleistungen (Angaben als Anzahl der Nennungen und als prozentualer Anteil innerhalb der je Zeile dargestellten Gruppe)

	Nicht wissens-intensiv	Wissens-intensiv
Keine Beratung	26 63,4%	15 36,6%
Erstberatung	75 49,0%	78 51,0%
Vert. Beratung	8 44,4%	10 55,6%
Erst und vert. Beratung	28 50,0%	28 50,0%
Summe Beratungsprojekte	137 51,1%	131 48,9%
Partner Uni	21 43,8%	25 56,3%
Partner FH	18 56,3%	14 43,8%
Netzwerkpartner (AGTIF)	13 46,4%	15 53,6%
Innov.-orientierter Fördermittelpartner	18 56,3%	14 43,8%
Sonstige Partner	13 86,7%	2 13,3%

Wie Tab. Anhang 4 zeigt, wurden die Beratungsprojekte zudem nahezu in den gleichen Schwerpunktbereichen der wissensintensiven Industrien und Dienstleistungen durchgeführt, für die auch bereits in Kapitel 5.2.1 Schwerpunkte innerhalb der Branchenzuordnungen für den Untersuchungsraum aufgezeigt wurden. Auffällig dabei sind wenige Abweichungen: So sind in dem Informationssystem RegIS [2000] für das Untersuchungsgebiet 25 Nennungen für den Großhandel mit Maschinen, Ausrüstung und Zubehör verzeichnet, es kam jedoch nur zu zwei Beratungsprojekten in diesem Bereich. Ebenso wurden bei 10 Nennungen der Datenverarbeitungsdienste in solchen Unternehmen nur zwei Beratungsprojekte durchgeführt. Demgegenüber erfolgten für Rechts-, Steuer- und Unternehmensberatung zehn Beratungsprojekte bei nur drei Nennungen in dem Informationssystem. Während Aussagen aus den letztgenannten Abweichungen möglicherweise mit zufälligen Schwankungen beim Zustandekommen der Stichprobe zu erklären sind, so wird das Aktionsmuster für den Großhandelsbereich mit Maschinen und Ausrüstungen klar: Die Nachfrage nach innovations-orientierten Beratungsleistungen ist nahezu marginal, die dort durchgeführten Innovationen sind kaum auf externen Wissensbedarf angewiesen und dürften sich vor allem im Bereich rein kaufmännischer Optimierungen abspielen. Antworten zur Logistik oder zum Einsatz spezifischer Methoden zur Abwicklung der Handelsgeschäfte scheinen für diese Branche aus Beratungen zum Wissens- und Technologietransfer nicht zu erwarten zu sein.

Zusammenfassend lässt sich für die Branchenverteilung, innerhalb derer die Beratungsprojekte stattfanden, feststellen, dass auch hier die Metallverarbeitung und der Maschinenbau von hervogehobener Bedeutung sind, wobei sowohl der Dienstleistungsbereich in den unternehmensnahen Dienstleistungen als auch der Handel Anteile an den Beratungsprojekten für sich reklamieren konnten. Gleichzeitig zeigt die Betrachtung von Tertiarisierungseffekten, wobei mehrfache Branchennennungen aus verschiedenen Wirtschaftsabteilungen der beratenen Unternehmen zur Auswertung kamen, dass in den beratenen, innovationsorientierten Unternehmen zu 15 % Anzeichen von sektoralen Diversifikationen in den Dienstleistungsbereich hinein vorlagen. Eine vergleichende Betrachtung der sog. wissensintensiven Industrien und Dienstleistungen [vgl. Grupp et al., 2000] mit nicht wissensintensiven zeigte nahezu keine auffälligen Unterschiede in deren Innovationsverhalten – vielmehr besteht bei der Untersuchung verschiedener Indikatoren nahezu Gleichverteilung zwischen den Gruppen. Eine besondere Auffälligkeit bestand darin, dass in der Gruppe der nicht wissensintensiven Unternehmen der Anteil beratener vormaliger Innovations-Outsider mit 70,1 % bedeutend höher ausfiel.

6.1.5 Kammerzugehörigkeiten

Die Kammerzugehörigkeit gibt Aufschluss über die Tätigkeitsschwerpunkte der in der Stichprobe erfassten Unternehmen in den Bereichen Gewerbe und Handel, Handwerk, Landwirtschaft o.a. Um eine Projektion dieser Schwerpunkte zu erreichen, wird im Folgenden eine Zuordnung und Auswertung der prozentualen Anteile an Mitgliedschaften in verschiedenen Kammerorganisationen vorgenommen. Allerdings kann sich hier – insbesondere bei den Mitgliedschaften in mehreren Kammern, die in den Beratungsgesprächen nicht alle explizit benannt wurden – ein mögliches Vollständigkeitsdefizit ergeben. Pflichtmitgliedschaften in den Industrie- und Handelskammern bzw. Zuordnungen zu Gewerken im Handwerksbereich und die daraus folgende Rolleneintragung konnten eindeutig ausgemacht werden.

Tab. 6.7: Zugehörigkeit zu Kammern (Mehrfachnennungen)

Kammer	Anzahl	Nennungen in Prozent	Fälle in Prozent
Handwerkskammer	36	12,4	13,4
IHK	197	67,7	73,5
Landwirtschaftskammer	8	2,7	3,0
Sonstige Kammer oder Gründer	50	17,2	18,7
Summen	291	100,0	108,6
Fehlende Werte: 0	Gültige Fälle: 268		

Tab. 6.7 zeigt die Kammerzugehörigkeiten auf und weist die weitaus meisten Mitgliedschaften bei 73,5 % aller Beratungsprojekte bei der Industrie- und Handelskammer aus. Circa ein Achtel der Beratungsprojekte wurde im Handwerk durchgeführt. Beratungsprojekte in landwirtschaftlichen Betrieben machen drei Prozent aus. In der Gruppe der Sonstigen und Gründer sind Freiberufliche mit teilweise freiwilligen Mitgliedschaften in Ingenieurkammern, Architektenkammern u.a. sowie die Gruppe der Gründer zusammengefasst. Diese Gruppe macht einen Anteil von 18,7 % der Beratungsprojekte aus. Eine genauere Betrachtung der Sonstigen ergibt, dass es sich alleine in 21 Beratungsprojekten (7,8 %) um Privatpersonen handelt, die sich u.a. mit technologie-orientierten Fragestellungen im Rahmen von Gründungsvorhaben beschäftigten.

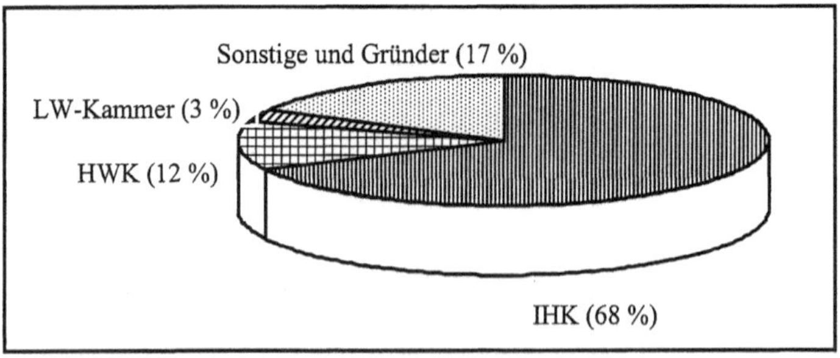

Abb. 6.3: Zugehörigkeit zu Wirtschaftskammern (Mehrfachnennungen, N = 291)

Mehrfachnennungen führen auch hier bei 268 Beratungsprojekten zu 291 Angaben und zu den in Abb. 6.3 gezeigten prozentualen Anteilen. Die Mehrfachnennungen beruhen auf 19 Doppelnennungen zwischen IHK und HWK sowie auf vier weiteren Doppelnennungen wie z. B. Handwerks- und Ingenieurkammer.

Gegenüber dem in Kapitel 5.2 benannten Anteil der Handwerksbetriebe von ca. 25 % an allen Betrieben im Untersuchungsgebiet bedeutet der hier gefundene Anteil an Beratungsprojekten in Handwerksbetrieben von 12 % eine unterdurchschnittliche Abdeckung des Handwerks. Möglicherweise liegt ein Grund für die geringe Nachfrage nach Unterstützung im Innovationsgeschehen darin, dass Handwerksbetriebe in geringerem Umfang eigene Produkte anbieten und demgegenüber stärker auftragsbezogen und am Endkunden orientiert arbeiten als dies in der Gesamtstichprobe der Fall ist. Auch könnten tradierte Handlungsmuster bzw. die in dieser Arbeit thematisierten Innovationshemmnisse kleiner Unternehmen Ursachen sein, die gerade die eher kleinen Handwerksbetriebe von einer Nachfrage nach Beratungen zum Wissens- und Technologietransfer abhalten. Die Ergebnisse der in Tab. 6.8 dargestellten Auswertung unterstützen diese Vermutung, da gerade aus Handwerksbetrieben die Nachfrage nach Beratungsleistungen aus vergleichsweise größeren Betrieben entstand. Nahm in der Vergleichsgruppe aller anderen Beratungsprojekte der prozentuale Anteil je Betriebsgrößenklasse mit steigender Betriebsgröße kontinuierlich ab, so zeigt sich bei Handwerksbetrieben ein Anstieg bis zur Betriebsgröße von 10 bis 19 Beschäftigten, der sich auch bei den Größen bis 200 Beschäftigten auf einem nahezu konstanten Niveau – innerhalb der Gesamtgruppe des Handwerks - einpendelt.

Tab. 6.8: Größenverteilung der Handwerksbetriebe und der Vergleichsgruppe in allen Beratungsprojekten

			Betriebsgröße							Gesamt
			1-4	5-9	10-19	20-49	50-99	100-199	200-499	
HWK	nein	Anzahl	96	37	36	30	17	15	1	232
		in %	41,4	15,9	15,5	12,9	7,3	6,5	0,4	100
HWK	ja	Anzahl	2	3	11	8	6	6		36
		in %	5,6	8,3	30,6	22,2	16,7	16,7		100
Gesamt		Anzahl	98	40	47	38	23	21	1	268
		in %	36,6	14,9	17,5	14,2	8,6	7,8	0,4	100

Die Zugehörigkeit zu einer der Kammern übt keine messbar spezifischen Auswirkungen auf andere Indikatoren des Innovationsverhaltens der Unternehmen aus. Sowohl bei einer Betrachtung der Innovationstätigkeiten (vgl. Kapitel 6.1.2) als auch der Projektpartner (vgl. Kapitel 6.1.4) lassen sich keine Auffälligkeiten zwischen den in verschiedenen Kammereinrichtungen organisierten Betrieben feststellen.

6.1.6 Unternehmensalter

Wie bereits in Kapitel 4.3 dargestellt wurde, zeigen Gelshorn et al. [1991] eine Genese von Unternehmenstypologien auf, die u.a. auch das Alter von Betrieben in die Betrachtungen integriert. Dabei spielt insbesondere die Fokussierung junger und forschungsintensiver Unternehmen eine Rolle, da dort teilweise ganze Bündel an Problemen nicht nur im technischen Bereich mit Hilfe neuer Konzepte bewältigt werden müssen. Ältere Unternehmen sähen sich eher im Rahmen einer Art Reifephase gezwungen zu innovieren.

Darüber hinausgehend liegen nur wenige Betrachtungen vor zum Alter von Unternehmen in Bezug zu deren Innovations- und Kooperationsverhalten. Sternberg [1999] stellt dar, dass sich durchaus signifikante Unterschiede zwischen kooperierenden und nicht-kooperierenden Unternehmen hinsichtlich des Einflusses von Größe, Umsatz oder FuE-Beschäftigten für das unternehmerische Kooperationsverhalten feststellen ließen. Für das Unternehmensalter seien solche Unterschiede jedoch nicht nachweisbar.

Um im weiteren Verlauf der vorzunehmenden Auswertungen auf mögliche Einflüsse des Unternehmensalters zurückgreifen zu können, soll hier eine Charakterisierung der Altersstruktur vorgenommen werden. Die Einteilung intendiert beispielsweise, im weiteren Verlauf spezifische Handlungsmuster von Unternehmensgründern oder von bereits langjährig am Markt befindlichen Unternehmen zu überprüfen (vgl. Kapitel 6.2.2). Die dazu vorgenommene Abschätzung der Unternehmensaltersklassen ist wegen der klaren Zuordenbarkeit v.a. der niedrigen Unternehmensaltersstufen sehr eindeutig. Die zwangsläufig sich ergebende Spreizung der Betrachtungsintervalle hin zu höheren Altern lässt dann nur noch Aussagen zum unternehmerischen Verhalten jenseits der Gründungs- und Konsolidierungsphasen zu. Die Einordnung erfolgt in Parallele zu der in der öffentlichen Darlehensförderung genutzten zeitlichen Einordnung von Gründern und jungen Unternehmen. Es wurde das Unternehmensalter zum Zeitpunkt der ersten Kontaktaufnahme anlässlich des betreffenden Projektes aufgenommen.

Eine Unterscheidung erfolgte in:

- Gründungswillige, bei denen noch keine formale handels- oder fiskalrechtliche Anmeldung erfolgt war,
- Existenzgründer, deren Unternehmung seit weniger als einem Jahr bestand,
- Junge Unternehmen, die sich innerhalb eines Konsolidierungszeitraumes von einem bis sieben Jahren befanden,
- Altunternehmen mit einem Alter von sieben Jahren und darüber.

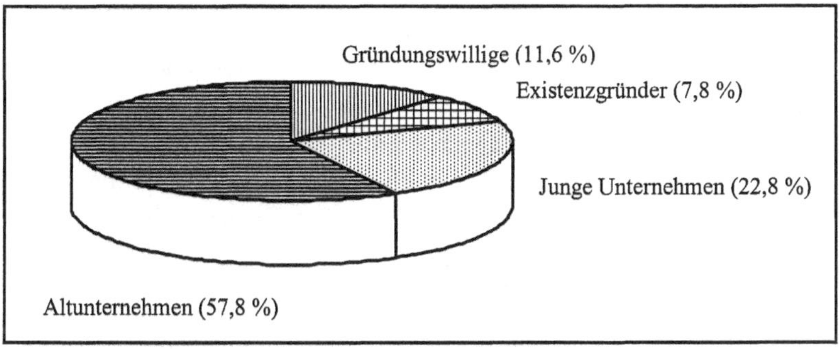

Abb. 6.4: Unternehmensalter zum Zeitpunkt des Projektbeginns (N = 268)

Abb. 6.4 zeigt die Verteilung der Altersklassen in den Beratungsprojekten. Es wird deutlich, dass mehr als die Hälfte (57,8 %) der Beratungsprojekte (155) in Unternehmen stattfanden, die langjährig am Markt tätig sind. Der Anteil junger Unternehmen im Alter zwischen einem und sieben Jahren liegt bei 22,8 % (61 Beratungsprojekte), der Anteil bei erfolgten Existenzgründungen liegt bei 7,8 % (21). Gründungswillige bzw. bislang nicht gewerblich tätige Privatpersonen haben mit 11,6 % einen dagegen sogar erhöhten Anteil an den Beratungsprojekten (31).

6.2 Innovationstätigkeit in regionalen Bezügen

Zur Beschreibung regionaler Innovationssysteme sowie des Innovationsverhaltens von Unternehmen liegen diverse empirische Untersuchungen vor, die in den meisten Fällen auf Umfragen beruhende oder über zugängliche amtliche Statistiken erfasste Aggregatsgrößen untersuchen [Fritsch & Schwirten; 1998]. Aus solchen Datensammlungen lassen sich Trends zum Wissens- und Technologietransfer [Reinhard & Schmalholz, 1996] ebenso ableiten wie Aussagen zu Mustern im Kooperationsverhalten innerhalb regionaler (oder auch überregionaler)

Bezugssysteme. Konkrete Mechanismen des Wissenserwerbs, der Anbahnung auf der Ebene der einzelnen Individuen oder der dabei vorzufindenden Handlungsmuster sind dagegen auf dieser Basis kaum zu identifizieren.

Um auf einer Mikroebene Zusammenhänge unternehmerischer Aktivitäten unter Einbezug regionaler Aspekte näher einzugrenzen, soll im nun folgenden Abschnitt eine Auswertung der stattgefundenen Kooperationsvermittlungen und Innovationsprojekte vorgenommen werden. Dabei wird kaum auf die oben genannten Aggregate innovationsrelevanter Input- oder Outputfaktoren zurückgegriffen. Vielmehr soll eine Darstellung der Qualität der Innovationsaktivitäten der Unternehmen, der stattgefundenen und vermittelten Kooperationen, der Arten von Know-how-Transfer etc. erfolgen. Berücksichtigung finden werden dabei u.a. solche Faktoren wie die räumliche Entfernung, die Art und die Herkunft der beteiligten Partner, der Verlauf von Vermittlungen sowie quantitative und qualitative Kriterien in der Phase der Anbahnung von Kooperationen.

6.2.1 Art der Innovationstätigkeit

Einführend soll hier eine Kategorisierung der Beratungsprojekte in Produktinnovationen, Verfahrensinnovationen und Innovationsorientierte Wirtschaftsförderungsfragen vorgenommen werden. Ebenso sollen Vergleiche der erhaltenen Schwerpunktbereiche mit Auswertungen anderer Quellen gezogen werden.

Um zu einer Einordnung der zu beobachtenden Innovationstätigkeiten zu kommen, wurde der Inhalt der in den Beratungsprojekten vorgefundenen Fragestellungen drei Kategorien zugeordnet. Dabei handelt es sich zum einen um die Bereiche der Produkt- und der Prozessinnovationen, die in vergleichbaren Arbeiten der Innovationsforschung zur Kategorisierung eingesetzt werden [vgl. u.a. Koschatzky, 1995; Backhaus & Seidel, 1997; Penzkofer & Schmalholz, 1999]. Demzufolge wird unter Produktinnovationen die wesentliche Verbesserung eines Produktes oder die Fertigung eines für den Betrieb neuen Produktes verstanden. Prozessinnovationen umfassen die Durchführung neuer oder wesentlich verbesserter Produktionsmethoden und erfassen auch Veränderungen der maschinellen und organisatorischen Abläufe. Wie Reinhard & Schmalholz [1996] darstellen, sind Fragen des Technologie- und Wissenstransfers sowie der Innovationsberatung durchaus auch konkrete Themen der Wirtschaftsförderung. Aufgrund des Zustandekommens der hier auszuwertenden Daten im Kontext einer durch eine Einrichtung der Wirtschaftsförderung getragenen Beratungstätigkeit war eine starke Fokussierung auf solche Fragen in einigen Beratungsprojekten auszumachen und wurde auch als solche mit dem Begriff „Innovations-orientierte Wirtschaftsförderungsfrage“ charakterisiert. Dieser Begriff kam zur Anwendung, wenn Unternehmen bei betrieblichen Neuerungen in ihrer Suche nach (teilweise auch monetärer) Unterstützung von außen nachfragten. Tab. 6.9 zeigt die jeweiligen Anteile an den Beratungsprojekten auf.

Es zeigt sich, dass in 67,2 % der Beratungsprojekte Produktinnovationen im Vordergrund standen. Der Anteil an Verfahrensinnovationen mit 40,3 % und an Innovations-orientierten Wirtschaftsförderungsfragen mit 30,6 % bleibt dahinter deutlich zurück (vgl. auch Abb. 6.5).

Durch diese Ergebnisse bestätigt sich ein Bild, das sich bei Betrachtung mehrerer Untersuchungen zum Vergleich des Ausmaßes von Produkt- und Verfahrensinnovationen ergibt. Produktinnovationen besitzen demnach durchweg höhere Anteile [Fritsch & Schwirten, 1998; Fritsch, 2000]. Auch Gemünden & Ritter [1997] finden in ihrer Untersuchung zu 69 % Produktinnovationen und zu 57 % Verfahrensinnovationen. Penzkofer & Schmalholz [1999] geben für Siebenjahreszeiträume die erfragten Innovationsaktivitäten in jährlichen Intervallen an, die bei einer Aufsummierung für die Größenklasse von 20 – 49 Beschäftigten Anteile von 30,4 % an Produkt- und von 28,9 % an Verfahrensinnovationen ausweisen. Für Betriebe mit 50 bis 299 Beschäftigten lassen sich dort zu 53,6 % Produkt- und zu 48,6 % Verfahrensinnovationen ablesen. Vergleichbare Relationen präsentieren sich auch in einer Auswertung des Mannheimer Innovationspanels durch Legler et al. [2000]. Für Niedersachsen sind hier für das Jahr 1998 Produktinnovatorenanteile von knapp 70 % und Prozessinnovatorenanteile von ca. 60 % abzulesen. Ebenso erhielt auch Geisler [1998] bei seiner Umfrage Anteile an Produktinnovatoren von 85,2 % und an Verfahrensinnovatoren von 65,5 %. Gegen den Trend liegen alleine die von ihm angegebenen Werte für Produktweiterentwickler (89,8 %) im Verhältnis zu Verfahrensoptimierern (91,7 %).

Ebenfalls gegen den Trend liegen die Erkenntnisse von Diez [2000] für den Raum Barcelona. Er fand dort ein größeres Gewicht von Prozessinnovationen gegenüber Produktinnovationen und begründet dies mit der für den dortigen Raum vorzufindenden starken Gewichtung der Massenproduktion, so dass er seine Ergebnisse im Rahmen einer funktionalen Arbeitsteilung vor allem in Rationalisierungsbestrebungen begründet sieht.

Bestrebungen zur prozessualen Optimierung und zur Rationalisierung, die sich in vermehrten Verfahrensinnovationen niederschlagen, können für den Raum des hier untersuchten Gebietes, das durchaus in gewisser Ausprägung zumindest für eine räumliche Arbeitsteilung in Betracht kommt, nicht bestätigt werden. Vielmehr deutet das relativ starke Übergewicht an Produktinnovationen auf eine aktive Innovationstätigkeit im Untersuchungsraum hin. Dies ist insbesondere von Bedeutung, als Legler et al. [2000] darauf hinweisen, dass gerade von Produktinnovationen im Verhältnis zu Verfahrensoptimierungen die entscheidenderen Wachstumsimpulse ausgingen.

Inwiefern es sich bei den beschriebenen Produktinnovationen um Marktneuheiten oder um entscheidende Weiterentwicklungen handelt, die durchaus auch Anteile von Imitationen integrieren [vgl. Penzkofer & Schmalholz, 1999], kann im Rahmen der Erhebung nicht geklärt werden. Allerdings deutet vieles darauf hin, dass die hier betrachtete Gruppe der Kleinunternehmen durchaus Erkenntnisse aus anderen Bereichen – wie Zulieferern und Wettbewerbern - zu nutzen versteht, um sie an die Erfordernisse der eigenen Marktnischen anzupassen und sie als spezialisierte und adaptierte Produkte selbst zu realisieren.

Tab. 6.9: Anzahl der Produkt- und Verfahrensinnovationen bzw. der Innovationsorientierten Wirtschaftsförderungsthemen (Mehrfachnennungen)

Innovationsaktivität	Anzahl	Nennungen in Prozent	Fälle in Prozent
Produktinnovation	180	48,6	67,2
Verfahrensinnovation	108	29,2	40,3
Innovations-orientierte Wirtschaftsförderungsfrage	82	22,2	30,6
Summen	370	100,0	138,1
Fehlende Werte: 0	Gültige Fälle: 268		

Ein entscheidender Unterschied der hier untersuchten Daten besteht jedoch zu den oben zu Vergleichszwecken herangezogenen Untersuchungen: Bei den dargestellten Beratungsprojekten handelt es sich nicht in jedem Fall um Projekte, die in der diskutierten Form später am Markt – oder im Fall der Prozessinnovationen – im Betrieb umgesetzt wurden. Ggf. deutet das starke Übergewicht der Produktinnovationen darauf hin, dass Kleinunternehmen im Rahmen der hier analysierten vorwettbewerblichen Innovationstätigkeit durchaus eine stärkere Fokussierung auf die Diskussion neuer und verbesserter Produkte legten und Verfahrensoptimierungen weniger Bedeutung beimaßen. In diesem Sinne ist die in den betrachteten Beratungs- und Vermittlungsprojekten auszumachende Schwerpunktfindung auch ein Hinweis darauf, dass entwickelte Produktideen auch mit der Intention der Stärkung der eigenen Wettbewerbsfähigkeit besonders auffällig von den beratenen Kleinunternehmen angedacht und bezüglich des gesamten unternehmerischen Umfeldes diskutiert wurden, auch wenn sie womöglich letzten Endes nicht alle in marktfähige Produkte umgesetzt werden. So zeigt sich dann folgerichtig bei den wirklich in den Markt eingeführten Produkten ein geringerer Vorsprung in deren Verhältnis zu den erfolgreich durchgeführten Prozessinnovationen, wie die oben dargestellten Daten aus anderen Arbeiten vermuten lassen. Oder anders herum ausgedrückt: Ideen zur Umsetzung von Produktinnovationen bleiben bei Kleinbetrieben leichter auf der Strecke als Ideen zur Umsetzung von Verfahrensinnovationen, in den Beratungsprojekten jedoch wurden Produktideen (ggf. auch klare Diversifikationen für bisher unbediente Märkte) offen diskutiert.

Verfahrensinnovationen passen bestehende Verfahrensabläufe an und sind zuweilen mit Produktinnovationen eng verknüpft. In 47 Fällen - entsprechend 17,5 % der Beratungsprojekte - lag eine klare Verbindung zwischen Produkt- und Verfahrensinnovation innerhalb der Beratungsprojekte vor. Die Ergebnisse bestätigen die Aussagen anderer Untersuchungen, die eine vielfach zu beobachtende Verknüpfung beider Innovationsaktivitäten feststellen [vgl. z.B. Legler et al., 2000; Penzkofer & Schmalholz, 1999].

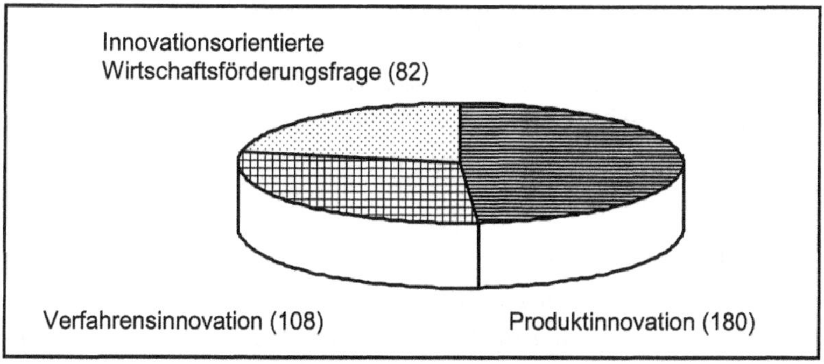

Abb. 6.5: Anzahl der Produkt- und Verfahrensinnovationen bzw. der Innovationsorientierten Wirtschaftsförderungsthemen (Mehrfachnennungen, N = 370)

Die Durchführung von Innovationen bringt für Unternehmen allgemein eine Schar offener Fragen mit sich, in denen sich die für Neuerungsprozesse typischen Unsicherheiten in verschiedensten Bereichen manifestieren. Zur genaueren Untersuchung der in den Beratungsprojekten angesprochenen Themen aus dem Bereich der Innovations-begleitenden und –unterstützenden Fragestellungen wird die Gruppe der Innovationsorientierten Wirtschaftsförderungsfragen im Folgenden detaillierter untersucht. In 82 Beratungsprojekten wurden derartige Themen angesprochen, was einem Anteil von 30,6 % an den Beratungsprojekten entspricht. Bei näherer Betrachtung zeigt sich, dass in 39 Beratungsprojekten ein Junktim zu Produktinnovationen, in 12 Fällen zu Verfahrensinnovationen und in 10 Fällen gleichzeitig zu Produkt- und Verfahrensinnovationen bestand. In 27 Fällen wurden ausschließlich Wirtschaftsförderungsfragen angesprochen.

Für die genannten Kombinationen sind keine spezifischen inhaltlichen Muster erkennbar. Vielmehr ziehen sich verschiedene Themenschwerpunkte durch alle Kombinationen hindurch:

So lässt sich ein Schwerpunkt mit dem Begriff „*betriebliche Belange*“ beschreiben. Entsprechend waren die Innovationsvorhaben verknüpft mit Fragen der betrieblichen Erweiterung oder mit einer generellen Ansiedlung bzw. mit einer Gründung im Untersuchungsgebiet. Gefragt waren Orientierungshilfen, die Weitergabe von Adressen relevanter Ansprechpartner, Informationen zu Kosten, zu informellen und üblichen Wegen der Verfahrensabwicklung etc.

Ein weiterer Schwerpunkt in Innovationsvorhaben betrifft den Bereich der konkreten administrativen Unterstützung zur *behördeninternen Moderation*. Konkret betroffen sind dabei Moderationen im Bereich des Genehmigungsrechtes bzw. der gewerblichen Aufsicht. Thematisiert wurden dabei auch durchaus Themen des Gesellschafts- oder Verbandsrechtes (Eintragungen in gewerbliche Register), des Handelsrechtes (Exportbestimmungen bei neuen Produkten oder in bisher nicht bediente Länder) o.a. relevanter Bereiche.

Ein dritter Schwerpunkt lässt sich für den Bereich „*Standortfaktoren*“ ausmachen: Gezielt wurden die Bedingungen am Standort, die sich ggf. abzeichnenden Veränderungen sowie die durch die Unternehmen in ihren strategischen Überlegungen selbst resultierenden Veränderungspotenziale diskutiert. Darüber hinausgehend äußerten einige Unternehmen konkrete Informationsbedarfe zu lokalen oder überregionalen Marktdaten in ihren Branchen.

Neben weichen Standortfaktoren betrafen Innovations-orientierte Wirtschaftsförderungsfragen auch sehr konkret monetäre Unterstützungen in Form von

Förderprogrammen, die sich die Unternehmen in Beratungsprojekten von der Wirtschaftsförderung erhoffen. In 40 Fällen (entsprechend 14,9 %) spielte die Anfrage zu bzw. die konkrete Beantragung von Fördermitteln zur Unterstützung innovativer Vorhaben eine hervorgehobene Rolle. Die inhaltlich-technische Diskussion der Verfahrens- oder Produktinnovationen trat demgegenüber z.T. in den Hintergrund.

Zusammenfassend lässt sich feststellen, dass Innovationsorientierte Wirtschaftsförderfragen v.a. in folgenden Themengebieten anzusiedeln sind:

- Betriebliche Belange der Gründung, der Ansiedlung und der Erweiterung,
- administrative Unterstützung in der Moderation mit anderen Fachbehörden,
- Informationen zu Standort- und Umfeldbedingungen,
- Anfragen zu Fördermöglichkeiten und
- allgemeines Kennenlernen der Einrichtungen der Wirtschaftsförderung.

Es zeigt sich, dass die von Gelshorn et al. [1991] beschriebenen und hier angesprochenen thematischen Felder „Staat“, „Finanzen“ und „Markt“ durchaus von den innovierenden Unternehmen beachtet werden. Informationen und Unterstützungsangebote zu diesen Bereichen werden aktiv gesucht und in die eigenen Planungen und Realisierungen mit aufgenommen. Dem Schwerpunkt der Innovations-orientierten Wirtschaftsförderungsfragen zugeordnete Beratungsprojekte haben ein hohes Ausmaß an Informationsdichte gemein, was sich auch mit Begriffen wie informellem Informationsmanagement oder Brokering beschreiben lässt [vgl. Bruch-Krumbein et al., 1995]. So wurde Unternehmen bei den oftmals geäußerten Zeichen der tatsächlich vorhandenen Unsicherheit in ihren Innovationsprozessen entgegenzukommen versucht, die sich in dem Satz ausdrückt: „Wir machen das ja zum ersten Mal“. Insgesamt besaßen Produktinnovationen gegenüber Verfahrensinnovationen weitaus höheres Gewicht. Dies liegt ggf. in der Möglichkeit begründet, Produktdiversifikationen in einem sehr frühen Stadium sehr offen und noch fern der Umsetzung diskutieren zu können.

6.2.2 Art der Innovationsphase

Zur genaueren Eingrenzung des unternehmerischen Innovationsverhaltens im Untersuchungsraum soll im Folgenden eine Beschreibung angetroffener Innovationsphasen vorgenommen werden. Auch hier werden Schwerpunkte innerhalb der Beratungsthemen zu finden sein. Bezüge zu Abhängigkeiten der Innovationsphasen vom Unternehmensalter oder von den beteiligten bzw. vermittelten Partnern sollen hergestellt werden.

Um Innovationsprozesse näher zu beschreiben eignen sich u.a. Phasenmodelle. Staudt & Auffermann [1996] diskutieren ausführlich deren Unterschiede sowie auch die Begrenztheit solcher Modelle. So muss eine in Modellen vorgenommene lineare oder chronologische Beschreibung stets die in Innovationsprojekten ablaufenden Prozesse iterativer und mit Rückkopplungsschleifen verbundener Schritte zu Gunsten einer vereinfachenden Modellsicht reduzieren. Ebenso lässt sich eine klare Abgrenzung einzelner Prozessphasen nur bedingt anstellen. In ihrer Arbeit führen sie eine Vielzahl bestehender Modellierungsversuche auf und folgern, dass ein allgemein gültiger Modellansatz zur Abbildung von Innovationsprojekten (noch) nicht verfügbar sei.

Unter diesen Rahmenbedingungen stellen Fritsch & Schwirten [1998] für das ERIS-Projekt eine mögliche Modellierung von Innovationsphasen dar, die im Folgenden übernommen und ergänzt wird. Die Einordnung leistet eine Unterscheidung in folgende Innovationsphasen:

- Analyse der Rahmenbedingungen bzw. des Umfeldes für Neuerungen
- Gewinnung und Entwicklung neuer Ideen für das Unternehmen
- Prototypenentwicklung
- Umsetzung bereits entwickelter Ideen des Unternehmens

Um die für Innovationsprozesse ebenfalls wichtigen Fragen der Markteinführung gesondert betrachten zu können, soll für diese Arbeit eine Erweiterung um die Phase

- Marktorientierung/-einführung

erfolgen. Die für Innovationsprojekte oben beschriebene Komplexität wurde bei der Datenerhebung dadurch abgebildet, dass Mehrfachnennungen pro Beratungsprojekt zugelassen wurden. Konnte keine Zuordnung getroffen werden, so wurde die Kategorie „Sonstige“ vergeben. Dies traf insbesondere dann zu, wenn keine ausreichende Innovationshöhe im Gegenstand des Beratungsprojektes zu erkennen war, die eine eindeutige Zuordnung erlaubte. Tab. 6.10 und Abb. 6.6 stellen die Ergebnisse dar.

Es zeigt sich, dass insbesondere solche Fragestellungen in den Beratungsprojekten im Vordergrund standen, die die konkrete Umsetzung von Innovationen begleiteten. Die Umsetzung bereits entwickelter Ideen spielte mit 119 Nennungen – entsprechend 44,4 % an den Beratungsprojekten - die wichtigste Rolle. Vorgelagerte Fragestellungen wie die Analyse der Rahmenbedingungen und des Umfeldes für Innovationen mit 95 Nennungen (35,4 %) und die Phase der Gewinnung neuer Ideen mit 55 Nennungen (20,5 %), standen an zweiter und dritter Stelle. Nur geringere Bedeutung hatten die Entwicklung technischer Prototypen oder die Begleitung bei Markteinführungen.

Tab. 6.10: Innovationsphasen in den Beratungsprojekten (Mehrfachnennungen)

Innovationsphase	Anzahl	Nennungen in Prozent	Fälle in Prozent
Analyse Rahmenb. und Umfeld	95	30,3	35,4
Gewinnung neuer Ideen	55	17,5	20,5
Prototypenentwicklung	16	5,1	6,0
Umsetzung entwickelter Ideen	119	37,9	44,4
Marktorientierung	13	4,9	4,9
Sonstige Phase	16	5,1	6,0
Summen	314	100,0	117,2
Fehlende Werte: 0	Gültige Fälle: 268		

Fritsch & Schwirten [1998] und auch Penzkofer und Schmalholz [1999] beschreiben mögliche Kooperationsfelder zwischen Unternehmen und Wissenschaft. Eine Übertragung auf die in den einzelnen Beratungsprojekten maßgeblichen Projektthemen zeigt für die hier untersuchte Gruppe kleiner Unternehmen relativ eindeutige Schwerpunktbereiche auf. So wurden von den Unternehmen innovationsunterstützende Dienstleistungen im konzeptionellen Bereich, gemeinsame FuE, Beratung oder informelle, lockere Kontakte beispielsweise zur Diskussion technischer Machbarkeiten etc. gesucht. Themen der Aus- und Weiterbildung oder der Personalschulung blieben im Hintergrund. Ebenso wenig wurden Informationen aus Publikationen oder Patenten aktiv nachgefragt. Auch der Personaltransfer spielte eine untergeordnete Rolle.

Offensichtlich verhalten sich Kleinunternehmen in ihrem Innovations- und Informationsverhalten sehr differenziert, was vermutlich ihrem Mangel an umfangreichen Ressourcen entspringt. Exemplarisch kann hier der Bereich des Personaltransfers betrachtet werden. Kleinunternehmen sind seltener in der Lage, eine eigene FuE-Abteilung einzurichten. Ebenso sind ihre Möglichkeiten begrenzt, weitere Mitarbeiter für FuE im Rahmen eines Personaltransfers aus den

Hochschulen einzustellen. In der weit überwiegenden Zahl der Beratungsprojekte standen vielmehr einzelne Innovationsvorhaben im Vordergrund, die unter externer Mithilfe umgesetzt werden sollten. Somit trat Personaltransfer zu Gunsten fallbezogener Unterstützungsleistungen in den Hintergrund. Vergleichbar stellen auch Fritsch & Schwirten [1998] in ihren Auswertungen eine geringe Bedeutung des Personaltransfers fest.

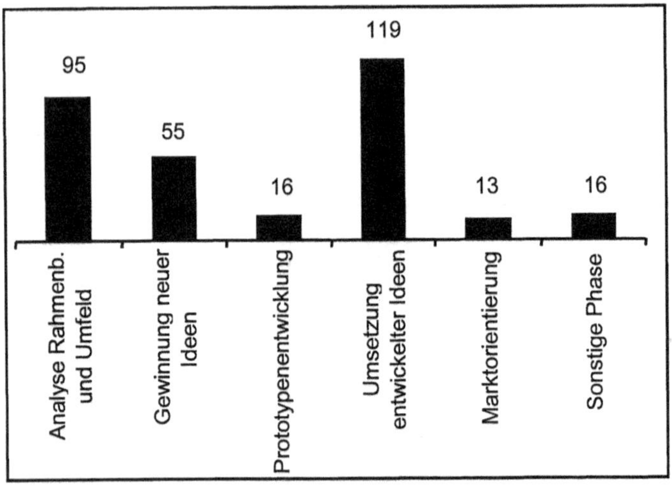

Abb. 6.6: Innovationsphasen in den Beratungsprojekten (Mehrfachnennungen, N = 314)

Um die beschriebenen Innovationsphasen in ihrer Zusammensetzung transparenter zu machen, wurde eine Zusammenfassung der konkreten Projektinhalte innerhalb der identifizierten Gruppen vorgenommen. Dabei lässt sich für den Bereich der Analyse der Rahmenbedingungen und des Umfeldes für Innovationen erkennen, dass die Unternehmen eine bewusste Planung an den Anfang ihrer Projekte stellten und bereits in dieser Planungsphase möglichst viele und umfangreiche Informationen von außen hinzuzuziehen versuchten. Dies zeigt sich bereits in der relativen Häufung der Projektinhalte „Planung", „Konzept", „Strukturierung" etc. Die Diskussion der Rahmenbedingungen sollte ermöglichen, Risiken früh einzuschätzen, Machbarkeiten auf der Ebene der technischen oder logistischen Realisierung, der marktlichen Umsetzung oder auch der organisatorischen Ebene auszuloten bzw. Partner zu finden, die ihnen in möglichst vielen offenen Fragen die entscheidenden Impulse weitergeben konnten. Statistisch signifikant auf dem 1 %-Niveau (Chi ^{2}-Test, vgl. z.B. Bühl & Zöfel [1999]) lässt sich sogar feststellen, dass zwischen dem Unternehmensalter und der Analyse der Rahmenbedingungen und des Umfeldes ein Zusammenhang besteht. Dies belegt die Vermutung, dass sich junge Unternehmen naturgemäß in einer Orientierungsphase befinden, die sich auch in deren Innovations- und Informationsverhalten niederschlägt und sie frühzeitig die Hilfe externer Partner in Anspruch nehmen lässt. Andere vom Unternehmensalter abhängige Effekte ließen sich nicht statistisch signifikant nachweisen.

Etwas anders stellt sich das Bild im Bereich der Umsetzung entwickelter Ideen dar. Einerseits folgen viele Projekte auch hier einem offensichtlich vorab geplanten Verlauf. Allerdings ist für eine beträchtliche Anzahl an Beratungsprojekten ein bereits vollzogener Projektstart zu verzeichnen, bevor das den Unternehmen angebotene Informationsangebot von diesen dann aufgrund diverser Notwendigkeiten im Projektverlauf noch wahrgenommen wurde. Das heißt, hier findet sich zugleich eine Vielzahl an Innovationsvorhaben, in deren Verlauf ein zusätzlicher Wissensbedarf auftrat. Gleichzeitig zeigt sich in dieser Gruppe ein nicht unbedeutender Anteil an Beratungsprojekten, die ein eher nicht zielgerichtetes und nicht geplantes Innovationsverhalten repräsentieren und durch die Hinzuziehung von Informationen in einer fortgeschrittenen Projektphase unerwartete Informationsbedürfnisse befriedigen mussten. Besonders augenfällig wurde diese Art des Innovationsverhaltens in der – allerdings in seltenen Fällen in dieser eindeutigen Ausprägung beobachteten - Vorgehensweise, bei der in akribischer Einzelentwicklungsarbeit über stetige Phasen der kontinuierlichen Optimierung Prototyp nach Prototyp entwickelt, getestet und verbessert wurde, ohne im Rahmen eines zielgerichteten und auf Planungen und Projektcontrolling aufbauenden Innovationsmanagements [vgl. Pleschak et al., 1994; Bullinger, 1999] gezielt Innovationsphasen zu durchlaufen bzw. sich dieser Schritte nur ansatzweise bewusst zu sein. Derartige beobachtete Planungsdefizite bei Kleinunternehmen, die sich vor allem auf den Innovationsbereich auswirken, beschreiben auch Penzkofer & Schmalholz [1999] und bestätigen die hier erhaltenen Befunde: So stellten die Autoren bei den aus Vergleichsgründen interessanten Unternehmen mit bis zu 49 Beschäftigten zu 22,2 % Pläne bzgl. der FuE fest, bei Betrieben mit 50 bis 199 Beschäftigten sei dies zu 41,5 % der Fall.

In der Phase der Gewinnung neuer Ideen wurden die Vorüberlegungen in den Beratungsprojekten dagegen teilweise sehr offen dargelegt und weiterentwickelt. Ein vertrauensvoller Umgang der Beteiligten spielte dabei eine große Rolle (vgl. Kapitel 6.2.1). Vermehrt stellten die Unternehmen v.a. in vertiefenden Gesprächen fest, dass es sich bei ihren Vorhaben nicht um Produktneuheiten sondern eher um Weiterentwicklungen von Produkten im Rahmen inkrementaler Innovation handelte, die in anderen Technikbereichen durchaus bekant waren. Dennoch handelte es sich auf Ebene des Unternehmens um eine für sie bedeutende Innovation [vgl. Staudt & Auffermann, 1996] mit den damit verbundenen offensichtlichen Informationsbedarfen.

Eine genauere Betrachtung zeigt, dass die Ideen für Neuentwicklungen in vielen Beratungsprojekten bereits von den Unternehmen vorgegeben wurden und es sich in den Beratungsprojekten dabei eher um Variantenbildungen oder um die Entwicklung alternativer Ideen zur Weiterentwicklung bereits angedachter Lösungswege handelte. Es ist zu vermuten, dass die betrachteten Kleinunternehmen aufgrund ihrer Eigenschaft als oftmalige Marktführer in Nischenmärkten [vgl. Hellmer et al., 1999] eine umfassende Marktkenntnis besitzen und daraus ihre Innovationsideen ableiten. Insbesondere die zentrale Stellung des Geschäftsführers, der oftmals auch gleichzeitig die Entwicklung maßgeblich beeinflusst (vgl. Kapitel 4.3), lässt vermuten, dass auf dem Wege der marktlichen Tätigkeit die meisten Impulse zur Innovationstätigkeit aufgenommen werden. Auffällig bei der Unternehmensstichprobe ist in diesem Zusammenhang, dass konkret marktorientierte Fragestellungen nur in Beratungsprojekten in Unternehmen des Alters „1 bis 7 Jahre“ (4 Projekte) und des Alters „größer 7 Jahre“ (9) eine zentrale Rolle einnahmen. Gründern (Gründungsinteressierten sowie kurz vorher gegründeten Unternehmen) schien die Marktorientierung aufgrund vielfältiger anderer Fragestellungen vorerst kein zentrales Anliegen bei der Beratung durch externe Know-how-Lieferanten zu sein.

Um das Innovationsverhalten der Betriebe je nach Innovationsphase näher zu klären, bietet sich eine Betrachtung der Quellen und Partner an, mit denen die verschiedenen Phasen bestritten wurden. Abb. 6.7 zeigt entsprechend die Verteilung der beteiligten Partner je Innovationsphase in den betrachteten Kleinunternehmen auf. Es zeigt sich, dass in den Frühphasen von Entwicklungen wie in der Phase der Analyse der Rahmenbedingungen Universitäten (24 Nennungen, signifikant auf dem 5 %-Niveau, Chi^2-Test) und Fachhochschulen (18 Nennungen, signifikant auf dem 1 %-Niveau, Chi^2-Test) als Partner eine wichtige Rolle spielen. Demgegenüber sind diese Einrichtungen ebenso wie andere Partner bei der Phase der Gewinnung neuer Ideen wohl beteiligt, doch ist diese Beteiligung nicht in einem signifikanten Ausmaß zu beobachten. Letztere Aussage entspricht

– auch im Lichte der oben genannten nicht-wissenschaftlichen Informationsquellen – den Vergleichswerten, die Penzkofer & Schmalholz [1999] bezüglich der Herkunft von Innovationsideen darstellen. Dort wird für Anteile der Wissenschaft, der Fachliteratur und der Patentschriften an den unternehmerischen Informationsquellen eine recht geringe Bedeutung ausgemacht.

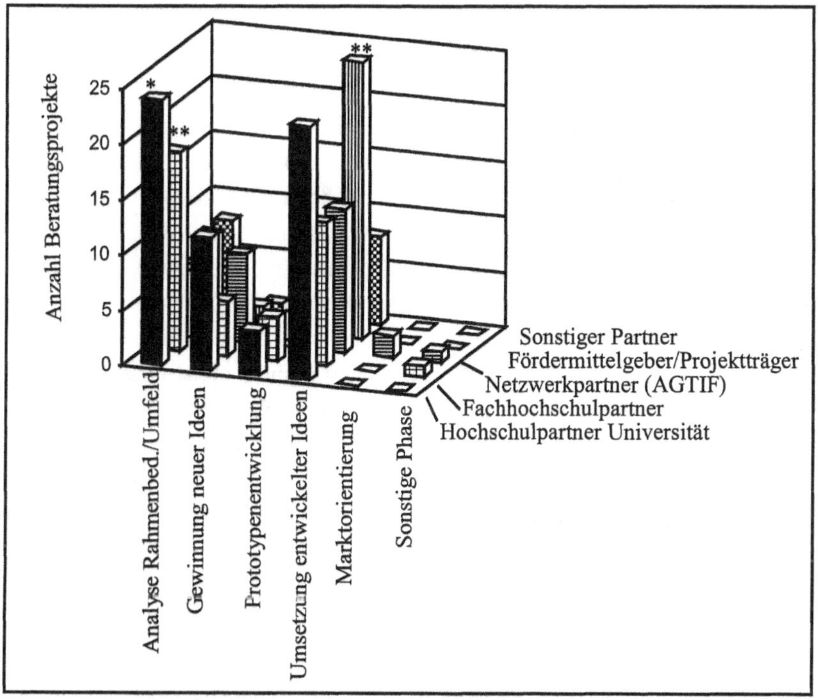

Abb. 6.7: Anzahl der Beratungsprojekte nach zugeordneten Innovationsphasen (Mehrfachnennungen, N = 314) und beteiligten Partnern (N = 155); (* = signifikant auf dem 5 %-Niveau; ** = signifikant auf dem 1 %-Niveau; jeweils Chi²-Test)

Die Ergebnisse zeigen, dass Kleinunternehmen zur direkten Ideengenerierung offensichtlich kaum auf Hochschuleinrichtungen zugreifen. Liegen dann jedoch Ideen vor, die aus dem Markt oder aus anderen - hier nicht weiter untersuchten - Quellen bezogen werden, so versuchen kleine Unternehmen mit eindeutiger Priorität, Informationen zum Umfeld, zu den Rahmenbedingungen zur Machbarkeit etc. von Hochschuleinrichtungen zu gewinnen. Auch hierin drückt sich die sog. Antennen- oder Brückenkopffunktion [Backhaus & Seidel, 1998] aus, die Hochschulen für die Unternehmen ihrer Region einnehmen, indem sie Know-how überregional erkennen, filtern und zielgerichtet weitergeben können. Für Kleinunternehmen üben sie offensichtlich einen wichtigen Faktor aus als Partner bei der Bewertung und Einordnung von Neuerungen. Allerdings ist aus diesen Befunden auch zu schließen, dass es sich bei den hier durchgeführten Vorhaben nicht um Radikalinnovationen handelt, die auf Forschungsergebnisse in besonderer Weise angewiesen sind [vgl. Schmoch et al., 2000], sondern dass für die betrachteten Kleinunternehmen eher inkrementale Innovationen im Vordergrund stehen.

Ebenfalls spielen insbesondere Universitäten in der eher nachgelagerten Phase der Umsetzung entwickelter Ideen eine hervorgehobene, allerdings nicht signifikante, Rolle. Besonders auffällig ist bei der Betrachtung dieser Phase der Umsetzung jedoch der signifikante Zusammenhang (auf dem 1 %-Niveau, Chi²-Test) mit Fördermittelgebern bzw. Projektträgern (25 Nennungen). Hier kommt die Verknüpfung der Beratungsprojekte als gleichzeitige Transferberatung und Wirtschaftsförderung zum Ausdruck, über die Innovationsprojekte zielgerichtet an Projektträger weitervermittelt wurden bzw. in einem moderierten Verfahren begleitet wurden. Typischerweise ergibt sich der Schwerpunkt dieser Weitervermittlung innerhalb der konkreten Umsetzungsphase. Es zeigt sich damit auch, dass kleine Unternehmen in ihrer Innovationstätigkeit zur Minimierung des ihnen damit begegnenden Risikos gezielt (auch monetäre) Unterstützung suchen, wenn entsprechende Angebote existieren.

6.2.3 Räumliche Entfernungen im Wissens- und Technologietransfer

Das folgende Kapitel versucht, räumliche Entfernungen zu verschiedenen Partnern in den Beratungsprojekten zu beschreiben. Nach einem Blick auf Aussagen aus bestehenden Quellen sollen die Entfernungen zu einigen Gruppen möglicher Kooperationspartner näher betrachtet werden, wobei auf Hochschulen ein besonderer Schwerpunkt zu legen sein wird.

Die räumliche Distanz zu Kooperationspartnern kann für Unternehmen in Innovationsprojekten eine entscheidende Größe darstellen. Ausschlaggebend scheint dabei allerdings auch die Art des kooperierenden Partners zu sein. So stellen beispielsweise Fritsch & Schwirten [1998] die Frage, wie verbreitet Kooperationen gerade zwischen öffentlichen Forschungseinrichtungen und privaten Unternehmen im Bereich von FuE seien und welche Bedeutung die räumliche Nähe für die Kooperation besitze.

Zur Beantwortung dieser Fragestellungen analysierten Fritsch & Franke [2001] die aus dem Projekt ERIS vorliegenden Daten zum Kooperationsverhalten kleiner und mittlerer Unternehmen und stellen fest, dass sog. spill-over grundsätzlich in enger räumlicher Nähe stattfänden. Allerdings trügen Kooperationen zwischen Partnern nicht generell zu einer Erhöhung dieses spill-overs bei. Ein solcher lasse sich insbesondere nur erkennen, wenn man ausschließlich auf die Gruppe der mit Forschungseinrichtung kooperierenden Unternehmen fokussiere. Bei Kooperation zwischen derartigen Partnern sei durchaus eine Erhöhung des Wissens-spill-over messbar.

Vergleichbare Argumente zu einer hohen Bedeutung räumlicher Nähe bei der Zusammenarbeit mit öffentlichen Forschungseinrichtungen liefern die Aussagen bei Fritsch & Lukas [1999], wonach in 55,6 % aller kooperativen Beziehungen von Unternehmen mit Forschungseinrichtungen die Kooperationspartner sich in der selben Region befinden, bzw. von Sternberg [1998], der einen Anteil von 60 % an Wissenschafts-Kooperationen - gegenüber deutlich niedrigeren Anteilen an Kooperationen mit anderen Partnern - innerhalb der Grenzen eines Bundeslandes ausmacht.

Ausschließlich für Metropolen findet auch Diez [2000] eine leichte regionale Präferenz der Kooperation von Fertigungsbetrieben mit Forschungseinrichtungen und auch Bureth & Héraud [2001] weisen darauf hin, dass sog. Institutes of Technological Infrastructure (ITI) wohl als Kooperationspartner allgemein keine besonders herausgehobene Stellung inne hätten. Würden allerdings wissenschaftliche Quellen aktiv gesucht, so erfolge die Suche bewusst innerhalb der Region.

Ebenso stellt Mansfield [1995] fest, dass bei der Verfügbarkeit gleichwertiger Hochschuleinrichtungen eine Forschungsstätte innerhalb eines Radius von 150 km von den Unternehmen mit mehrfach höherer Wahrscheinlichkeit ausgewählt würde als dies bei einer Entfernung von 1500 km der Fall wäre. Und gleichzeitig konstatiert er, dass insbesondere bei angewandter Forschung und bei Entwicklungsfragen „marginal“ ausgestattete Hochschuleinrichtungen prinzipiell eher selten ausgewählt werden würden; sollte die Wahl allerdings auf eine solche eher unbedeutende Hochschule fallen, so würde diese mit sehr hoher Wahrscheinlichkeit innerhalb der Region gesucht.

Und schließlich finden auch Arndt & Sternberg [2000] in ihren Betrachtungen, dass sich für nahezu die Hälfte aller Unternehmen der regionale Level als der wichtigste bzw. als ein sehr wichtiger in Bezug auf Innovations-relevante Beziehungen darstelle. Allgemein kooperierten 30 % der untersuchten Unternehmen mit Forschungseinrichtungen, wobei die Relevanz der intraregionalen Kooperation für diese Kooperationsform bei 61 % (in einem Intervall von 40 % bis 71 % je nach untersuchter Region des ERIS-Projektes) liege.

Offen bleibt angesichts der hier dargestellten Befunde allerdings, wie sich die Kooperationen mit Hochschuleinrichtungen oder anderen Kooperationspartnern konkret gestalten. Im Folgenden wird eine Darstellung der hier untersuchten Unternehmensstichprobe bezüglich der Entfernungen zu Partnern vorgenommen. Zur Auswertung kommen insgesamt 155 Beratungsprojekte, bei denen eine Entfernungsangabe zu einem Partner vorliegt. Diese Entfernungsangabe wurde aus der gemessenen Entfernung einer gedachten Luftlinie zwischen dem Unternehmenssitz und der kooperierenden Einrichtung bezogen.

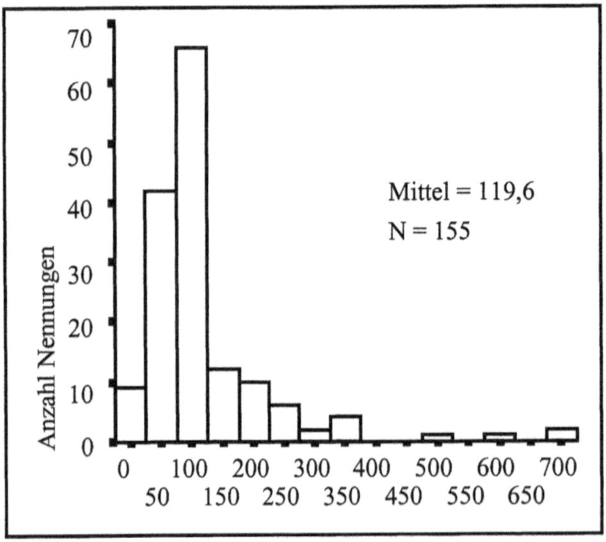

Abb. 6.8: Verteilung der Entfernungen zu vermittelten Kooperationspartnern (in km), Erstnennungen

In 15 Beratungsprojekten erfolgte die Vermittlung zu zwei Projektpartnern. Derartige Doppelungen liegen beispielsweise in der Tatsache begründet, dass im Verlauf eines Projektes in zeitlicher Reihenfolge erst eine Forschungseinrichtung vermittelt wurde, die bei der Problemlösung unterstützte, worauf in der Folge zur Einwerbung von Fördermitteln zusätzlich ein Förderpartner angesprochen wurde. Eine Betrachtung der Mittelwerte sowie der Quartile der auftretenden Entfernungen zwischen den Partnern zeigt, dass sich zwischen den zuerst angesprochenen sowie den im Folgenden angesprochenen Partner nur marginale entfernungsbezogene Unterschiede ergeben. Um redundante Informationen zu vermeiden, findet die ohnehin einen Anteil von nur knapp 10 % einnehmende Gruppe solcher zweiten Partner somit in den weiteren Betrachtungen zur räumlichen Entfernung keine Berücksichtigung.

Die Entfernungen zwischen Unternehmen und vermittelten Partnern zeigt Abb. 6.8. Dabei ergibt sich eine mittlere Entfernung von 120 km, wobei eine Betrachtung der Quartile (vgl. Tab. Anhang 5) der Nennungen eindeutige Schwerpunktsetzungen erkennen lässt. So waren 25 % der Nennungen bis zu Entfernungen bis 60 km zu verzeichnen, weitere 25 % der Nennungen bei bis zu 90 km und nochmalige weitere 25 % bei bis zu 120 km. Das bedeutet, dass im Verhältnis wenige Partner in großer Distanz das Ergebnis der reinen Mittelwertbetrachtung insgesamt zu höheren Entfernungen ziehen. Ein Großteil der Beratungsprojekte erzielte Vermittlungen innerhalb enger räumlicher Verhältnisse.

Es zeigt sich eine starke Fokussierung innerhalb der Vermittlungen auf Partner, die aus der jeweiligen Region der Unternehmen stammen. Bis zu 90 % aller Vermittlungen kamen mit Entfernungen von unter 220 km zu Stande und bis zu 80 % sogar mit Entfernungen von unter 130 km. Letzterer Wert ist mit den Abgrenzungen von Regionen, wie sie beispielsweise mit den Grenzen von (Teil-) Bundesländern [vgl. Sternberg, 1998; Fritsch et al., 1998] oder von Raumordnungsregionen [vgl. Koschatzky et al., 2000] angelegt werden, durchaus vergleichbar und spiegelt die vorwiegend regionale Anlage des den Beratungsprojekten zu Grunde liegenden Vermittlungsansatzes wider.

Um eine Beeinflussung der Ergebnisse durch einen einzelnen Ausreißerwert im Bereich der Hochschulpartner nicht über Gebühr zu verzerren, wurde dieser bei den weiteren Betrachtungen zur Entfernungsabhängigkeit verschiedener anderer Kategorien nicht berücksichtigt. Dies begründet sich u.a. darin, dass sich dieser Extremwert mit 700 km bei einem mehr als vierfachen Wert der Obergrenze des

95 %-Konfidenzintervalls (174 km) des Mittelwertes bewegte. Im Bereich der sonstigen Partner treten ebenfalls Entfernungen bis 700 km auf. Da hier einige Werte größerer Entfernung vorliegen, liegt die Obergrenze des Konfidenzintervalls bei über 300. Entsprechend werden hier alle Werte betrachtet.

Im Lichte der bereits mehrfach dargestellten Befunde zur mehr oder weniger ausgeprägten regionalen Präferenz im Kooperationsverhalten von Unternehmen mit anderen Partnern stellt sich die Frage, ob in der hier untersuchten Stichprobe eine Abhängigkeit der Entfernung zu Kooperationspartnern von der Unternehmensgröße festgestellt werden kann. Tab. 6.11 zeigt die Verteilung der Entfernungen zu vermittelten Partnern über die Größenklassen. Es ist über die Gesamtgruppe kein signifikanter Trend zu erkennen. Der Mittelwert der Entfernungen zu Kooperationspartnern liegt für jede Unternehmensgrößenklasse stets über 100 km, steigt tendenziell mit der Unternehmensgröße leicht an und liegt am höchsten in der Größenklasse der Unternehmen mit 50 bis 99 Beschäftigten bei 153 km. Abgesehen von den wenigen Extremwerten herrscht auch hier je Betriebsgrößenklasse eine nahezu Gleichverteilung der minimalen und maximalen Entfernungen zu Partnern. So entstanden durchweg Kooperationen innerhalb von Entfernungen von wenigen Kilometern bis hin zu Entfernungen, die volle Tagesreisen bei persönlichen Treffen erforderten. Die höchsten Distanzen liegen nur in drei Fällen oberhalb von 350 km und erreichen das insgesamte Maximum bei 700 km.

Tab. 6.11: Mittel- sowie Minimal- und Maximalwerte der Entfernungen zu vermittelten Kooperationspartnern in Abhängigkeit von der Unternehmensgröße

Betriebs-größe	Anzahl Nennungen	Mittelwert	Standard-abweichung	Standard-fehler	95%-Konfidenz-intervall für den Mittelwert		Minimum	Maximum
					Untergrenze	Obergrenze		
1-4	59	116,3	125,5	16,3	83,6	149,0	20	700
5-9	24	109,2	58,8	12,0	84,3	134,0	30	300
10-19	23	110,4	91,9	19,2	70,7	150,2	20	350
20-49	26	101,9	60,3	11,8	77,6	126,3	20	250
50-99	10	153,0	113,6	35,9	71,7	234,3	50	350
100-199	12	136,7	67,7	19,6	93,6	179,7	10	250
Gesamt	154	115,8	97,8	7,9	100,3	131,4	10	700

Das Ausmaß des realen Transfers in solchen Kooperationen wird weiter unten im Kapitel 6.2.5 erörtert. An dieser Stelle kann bereits darauf hingewiesen werden, dass die Entfernung der Kooperationspartner ebenfalls keinen signifikanten Einfluss auf möglicherweise in unterschiedlicher Wertigkeit oder in unterschiedlichem Ausmaß festzustellende Know-how-Flüsse auszuüben scheint. D. h. eine Betrachtung der Art des Know-how-Transfers in Abhängigkeit von der Entfernung zu den transferierenden Einrichtungen zeigte keine signifikanten Trends.

In ähnlicher Weise zeigt auch die Betrachtung nach Gruppen der vermittelten Partner, dass keine signifikanten Bezüge ausfindig zu machen sind, die auf entfernungsabhängige Schwerpunktbildungen in den Vermittlungsprozessen nach den Gruppen der Know-how-Geber hinweisen. Tab. 6.12 gibt einen Überblick über die erhaltenen Werte. Dabei fällt auf, dass über alle Gruppen ebenfalls sehr ähnliche Mittelwerte in den Entfernungen zu den Partnern bestehen, die sich für Partner aus den Bereichen Universität (bei 48 Nennungen), Fachhochschule (31) und Netzwerk (AGTIF) (28) nahezu gleichartig bei Werten von etwas über 100 km bewegen. Nur bei der Gruppe der Innovationsorientierten Fördermittelgeber/Projektträger zeigt sich bei 32 Nennungen ein Mittelwert von 123 km. Insgesamt belaufen sich die Intervalle der Entfernungen auch hier in relativ gleichartiger Ausprägung über alle Gruppen von niedrigsten Werten (10 km) bis zu höchsten Werten (350 km).

Tab. 6.12: Mittel- sowie Minimal- und Maximalwerte der Entfernungen zu vermittelten Kooperationspartnern in Abhängigkeit von der Art der Partner

	Anzahl Nennungen	Mittelwert	Standardabweichung	Standardfehler	95%-Konfidenzintervall für den Mittelwert		Minimum	Maximum
					Untergrenze	Obergrenze		
Hochschulpartner Universität	48	103,3	72,4	10,5	82,3	124,4	10	300
Fachhoch-schulpartner	31	105,2	58,6	10,5	83,7	126,7	20	270
Netzwerkpartner (AGTIF)	28	106,1	86,0	16,3	72,7	139,4	20	350
Innovationsorien-tier-ter Förderpartner	32	122,5	63,8	11,3	99,5	145,5	60	350
Sonstiger Partner	15	182,0	224,5	58,0	57,7	306,3	20	700
Gesamt	154	115,8	97,8	7,9	100,3	131,4	10	700

Zwei Gruppen des politisch-administrativen Bereiches sollen im Folgenden einer näheren Betrachtung unterzogen werden, aus der sich mögliche Gründe für die räumliche Nähe der Vermittlungen zu diesen Partnern ableiten lässt: Eine detailliertere Betrachtung der Netzwerkpartner zeigt, dass hier der größte Anteil der niedersächsischen Arbeitsgemeinschaft der Technologiemittler und Innovationsförderer (AGTIF) zuzuordnen ist [vgl. NATI, 2000]. Dies verwundert nicht, da in diesem Verbund nahezu alle öffentlichen Einrichtungen mit Innovationsunterstützenden Angeboten zusammengefasst sind. Spezifische Schwerpunkte sind hier nicht zu erkennen, doch zeigt sich, dass in leichter Häufung Kammereinrichtungen und erweiterte Angebote der Niedersächsischen Agentur für Technologie und Innovation (NATI) vermittelt wurden, die im Bereich des dort angebotenen sog. CallCenter-Netzwerkes, der Biotechnologienetzwerke oder der EU-Informationen liegen. Daneben kamen Vermittlungen zu spezifischen Einrichtungen der Wirtschaftsförderung zu Stande wie z.B. zu überregionalen Wirtschaftskammer-Organisationen in Berlin oder Groningen, die die Durchschnittswerte der Entfernungen eher nach oben ziehen. Ergänzt wurden die Vermittlungen zu Netzwerkpartnern um andere nicht-marktliche Partner der engeren Region, wie beispielsweise das Bildungswerk der Niedersächsischen Volkshochschulen einen solchen darstellt. Dieser bot im Rahmen eines über die europäischen Sozial und- Regionalfonds unterstützten Projektes Schulungsmaßnahmen für Führungskräfte an, die sich im Schwerpunkt auf betriebliche Verfahrensinnovationen konzentrierten.

Schwerpunkte bei der Ansprache von Fördermittelgebern bzw. Projektträgern für innovative Vorhaben sind eindeutig innerhalb des Landes Niedersachsen auszumachen. So treten drei offensichtliche Hauptansprechpartner auf. Diese sind das Wirtschaftsministerium selbst, die Handwerkskammerorganisationen sowie das mit der Umsetzung und Realisierung von Erfindungen beauftragte Erfinderzentrum Norddeutschland (EZN). Andere Einrichtungen sind beispielsweise das niedersächsische Umweltministerium, die Arbeitsgemeinschaft industrieller Forschungsvereinigungen „Otto von Guericke" e.V. (AiF) oder die Deutsche Bundesumweltstiftung.

Ausschließlich die Gruppe der Sonstigen zeichnet sich – bei einem vergleichsweise geringen Anteil von 15 Nennungen – durch höhere Entfernungen aus. Dies liegt u.a. darin begründet, dass bei Sonstigen Partnern auch solche innovationsorientierte Einrichtungen erfasst sind, deren Schwerpunktsetzung Alleinstellungsmerkmale zeigt oder den Anforderungen und Wünschen der Unternehmen in spezifischer Weise entgegenkam (beispielsweise durch die Ansprache einer Innovations-Verwertungsagentur in Süddeutschland), so dass keine regionalen Partner zur Vermittlung standen. Wenige Nennungen führen dabei zu der beobachteten Schwerpunktverschiebung räumlicher Distanzen. In fünf Fällen erfolgte hier auch eine Vermittlung zu anderen Unternehmen innerhalb der Region. Es zeigt sich also, dass auch für eine breite Mehrheit institutionalisierter Einrichtungen zur Unterstützung unternehmerischer Innovationsprozesse regionale Vermittlungen durchgeführt werden konnten.

Abb. 6.9 gibt einen entsprechenden Überblick über 80 % aller Vermittlungen in Unterscheidung nach Partnereinrichtungen. Aus Darstellungsgründen wurden die Bereiche weitere Distanzen nicht mit aufgeführt. Die vorgenommene Darstellung nimmt bereits bei nahezu allen Gruppen (außer Sonstige Partner) die Werte aus den 95 %-Konfidenzintervallen der Mittelwerte auf, wie bereits oben in Tab. 6.12 zu ersehen war.

Abschließend soll in diesem Kapitel eine umfangreichere Betrachtung des entfernungsabhängigen Kooperationsverhaltens mit Hochschulen durchgeführt werden, da sich gerade dieser Transferkanal als derjenige mit einem realen Potenzial für spill-over-Effekte erweist. So weisen Schmoch et al. [2001] darauf hin, dass bei Kooperationen mit wissenschaftlichen Einrichtungen zur Realisierung von Produktinnovationen die Umsätze im verarbeitenden Gewerbe deutliche Steigerungen gegenüber nicht-kooperierenden zeigen. Und auch Mansfield [1995] verweist auf Anteile von 11 % an Produkt- und 9 % an Prozessinnovationen, die nach seinen Untersuchungen ohne Zusammenarbeit mit Hochschulen nicht zu Stande gekommen wären. Zu regionalen Bezügen zwischen Forschungseinrichtungen und Unternehmen sei hier auf die in Kapitel 4.2 beschriebenen Aussagen u.a. von Fritsch [2001a] verwiesen.

In 79 Beratungsprojekten wurden Kontakte zu Hochschuleinrichtungen vermittelt, wovon in 48 Fällen Universitäten und in 31 Fällen Fachhochschulen als Partner zur Verfügung standen. In den meisten Fällen fanden face-to-face-Kontakte zwischen den Hochschulvertretern und den Unternehmen statt. In weniger als 10 % der Fälle erfolgte der Informationsfluss indirekt, d.h. auf dem Wege diverser Kommunikationsmedien. Abb. 6.10 zeigt die Hochschulstandorte auf, zu denen Vermittlungen durchgeführt wurden, und benennt die Anzahl der stattgefundenen Vermittlungen.

Dabei fallen mehrere Schwerpunkte auf. Aufgrund der hohen räumlichen Nähe besitzen Vermittlungen an Hochschulen innerhalb des Standortes Bremen mit zwölf Nennungen einen vergleichsweise hohen Anteil. Dies verwundert nicht, da vom Unternehmenssitz zu den Hochschulstandorten teilweise nur Distanzen von wenigen Kilometern zu überwinden sind. Noch weit darüber allerdings liegt die Anzahl für Vermittlungen an die Hochschulen in Oldenburg (Oldenburg), die sich auf 34 beläuft. Nicht alle dieser Vermittlungen führten zu tatsächlich stattgefundenen Kooperationen. Ein dennoch stattgefundener Know-how-Fluss ist aufgrund der Projektinhalte allerdings für alle Beratungsprojekte zu vermuten. Und auch lassen die Projektinhalte selbst keine auffälligen Häufungen oder besondere Schwerpunktsetzungen erkennen und erstrecken sich beispielsweise gleichermaßen über technische und betriebswirtschaftliche Fragestellungen. Ebenso sind keine Abweichungen zu erkennen gegenüber den in den Vorkapiteln beschriebenen Befunden zu Schwerpunkten bezüglich der in den Beratungsprojekten behandelten Innovationsarten und –aktivitäten. Vielmehr ist eine sehr gute Übereinstimmung mit den dort beschriebenen Beobachtungen festzustellen.

Dennoch steht in Frage, weshalb besonders Oldenburg einen Schwerpunkt innerhalb der Vermittlungen ausmacht. Bezüglich diverser Fragestellungen wurden offensichtlich Vermittlungen durchgeführt, die vermeintlich aus dem Wissenschaftspotenzial des Hochschulstandortes Oldenburg am besten bedient werden konnten. Daraus leitet sich die Fragestellung ab, ob die wissenschaftlichen Kompetenzen an diesem Standort so ausgezeichnet vorhanden sind, dass in dieser hohen Anzahl an Vermittlungen Know-how transferiert werden konnte oder ob andere Faktoren für diese Schwerpunktbildung verantwortlich sind.

Angesichts kaum zu beobachtender Unterschiede in der Gruppe „Oldenburg" gegenüber der Gesamtstichprobe wird zur Klärung dieser Fragen eine ergänzende Betrachtung vorgenommen. So stehen innerhalb der Gruppe der Vermittlungen an den Standort Oldenburg 34 Beratungsfällen 7 tatsächliche Kooperationen entgegen, was einem Anteil von ca. 20 % entspricht. Bei der Gesamtanzahl an vermittelten Hochschulpartnern in 79 Beratungsprojekten ergeben sich demgegenüber 24 Kooperationen, was mit ca. 30 % auffällig höher liegt.

Eine nahe liegende Erklärung für die aufgeworfenen Fragen kann somit darin liegen, dass die Innovationshöhen und andere Faktoren der nach Oldenburg vermittelten Beratungsprojekte weniger die Durchführung real anstehender Kooperationsprojekte erforderten und dass die Kontakte zu vermittelten Partnern aus Oldenburg oftmals eher informierenden und den Background von Innovationen erhellenden Charakter besaßen.

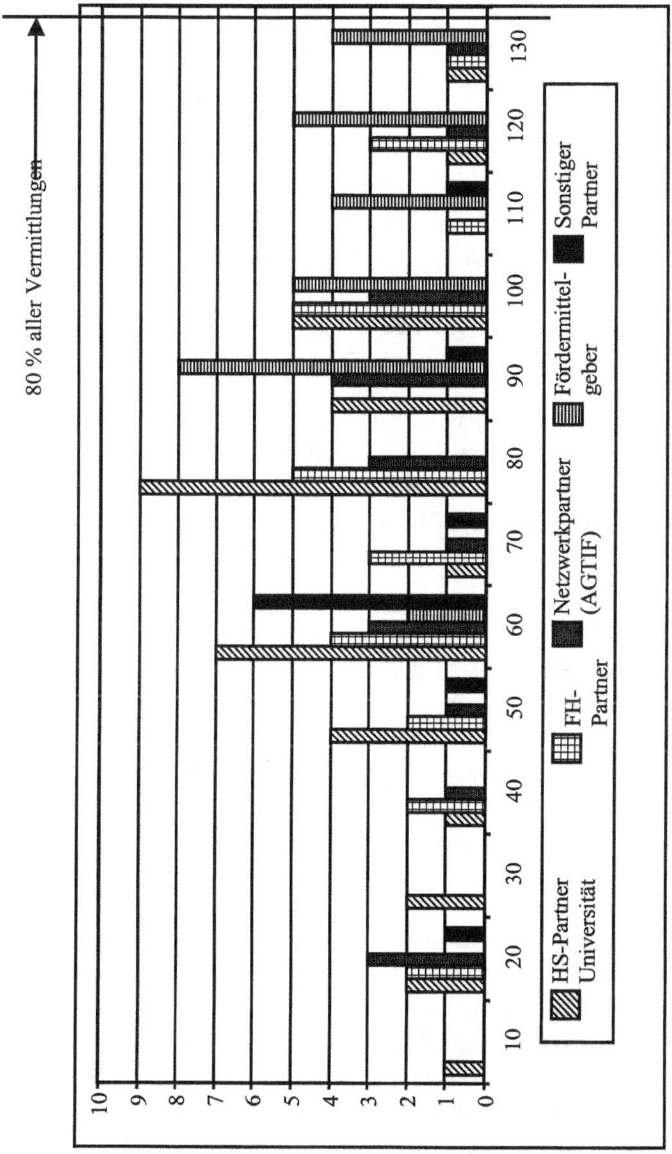

Abb. 6.9: Anzahl der in Beratungsprojekten vermittelten Partner in Abhängigkeit der Entfernungen (in km) zu diesen Partnern

Da die vermittelnde Person selbst bzw. die vermittelnde Organisation an diesem Hochschulstandort Oldenburg angesiedelt ist, konnten offenkundig gerade solche Bedarfe leichter aus dem eigenen vertrauten und gleichzeitig vertrauensvoll ansprechbaren Umfeld gedeckt werden als dies durch die eher formale Ansprache externer Hochschuleinrichtungen und –vertreter möglich gewesen wäre. Gleichzeitig bedeutet dies, dass bei derartigen Vermittlungen eher informelle Informationen gewünscht waren und weitergegeben wurden, die zugleich aufgrund wissenschaftlicher Fundierung oder des in den wissenschaftlichen Einrichtungen vorhandenen Überblicks für die Unternehmen von hoher Bedeutung waren. Nachfolgend war der ausgeprägte Wille zur tatsächlichen Kooperation bei den anfragenden Kleinunternehmen nach der erreichten Befriedigung der Innovationsbedarfe dann vergleichsweise geringer ausgeprägt.

Resümierend ist somit festzustellen, dass offensichtlich bei einer beträchtlichen Anzahl an Vermittlungen auch für den Vermittler selbst der Faktor von Vertrauen innerhalb räumlicher Nähe eine bedeutende Rolle spielte. Gleichzeitig wurde in solchen – eher informationell zu bezeichnenden - Beratungsprojekten von der allgemeinen Fähigkeit zur wissenschaftlichen Einordnung unternehmerischer Problemstellungen profitiert, die sich mit der sog. Antennenfunktion der Hochschulen verbindet. Eine wissenschaftliche Spezialisierung war nicht konkret gefragt und schien zur Beantwortung des Informationsbedarfes nur bedingt von Nöten. Oder anders ausgedrückt bedeutet dies, dass gerade das Umfeld des Vermittlers vor Ort es zuließ, solche Fragen von Unternehmen an die dort ansprechbaren Wissenschaftler zu vermitteln, die eher auf ihre allgemeine Machbarkeit, Einordnung und Marktfähigkeit geprüft werden sollten und das in den Gesprächen transportierte Know-how somit den Charakter von "Hintergrundinformation" gewann.

Bei der Betrachtung aller Vermittlungen ist auch auffällig, dass an die ebenfalls als Hochschulstandorte zur Verfügung stehenden Städte Göttingen und Lüneburg keine Vermittlungen durchgeführt wurden. Gründe dafür sind vermutlich darin zu suchen, dass die dort vorhandenen Informationsangebote zu großen Teilen redundant zu anderen Hochschuleinrichtung vorliegen. In Fällen der Redundanz scheint erneut die räumliche Nähe des Vermittlers selbst zu anderen, ihm näher liegende und oftmals über persönliche Kontakte bereits bekannte Quellen eine Erklärung für die Wahl der weitervermittelten Partner darzustellen.

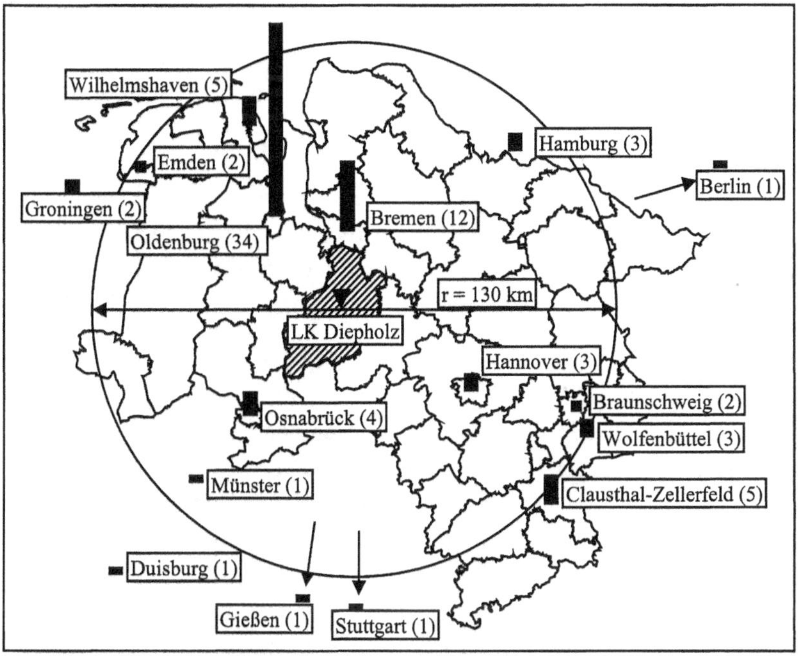

Abb. 6.10: Hochschulstandorte als Ziel von Vermittlungen in Bezug auf eine Entfernung von 130 km zu einem gedachten Mittelpunkt des Untersuchungsraumes; Anzahlen der erfolgten Vermittlungen; Bezugsländer Bremen und Niedersachsen

Wenige Vermittlungen kamen zu Hochschulpartnern zu Stande, die anderen Regionen als dem hier als Gesamtregion betrachteten Großraum Niedersachsen inklusive des Landes Bremen und der Stadt Hamburg entstammten. Im Falle solcher Vermittlungen lagen diese in spezifischen fachlichen Anforderungen oder auch in spezifisch geäußerten Bedingungen der anfragenden Unternehmen begründet. Gerade in dieser Gruppe befinden sich auch zwei Institute der Fraunhofergesellschaft.

Ein Vergleich mit den bei Reinhard & Schmalholz [1996] genannten Zahlen für tatsächlich erfolgte Kooperationen nach einer Vermittlungstätigkeit unterstreicht, dass für die hier betrachteten regional orientierten, aktiven Vermittlungen im Wissens- und Technologietransfer offensichtlich vergleichsweise überdurchschnittliche Werte zu erzielen sind. So zeigt der bereits weiter oben dargestellte Anteil von 30 % tatsächlich mit Hochschuleinrichtungen stattgefundenen Kooperationen an den Beratungsprojekten, dass bei der Anbahnung von Kooperationen in regionalen Bezügen alleine bei der ansonsten besonders kooperationsschwachen und in Hochschulpartnerschaften weniger vertretenen Gruppe der Kleinunternehmen Werte erreicht werden, die die Autoren nach erfolgten Technologietransferaktivitäten für die dort untersuchte Stichprobe aller Unternehmensgrößen nur für Ostdeutschland (ca. ein Drittel) feststellen. Für Westdeutschland wird ein Wert von 20 % genannt. Vergleichbar nennt Diez [2000] für ausschließlich innovations-aktive Unternehmen aller Größenklassen prozentuale Anteile der Hochschulen an deren Kooperationspartnern von 23 %, 23 % und 34 % für die Agglomerationen Barcelona, Wien und Stockholm.

Ebenfalls zu interessanten Beobachtungen führt eine Betrachtung der den tatsächlich zu Stande gekommenen Kooperationen zu Grunde liegenden Entfernungen zwischen den Partnern aus Hochschulen und Unternehmen. Hier zeigt sich, dass bei 23 Kooperationen - unter Auslassung eines Extremwertes - eine mittlere Entfernung von 143 km auszumachen ist. Unter Hinzuziehung des Extremwertes (700 km) ergibt sich eine mittlere Entfernung von 166 km. Diese Werte liegen einerseits mehr oder weniger deutlich oberhalb der weiter oben festgestellten Mittelwerte und 80 %-Werte der Entfernungen zwischen Partnern in allen Beratungsprojekten. Dies weist darauf hin, dass bei fachlichem Interesse auch vergleichsweise größere räumliche Distanzen von den betrachteten Kleinunternehmen überbrückt werden, um Lösungen des eigenen Innovationsbedarfes zu erhalten [vgl. Fritsch & Schwirten, 1998; Muller, 2001]. Andererseits kann angesichts dieser Werte immer noch von einer regionalen Ausrichtung eines großen Anteils der stattgefundenen Kooperationen gesprochen werden. Diese Ausrichtung zeigt sich – bedingt in dem regional intendierten Vermittlungsansatz – auch weit deutlicher als die bei Backhaus & Seidel [1997] aus ihrer Umfrage auf die Sicht der Hochschulen dargestellten räumlichen Reichweiten. Dort waren Kooperationen für zwei Untersuchungsgebiete zu 37 % (Universitäten, Sachsen und Forschungsdreieck) und zu 54 % (Fachhochschulen, Sachsen) bzw. 67 % (Fachhochschulen, Forschungsdreieck) innerhalb der Region verankert. Gleichzeitig ergeben die hier gemachten Befunde andere Aussagen zum Unternehmensverhalten, denn aus Sicht der Unternehmen stellten Backhaus & Seidel [1997a] eine geringere Kooperationsneigung mit Forschungseinrichtungen innerhalb der Untersuchungsregion bei über 60 % fest. Auffällig bei diesem Vergleich ist auch, dass die der Tab. 6.12 zu entnehmenden Reichweiten zu Partnern für Universitäten und Fachhochschulen nahezu identisch sind, wohingegen die genannten Autoren eine deutlich stärkere Regionsorientierung bei Fachhochschulen ausmachen.

6.2.4 Projektpartner

Über bisher bereits erfolgte Aussagen zum Innovationsverhalten mit Bezug auf Innovationspartner hinaus gehend, soll im Folgenden das Vorliegen möglicher Zusammenhänge der Art der vermittelten Partner mit dem Unternehmensalter, mit der Art der Innovationstätigkeit, mit der Anzahl vorbereitender Erst- und stattgefundener vertiefender Beratungen sowie mit der Unternehmensgröße ergründet werden. Zur Methode sei an dieser Stelle darauf hingewiesen, dass Forschungseinrichtungen bei einer Betrachtung als Kooperationspartner hier – wie auch in der gesamten Arbeit – aufgrund ihrer meist vorliegenden engen wissenschaftlichen Anbindung an Universitäten unter die Gruppe der „Hochschulpartner Universität" subsummiert werden, wobei dieses Vorgehen ohnehin nur eine sehr geringe Anzahl derartiger Einrichtungen betrifft.

Kooperationsaktivitäten durch Unternehmen werden allgemein als vorteilhaft für deren Innovationstätigkeit und somit für ihren Bestand angesehen. So stellen Gemünden & Ritter [1997] auf der Basis umfangreicher Auswertungen fest, dass – unabhängig von der Art des Partners - kooperierende gegenüber nicht kooperierenden Unternehmen zu einem deutlich gesteigerten Anteil Produkt- und auch Prozessinnovationen erarbeiteten. Der Kooperationstätigkeit scheint somit generell unterstützende Funktion im Innovationsprozess zuzukommen, wobei die Kausalitäten dort nicht weiter untersucht werden. Die Hypothese scheine zudem angenommen, dass gerade die technologieorientierte Zusammenarbeit mit Hochschulen den Produkt- und Prozessinnovationserfolg verbessere.

Unter Betrachtung regionaler Bezüge stellen Arndt & Sternberg [2000] fest, dass gerade kleine Unternehmen mit bis zu zehn Beschäftigten von regionaler Kooperation besonders profitierten, was sich in einem um bis zu einem Drittel erhöhten Umsatzwachstum gegenüber nicht-kooperierenden Unternehmen ausdrücke. Für größere Unternehmen mit bis zu 99 Beschäftigten sei dieser Effekt bereits nicht mehr zu beobachten. Ein Problem stelle für kleine Unternehmen deren Beschränktheit durch die ihnen nur begrenzt zur Verfügung stehenden Mittel dar: Diese Knappheit der Ressourcen zwinge einerseits zum Eingehen von Kooperationen, behindere diesen Vorgang allerdings gleichzeitig, da Suchprozesse mit Kosten verbunden und aufwändig seien.

Diez [2000] nimmt die Diskussion der lernenden Region auf und stellt dar, dass Forschungseinrichtungen neben zahlreichen anderen Akteuren einer Region als Wissensquellen fungieren, die in ihrer Interaktion mit anderen zu ökonomischen Vorteilen und somit zu einer positiven Positionierung von Regionen im Strukturwandel führen könnten. Dass allerdings Forschungseinrichtungen im Vergleich zu anderen Unternehmen wie Zulieferern, Wettbewerbern, Kunden oder Dienstleistern geringere quantitative Bedeutung als Kooperationspartner zukommt, wurde bereits in Kapitel 4.2 ausführlich beschrieben.

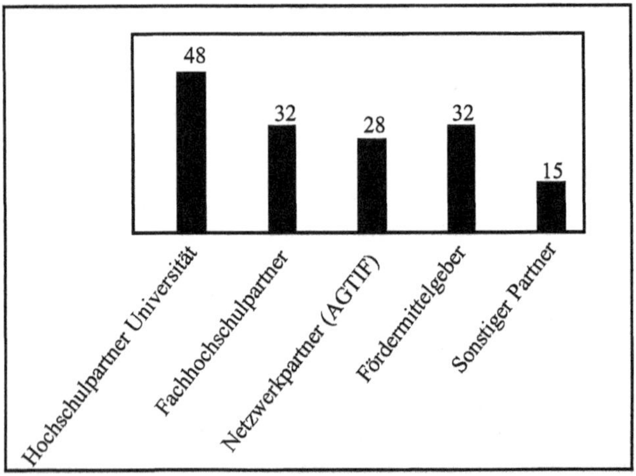

Abb. 6.11: Anzahlen der Beratungsprojekte je vermittelter Gruppe möglicher Partner (N = 155)

Nahezu keine Angaben liegen allerdings bisher vor zu den Beziehungen zwischen Unternehmen und solchen Partnern, die aus dem Bereich der teilweise institutionalisiert arbeitenden Mittlereinrichtungen oder aus anderen politisch-administrativ orientierten Institutionen stammen [vgl. Kapitel 2.2.1, vgl. Bruch-Krumbein & Hochmuth, 2000]. Die Betrachtungen fokussieren deshalb auch gerade auf den Bereich von Vermittlungen an derartige Einrichtungen, die zu einem nicht unbedeutenden Teil dem Niedersächsischen Innovationsnetzwerk AGTIF [vgl. NATI, 2000] entstammen bzw. die Institutionen repräsentieren, welche als fördernde Einrichtungen und Projektträger direkte Ansprechpartner für Subventionen suchende, innovierende Unternehmen darstellen.

Wie Abb. 6.11 zeigt und wie in Kapitel 6.2.2 unter Betrachtung spezifischer Innovationsphasen bereits teilweise beschrieben wurde, erfolgte in 48 Beratungsprojekten eine Vermittlung an universitäre und in 32 Projekten an Fachhochschulpartner, was bezogen auf die Gesamtzahl von 268 Beratungsprojekten einem Anteil hochschulseitiger Vermittlungen von 30,0 % entspricht und in dieser Relation auch eine Bestätigung in den Ergebnissen von Reinhard & Schmalholz [1996] findet. Fördermittelgeber in 32 Projekten (11,9 %) und Mitglieder von Innovationsnetzwerken in 28 Projekten (10,4 %) spielten eine untergeordnete Rolle.

Über die 155 Beratungsprojekte, in denen Partnern vermittelt wurden, untersucht die folgende Analyse mehrere ggf. bestehende Abhängigkeiten. Zum einen wurde betrachtet, ob das Alter der Unternehmen Auswirkungen auf deren Vermittlungsbedarf zeigte. Dabei ergab sich über die Gesamtstichprobe kein signifikant absicherbarer Befund. Allerdings fielen einige Besonderheiten auf (vgl. Tab. Anhang 6). So erfolgten bei Jungen Unternehmen mit 38,9 % und bei Altunternehmen mit 36 % im Vergleich zu Gründungswilligen und bereits aktuell gegründeten Unternehmen überdurchschnittlich viele Vermittlungen an Universitäten (bei einem Mittel von 31 %). Ebenso war bei Jungen Unternehmen ein überdurchschnittlicher Anteil von 25 % (Mittel: 20,6 %) an Vermittlungen an Fachhochschulen zu beobachten. Demgegenüber waren Vermittlungen bei der ohnehin kleinen Gruppe der Gründungswilligen an Hochschuleinrichtungen nahezu nicht messbar. Diese Gruppe tendierte dagegen allerdings eindeutig hin zu Netzwerkpartnern aus dem Innovationsnetzwerk AGTIF (31,6 % bei Mittelwert 18,1 %), zu Innovationsorientierten Fördermittelgebern (31,6 % bei Mittel von 20,6 %) oder zu sonstigen (teilweise wettbewerblichen) Partnern (26,3 % bei Mittel von 9,7 %). Aus diesen Befunden lässt sich u.a. schließen, dass die noch nicht existenten bzw. gerade erst an der Schwelle zur Existenz stehenden Anfrager keine an konkreten wissenschaftlichen Know-how-Bedarfen orientierten Innovations- oder Kooperationsprojekte im Fokus hatten, sondern eher an anderen Informationen aus dem innovationsunterstützenden Umfeld interessiert waren. Diese erhielten sie von verschiedensten Institutionen, die fachlich auf derartige Themengebiete spezialisiert und den Anfragern bislang noch nicht bekannt waren. Dies gilt beispielsweise für das Erfinderzentrum Norddeutschland (EZN) [vgl. Legler & Schasse, 1999], das als Vermarktungseinrichtung von Patenten dient, für die Niedersächsische Energieagentur oder für spezifische Fortbildungseinrichtungen. Im Umkehrschluss bedeutet dies, dass hochspezialisierte

Gründungen mit Hochschul-Kooperations-Bedarf entweder nicht vorkamen bzw. dass innovative Start-ups bereits über Kontakte zu Forschungseinrichtungen verfügten und folgerichtig nicht nach Vermittlungen zu Hochschulen anfragten. Die Anfragen von Gründern zielten demgegenüber vielmehr auf andere für sie hilfreiche Partner aus dem weiteren Feld der Einrichtungen im Umfeld der Wirtschaftsförderung etc.

Zur Frage der Bemühung von Partnern je nach spezifischer Innovationsaktivität sind ebenfalls keine signifikanten Trends über die Gesamtstichprobe zu entdecken. Allerdings lassen sich auch hier einige Auffälligkeiten feststellen. Wie Tab. 6.13 darstellt, zeigt sich für den Bereich der Prozessinnovationen mit 38,5 % eine hervorgehobene, statistisch jedoch nicht signifikante, Bedeutung von universitären Partnern in den Vermittlungen. Im Bereich der Produktinnovationen besitzen Universitäten ebenfalls einen erhöhten Anteil, heben sich allerdings von Innovationsorientierten Fördermittelgebern/Projektträgern (25,6 %) sowie von Fachhochschulen als Partnern (21,4 %) nicht auffällig ab.

Ein vertiefender Blick auf die Zusammenhänge zwischen den vermittelten Partnern und dem Umfang der Anbahnung der Vermittlung wirft ein interessantes Licht auf eine hochsignifikante (0,001 - Niveau; Chi^2-Test) Korrelation (vgl. Tab. Anhang 7). So ist festzustellen, dass im Rahmen der Vermittlungen zu Partnern aus Universitäten in 25 Beratungsprojekten sowohl eine Erst- als auch eine vertiefende Beratung nacheinander stattfanden. Zudem erfolgten in 14 Beratungsprojekten ausschließlich vertiefende und in 6 Projekten ausschließlich Erstberatungen.

In leicht reduzierter Ausprägung ist dieses Verhalten auch bei der Vermittlung zu Fachhochschulpartnern zu beobachten, wo bei 17 Projekten beide Beratungsformen auftraten. Bei zwei Projekten erfolgte ausschließlich eine vertiefende und bei neun Projekten ausschließlich eine Erstberatung.

In anderer Weise auffällig ist das Verhalten gegenüber Netzwerkpartnern. Mit diesen erfolgte nahezu keine vertiefende Beratung, wohingegen ein Schwergewicht mit 17 Beratungsprojekten (60,7 %) auf Erstberatungen lag.

Und auch Vermittlungen zu Innovationsorientierten Fördermittelgebern/Projektträgern zeigen ein auffälliges Bild, da hier in 19 Beratungsprojekten (59,4 %) Erstberatungen und in 11 Beratungsprojekten (34,4 %) zugleich Erst- und vertiefende Beratungen durchgeführt wurden. Ausschließlich vertiefende Beratungen fanden nicht statt.

Tab. 6.13: Anzahl vermittelter Partner (N = 155) nach Art der Innovationsaktivität (Mehrfachnennungen, N = 223)

Innovationsaktivität	Produktinnovation		Prozessinnovation		WiFö-Frage	
Partner	Nennungen	Anteil in %	Nennungen	Anteil in %	Nennungen	Anteil in %
Hochschulpartner Universität	34	29,1	25	38,5	5	12,2
Fachhochschulpartner	25	21,4	10	15,4	7	17,1
Netzwerkpartner (AGTIF)	18	15,4	13	20	9	22
Innovationsorientierter Förderer	30	25,6	8	12,3	16	39
Sonstiger Partner	10	8,6	9	13,8	4	9,8
Summen	117	100	65	100	41	100

Die Ergebnisse unterstreichen, dass insbesondere Vermittlungen an Partner aus Hochschulen schwerpunktmäßig im Rahmen von vertiefenden Beratungen erfolgten. Kontakten mit Forschungseinrichtungen wird für die Unterstützung von Innovationsprozessen in Unternehmen offensichtlich eine wichtige Rolle zugeschrieben, so dass sich hier auch der den Beratungsprojekten zu Grunde liegende Vermittlungsansatz bestätigt. Auf der Plattform der konkreten dyadischen Beziehungen kam es in persönlichen und vertrauensvollen Gesprächen zum Austausch von Wissen und Know-how.

Außerhalb von Hochschulkontakten erfolgten nur gegenüber Innovationsorientierten Fördermittelgebern/Projektträgern – allerdings auf niedrigerem quantitativen Niveau – in nennenswertem Ausmaß vertiefende Kontakte. An andere Partner beispielsweise aus dem Netzwerk der Innovationsmittler in Niedersachsen wurde in den durchaus zahlreichen Erstberatungen eher nur weiterverwiesen. Vertiefende Beratungen, d.h. eine Begleitung der Gespräche durch den Vermittler kamen hier in der Folge nahezu nicht zu Stande.

Diese letzte Beobachtung der hohen Anteile an Weitervermittlungen zu Netzwerkpartnern bzw. zu Fördermittelgebern weist auf die Funktion des sog. Netzwerkpromotors als Weitervermittler institutioneller Angebote hin, auf die im folgenden Kapitel 6.2.5 noch näher eingegangen wird.

Eine detaillierte Betrachtung möglicher Abhängigkeiten der Art der vermittelten Partner von der Unternehmensgröße führt zu keinen signifikanten Ergebnissen.

Tab. Anhang 8 stellt die Zusammenhänge dar. Es zeigt sich, dass ab Unternehmensgrößen von mehr als 20 Beschäftigten Universitäten als Partner auffällig bevorzugt vermittelt wurden. Diese Tendenz lässt sich auch bereits aus Abb. 6.11 für die Gesamtstichprobe ablesen. Für kleinere Unternehmensgrößenklassen ist kein eindeutiges Bild zu erkennen, wobei Universitäten allerdings auch hier eine wichtige Rolle spielen. Wenn Schmoch et al. [2000] darstellen, dass mit steigender Unternehmensgröße die Häufigkeit des Kontaktes mit externen Forschungseinrichtungen zunehme, so ist dies zu den hier gefundenen Ergebnissen allerdings insofern kein Widerspruch, als die vorliegende Stichprobe eine starke Übergewichtung zu kleinen Unternehmensgrößen aufweist und Aussagen in den relativ gering besetzten Gruppen größerer Unternehmensgrößen (größer 50 Beschäftigte) somit ohnehin kaum möglich sind.

6.2.5 Quantitative und qualitative Betrachtung der Beratungsprojekte

Das folgende Kapitel untersucht verschiedene Aspekte, die die Anbahnung von Kooperationen auf dem Wege einer aktiven Vermittlung für KMU beschreiben. Dabei sollen Schwerpunkte auf die Anzahl der vor-Ort-Beratungen und auf den Versuch einer Wertung der erreichten Vermittlungen gelegt werden. Um eine qualitative Einordnung zu erreichen, soll ein Bewertungsmuster bezüglich des zu beobachtenden Know-how-Transfers an die Beratungsprojekte angelegt werden. Querbezüge zu anderen Indikatoren der Gesamtstichprobe sollen hergestellt werden.

Allgemein gilt, dass für den regionalen Innovationserfolg nicht nur das technologische Wissen selbst, sondern auch ein genügender Wissensaustausch und der Ausbau der bestehenden Wissensbasis zwischen den Akteuren ausschlaggebend sind [Koschatzky, 2001]. Dass an diesen Funktionen insbesondere die Unternehmen einer Region maßgeblich beteiligt sind, wurde bereits in Kapitel 2 beschrieben. Netzwerkarbeit sollte vor allem der Anbahnung von Kooperationen dienen, die an die Bedürfnisse der einzelnen Akteure angepasst sind und in Typ und Struktur auf die fraglichen Bedarfe passen [vgl. Fritsch & Lukas, 1999].

Die hier betrachteten Beratungsprojekte dienten dem Ziel, die zur Verfügung stehenden Angebote den nachfragenden KMU zielgerichtet und bedarfsorientiert zu vermitteln. Dabei wurden die Themen der Projekte in der Regel mit Hilfe sog. Erstberatungen erschlossen. Es zeigte sich, dass solche Beratungen vor Ort in der Anbahnungsphase z.T. mehrfach, d.h. in bis zu vier Einzelterminen, durchgeführt wurden. Dass solche Erstberatungen v.a. aus Gründen der begrifflichen Unterscheidung von vertiefenden Beratungen auch bei weiderholtem Stattfinden mehrfach als Erstberatungen benannt wurden, wurde bereits in Kapitel 5.3 beschrieben.

Tab. 6.14: Anzahlen der Beratungen je Beratungsprojekt

Anzahl der Beratungen je Beratungsprojekt	Erstberatungen	Erstberatungen (gewichtet)	Vertiefende Beratungen	Vertiefende Beratungen (gewichtet)
1	158	158	58	58
2	39	78	11	22
3	8	24	2	6
4	4	16	3	12
Summe	209	276	74	98

Tab. 6.14 zeigt auf, dass in 158 Beratungsprojekten eine einzige Erstberatung vor Ort erfolgte. Zwei Erstberatungen erfolgten in 39 Beratungsprojekten, drei Erstberatungen in acht und vier Erstberatungen in vier Beratungsprojekten. Respektive wurden in 78 % aller Beratungsprojekte Erstberatungen vor Ort durchgeführt. Insgesamt kam es über den gesamten Untersuchungszeitraum zu 276 Erstberatungen (vgl. auch Abb. 6.12). Sog. vertiefende Beratungen durch Dritte unter Begleitung des Vermittlers nahmen quantitativ geringere Werte an. So wurde in 58 Beratungsprojekten eine einzige vertiefende Beratung durchgeführt. Zwei vertiefende Beratungen erfolgten in 11 Beratungsprojekten, drei vertiefende Beratungen in zwei Beratungsprojekten und vier vertiefende Beratungen in drei Beratungsprojekten. Insgesamt wurden über den gesamten Untersuchungszeitraum 98 vertiefende Beratungen durchgeführt.

Zur Einordnung, welcher Art der geleistete Know-how-Transfer zu den Unternehmen war, erfolgte eine Zuordnung zu verschiedenen Kategorien. Dabei wurde die Definition einer sog. weiterführenden Informationsvermittlung neu entwickelt.

Die Wahl dieser Definition leitete sich im Sinne der Netzwerkdebatte auch dadurch ab, dass weiterführende Informationsvermittlungen gerade für den hier betrachteten Untersuchungsgegenstand eine elementare Bedeutung erlangen, da auf dem Weg vertrauensvoller, nicht zwingend fest vereinbarter Beziehungen besonders innovations-relevantes Know-how ausgetauscht werden kann.

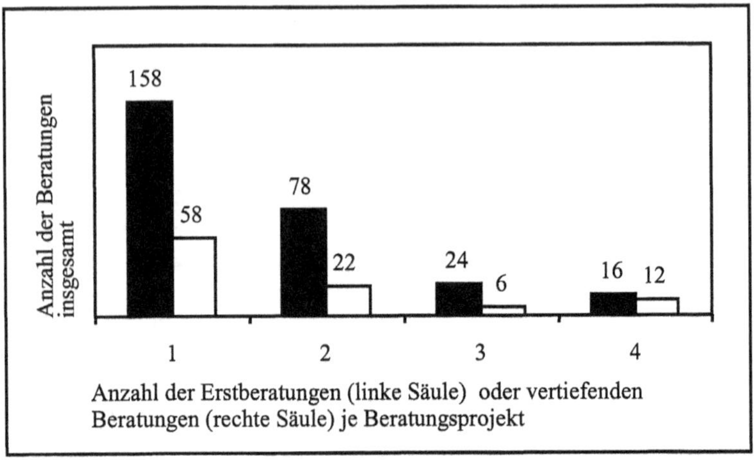

Abb. 6.12: Anzahlen der insgesamt erfolgten Beratungen in Aufteilung nach den Anzahlen erfolgter Erst- und vertiefender Beratungen je Beratungsprojekt (N = 268 Beratungsprojekte)

Eine solche weiterführende Informationsvermittlung konnte einerseits durch den Berater bei der beratenden Einrichtung (REGIO) oder andererseits durch Dritte geschehen. Sog. Dritte entstammten den Hochschulen oder anderen Innovations- und Mittlernetzwerken.

Folgende Kategorien zur Art des Know-how Transfers kommen somit zur Anwendung:

- Laufende oder beendete Kooperation:
  Hier wurden alle zum Auswertungszeitpunkt des 30. Juni 2000 laufenden oder beendeten Kooperationen auf der Basis einer finanziell honorierten oder unterstützten und über einen definierten Projektzeitraum laufenden Zusammenarbeit gezählt.
- Weiterführende Informationsvermittlung (durch die beratende Person (REGIO) oder durch Dritte):
  Eine solche Informationsvermittlung wurde als Wissensaustausch in der Folge einer fernmündlichen Kontaktaufnahme, einer Erstberatung oder einer vertiefenden Beratung definiert und nahm selbst die Form einer telefonischen, schriftlichen oder im persönlichen Gespräch erfolgten Weitergabe konkreter Informationen an. Auch solche Kooperationen, die länger als ein

halbes Jahr den Status „angebahnt“ besaßen und nach konkreten, inhaltlich-technischen Angeboten nicht zu einer tatsächlichen Zusammenarbeit kamen, wurden hierunter gefasst. Wesentliches Merkmal dieser Kategorie ist die fallbezogene Weitergabe innovationsrelevanter Informationen für die spezifischen Bedarfe der anfragenden KMU.

- Sonstige: Keine weitere Leistung
  Diese Kategorie beinhaltet Beratungsprojekte, aus denen kein weiterer Informationsfluss entstand. Hierunter fallen auch solche Beratungsprojekte, bei denen dritte Partner durch den Berater (REGIO) benannt, mittelbar angefragt oder um Informationen gebeten wurden oder mit denen eine Erstberatung oder eine vertiefende Beratung erfolgt sein konnte, wobei diese Aktivitäten allerdings nicht zu einer weiteren Informationsvermittlung führten.

Wie Abb. 6.13 zeigt (vgl. auch Tab. Anhang 9), sind im Untersuchungszeitraum 34 Kooperationen aus den Beratungsprojekten hervorgegangen. Außerdem wurden durch Dritte in 54 Fällen weiterführende Informationen gegeben. Durch den Berater selbst wurden in weiteren 83 Fällen Informationen vermittelt. In 97 Fällen kam es in der Folge der Beratungen zu keinen weiteren nennenswerten Transferleistungen.

Die gemachten Differenzierungen erlauben in gewissen Grenzen die Belegung der Formen der Zusammenarbeit mit unterschiedlichen Wertigkeiten. So ist davon auszugehen, dass die beratenen KMU im Sinne der Netzwerkdiskussion sowohl aus durchgeführten Kooperationen als auch bei der Vermittlung weiterführender Informationen durch Dritte einen vergleichsweise hohen Nutzen für ihre Innovationstätigkeit ziehen konnten (hoher spill-over). Insofern sollen diese beiden letztgenannten Formen der Zusammenarbeit als sog. kooperative Projektformen bezeichnet werden. Deren Anzahl belief sich auf 88. Dies entspricht einem Anteil von 32,8 % an allen Beratungsprojekten.

Vergleichend seien Reinhard & Schmalholz [1996] hier angeführt, die für die reine Anbahnung von Kontakten durch Transferstellen Anteile von etwas über 20 % an letztlich konkret zu Stande gekommenen Kooperationen ausmachten. Dabei betrachteten sie allerdings eine breite Palette an Betriebsgrößen. Bei einer Betrachtung ausschließlich kleiner Unternehmen, wie sie auch in der hier untersuchten Stichprobe dominierten, ist aufgrund der dabei anzutreffenden geringeren Kooperationsneigung der Anteil Vermittelter noch weit niedriger, wie sich bei dem Anteil von 92,2 % nicht stattgefundener Kooperationen nach einer Anbahnung bei Unternehmen der Größe 20 – 49 Beschäftigte zeigt [Reinhard & Schmalholz, 1996]. Entsprechend sind die oben beschriebenen, in Kooperationen mündenden Vermittlungsergebnisse als überdurchschnittlich zu bewerten, ein Hauptgrund dafür dürfte in deren aktiver Begleitung liegen.

Die Projektinhalte selbst stimmen dabei mit den von Nicolay und Wimmers [2000] unter „Art der Kontakte“ (S. 9) genannten Bereichen durchaus auch überein. Hier allerdings erscheint aufgrund der kleineren Stichprobe eine stärkere Aggregierung angebracht, zumal fraglich ist, inwiefern eine detaillierte Differenzierung etwas über den tatsächlich für das Unternehmen nutzbaren Transferinhalt aussagt.

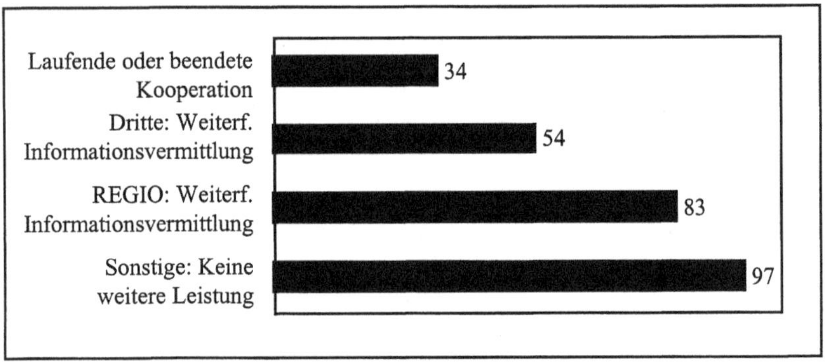

Abb. 6.13: Anzahlen der Arten des Know-how Transfers in den Beratungsprojekten (N = 268)

Zu Größeneffekten stellen Arndt & Sternberg [2000] dar, wie kleine Unternehmen mit weniger als zehn Beschäftigten gemessen an deren jährlichem Umsatzwachstum besonders von regionaler Kooperationstätigkeit profitieren. Und auch Sternberg [1998] beschreibt, wie in Innovationskooperationen eingebundene Unternehmen verhältnismäßig größer sind und absolut wie relativ mehr FuE-Personal beschäftigen als innovierende und nicht in Kooperationen eingebundene Unternehmen. Aus diesen Betrachtungen leiten sich die folgenden, auf Unternehmensgrößen bezogenen Untersuchungen ab.

Wie sich bereits weiter oben zeigte, wurden durch die beschriebenen Beratungsprojekte innovationsrelevante Kontakte insbesondere für kleine Unternehmen vermittelt. Eine Betrachtung der Art des Know-how Transfers nach Größenklassen der Unternehmen zeigt allerdings kein einheitliches Bild (vgl. Tab. Anhang 9). Auffällig ist, dass laufende oder beendete Kooperationen von Unternehmen der Betriebsgröße 20 – 49 Beschäftigte und der Betriebsgröße 100 – 199 Beschäftigte in vergleichsweise höherem Anteil und von den Unternehmen kleinerer Betriebsgrößenklassen tendenziell in geringerem Maße angegangen wurden, was auf eine verstärkte Kooperationstätigkeit eher durch größere Unternehmen hindeuten würde. Aufgrund der größeren Spreizung der Intervalle mit zunehmender Unternehmensgröße sollte dieser Effekt jedoch nicht überbewertet werden, wenngleich im Vergleich zu den anderen Formen des Know-how-Transfers diese Tendenz durchaus eindeutig ist. Allerdings lässt sich dieser Befund auch statistisch nicht absichern. Ebenfalls auffällig und erwähnenswert sind die erhöhten Werte der – oben in ebenfalls hoher Transferwertigkeit beschriebenen - Informationsvermittlung durch Dritte an Unternehmen mit 5 – 9 Beschäftigten sowie an solche mit 20 – 49 Beschäftigten.

Mit dem vorliegenden Datenmaterial lassen sich verschiedene Aussagen zu den jeweiligen Technikfeldern machen, innerhalb derer stärker oder weniger stark auf externe Vermittlung zurückgegriffen wurde. So zeigt eine Untersuchung der Branchenzugehörigkeiten innerhalb der kooperativen Projektformen (laufende oder beendete Kooperationen sowie Informationsvermittlung durch Dritte), dass diese nahezu von denselben Branchenschwerpunkten bezogen wurden, die auch in der Gesamtheit der Beratungsprojekte Schwerpunkte bildeten (s. Abb. 6.14).

Interessant dabei ist eine Bezugnahme auf die in Kap. 0 beschriebenen Häufigkeiten der Nennungen innerhalb von Branchen. So fällt auf, dass in den Bereichen der Herstellung von Gummi- und Kunststoffwaren mit 58,5 % sowie in der Mess- und Regelungstechnik mit 52,4 % relativ hohe Inanspruchnahmen an Zusammenarbeit zu verzeichnen sind. In einem Mittelfeld von 41,6 % (Handel) bis 31,7 % (Dienstleistungen) bewegen sich die meisten anderen für die untersuchte Stichprobe bestimmenden Branchen. Auffällig jedoch ist die mit 12,5 % sehr geringe Inanspruchnahme von Zusammenarbeit im Bereich der Datenverarbeitung. Obwohl insgesamt 24 Beratungsprojekte stattfanden, erfolgte nur in drei Projekten eine kooperative Form der Zusammenarbeit. Der Großteil der Ergebnisse stimmt somit durchaus mit der Diktion anderer Erkenntnisse überein. So weist Sternberg [1998] darauf hin, dass „die Branchenunterschiede hinsichtlich der Existenz von Innovationskooperationen innerhalb der innovierenden Unternehmen“ überraschend gering seien (S. 291, vgl. Sternberg [1999]).

Und auch für das vergleichsweise geringe bzw. sehr geringe Abschneiden der Dienstleistungen und der Datenverarbeitung lässt sich die Erklärung von Muller

[2001] heranziehen, derartige Beziehungen zwischen wissensintensiven Dienstleistern und sog. Instituten technologischer Infrastruktur seien ohnehin weniger häufig anzutreffen als solche zwischen KMU und Instituten technologischer Infrastruktur. Zudem vermutet er, dass das von wissensintensiven Dienstleistern benötigte Know-how hoch spezialisiert vorliegen müsse und somit vermutlich auch nicht-regional gesucht würde.

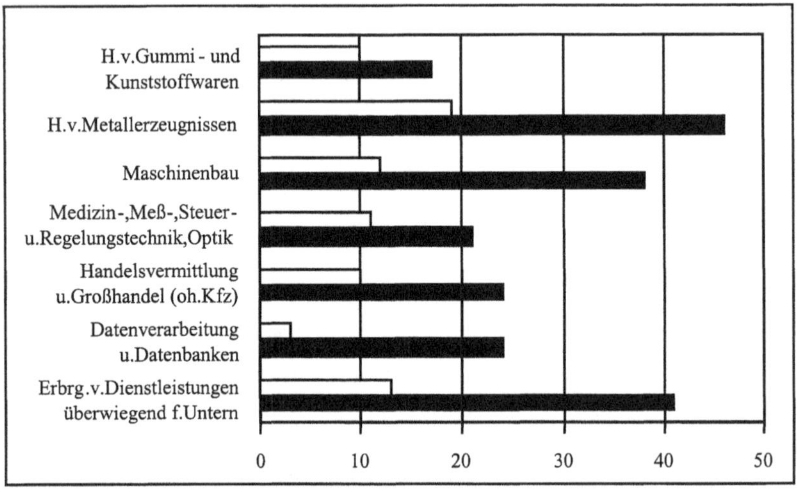

Abb. 6.14: Inanspruchnahme kooperativer Projektformen in den Schwerpunktbranchen (jeweils erster Balken) des Untersuchungsgebietes im Verhältnis zu den für diese Schwerpunkte vorgefundenen Branchennennungen aus allen Beratungsprojekten (Mehrfachnennungen)

Weitere Ursachen für die geringe Kooperationsintensität im Bereich der Datenverarbeiter mögen durchaus auch in einer gewissen Wettbewerbslage gegenüber den teilweise sehr wirtschaftlich orientierten Hochschuleinrichtungen begründet sein, weshalb wissensintensive Dienstleister sich gezwungen sehen, ihre Produkte bevorzugt aus eigener Kraft weiterzuentwickeln. Noch gravierender dürfte sich für die Innovationsfähigkeit eines Standortes auswirken, wenn Unternehmen aus Sicht der Hochschulen nicht als adäquate, interessante und lukrative Partner erscheinen, zumal die Hochschulen in einer Zeit hohen Wettbewerbs um Studierende und um Qualifikanten selbst nur begrenzte Personalressourcen zur Verfügung haben. Derartige Innovationshemmnisse deuteten sich mehrfach in Beratungsprojekten gegenüber der betreffenden Branche Datenverarbeitung und Datenbanken an.

Ebenfalls kamen Kooperationen – über alle Branchen hinweg - nicht zu Stande, wenn beispielsweise auf der Basis der von den Unternehmen formulierten Bedarfe mangelnde Innovationshöhen durch die Seite der Hochschuleinrichtungen postuliert wurden, was auf die bereits von Reinhard & Schmalholz [1996] beschriebene „*Diskrepanz* zwischen dem wissenschaftlichen Anspruch der Technologieproduzenten und dem eigenen Technologiebedarf" (S. 34) der Unternehmen hinweist [vgl. auch Deitmer, 2001].

Allerdings konnten solche Beobachtungen für die hier betrachtete Stichprobe nur in wenigen Fällen gemacht werden, die bevorzugt bei Anfragen gegenüber besonders nachgefragten Technologieproduzenten auftraten. Aufgrund der gezielten Suche nach Partnern durch den Vermittler innerhalb der gesamten Auswahl regional verfügbarer Wissenschaftseinrichtungen ließen sich insgesamt überdurchschnittliche Vermittlungsergebnisse erzielen, was zugleich auch eine Reduzierung sog. sunk costs [vgl. Elsner 2000] vergeblicher Suchprozesse auf Seiten der Unternehmen bewirkte. Auch kann mit Nicolay & Wimmers [2000] von einer hohen Quote an Zufriedenheit nach der Vermittlung von Kontakten ausgegangen werden, auch wenn diese hier nicht qualitativ erfasst werden kann.

Im Übrigen zeigt eine Betrachtung über alle Beratungsprojekte mit Zustandekommen kooperativer Projektformen, dass sich unter Betrachtung der wissensintensiven Dienstleistungen u n d Industrien auch hier nahezu eine Gleichverteilung abzeichnet, wie sie bereits in Kapitel 6.1.4 beschrieben wurde: von den 88 betreffenden Beratungsprojekten fanden 42 (entsprechend 47,7 %) in wissensintensiven und 46 (52,3 %) in nicht wissensintensiven Bereichen statt. Aus diesen Ergebnissen lassen sich somit die von Arndt & Sternberg [2000] auf der Basis von Umsatzwachstum gefundenen Erkenntnisse zumindest im Umkehrschluss nicht bestätigen, nach denen besonders die wissensintensiven Unternehmen von räumlicher Nähe profitieren und somit in einem engem räumlichem Umfeld eigentlich auch entsprechende Kooperationen eingehen müssten.

Bezüglich branchenorientierter Betrachtungen ist abschließend noch anzumerken, dass sich offensichtlich je nach Erhebungsmethode und Sichtweise die Ergebnisse zur Kooperationsrealität unterschiedlich gestalten können. So erhalten Gemünden und Ritter [1997] in ihrer Auswertung von ZEW-Daten gerade zur Frage der Bedeutung von Forschungsinstituten als Informationsquelle von unternehmensnahen Dienstleistern mittlere und somit in keiner Weise auffällige

Bewertungen. Über tatsächlich stattgefundene Kooperationen ist dort wiederum nichts ausgesagt.

Auch Betrachtungen zur Vermittlungsintensität bis zum Stattfinden von Formen kooperativer Zusammenarbeit und der beteiligten Partner werfen ein interessantes Licht auf die Vermittlungsaktivitäten: So ist festzustellen, dass in den betreffenden 88 Beratungsprojekten mit kooperativem Ausgang 105 Erstberatungen und 85 vertiefende Beratungen durchgeführt wurden, was insgesamt durchschnittlich 2,16 Beratungen pro Beratungsprojekt entspricht. Spitzenwerte von sechs Beratungen ergaben sich in vier Fällen, was bereits auf eine Art begleitendes Projektmanagement hinweist, das über eine einfache Vermittlungstätigkeit weit hinausreicht. Allerdings zeigt auch eine andere Betrachtungsweise, dass gerade für das Stattfinden von Zusammenarbeit zwischen KMU und Partnern eine ausschließlich einmalige Vermittlung nicht ausreichend ist. So wurden im Falle der hier betrachteten 88 Beratungsprojekte mit kooperativer Zusammenarbeit – die einen Anteil an allen Beratungsprojekten von nur 32,8 % ausmachen – 190 Beratungen durchgeführt, was bei einer Gesamtzahl an Beratungen von 374 einem Anteil von 50,8 % und somit recht genau der Hälfte aller Beratungen entspricht. Mit anderen Worten ausgedrückt bedeutet dies, dass aktive Vermittlung zum Erreichen konkreter Kooperationen eine intensive Begleitung und Moderation der Kontaktanbahnung und teilweise auch des Kooperationsprozesses selbst erforderte. Die kooperativen Formen bedurften besonders aktiver Vorarbeit in der Anbahnungsphase.

Gestützt wird diese Aussage ebenfalls von einer Betrachtung der Art des Know-how-Transfers in Abhängigkeit von dem Stattfinden von Erstberatungen, von vertiefenden Beratungen oder von Erst- u n d vertiefenden Beratungen. Wie die Ergebnisse in Tab. Anhang 9 für die gesamte Stichprobe zeigen, wurden insbesondere bei dem gleichzeitigen (chronologisch sicherlich gestaffelten) Stattfinden von Erst- u n d vertiefenden Beratungen besonders hohe Anteile an Laufenden oder beendeten Kooperationen (21) bzw. an weiterführenden Informationsvermittlungen durch Dritte (30) erreicht, was sich zudem statistisch signifikant (auf dem 1 %-Niveau, Chi²-Test) absichern lässt.

Qualitative Aussagen zur Vermittlungsrealität lassen sich auch aus der Betrachtung der Art des Know-how-Transfers in Abhängigkeit von den beteiligten Partnern ableiten (vgl. Tab. Anhang 11). So stellt man bei der Betrachtung der sechs hervorgehobenen Nennungen einer solchen Korrelation - statistisch ebenfalls signifikant (auf dem 1 %-Niveau, Chi²-Test) - fest, dass Universitäten als Kooperationspartner (15 Beratungsprojekte) sowie für weiterführende Informationen (24) bevorzugt vermittelt wurden. Gleichzeitig waren auch Fachhochschulen für weiterführende Informationen gefragt (13). Es bestätigt sich hier die Annahme, dass im Fall von Beratungsprojekten auf hohem Transfer-Niveau – ausgedrückt in der Art des Know-how-Transfers - auch die beteiligten Partner vorwiegend aus Hochschulen stammten und somit ein realer Wissens-spill-over zu Stande kommen konnte.

Auch die folgende Betrachtung weist auf das Stattfinden von Wissens-spill-over hin: In den 88 Beratungsprojekten mit Formen kooperativer Zusammenarbeit waren in 61 Fällen Hochschulen als Partner beteiligt, was 69,3 % entspricht. Dieser Anteil liegt bedeutend über dem von Sternberg [1998] genannten Anteil von 40 %, wobei dieser sich allerdings auf innovationsaktive Unternehmen bezüglich deren Zusammenarbeit mit Forschungseinrichtungen insgesamt bezieht, so dass eine direkte Vergleichbarkeit hier nur bedingt möglich und der Wert auch nur als Orientierungsgröße zu sehen ist.

Arndt & Sternberg [2000] nennen einen Anteil von 30 % an Kooperationen von Unternehmen mit Forschungseinrichtungen für das gesamte ERIS-Untersuchungsgebiet. Vergleichbar zeigt sich - für die hier untersuchte Gesamtstichprobe nahezu ausschließlich kleiner Unternehmen - ein Kooperationsanteil von 22,8 %, wenn die bereits genannten 61 kooperativen Projekte zwischen Unternehmen und Hochschulen zu allen 268 Beratungsprojekten in Bezug gesetzt werden.

Wie Tab. Anhang 11 ferner zeigt, wurden auch innovations-orientierte Fördermittelgeber/Projektträger für weiterführende Informationen verstärkt vermittelt (13). Gleichzeitig deuten Weitervermittlungen durch den Berater selbst (weiterführende Informationsvermittlung) an Netzwerkpartner (21) und an sonstige Partner (12) gleichermaßen eine Netzwerkfunktion an, die im folgenden Kapitel noch näher betrachtet werden soll.

Zusammenfassend ergeben sich folgende Ergebnisse aus der quantitativen und qualitativen Betrachtung der Beratungsprojekte: Zur Eingrenzung, welcher Art der geleistete Know-how-Transfer zu den Unternehmen war, erfolgte eine Zuordnung zu verschiedenen Kategorien. Dabei wurde die Definitionen einer sog. weiterführenden Informationsvermittlung neu entwickelt. Die Wahl dieser Definition leitete sich im Sinne der Netzwerkdebatte auch dadurch ab, dass weiterführende Informationsvermittlungen gerade für den hier betrachteten Untersuchungsgegenstand eine elementare Bedeutung erlangen, da auf dem Weg vertrauensvoller, nicht zwingend fest vereinbarter Beziehungen besonders innovations-relevantes Know-how ausgetauscht werden kann. Eine solche weiterführende Informationsvermittlung konnte einerseits durch den Berater bei der beratenden Einrichtung (REGIO) oder andererseits durch Dritte geschehen. Sog. Dritte entstammten den Hochschulen oder anderen Innovations- und Mittlernetzwerken.

Aus den 268 Beratungsprojekten sind 34 Kooperationen hervorgegangen. Außerdem wurden durch Dritte in 54 Fällen weiterführende Informationen gegeben. Durch den Berater selbst wurden in weiteren 83 Fällen Informationen vermittelt. In 97 Fällen kam es in der Folge der Beratungen zu keinen weiteren nennenswerten Transferleistungen. Es ist davon auszugehen, dass die beratenen KMU im Sinne der Netzwerkdiskussion sowohl aus durchgeführten Kooperationen als auch bei der Vermittlung weiterführender Informationen durch Dritte einen vergleichsweise hohen Nutzen für ihre Innovationstätigkeit ziehen konnten. Insofern sollen diese beiden letztgenannten Formen der Zusammenarbeit als sog. kooperative Projektformen bezeichnet werden. Deren Anzahl belief sich auf 88. Dies entspricht einem Anteil von 32,8 % an allen Beratungsprojekten. Die beschriebenen Kooperationsergebnisse sind als überdurchschnittlich zu bewerten.

Eine Betrachtung der Art des Know-how-Transfers nach Größenklassen der Unternehmen zeigte keine statistisch absicherbaren Befunde, allerdings ließ sich eine verstärkte Kooperationsintensität eher auf Seiten größerer Unternehmen vermuten. Eine Untersuchung der Branchenzugehörigkeiten innerhalb der kooperativen Formen der Zusammenarbeit (laufende oder beendete Kooperationen sowie Informationsvermittlung durch Dritte) zeigt, dass diese nahezu von denselben Branchenschwerpunkten bezogen wurden, die auch in der Gesamtheit der Beratungsprojekte Schwerpunkte bildeten. Besonders hohe Inanspruchnahmen vermittelter Kooperationen fanden sich in den Bereichen der Herstellung von Gummi- und Kunststoffwaren mit 58,5 % sowie in der Mess- und Regelungstechnik mit 52,4 % der in diesen Branchen angegangenen Beratungsprojekte. Auffällig ist demgegenüber die mit 12,5 % sehr geringe Inanspruchnahme von

Zusammenarbeit im Bereich der Datenverarbeitung, was mit spezifischen Verhaltensmustern dieser Dienstleistungsbetriebe zu erklären ist.

Ferner zeigt die Betrachtung über alle Beratungsprojekte mit Zustandekommen kooperativer Formen der Zusammenarbeit, dass sich unter Betrachtung der wissensintensiven/nicht wissensintensiven Dienstleistungen und Industrien nahezu eine Gleichverteilung abzeichnet.

Eine Betrachtung der Intensität mehrfach durchgeführter Beratungen zur Vorbereitung kooperativer Formen der Zusammenarbeit ergab, dass zum Erreichen konkreter Kooperationen eine intensive und mehrfache Begleitung und Moderation der Kontaktanbahnung und teilweise auch des Kooperationsprozesses selbst erforderlich wurde. Im Durchschnitt fanden bei den spill-over-trächtigen, d.h. sog. kooperativen, Formen der Zusammenarbeit im Vorfeld 2,16 Beratungen pro Beratungsprojekt statt. Es ist daraus zu schließen, dass erfolgreiche Vermittlung teilweise bereits auf eine Art begleitendes Projektmanagement angewiesen ist. Eine Betrachtung der Know-how-Quellen zeigt, dass bei tatsächlichen Kooperationen bzw. bei Beratungsprojekten mit weiterführenden Informationsvermittlungen Hochschulen eine besonders hervorgehobene Rolle spielten.

6.3 Implikationen für die öffentliche Wahrnehmung kleiner Unternehmen

In kleinen Unternehmen konzentrieren sich die Tätigkeiten in Forschung und Entwicklung besonders auf die Persönlichkeit des Unternehmers, wie in Kapitel 4.3 bereits umfangreich dargestellt wurde. Dörsam & Icks [1997] verweisen bestätigend auf eine Untersuchung von Staudt et al. [1995], die in einer Befragung nach Kooperationsproblemen für die Phase der Partnersuche bei kooperationsunerfahrenen Unternehmen zu 80 % gravierende Probleme genannt bekamen. Selbst kooperationserfahrene Unternehmen sahen in der Partnersuche ein Schlüsselproblem.

Das folgende Kapitel versucht, die tatsächliche Erreichbarkeit kleiner Unternehmen für eine vermittelte Innovationstätigkeit sowie deren Adaptionsfähigkeit zur Aufnahme externen Wissens auf der Basis der vorliegenden Daten zu untersuchen. Ferner wird versucht, den in der Literatur in diesem Zusammenhang immer wieder in verschiedenen Diktionen genannten Faktor der Netzwerkmoderation in seiner Bedeutung zu untersuchen. Ebenso soll die öffentliche Wahrnehmung kleiner Unternehmen in deren spezifischen Bedarfen zur Unterstützung ihres Innovationsverhaltens diskutiert werden, wobei als Ausgangspunkt monetäre und personelle Ressourcen in den vermittelten Beratungsprojekten betrachtet werden sollen. Ferner sollen Strategien der Unternehmen näher beleuchtet werden, mit denen diese ihre Entwicklungsergebnisse schützen bzw. mit deren Hilfe sie Abhängigkeiten entgegenzuwirken versuchen.

6.3.1 Erreichbarkeit kleiner Unternehmen für vermittelte Innovationstätigkeit und Bedeutung von Netzwerkmoderation

6.3.1.1 Adaptionsfähigkeit

Unternehmen lassen sich bezüglich ihres Zuganges zu Kooperationspartnern via Technologietransfer in sog. Insider und Outsider einteilen [Beise et al., 1995], wobei bei den Outsidern in prinzipiell interessierte und in nicht-interessierte unterschieden werden kann (vgl. Kapitel 3.1). Haben Unternehmen erst einmal zur Zusammenarbeit mit Hochschulen gefunden, so können sie über die gemachten Erfahrungen leichter den Zugang zu anderen wissenschaftlichen Stellen finden und dabei die bereits geknüpften Beziehungen nutzen. Insofern bauen sie auf bereits stattgefundene Lerneffekte auf, welche Schmoch et al. [2000] in Bezug auf die Aufnahme externen Wissens aus der Forschung als durchaus komplex und umfangreich beschreiben. Die Autoren verweisen u.a. auf den Begriff der sog. Lern- und Absorptionsfähigkeit von Unternehmen, der die Fähigkeit beschreibe, externes Wissen zu identifizieren, aufzunehmen und zu verwerten. Auch Koschatzky [2000a] stellt Überlegungen zur Adaption innovationsrelevanten Wissens an. So steige mit der in einem Unternehmen anzutreffenden Wissensbasis die Kompetenz, externes Wissen zu integrieren und somit auch externes Know-how zu absorbieren und für Innovationen nutzbar zu machen. Im Sinne der in Kapitel 3.1 diskutierten Existenz umfangreicher Mittlernetzwerke können die hier genannten Begrifflichkeiten auch zugleich für weitere innovations-orientierte, institutionalisierte Anlaufstellen gelten, wie sie bereits weiter oben als Partner beschrieben wurden.

Die sog. Outsider kommen nach Aussage von Beise et al. [1995] mit wissenschaftlichen Quellen nur sporadisch in Kontakt. Es fehle auch das gegenseitige Verstehen, was u.a. in Aspekten der Organisation, der Information, der begrenzten Ressourcen oder der nicht entwickelten Prozesskompetenz begründet liege.

Im Folgenden wird versucht, das bei Unternehmen bereits bestehende Erfahrungswissen aus der Zusammenarbeit mit verschiedenen externen Partnern innerhalb der hier vorliegenden Stichprobe zu beschreiben und Abhängigkeiten zwischen dem Vorliegen von Vorerfahrungen und dem beobachteten Innovationsverhalten der Unternehmen darzustellen.

Die Unternehmensangaben lassen dabei ein hohes Maß an Vollständigkeit erwarten, da im Rahmen der in Kapitel 5.3 dargestellten Beratungsgespräche die unternehmensbezogene Historie insbesondere in der Zusammenarbeit mit Technologiegebern aus Hochschulen und Innovationsnetzen umfangreich analysiert wurde. Demgegenüber wurden in den Beratungen innovationsorientierte Beziehungen zu Zulieferern oder Wettbewerbern wohl angesprochen, allerdings kann für den hier gewählten Weg zur Gewinnung der empirischen Daten keine Vollständigkeit postuliert werden, so dass Beziehungen innerhalb von Unternehmensnetzwerken außer Betracht bleiben.

Es zeigt sich, dass in genau 100 Beratungsprojekten - entsprechend 37,3 % aller Beratungsprojekte - Vorerfahrungen mit externen Partnern bestanden. In nahezu zwei Dritteln der vorwiegend in Kleinunternehmen durchgeführten Beratungsprojekte bestanden keine vorhergehenden Kontakte, derer sich die Unternehmer als erwähnenswert erinnerten. Mit diesem Vorgehen lassen sich auf diese Weise durchaus In- und Outsider identifizieren. Allerdings sollte die Schwelle zwischen beiden Gruppen nicht als übermäßig schwierig zu passieren betrachtet werden, denn es bestehen noch viele Gemeinsamkeiten zwischen beiden Gruppen. U.a. zeigt sich dies in folgender Erkenntnis: Auch für Unternehmen mit Vorerfahrungen besteht noch eine beträchtliche Fremdheit zu dem Subsystem [vgl. Deitmer, 2001] der Technologiegeber und -unterstützer, so dass selbst für Unternehmen mit Partnererfahrung die Einordnung bereits vorgenommener Kontakte oder Kontaktaufnahmen oftmals schwer fällt. So fällt auf, dass beispielsweise in mehreren Gesprächen die Differenzierung zwischen Universität oder Fachhochschule schlichtweg unbekannt war und vormalige Kontakte generell als Universitäts-Kontakte subsummiert wurden. Selbst der Begriff „Schule“ in der intendierten Konnotation einer technischen Ausbildungsstätte fiel in mehreren Beratungsprojekten und zeigt besonders, dass den Unternehmen ohne bisherigen Kontakt zu Hochschulen mangels Möglichkeiten des Kennenlernens schon alleine deren organisatorischer und institutioneller Rahmen sehr fremd sein kann. Auch scheint die Erwartungshaltung gegenüber den von externen

Partnern zu erhaltenden Leistungen stark von den üblichen Gepflogenheiten des Subsystems Unternehmen und Wirtschaft und von vorwiegend in Form von materiellen Produkten monetarisierbaren Austauschbeziehungen geprägt: Know-how-Zugewinne auf der Basis von alleiniger Wissensvermittlung werden dagegen in ihrer Bedeutung eher gering eingeschätzt und gerade von vermeintlich inhaltlich „wertlosen" Kontakten geprägte Erinnerungen spiegeln sich v.a. in der Rückschau derer wider, die – aus welchen Gründen auch immer - nach ersten Versuchen keine Intensivierung der Kontakte erreichten [vgl. auch Beise et al., 1995].

Eine Analyse der Nennungen der Vorerfahrungen in der Zusammenarbeit mit externen Partnern zeigt (vgl. Abb. 6.15), dass - in Parallele zu den bereits weiter oben dargestellten Partnern in vermittelten Projekten (vgl. Kapitel 6.2.4) - auch hier hauptsächlich Universitäten benannt wurden, die mit 66 Nennungen in 24,6 % der Beratungsprojekte als Partner angegeben wurden. Es folgten Fachhochschulen mit 47 Nennungen (17,5 %), Fördermittelgeber/Projektträger (21; 7,8 %) und Netzwerkpartner (6; 2,2 %).

Dass Innovationsinsider über umfangreiche Erfahrungen gerade auch in ihrem Verhalten gegenüber dem institutionalisierten Umfeld der Innovationsunterstützung verfügen, wird von Schmoch et al. [2000], von Beise et al. [1995] sowie in der dort zitierten Literatur umfangreich beschrieben. Eine Abschätzung mehrfacher Nennungen von Vorerfahrungen je Beratungsprojekt in der hier untersuchten Stichprobe versucht demzufolge, den Umfang des Vorkommens solcher Insider im Untersuchungsraum abzuschätzen, deren Beziehungen über einmalige Kontakte mit externen Partnern noch hinausgehen. Bei Mehrfachkontakten wäre davon auszugehen, dass die betreffenden Unternehmen in der Tat über umfangreichere Vorerfahrungen verfügen, sich der ihnen angebotenen Unterstützungsdienstleistungen leichter bedienen können und sich in Innovationsprozessen souveräner bewegen. Es zeigt sich, dass in sieben Beratungsprojekten (2,6 %) zu drei verschiedenen Partnern im Vorfeld Kontakte bestanden. In 26 Beratungsprojekten (9,7 %) existierten zwei vorherige Partner. Es ergibt sich somit ein Anteil derartiger Beratungsprojekte von etwas über 10 %. Dagegen wurde in 67 Projekten (25,0 %) ein einziger vorheriger Partner genannt. Insgesamt wurden also in 37,3 % der Beratungsprojekte Vorerfahrungen mit externen Partnern angetroffen.

Beim Vorliegen von Vorerfahrungen stellt sich die Frage, mit welchen Partnern diese gesammelt wurden. Eine detaillierte Betrachtung der Kombination aus Vorerfahrungen mit verschiedenen Partner bringt zu Tage, dass ausschließlich die gleichzeitige Nennung von Universitätspartnern und zugleich von Fachhochschulpartnern mit einer Anzahl von 23 Beratungsprojekten (8,6 %) einen maßgeblichen Schwerpunkt darstellt. Dies bedeutet, dass innerhalb der Gruppe der innovationsaktiven Unternehmen mit umfangreichen Vorerfahrungen gerade Hochschulen in ihrer gesamten Bandbreite intensiv und mehrfach nachgefragt werden. Wie bereits die in Abb. 6.15 dargestellten Anteile anderer Partner verdeutlichen, spielte somit das restliche innovations-unterstützende Umfeld auch bei der Betrachtung vorhergehender Erfahrungen nur eine nachrangige Rolle.

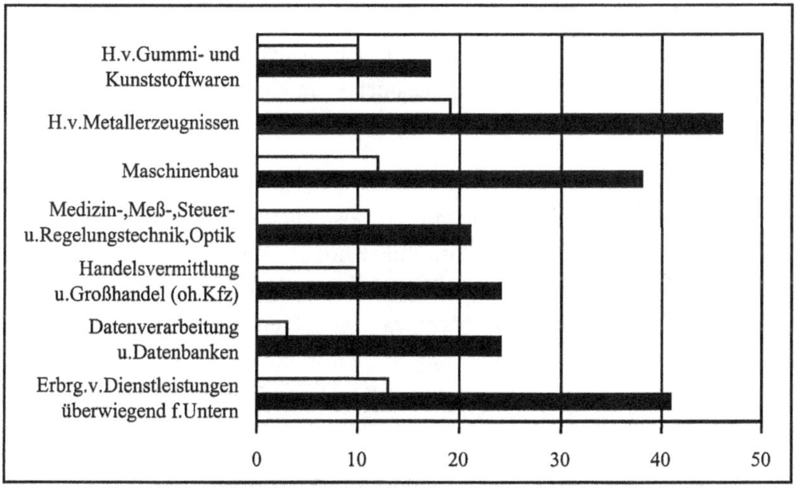

Abb. 6.15: Anzahl der Nennungen von Vorerfahrung von Unternehmen mit externen Partnern vor den jeweiligen Beratungsprojekten (Mehrfachnennungen)

Daraus leitet sich auch eine vergleichende Abschätzung der „Netzwerkaktivität" für das Untersuchungsgebiet ab. In Anbetracht dessen, dass es sich bei den nachfrageaktiven Unternehmen innerhalb der Beratungsprojekte zugleich um die vergleichsweise innovations-aktiven Unternehmen innerhalb des Untersuchungsgebietes handeln muss, kann im Lichte der in Kapitel 4.2 beschriebenen Anteile verschiedener Quellen an der externen Wissens- und Know-how-Beschaffung bzw. konkreter unternehmerischer Kooperationspartner insgesamt von einem durchschnittlichen Anteil an Unternehmen mit einfachen oder intensiven Vorerfahrungen ausgegangen werden. Dies deutet somit auch auf eine durchschnittlich ausgeprägte Netzwerkfähigkeit der Unternehmen hin [vgl. Koschatzky, 2000a].

Um weitergehend eine Aussage darüber zu treffen, inwiefern die Unternehmen des Untersuchungsraumes auf dieser Ausgangssituation von innovationsunterstützender Vermittlung erreicht wurden, wird in der Folge eine Betrachtung verschiedener vorliegender Indikatoren der Beratungsprojekte in Abhängigkeit der bestehenden Vorerfahrungen vorgenommen.

So zeigt sich, dass in solchen Beratungsprojekten, bei denen Vorerfahrungen mit Partnern vorlagen, eher Produktinnovationen durchgeführt und eher Wirtschaftsförderungs-orientierte Fragestellungen thematisiert wurden. Demgegenüber wurden Verfahrensinnovationen eher von Unternehmen ohne bisherige externe Partner angestrebt. Mit Partnern intensiv und mehrfach kooperierende Unternehmer bringen somit bevorzugt die aus der Sicht einer zukunftsfähigen Unternehmensentwicklung als vorteilhaft zu bewertenden Innovationen im Produktbereich hervor.

Diese Erkenntnisse decken sich somit teilweise auch mit Aussagen von Fritsch & Lukas [2001], die darstellen, dass FuE-Kooperationen mit solchen Partnern wie Forschungseinrichtungen eher komplementär zur eigenen Forschung geschehen, wohingegen gerade im Rahmen von Rationalisierungen geschehende FuE in Substitution eigener Forschung und Entwicklung und – gemäss dem abweichenden Fokus der Autoren - vor allem in Zusammenarbeit mit Zulieferern durchgeführt wird.

Bei einer Betrachtung der in den Beratungsprojekten angetroffenen Innovationsphasen in Abhängigkeit von den Vorerfahrungen der Unternehmen zeigt sich in nahezu allen Phasen kein Hinweis bezüglich des in Lernprozessen vorab erworbenen Know-hows darauf, dass weitere Beratung und Vermittlung bevorzugt in einer spezifischen Innovationsphase gesucht wurde. Ausschließlich den Bereich der Umsetzung entwickelter Ideen griffen Unternehmen mit Vorerfahrungen (allerdings nicht signifikant) bevorzugt auf.

Auffällig allerdings sind Einflüsse der Vorerfahrung auf die Art des Know-how-Transfers (vgl. auch Kapitel 6.2.5). Lagen Vorerfahrungen vor, so nahmen die Unternehmen besonders hochwertige Formen des Know-how-Transfers in Anspruch. So wurden die qualitativ vergleichsweise hoch anzusiedelnden laufenden oder beendeten Kooperationen zu je 50 % von Unternehmen mit und zu 50 % von Unternehmen ohne Vorerfahrungen angegangen (vgl. Tab. Anhang 12). Weiterführende Informationsvermittlungen durch Dritte demgegenüber wurden von Unternehmen mit Vorerfahrungen bereits nur noch zu einem Anteil von 40,7 % angenommen. Die - im Sinne zu erwartender, möglicher Externalitäten - qualitativ etwas nachrangigeren weiterführenden Informationsvermittlungen durch den Berater selbst wurden in noch geringerem Maße von Unternehmen mit Vorerfahrungen angenommen (30,1 %). Aus diesen Ergebnissen leitet sich deutlich ab, dass zwischen der Qualität der erzielbaren Vermittlungsleistungen und den bestehenden Vorerfahrungen ein klarer Zusammenhang existiert. Dies unterstreicht somit auch die Notwendigkeit des Vorliegens ausreichender Absorptionsfähigkeiten bei den Unternehmen und bei den oftmals für den Innovationsprozess maßgeblichen Unternehmerpersönlichkeiten (vgl. Kapitel 4.3). Es bestätigen sich somit auch die weiter oben bereits für bestehende Literatur beschriebenen Erkenntnisse: Je größer die Vorerfahrung und somit die Adaptionsfähigkeit des Unternehmens ist, desto leichter fällt es den Unternehmen, Innovationsprozesse durchzuführen und externe Partner in die eigenen Innovationsprozesse einzubinden.

Gleichzeitig ist bei einer umkehrenden Betrachtung von Unternehmen ohne Vorerfahrung bestätigend festzustellen, dass innovationsrelevantes Know-how durch Dritte direkt oder indirekt (Kooperationen und weiterführende Informationsvermittlung) in insgesamt 107 Beratungsprojekten an solche Unternehmen weitergegeben wurde, die über keine Vorerfahrung gegenüber Technologiegebern verfügten, was einem Anteil von 63,3 % aller Beratungsprojekte bei vormaligen Outsidern entspricht. Interessant scheint dabei, dass gerade bei den von vormaligen Outsidern durchgeführten 17 Kooperationen und 32 weiterführenden Informationsvermittlungen durch Dritte eine hohe Bereitschaft zur Aufnahme externen Wissens vorlag, was insgesamt einem Anteil von 29,2 % an der Gruppe der Unternehmen ohne Vorerfahrungen (Outsider) entspricht.

Eine tiefergehende Betrachtung des Indikators der „Vermittlungen von Partnern“ an solche Unternehmen ohne Vorerfahrungen zeigt ferner, dass 91 derartige Vermittlungen stattfanden. Diese machten an der Gruppe der vormaligen Outsider einen Anteil von 54,2 % bzw. an der Gesamtheit von 155 Beratungsprojekten mit vermittelten Partnern (vgl. Kap. 6.2.4) einen Anteil von 58,7 %

aus. Nicht unbedeutende Anteile besitzen neben den dominierenden Hochschulen (Universitäten und Fachhochschulen mit insgesamt 48 Nennungen, entsprechend 30,9 %) die Netzwerkpartner in 18 (11,6 %) und Innovationsorientierter Förderer/Projektträger in 14 Beratungsprojekten (9,0 %). Die Aussagen unterstreichen, dass hier in einer beträchtlichen Anzahl an Beratungsprojekten Aufschlussarbeit zwischen dem Subsystem der Unternehmen und dem innovations-orientierten politisch-administrativen Umfeld geleistet wurde (vgl. Tab. Anhang 13). Dabei wurden sog. Outsidern erstmalige Kontakte „zum Kennenlernen" ermöglicht, die zudem in der Folge umfangreich genutzt wurden. Im Umkehrschluss bedeutet dies auch, dass ohne die entsprechenden Beratungsprojekte eine Vielzahl der Outsider nicht die weiter oben beschriebenen möglichen Lerneffekte aus der Zusammenarbeit mit Technologiegebern bezogen hätten. Auch auf die oberhalb von 50 % liegenden, aber deutlich niedrigeren Anteile an den Beratungsprojekten, die durch vormalige Outsider in der Gruppe der wissensintensiven Unternehmen in Anspruch genommen wurden (s. Kapitel 6.1.4), ist hier hinzuweisen.

Aufgrund kaum entwickelter Zeitreihen in den empirischen Daten lassen sich zu in diesen Prozessen zu beobachtenden zeitlichen Entwicklungen nur bedingte Aussagen treffen: So fanden innerhalb der hier untersuchten Stichprobe über den gesamten Untersuchungszeitraum hinweg verschiedene Mehrfachprojekte in einigen Unternehmen statt (vgl. Kapitel 6.1.1). In elf Fällen kam es dabei zur erneuten Vermittlung von Partnern. Das heißt, es wurde aufbauend auf bereits vorher gelegten Grundlagen und (Kontakt-)Erfahrungen in einem neuerlichen, nachfolgenden Beratungsprojekt ein Partner vermittelt.

In dieser zeitlich begrenzten Betrachtung findet die Annahme erneut Bestätigung, nach der Unternehmen über Kontakte zu und in Projekten mit externen Partnern aus dem Bereich der Technologiegeber und –unterstützer ein hohes Maß an absorptiven Kapazitäten aufbauen und ihre Befähigung verbessern kontinuierlich zu innovieren.

Zugleich ist zu beachten, dass der Aspekt der gerade in Kleinbetrieben oftmals nicht ausreichend entwickelten Managementkultur zur planmäßigen Durchführung von Innovationen bei Kleinunternehmen eine bedeutende Rolle spielt, wie Schmoch et al. [2000] darstellen und wie bereits in Kapitel 4.3 umfangreich beschrieben wurde. Es ist davon auszugehen, dass auch diese Fähigkeiten des Innovationsmanagements mit jedem erneuten Kontakt zu Technologiegebern verbessert wird und in positiver Rückkopplung zu einer verbesserten Absorptionsfähigkeit beiträgt.

Es zeigt sich also, dass dem auf Vermittlungen basierenden Lernen in Innovationsprozessen für die oftmals in Alleinstellung verantwortlichen Unternehmer eine hohe Bedeutung zukommt. Die Partnerschaften sind dabei aufgrund ihres Projektbezuges (vorerst) zeitlich und finanziell eingrenzbar und angesichts begrenzter Unternehmensressourcen besonders hilfreich.

Inwiefern auch die von Legler & Schasse [1999a, 1999b] bevorzugte Variante eines zu forcierenden Personaltransfers junger Hochschulabgänger in Unternehmen hinein eine entscheidende Rolle spielen kann, lässt sich im Rahmen der hier vorliegenden Stichprobe nicht detailliert untersuchen, obschon die in Kapitel 5.2.1 gefundenen Humankapitalintensitäten und der dort entwickelte Qualifizierungsquotient für das Untersuchungsgebiet deutlich die Notwendigkeit einer Verstärkung im Bereich qualifizierten Personals aufzeigten. Zu bedenken gilt es allerdings, dass die mehrmalig in Beratungsprojekten geäußerten Vorbehalte gegenüber den zu erwartenden hohen und aus dem restlichen Unternehmensgefüge herausragenden Personalausgaben für junge Hochschulabgänger der Machbarkeit dieses sicherlich mit hohen Externalitäten verbundenen Transferkanals widersprechen. Auch konnte Personaltransfer nur in ganz wenigen Beratungsprojekten durchgeführt werden. Möglicherweise sind diesbezüglich angeführte finanzielle Vorbehalte seitens der Unternehmer allerdings eher vorgeschobene Betrachtungen der Verantwortlichen, die sich in den hier betrachteten kleinen Unternehmen das innovationsrelevante Know-how mit einer in ihren Augen noch unerfahrenen Person teilen müssten und in den gerade für ihr Unternehmen strategisch relevanten Bereichen Kompetenzverluste fürchten. Möglicherweise liegen die Vorbehalte auch in der weiter oben beschriebenen, eher geringen Lust auf Veränderung der oftmals konservativen Kaufleute. Ein berechtigter Einwand dürfte bei der Betrachtung des Personaltransfers jedoch sicherlich sein, dass in Kleinbetrieben ein Entwicklungsingenieur nicht immer vollständig ausgelastet werden kann und sich dann im Vergleich nicht „rechnet“. Wie auch die anderen Betrachtungen innerhalb des Kapitels 6 zeigen, scheint gerade für die hier angesprochene Gruppe der sporadisch innovierenden kleinen Unternehmen in den fallbezogenen Kooperationen mit Hochschulen eine attraktive Alternative zum Personaltransfer zu bestehen, die zugleich die Adaptionsfähigkeit der Unternehmen erhöht bzw. diese erstmalig für die Möglichkeit interessiert, die sich ihnen durch eine Zusammenarbeit ergeben können. Auf ihrem Weg zu Forschung und Entwicklung wird ihnen ein Zugang zum System der Technologiegeber aufgezeigt, so dass sie bei einem weiteren erfolgreichen Ausbau ihrer (dann auch immer planmäßigeren) Innovationstätigkeit später auch auf das Mittel der Einstellung von Absolventen zurückgreifen können.

6.3.1.2Bedeutung von Moderation

Im folgenden Abschnitt soll die aktive Rolle des Vermittlers intensiver betrachtet und in die Beobachtungen anderer Autoren eingebunden werden. Dass gerade im Bereich der fallbezogenen Recherche und Vermittlung innovationsrelevanten Know-hows für sog. Netzwerkmoderatoren vielfältige Betätigungsmöglichkeiten bestehen, wird in umfangreicher Weise in der Literatur beschrieben und fand in den bisherigen Betrachtungen umfangreiche Bestätigung. Je nach Ausgangspunkt der im Folgenden dargestellten Untersuchungen bestehen unterschiedliche Schwerpunkte in der Argumentation. Allerdings ist allen Betrachtungen sog. Netzwerkmoderatoren deren Zielsetzung der Optimierung unternehmerischen Innovationsverhaltens gemein. So stellen Schmoch et al. [2000] in Fortführung der von Beise et al. [1995] dargestellten Tätigkeitsschwerpunkte von Intermediären fünf mögliche Rollen dar und heben zudem auf deren Komplementarität ab. In deren Sinne können für die hier beschriebenen Vermittlungstätigkeiten die Rollen des Beraters, des Vermittlers/Brokers sowie des Supporters wiedergefunden werden. Berater führten dabei gezielte Aufschlussberatungen durch, um Unternehmen mit kompetenten Fachleuten zusammen zu bringen. Vermittler und Broker brächten vor allem auf konkrete Anfrage hin komplementäre Zusammenarbeit zu Stande und müssten über dezidiertes Wissen auf der Angebotsseite verfügen. Supporter erbrächten diverse Dienstleistungen zur Unterstützung von Wissenschaftlern und Unternehmen im direkten Transfer. Es zeigt sich, dass diese Rollen durchaus miteinander verschmelzen.

Auch besitzen nach Koschatzky [1997] neuere Formen des Wissens- und Technologietransfers, welche über Informationsvermittlung oder Personalakquisition hinausgehen, eine Netzwerkfunktion, die über sog. flankierende Maßnahmen beispielsweise bis hin zur Unterstützung von Genehmigungsverfahren reicht und somit selbst die von Staudt et al. [1999] beschriebenen Tätigkeiten von Innovationslotsen im Aktionsumfang übertrifft. In breitem Fokus wird auch durch Bureth & Héraud [2001] eine Begleitung von Innovationsprozessen durch die dort sog. Institutes of Technological Infrastructure u.a. in Bereichen des „Consulting“ oder des „Financing“ aufgezeigt. Hier befinde man sich mit dem Aufgabenfeld mitten in denjenigen komplexen Lernprozessen, die strategische Unternehmensinteressen berührten und zu unternehmerischen Kernkompetenzen gehörten.

Wohl muss bedacht werden, dass der Austausch des konkret benötigten Wissens letztlich in dyadischen Beziehungen zwischen einzelnen Partnern stattfinden wird [vgl. Hellmer et al., 1999], doch zeigt sich, dass sog. Netzwerkbroker oder –promotoren mit einem sehr umfangreichen Spektrum ihrer im weiteren Sinne Innovations-unterstützend intendierten Vermittlungstätigkeit offensichtlich eine wichtige Rolle einnehmen und in dieser mehrfach beschrieben werden. Zu nennen sind hier das dänische Netzwerk-Programm [Plougman, 1994], die Verteilung von Promotoren-Funktionen auf verschiedene Akteure, wie bei Meyer-Krahmer & Gundrum [1995], Kooperationsbroker bei Bruch-Krumbein et al. [1995] oder die sog. Impulsgeber oder Koordinatoren in Netzwerken bei Dörsam & Icks [1997]. Dass als Akteure bei diesen Tätigkeiten insbesondere auch Einrichtungen der Wirtschaftsförderung genannt werden, in deren Rahmen auch die hier beschriebenen Beratungsprojekte durchgeführt wurden, weist auf die enge Verbindung und vor allem auch auf die fließenden Übergänge im gesamten Bereich der Einrichtungen der Technologievermittlung hin. In diesem Kontext sind somit v.a. auch die in 6.2.4 beschriebenen Vermittlungen an Netzwerkpartner (28 Beratungsprojekte) sowie die Vermittlungen an Innovations-orientierte Fördermittelgeber/Projektträger (32) als ein konkreter Beitrag zum Netzwerk-Brokering bzw. einer Netzwerkmoderation zu betrachten. Eine zielgerichtete Vermittlung an fachspezifische Stellen des innovationsunterstützenden Netzwerkes politisch-administrativer Prägung jenseits der Hochschulen geschah damit in 22,4 % aller Beratungsprojekte.

Auf einen Aspekt der Wettbewerbssituation in Netzwerken ist in diesem Zusammenhang hinzuweisen: Dass die Organisationsformen für die hier skizzierten Technologietransfer- und Netzwerkeinrichtungen sowohl von institutionalisierten als auch von kommerziellen Interessen beeinflusst bzw. vorgegeben sein können, stellt eine Ambivalenz dar, die u.a. von Bruch-Krumbein et al. [1995] in deren Betrachtung von Konkurrenzbedingungen beschrieben werden. So sei das Verhältnis der Beratungseinrichtungen in dem von den Autoren untersuchten Raum von Konkurrenz untereinander geprägt, was vor allem die Schaffung von Synergieeffekten durch die Kooperation spezialisierter Beratungseinrichtungen verhindere. Anzustreben sei jedoch demgegenüber gerade im Gegenteil eine Erhöhung der Transparenz des Beratungsumfeldes, die folglich auch von einer gegenseitigen Unterstützung der Beratungseinrichtungen untereinander begleitet wird. In diese Richtung argumentieren auch Legler & Schasse [1999], wenn sie feststellen, dass die offene und wettbewerbsfreie Verfügbarkeit von Informationen für Vermittler einen Vorteil darstelle.

Als problematisch ist somit einzuschätzen, wenn Transfer- und Netzwerkfunktionen in der Hoffnung auf in der Vermittlungstätigkeit erzielbare Gewinne in kommerzialisierter Form vorgehalten werden. Bei einem derartigen Vorgehen ist mit höherer Wahrscheinlichkeit von einer Reduzierung der Offenheit in Netzwerken auszugehen. Wohl scheint bei einer Motivation über wirtschaftliche Beteiligung des Vermittlers [vgl. Staudt et al., 1999] bzw. eines so zu nennenden Transferunternehmers selbst [vgl. Auer, 2000] dessen Tätigkeit vordergründig auf einen höheren Projekterfolg gerichtet. Allerdings ist gleichzeitig davon auszugehen, dass die Suche nach Netzwerkpartnern gerade für Kleinunternehmen und Outsider im Innovationsprozess besonders niedriger Eintrittsschwellen bedarf und vermutlich nur bei einem marginalen Ressourcenverbrauch übertreten werden wird. Befinden sich Promotoren oder Vermittler etc. in einer marktlichen Situation, so werden sie einerseits ihre Klientel nur gegen finanzielle Gegenleistung beraten können, was für kooperationsunerfahrene Outsider und Kleinunternehmen bereits im Vorfeld eine unüberwindbare Hürde darstellt. Zudem sind die Mittler dann darauf angewiesen, für eine möglichst umfangreiche und kostendeckende Ausgestaltung ihres Beratungsauftrages zu sorgen. Entsprechend werden sie versuchen, eine in diesem Sinne Erfolg versprechende Beratungsstrategie zu verfolgen, die sich mit Blick auf den institutionellen Lernfortschritt der beratenen Unternehmen vermutlich eher suboptimal auswirkt. Oder mit anderen Worten: Ein im Sinne von Netzwerkmoderation agierender Moderator ist u.a. dann ein guter Berater und Vermittler, wenn er sich selbst überflüssig macht, da er sein eigenes Know-how vorwiegend für die Vermittlung geeigneter Partner einsetzt und bei der realen Leistungserbringung in den Hintergrund tritt. Eine zur Profilbildung beitragende Teilhabe an späteren Projekterfolgen kann dann schon alleine deswegen ausbleiben, weil bis dahin das in der Vermittlungs- und Anbahnungsphase von Projekten vorgeschaltete Handeln bereits in Vergessenheit geraten ist. In einer Wettbewerbssituation entzieht sich ein derartig agierender Netzwerkmoderator jedoch durch sein eigenes Tun seine Lebensgrundlage und wird sich somit auf andere Strategien verlegen müssen. Diese können beispielsweise zum Angebot von eigentlich nicht zum eigenen Kernaufgabengebiet gehörenden Leistungen führen, um auf diese Weise selbst als Leistungserbringer wahrgenommen zu werden, oder auch zur Zurückhaltung von Informationen über andere (institutionalisierte) Netzwerkpartner. Insbesondere gegenüber kleinen Unternehmen kann eine finanzielle Restriktion eines Netzwerkmoderators zur Reduzierung auf Aufgabengebiete führen, die im Sinne erzielbarer Externalitäten eher nachrangig einzuschätzen sind. Eine solche Art der Aktivitäten stellt die reine Subventionsberatung dar, die für Innovations-unerfahrene Unternehmen vordergründig attraktiv erscheinen mag und möglicherweise durchaus spezifische, innovationsrelevante Kenntnisse vermittelt (vgl. Kap. 6.3.2). Zur Erzielung von Know-how-Zugewinnen und spill-overn aus der Zusammenarbeit mit Netzwerkeinrichtungen trägt die reine Unterstützung von Subventionsanfragen jedoch nichts bei.

Abschließend kann festgestellt werden, dass im Gegensatz zu den von Fritsch [2000b] beschriebenen, zufällig zu Stande kommenden, Intermediationen in der hier vorliegenden Untersuchung gezielt indendierte Vermittlungen beschrieben werden, die vorwiegend für kleine Unternehmen durchgeführt worden waren. Dass gerade die im eher peripher zu beschreibenden Untersuchungsgebiet angesiedelten kleinen Unternehmen bevorzugt in Nischenmärkten teilweise Marktführerschaften einnehmen, eher auf Inkrementalinnovationen setzen und von finanziellen Restriktionen betroffenen sind, wurde bereits ausführlich beschrieben. Willms [1998] beschreibt, dass solche Kleinunternehmen von Fachpromotorenmodellen profitieren würden, die vorwiegend auf direkten, nicht vermittelten Transfer von Fachwissenschaftlern setzen. Inwiefern dies hier zutreffend ist, kann nur insofern beurteilt werden, als dass in einer Vielzahl von Beratungsprojekten offensichtlich eine integrierte und gleichzeitig stattfindende Technologie-, Innovations- und Umfeldberatung nachgefragt wurde. In nur marginalem Umfang lagen die Problemanalysen und konkret nachgefragten Kooperationsbedarfe gegenüber Fachwissenschaftlern bereits bei der ersten Kontaktaufnahme vor und hätten bei dem Versuch der Kontaktaufnahme über sog. direkte Transferkanäle vermutlich zu einem schnellen Scheitern der Zusammenarbeit führen können. Sollte es im Interesse des durch wissenschaftliche Erkenntnisfortschritte motivierten Fachpromotors liegen, derartige im Vorfeld liegende Beratungsleistungen und Aufschlussarbeiten vor der konkreten Partnersuche mit anzubieten, so eröffnet sich hier durchaus auch gegenüber der hier beschriebenen Art von Kleinunternehmen ein möglicher Transferweg. Erfolg versprechender für periphere Gebiete erscheint allerdings angesichts der angetroffenen Stichprobe, aufgrund der relativen Ferne von Agglomerationen – und somit auch von deren wissenschaftlichen Einrichtungen, deren Transferkanälen und den umzu angesiedelten spin-offs - eine auf Bestandsförderung und –unterstützung setzende Politik zu verfolgen, die diese ebenfalls von Willms [1998] beschriebene dringend notwendige Aufschluss- und „Übersetzungs"arbeit zur Vorbereitung von Kooperationen zwischen den sich gegenseitig teilweise noch fremden Subsystemen Wirtschaft und Wissenschaft leistet. So kann durchaus die Empfehlung von Fritsch [2000b] den Schlüssel zur Lösung darstellen, der „auf Stimulierung von Informationsaustausch und Zusammenarbeit durch die Schaffung entsprechender Kontaktmöglichkeiten sowie durch allgemeine Vermittlungsleistungen" (S. 119) setzt. Zur Beurteilung, inwiefern gute Vernetzungserfolge erzielbar seien, lägen nach seiner Ansicht kaum ausreichende Erkenntnisse vor, doch würde die „Möglichkeit einer Vernetzung verschiedener Elemente eines Innovationssystems [...] wesentlich dadurch bestimmt, inwieweit diese Elemente zueinander ‚passen' bzw. miteinander kompatibel sind" (S. 118). In diesem Kontext zeigt sich für das Untersuchungsgebiet, dass gerade diese von ihm geforderten kompatiblen Vermittlungen durchaus erfolgreich initiiert werden können. Die von ihm beschriebene Notwendigkeit einer umfangreichen Einbindung der Transfereinrichtung in das Innovationssystem bzw. die Verknüpfung mit relevanten Akteuren für erfolgreiche Vermittlungstätigkeit bestätigt sich.

6.3.1.3Zusammenführung der Betrachtungen

Zur Adaptionsfähigkeit kleiner Unternehmen läßt sich somit zusammenfassend folgendes feststellen: Unternehmen lassen sich bezüglich ihres Zugangs zu Kooperationspartnern in sog. Insider und Outsider einteilen. Eine solche Einordnung wurde auch hier je nach Vorliegen oder nicht-Vorliegen von vorhergehenden Erfahrungen der Unternehmen mit externen Partnern des innovations-unterstützenden Umfeldes vorgenommen. Es zeigte sich, dass in 100 Beratungsprojekten (37,3 %) Vorerfahrungen mit externen Partnern bestanden. Dabei besteht sowohl für In- als auch für Outsider noch eine beträchtliche Fremdheit zum Subsystem der Technologiegeber. In nur 10 % aller Beratungsprojekte lagen bereits mehrfache vorhergehende Kontakte der Unternehmen zu Technologie-Unterstützern vor. Hochschulen bildeten als wiederkehrende, vormalige Innovationspartner einen besonders auffälligen Schwerpunkt. Die auf einem ausreichenden Adaptionsvermögen beruhende insgesamte Netzwerkfähigkeit gegenüber Innovations-unterstützenden Partnern konnte für das untersuchte Gebiet als im

Durchschnitt anderer Untersuchungen liegend beschrieben werden. Es zeigte sich auch, dass in solchen Beratungsprojekten, bei denen Vorerfahrungen mit Partnern vorlagen, beispielsweise eher Produktinnovationen durchgeführt wurden. Verfahrensinnovationen wurden in den Beratungsprojekten eher von Unternehmen ohne bisherige externe Partner angestrebt. Auffällig waren Einflüsse der Vorerfahrung auf die Art des Know-how-Transfers: Lagen Vorerfahrungen vor, so nahmen die Unternehmen besonders hochwertige Formen des Transfers in Anspruch. Je größer die Vorerfahrung und somit die Adaptionsfähigkeit von Unternehmen ist, desto leichter fällt es diesen, Innovationsprozesse durchzuführen. Gleichzeitig konnte auch für bislang als Outsider zu bezeichnende Unternehmen bei 17 Kooperationen und 32 weiterführenden Informationsvermittlungen durch Dritte eine hohe Bereitschaft zur Aufnahme externen Wissens festgestellt werden, was nahezu einem Drittel der vormaligen Outsider entspricht. Auch wurden an ca. die Hälfte der vormaligen Outsider externe Partner aus Hochschulen und des Innovations-unterstützenden Umfeldes vermittelt und ihnen somit ein Know-how-Zugewinn durch die Kontaktaufnahme mit diesen Partnern ermöglicht. Zudem zeichnete sich ab, dass gerade für die Gruppe der sporadisch innovierenden kleinen Unternehmen in den fallbezogenen Kooperationen mit Hochschulen eine attraktive Alternative u.a. auch zum Personaltransfer bestand, die zugleich deren Absorptionsfähigkeit erhöht. Sie wurden erstmalig für die Möglichkeiten erschlossen, die sich ihnen durch Zusammenarbeit ergeben können. Auf ihrem Weg zu Forschung und Entwicklung wurde ihnen ein Zugang zum System der Wissens- und Technologiegeber aufgezeigt. Über Verstetigung planmäßiger Innovationstätigkeit werden später auch Einstellungen junger Hochschulabsolventen für solche Unternehmen denkbar.

Bezüglich der sog. Netzwerk-Moderation wurden nach Schmoch et al. [2000] für die betrachteten Beratungsprojekte die Rollen des Beraters, des Vermittlers/Brokers sowie des Supporters wiedergefunden. Eine zielgerichtete Vermittlung an fachspezifische Einrichtungen des gezielt zur Innovationsunterstützung vorgehaltenen Netzwerkes geschah in etwas über 20 % aller Beratungsprojekte. Probleme wurden im Hinblick auf die Wettbewerbssituation in unterstützenden Netzwerken ausgemacht, wenn Transfer- und Netzwerkfunktionen in der Hoffnung auf in der Vermittlungstätigkeit erzielbare Gewinne in kommerzialisierter Form vorgehalten werden. So ist ein im Sinne von Netzwerkmoderation agierender Akteur u.a. dann ein guter Berater und Vermittler, wenn er sich selbst überflüssig macht, da er sein eigenes Know-how vorwiegend für die Vermittlung geeigneter Partner einsetzt und bei der realen Leistungserbringung in den Hintergrund tritt. Eine zur Profilbildung beitragende Teilhabe an späteren Projekterfolgen kann dann schon alleine deswegen ausbleiben, weil bis dahin das in der Vermittlungs- und Anbahnungsphase von Projekten vorgeschaltete Handeln bereits in Vergessenheit geraten ist. In einer Wettbewerbssituation entzieht sich ein derartig agierender Netzwerkmoderator jedoch durch sein eigenes Tun seine Lebensgrundlage und wird sich somit auf andere Strategien verlegen müssen. Diese können beispielsweise zum Angebot von eigentlich nicht zum eigenen Kernaufgabengebiet gehörenden Leistungen führen, um auf diese Weise selbst als Leistungserbringer wahrgenommen zu werden, oder auch zur Zurückhaltung von Informationen über andere (institutionalisierte) Netzwerkpartner. Insbesondere gegenüber kleinen Unternehmen kann eine finanzielle Restriktion eines Netzwerkmoderators zur Reduzierung auf Aufgabengebiete führen, die im Sinne erzielbarer Externalitäten eher nachrangig einzuschätzen sind. Beratungen und Vermittlungen zeigten sich dann als erfolgreich, wenn sie in dem peripheren Untersuchungsgebiet aufgrund der relativen Ferne von Agglomerationen – und somit auch von deren wissenschaftlichen Einrichtungen, deren Transferkanälen und den umzu angesiedelten spin-offs - eine auf Bestandsförderung und –unterstützung setzende Politik verfolgte, die die dringend notwendige Aufschluss- und „Übersetzungs"arbeit zur Vorbereitung von Kooperationen zwischen den sich gegenseitig teilweise noch fremden Subsystemen Wirtschaft und Wissenschaft leistete.

6.3.2 Ressourcen und mögliche Förderung innovierender Kleinunternehmen

Auf die Einschränkungen kleiner Unternehmen aufgrund deren begrenzter Ressourcen wurde in dieser Arbeit bereits mehrfach hingewiesen. Ob und wie angesichts derartiger Hürden durch Netzwerkarbeit, die Gelshorn et al. [1991] auch als Realtransfer bezeichnen, und durch die im vorhergehenden Kapitel durchaus kritisch betrachteten Finanztransfers eine Unterstützung der Innovationstätigkeit ggf. erreicht werden kann, soll im Folgenden näher untersucht werden. Zum Beginn wird zu diesem Zweck auf Aspekte des personellen und monetären Ressourceneinsatzes in den vermittelten Kooperationsprojekten eingegangen.

Für 22 von 34 laufenden oder beendeten Kooperationen kann das in den Projektplanungen angestrebte finanzielle Engagement der Unternehmen (inkl. Personalmittel) angegeben werden und ist in DM bemessen. Tab. Anhang 14 stellt diese Aufwendungen der Unternehmen in den durchgeführten Kooperationen dar und gibt ein sehr heterogenes, da weit gespreiztes Bild ab. Es zeigt sich, dass 25 % der Projektsummen im untersten Quartil der Nennungen bei bis zu DM 3.500 sowie weitere 25 % im zweiten Quartil der Nennungen bei bis zu DM 10.000 auftraten. Das dritte Quartil beinhaltet Werte bis zu DM 180.000. Das Maximum der Projektsummen liegt bei DM 5.000.000. Eine deutliche Schwerpunktsetzung in den Entwicklungsprojekten kann allerdings im Bereich niedriger projektbezogener Innovationsaufwendungen ausgemacht werden. So betrugen in nahezu zwei Dritteln aller Projekte die Ausgaben weniger als DM 30.000, was gegenüber den Ergebnissen bei Meyer-Krahmer et al. [1985] eine deutlich unterschiedliche Lagerung erkennen lässt. Die Autoren machten - allerdings über eine größere Bandbreite an Unternehmensgrößen hinweg - für Projektsummen bis DM 100.000 einen Anteil von 44 % aus. Es zeigt sich somit für die hier untersuchten Kleinunternehmen durchaus erneut die beschriebene Knappheit der Ressourcen, die die Durchführung von vergleichsweise gering budgetierten Entwicklungsprojekten zur Folge hat.

Zu den Laufzeiten der durchgeführten Kooperationsprojekte liegen ebenfalls Angaben vor (vgl. Tab. Anhang 15). Im ersten Quartil aller Angaben sind Projektlaufzeiten von knapp zwei Monaten angesiedelt. Im zweiten Quartil bis 50 % liegen Projektdauern von bis zu 3,5 Monaten. Das dritte Quartil umfasst Projektdauern bis 12 Monate. Alle betrachteten Projekte hatten eine Laufzeit von unter zwei Jahren. Eine Darstellung der Projektlaufzeiten (vgl. Abb. 6.16) lässt dabei zwei Bereiche erkennen. So können Kurzprojekte mit einer Dauer von wenigen Monaten relativ klar von längeren Projekten mit Laufzeiten von über einem Jahr unterschieden werden, wobei letztere eher zufällig verteilt scheinen.

Bei einer Betrachtung der Projektlaufzeiten nach bestehenden Vorerfahrungen zeigt sich, dass von Unternehmen ohne Vorerfahrung zu 89 % Kurzkooperationen eingegangen wurden, die auf eine Art „Schnupperverhalten" hinweisen, innerhalb dessen vormalige Outsider den Mehrwert externer Informationsbeschaffung bei vergleichsweise geringem Risiko von sog. sunk costs testeten.

Letztlich lassen sich auch die von den Unternehmen in den Projekten aufgewandten personellen Ressourcen anhand der aufgebrachten Personenmonate abschätzen (Tab. Anhang 15). Dabei wird erneut eine starke Häufung bei Kurzprojekten sichtbar. Weit mehr als das Eingangsquartil der Angaben liegt bei einem einzigen Personenmonat (36 %), das zweite Quartil schließt bei zeitlichen Engagements von zwei Personenmonaten. Weitere 25 % der Projekte beinhalteten einen zeitlichen Aufwand von drei bis ca. 11 Personenmonaten und weitere 25 % der Projekte bewegen sich im Bereich von 14 bis 42 Personenmonaten.

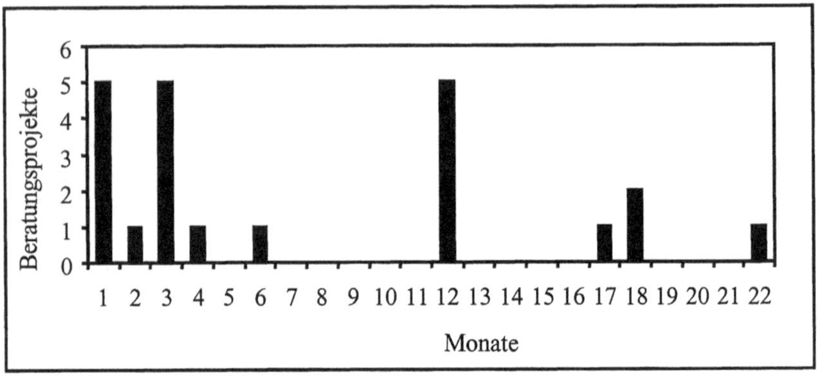

Abb. 6.16: Laufzeiten von Kooperationsprojekten (N = 22) in Monaten

Für alle drei hier betrachteten Varianten des Ressourceneinsatzes zeichnet sich keine Abhängigkeit von der Unternehmensgröße ab. Vielmehr kann eine nahezu stochastische Verteilung von Projekten niedrigen und hohen Ressourceneinsatzes innerhalb der vorliegenden Betriebsgrößen ausgemacht werden.

Bei einer Betrachtung der von den Unternehmen aufgewandten finanziellen Einsätze in Abhängigkeit von den beteiligten Partnern zeigt sich, dass zusammen mit Hochschulen nahezu ausschließlich innerhalb eines Bereiches von weniger als DM 140.000 und damit durchaus nicht nur in Kurzprojekten kooperiert wurde. Demgegenüber liegen die Aufwandsummen der zusammen mit fördernden Partnern/Projektträgern durchgeführten Projekte nahezu ausschließlich in einem Bereich von DM 150.000 bis DM 1.000.000. Dies bedeutet, dass sich hier eine unterschiedliche Qualität der Innovationsprojekte in Abhängigkeit von den gewählten Partnern abzeichnet. Während für den originären Know-how-Transfer zu Hochschulen tendenziell geringere Summen aufgewandt wurden, um an relevantes Wissen zu gelangen, so wurden unter Mithilfe von Förderern – oft ohne Beteiligung von wissenschaftlichen Partnern - eigene und im Umfang eher größere Innovationsprojekte umgesetzt.

Ein Aspekt der in Zusammenarbeit mit fördernden Einrichtungen zu erzielenden Effekte im unternehmerischen Innovationsverhalten soll im weiteren noch eingehender betrachtet werden. So weisen Gelshorn et al. [1991] darauf hin, dass Innovationsförderung Haupt- und Nebeneffekte zeitige und dass beabsichtigte, sog. positive Nebeneffekte bisweilen durchaus wichtiger in ihrem Einfluss auf das Innovationsverhalten sein könnten als die Haupteffekte. Zu solchen Nebeneffekten zählen sie beispielsweise auch den Know-how-Zugewinn bei Unternehmen in der Erstellung von für Förderungsmaßnahmen notwendigen Geschäftsplänen und sprechen damit die hier bereits mehrfach thematisierten Fähigkeiten zur Planung und zum Management an (vgl. Kapitel 4.3). Gerade die in der Planung der Innovationstätigkeit bestehenden Defizite kleiner Unternehmen stellen aus Sicht der hier beschriebenen Beratungsprojekte in vorwiegend kleinen Unternehmen eine maßgebliche Schwachstelle dar. Es kann davon ausgegangen werden, dass in einer Vielzahl der Beratungsprojekte keine Strukturierung im Rahmen des von Bullinger [1999] oder von Pleschak et al. [1994] beschriebenen strategischen Innovationsmanagements bestand. Wohl intendierte der in Tagewerken niedriger Anzahl konzipierte Beratungsansatz, der der hier durchgeführten Untersuchung zu Grunde liegt, nicht vorrangig die Unterstützung des Innovationsmanagements der Unternehmen. Doch zeichnete sich in nahezu allen Beratungsprojekten unabhängig von beschreibenden Betriebsparametern wie Größe, Alter etc. ab, dass das Innovationsmanagement besonderer Unterstützung bedurfte. Unter der Motivation, möglicherweise externe Mittel einzuwerben, weiterführende Informationen aus Hochschulen zu erlangen oder nützliche Netzwerkpartner kennen zu lernen, zeigten sich die beratenen Unternehmen eher bereit, erste Schritte in Richtung einer Planung anzugehen, die sie ansonsten vermutlich nicht unternommen hätten.

Es erweist sich also, dass Förderinstrumente durchaus das Innovationsmanagement unterstützende, positive Wirkungen entfalten können. Zudem scheint es geeignet, dass Fördermaßnahmen, die gerade auch Outsider für eine geplante Innovationstätigkeit gewinnen wollen, mit vergleichsweise niedrigen Fördersummen ausgestattet sind, wie sich an den oben beschriebenen bevorzugten Teilnahmen an Kurzprojekten zeigte. Dass effektive Förderinstrumente jedoch gleichzeitig besonders schlank und bezüglich ihrer Administration mit niedrigen Eintrittsschwellen verbunden sein müssen, leitet sich aus den gewonnenen Erkenntnissen zwingend ab. Erfahrungen innerhalb der Beratungsprojekte zeigen, dass derartige Förderinstrumente mit geringem administrativen Aufwand, wie sie beispielsweise die Handwerkskammereinrichtungen des Landes Niedersachsen im Rahmen eines Landesprogramms zur Innovationsförderung anboten, von den Unternehmen gut angenommen werden und genau die oben beschriebenen Wirkungen zeitigen. Für nicht im Handwerk organisierte Betriebe standen solche Instrumente, die das Lernen in Innovationsprozessen durch die Unterstützung von Kleinprojekten in Kleinunternehmen begünstigten, nicht zur Verfügung, obwohl auch dort vergleichbare Management-Lücken auszumachen waren.

Eine noch tiefer gehende Untersuchung zum Ausmaß der durch Fördermaßnahmen zu erreichenden Optimierungsmöglichkeiten unternehmerischer Innovationsaktivitäten und den damit verbundenen Nutzeneffekten hauptsächlich auf der Grundlage eines verbesserten Innovationsmanagements kann an dieser Stelle nicht geleistet werden, doch ließe diese sicherlich noch weiterreichende Impulse und Ansätze zur Ergänzung bestehender Angebote vermuten (s. Gelshorn et al. [1991]). Dies gilt umso mehr, als mit abnehmender Unternehmensgröße die Inanspruchnahme gerade von Innovations-orientierten Förderprogrammen auffällig nachlässt [vgl. Penzkofer & Schmalholz, 1999; Legler & Schasse; 1999b], so dass sich mit dem Hebel einer Innovationsförderung auf einem möglicherweise relativ niedrigen Niveau Managementfähigkeiten in Kleinunternehmen sehr effektiv unterstützen ließen. Dass sich Förderung und Lerneffekte bezüglich einer positiven Einstellung gegenüber FuE bedingen, zeichnet sich auch bei Meyer-Krahmer et al. [1984] ab, die bei geförderten Unternehmen zudem dann besonders große Fördereffekte feststellten, wenn die Unternehmen selbst einen vergleichsweise hohen Organisationsgrad ihrer FuE besaßen. Allerdings ist an dieser Stelle auch darzustellen, dass es sich bei den hier betrachteten Beratungen eher um Anstrengungen zur Bestandsförderung bestehender Betriebe handelt und somit weniger so dezidierte Strategien wie „Pick the Winners“ angesprochen sind, die Pfirrmann [1991] in seinen Betrachtungen beschreibt. Dass sich beide Ansätze nicht ausschließen und gerade auch für eher periphere Gebiete wie den Untersuchungsraum möglicherweise sogar zusammengehen, zeigt sich darin, dass schließlich viele Kleinunternehmen in ihren Märkten durchaus Marktführerschaften einnehmen und dort bei entsprechender Unterstützung zu „Winnners“ gemacht werden könnten. Hier erweist sich vermutlich der Ansatz des „Make more Winners“ als der erfolgversprechendere, der die Problemlösungskompetenz in den Unternehmen durch gezielten Einsatz jeweils passender Instrumente ausbaut, wie der Autor ebenfalls fordert. Eine für Agglomerationen durchaus erfolgversprechende zielgerichtete Förderung besonders innovativer und spezialisierter (Klein)unternehmen würde - im Lichte der hier gewonnenen

Erkenntnisse betrachtet - an den Erfordernissen und Ausgangsvoraussetzungen peripherer Räume vorbei zielen. Auf die damit angedeuteten Zielkonflikte zwischen technologie- und regionsbezogener Innovationspolitik gehen Koschatzky et al. [2000] umfangreich ein und zeigen zugleich, dass sich in dieser Diskussion bisher keine zu präferierende Lösung abzeichnet.

Sog. Supporter können nach Schmoch et al. [2000] bei der Wirtschaftsförderung die Funktion eines zur Bestandsförderung eingesetzten Vermittlers und auch die eines Übersetzers zwischen der Welt der Unternehmen und den angestrebten Partnern verschiedener Herkunft annehmen. Ein Supporter erlange Kenntnisse von dem Unternehmen und solle gleichzeitig auch die für die spezifische Unternehmenssituation passenden Aktivitäten entfalten, wie auch von Geschka [1999] beschrieben. Für die hier untersuchten Beratungsprojekte zeigt sich hinsichtlich dieser Funktion und der beschriebenen positiven Effekte von Fördermaßnahmen, dass eine erfolgreiche Einwerbung in 10 von 18 Fällen auf eine vergleichsweise hohe Trefferquote – mit beschriebenen damit verbundenen Nebeneffekten - hinweist. Auf die kritischen Anmerkungen von Staudt [1980a] soll in diesem Zusammenhang ebenfalls verwiesen werden, der Fördermaßnahmen maximal als flankierende Unterstützung als sinnvoll erachtet und vor Fehlentwicklungen warnt, wenn Unternehmen ihr Innovationsverhalten vorwiegend an dem Ziel der Einwerbung von Fördermitteln ausrichten.

Zusammenfassend erbrachte die Betrachtung zu Ressourcen und erzielbaren Fördereffekten dieses Kapitels somit folgende Ergebnisse: Die von den betrachteten Kleinunternehmen durchgeführten Kooperationsprojekte beliefen sich auf Projektsummen bis zu DM 5.000.000, wobei die größeren Schwergewichte auf Kleinprojekten mit bis zu DM 10.000 lagen. Auch deuteten die Laufzeiten und die Personaleinsätze auf einen Schwerpunkt bei Kurzprojekten und auf einen weiteren Schwerpunkt bei längeren Projekten hin. Vormalige Outsider führten nahezu ausschließlich Kurzprojekte durch. Es zeigte sich, dass für Kleinunternehmen nutzbare Fördermaßnahmen durchaus das Innovationsmanagement unterstützende positive Wirkungen entfalten. Um die in Nischenmärkten führenden Kleinunternehmen, die für periphere Räume durchaus typisch sind, in ihrem Bestand zu unterstützen, scheinen – in fördertechnischer Sicht – Strategien des „Make more Winners“ als zielführender im Sinne erzielbarer Lernerfolge als auf Hochtechnologie-Unternehmen zielende Technologieförderprogramme unter der Motivation „Pick the Winners“.

6.3.3 Einbindung in Zuliefererbeziehungen und Schutz eigener Entwicklungen

6.3.3.1 Abhängigkeiten

Unter Bezugnahme auf mögliche Erkenntnisse bezüglich einer regionalen Arbeitsteilung wurde in Kapitel 6.1.2 bereits auf die vergleichsweise hohe, formale Unabhängigkeit der Unternehmen hingewiesen. Inwiefern jedoch eine starke Einbindung in Zulieferbeziehungen ebenfalls Abhängigkeiten generiert und ob Unternehmen im Untersuchungsraum in ihrer Reaktion auf solche Abhängigkeiten ein spezifisches Muster bezüglich des Schutzes ihrer Innovationsaktivitäten erkennen lassen, soll in diesem Kapitel eingehender untersucht werden.

Als Schwellenwert für eine zu vermutende bedeutende Beeinflussung des unternehmerischen Verhaltens durch Kunden und eine damit zusammen hängende Abhängigkeit wurde ein Anteil von 30 % des gesamten Umsatzes gegenüber einem einzigen Kunden definiert. Eine solche Abhängigkeit wurde in 48 Beratungsprojekten geäußert, was einem Anteil von 17,9 % entspricht (vgl. Abb. 6.17).

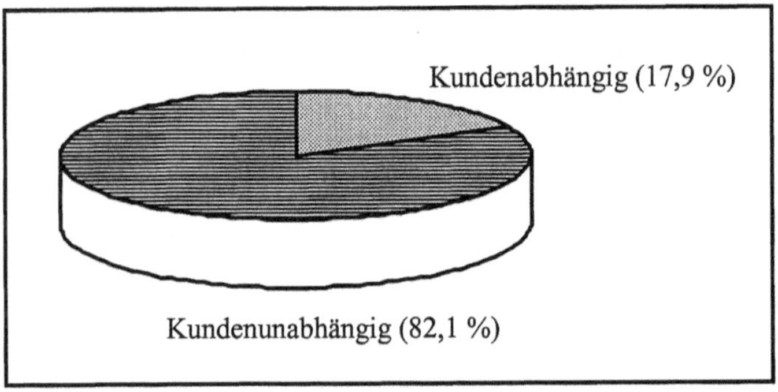

Abb. 6.17: Abhängigkeit von einem einzigen Kunden zu mehr als 30 % des Umsatzes (N = 268)

Um in der Folge eine Abschätzung treffen zu können, ob das Innovationsverhalten derartig abhängiger Betriebe von der Zulieferbeziehung beeinflusst wird, wurde ferner untersucht, ob die Beratungsprojekte mit den für diese Kunden spezifisch gefertigten Erzeugnissen in Beziehung standen. Es ergab sich ein Anteil von 83,3 % an den kundenabhängigen Unternehmen (40 Beratungsprojekte), bei denen Produkte oder Verfahren im Mittelpunkt standen, die oder mit denen für die dominierenden Kunden produziert wurde.

Ein Vergleich mit in der Literatur zu findenden Angaben kann nur auf solche Angaben zurückgreifen, die eine allgemeine Absicht zur Diversifikation beschreiben. So stellen Penzkofer & Schmalholz [1999] dar, dass sich „nur etwa jedes zehnte Unternehmen [...] in den letzten Jahren auf Produktmärkte außerhalb seines traditionellen Erzeugnisschwerpunktes gewagt" (S. 26) hätte. Ähnlich zu werten ist die Aussage von Reinhard & Schmalholz [1996], die sogar nur für jedes achte, innovationsaktive Unternehmen eine Verlagerung auf neue Produktmärkte feststellten. Mehr Aufschluss über die allgemein anzutreffende Motivation zu innovieren ergibt der Blick auf von Unternehmen formulierte Ziele. So seien laut Penzkofer & Schmalholz [1999] Produktinnovationen primär auf die Verteidigung angestammter Märkte ausgerichtet, während Prozessinnovationen in erster Linie auf eine Erhöhung der Produktionsflexibilität und danach der Rationalisierung galten.

Eine Betrachtung der Beratungsprojekte in ihrer Beeinflussung durch Kundenabhängigkeiten zeigt, dass sich bei den abhängigen Unternehmen eine vergleichsweise aktivere Beschäftigung sowohl mit Produktinnovationen als auch insbesondere mit Prozessinnovationen abzeichnete. Ausgedrückt als Anteile der jeweiligen Innovationsaktivitäten innerhalb der Gruppen kundenabhängiger und kundenunabhängiger Unternehmen zeigt sich das in Abb. 6.18 dargestellte Bild:

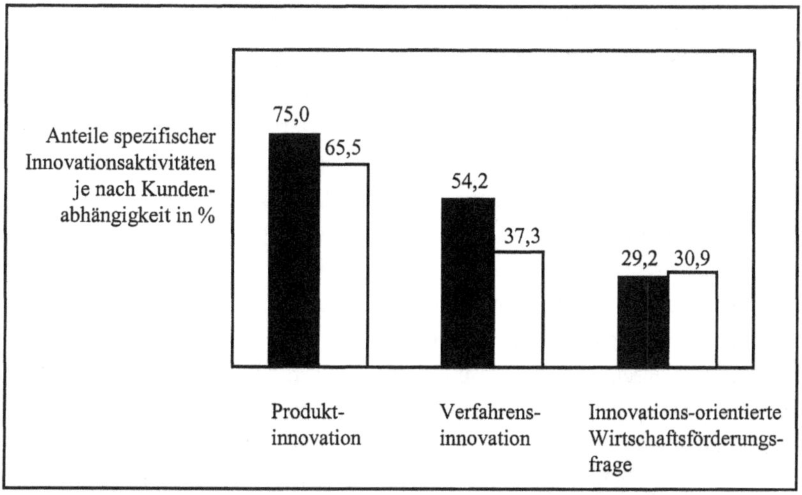

Abb. 6.18: Anteile spezifischer Innovationsaktivitäten je nach Kundenabhängigkeit in % (linke Spalten: Kundenabhängigkeit zu mehr als 30 % des Umsatzes; rechte Spalten: keine Abhängigkeit); Mehrfachnennungen; (N (kundenabhängig) = 48, N (kundenunabhängig) = 220)

Von Kunden abhängige Unternehmen befassten sich dabei auffällig intensiver mit Prozessinnovationen und lagen mit einem Anteil von 54,2 % sehr deutlich über der Vergleichsgruppe der nicht abhängigen Unternehmen mit 37, 3 %, was auf besondere Anstrengungen zur Rationalisierung hindeutet (vgl. zur gesamten Stichprobe die Angaben in Kapitel 6.2.1). Auch bei Produktinnovationen war eine solche Auffälligkeit wenn auch in geringerem Ausmaß vorhanden.

Dies bedeutet, dass abhängige Zulieferer offensichtlich als Reaktion auf ihre eher einseitige Kundenstruktur vermehrte Innovationsanstrengungen durchführen und dabei insgesamt noch stärker auf Produktinnovationen als auf Verfahrensinnovationen setzen. Inwiefern sie dabei auch auf die Gewinnung gänzlich neuer Märkte zielen [vgl. die Produkt-Markt-Matrix nach Ansoff bei Pleschak et al., 1994], kann auf der Basis der hier vorliegenden Daten nicht weiter ergründet werden.

Zwischen den beiden betrachteten Gruppen konnten bezüglich der Ansprache unterschiedlicher Partner nahezu keine Auffälligkeiten in Bezug auf ein unterschiedliches Verhalten festgestellt werden. Ausschließlich gegenüber innovations-orientierten Förderpartnern/Projektträgern zeichnet sich innerhalb der Gruppe der Abhängigen mit 27,0 % - entsprechend 10 Beratungsprojekten – eine vergleichsweise intensivere Ansprache ab gegenüber einem Anteil von 18,6 % (22 Beratungsprojekte) bei nicht kundenabhängigen Unternehmen. Inwiefern dieses Verhalten mit dem in verschiedenen Beratungsprojekten geäußerten hohen Druck auf die Unternehmen zusammen hängt, der von den dominierenden Kunden insbesondere auch im Rahmen von Preisverhandlungen ausgeübt wird, kann hier nicht weiter verifiziert werden. Dennoch deutet einiges darauf hin, dass solche Unternehmen, die geringen unternehmerischen Spielräumen ausgesetzt sind, bevorzugt nach monetärer Unterstützung seitens öffentlicher Stellen suchen, um in ihrer prekären Lage noch Innovationsanstrengungen durchführen zu können. Dass es diesen Unternehmen vorwiegend nicht um die Förderung von Rationalisierungsbestrebungen geht, wie sich im Sinne eines erhöhten Return on Invest durch Rationalisierungsbestrebungen bei Unternehmen der „verlängerten Werkbank“ vermuten ließe, zeigt sich an folgender Feststellung: Innerhalb der Gruppe der kundenabhängigen Unternehmen mit Partnern (37 Beratungsprojekte) suchten gerade Unternehmen mit Produktinnovationen in einem doppelt so hohen Anteil Förderpartner (27,0 %) als dies Unternehmen mit Verfahrensinnovationen taten (13,5 %). In die gleiche Richtung deutet auch folgende Feststellung, dass bei einer Fortsetzung der qualitativen Betrachtungen des Kapitels 6.2.5 die Gruppe der kundenabhängigen Unternehmen eher zu hochwertigem Know-how-Transfer tendierte, um sich gezielt von ihren Abhängigkeiten zu lösen.

6.3.3.2 Schutzrechte

Inwiefern die Absicherung des eigenen Know-hows sowohl für abhängige als auch für unabhängige Unternehmen eine Rolle spielt, wird im zweiten Teil dieses Kapitels untersucht: So waren in kundenabhängigen Unternehmen in 11 Beratungsprojekten geistige Schutzrechte angesprochen. Damit machen diese Unternehmen bereits einen Anteil von 30,6 % an all denjenigen Beratungsprojekten aus, die sich mit dem Schutz geistigen Eigentums befassten. Unter dieser Kategorie erfolgte eine Zusammenfassung aller Beratungsprojekte, in denen Fragen zum Patent-, Gebrauchsmuster- und Markenschutz angesprochen wurden. Es zeichnet sich für die Gesamtstichprobe ab, dass Schutzrechtsfragen bei insgesamt 36 Beratungsprojekten und einem Anteil von 13,4 % an allen Beratungsprojekten eine vergleichsweise geringe Aufmerksamkeit bei den Unternehmen erfuhren. In diversen Projekten waren Recherchen zum Stand der Technik Teil des in den Beratungen entwickelten Herangehens an das Innovationsmanagement und wären von den Unternehmen selbst nicht vorgesehen gewesen. Es ist festzustellen, dass für die hier betrachteten Kleinunternehmen in vorwiegend peripherer Lage ein im Vergleich zu den Angaben des ERIS-Projektes eher zurückhaltendes Verhalten gegenüber Schutzrechten anzutreffen war. Fritsch [2000a] gibt an, dass Anteile von 10,4 % bis zu 37,7 % an den Unternehmen auszumachen gewesen seien, die dann auch alle innerhalb eines Zeitraumes von drei Jahren Patente angemeldet hätten. Demgegenüber stellte Pfirrmann [1994] sogar fest, dass Unternehmen in ländlichen Regionen mehr Patente anmeldeten und zudem mehr Innovationen produzierten als Unternehmen in Regionen mit Verdichtungsansätzen. Unter Betrachtung der Betriebsgrößen allerdings kommt auch Geisler [1998] zu dem Schluss, dass Patente vermehrt mit ansteigender Betriebsgröße angemeldet würden und bestätigt die hier v.a. für kleine Unternehmen getroffenen Beobachtungen zumindest in der Tendenz, wenngleich er für Gebrauchsmusteranmeldungen genau gegenläufige Trends ausmacht.

Im Vergleich zu den in Kapitel 5.2.2 benannten Patentaktivitäten im Untersuchungsgebiet ist für die hier untersuchten Kleinunternehmen eine deutlich geringere Patentaktivität festzustellen, zumal in den hier genannten Zahlen auch andere Schutzrechtsformen als angemeldete Patente enthalten sind. So stand in manchen Beratungsprojekten eher erst die Orientierung am Ist-Stand der Patentliteratur in Verbindung mit Überlegungen zum weiteren strategischen Vorgehen im Mittelpunkt. In diesem Zusammenhang sahen die Kleinunternehmen gerade auch später anzustrebende Gebrauchsmuster und Markenschutz als wichtige Instrumente an.

Eine Betrachtung der Schutzrechtsaktivitäten nach der Unternehmensgröße zeigt, dass ein auffälliger Schwerpunkt in der Größe bei 1 – 4 Beschäftigten mit einem Anteil von 52,8 % lag, wohingegen diese Betriebsgrößengruppe an der gesamten Stichprobe nur einen Anteil von 36,6 % besitzt (vgl. Kapitel 6.1.3). Ein Einfluss beratener Gründer in Zusammenhang mit der Schutzerlangung ihrer Ideen kann hier vermutet werden. Entsprechend zeigt auch eine Betrachtung nach den unterschiedlichen Innovationsphasen, dass Schutzrechtsfragen verstärkt in den Phasen der Analyse von Rahmenbedingungen und Umfeld sowie bei der Umsetzung entwickelter Ideen ein Rolle spielten.

Besonders auffällig ist die Konzentration von Schutzrechtsfragen auf die Innovationsaktivität der Produktinnovationen. So waren Produktinnovationen und Schutzrechte zugleich zu 83,3 % (30 Beratungsprojekte) ein Thema, während die Vergleichsgruppe der Produktinnovationen ohne gleichzeitige Schutzrechtsfragen nur einen Anteil von 64,7 % inne hat. Umgekehrt spielten gleichzeitige Verfahrensinnovationen und Schutzrechte mit 33,3 % (12 Beratungsprojekte) eine geringere Rolle als in der Vergleichsgruppe der Beratungsprojekte mit Nennungen von Verfahrensinnovationen ohne gleichzeitiger Thematisierung von Schutzrechten (96 Beratungsprojekte entsprechend 41,4 %; aufgrund von Mehrfachnennungen ergeben sich Summen von mehr als 100 %).

Die von Schmoch et al. [2000] gemachten Ausführungen zur vorwiegenden Nutzung von Produktimitationen und kontinuierlichen Verbesserungsinnovationen bei vorwiegend kleinen Unternehmen scheinen angesichts der beschriebenen Befunde ihre Bestätigung zu finden. Die dort zu findenden Interpretation, es handele sich dabei um meist bereits bestehendes Wissen, das über die Beschaffung von Ausrüstern bzw. via Reverse Engineering bezogen würde, muss aus der Sicht der untersuchten Beratungsprojekte allerdings relativiert werden. Es zeigt sich, dass die hier betrachteten, in Nischenmärkten spezialisiert arbeitenden Kleinunternehmen durchaus über beträchtliche Anteile an tacidem Wissen verfügen, das sie sich für ihre Spezialprodukte und -dienstleistungen erworben haben. Dieses Wissen sehen sie offensichtlich aufgrund relativ geringen Wettbewerbs [vgl. Hellmer et al., 1999] als nicht gefährdet und somit nicht zwingend schutzwürdig an. Vielmehr wägen die Unternehmen die Nachteile des Offenlegens ihres Know-hows teilweise bewusst ab und verzichten auf Schutzrechte, zumal sie auch den damit verbundenen administrativen und finanziellen Aufwand umgehen wollen. Diese Verfahrensweise scheint im Bereich der in dem Untersuchungsgebiet angetroffenen Kleinunternehmen angesichts des dort festzustellenden marginalen Anteils an Basisinnovationen durchaus erfolgreich.

IV. SCHLUSSFOLGERUNGEN

7 Zusammenfassung

Kleinen Unternehmen kommt in Volkswirtschaften eine wichtige Rolle zu. Aufgrund ihrer Größe können sie flexibel auf Marktveränderungen reagieren und sich durch eine aktive und anpassungsfähige Innovationstätigkeit zudem gegenüber ihren Wettbewerbern behaupten. Die hier vorliegende Arbeit untersuchte das Verhalten kleiner Unternehmen in Forschung und Entwicklung und beleuchtete vor allem die Inanspruchnahme von Unterstützungsleistungen aus Hochschulen und anderen Innovationen fördernden Einrichtungen. Ein besonderes Augenmerk wurde bei der Betrachtung der untersuchten Vermittlungstätigkeit zwischen Unternehmen und institutionalisierten Innovationsförderern auf regionale Aspekte gelegt, um Hinweise auf die mögliche Entstehung regionaler Netzwerkbausteine zu erhalten.

In einem ersten Teil der Arbeit erfolgte eine Auswertung zum Stand der Diskussion von Netzwerken sowie von Netzwerk- und Transferbedingungen als das Innovationsverhalten kleiner Unternehmen unterstützendes Umfeld. Dabei zeigte sich, dass sich kleinere Unternehmen in ihrer Reaktion auf Marktveränderungen und -erfordernisse einem beachtlichen Innovationsdruck ausgesetzt sehen und diesem mit sog. Routine- oder Inkrementalinnovationen begegnen. Dieses Verhalten ist für das deutsche Innovationsverhalten weitgehend kennzeichnend und hat sich über viele Jahre als eine erfolgreiche Strategie auch im internationalen Wettbewerb bewiesen.

Allerdings müssen gerade kleinere Unternehmen im Innovationsprozess spezifische Hürden überwinden, was sie von größeren Betrieben unterscheidet. So verfügen sie nur über begrenzte Ressourcen u.a. in den Bereichen Personal und Kapital. Dies zeigt sich neben anderen Effekten - wie beispielsweise den begrenzten Möglichkeiten der Informationsbeschaffung - gerade auch im Innovationsmanagement der Betriebe. Dieses ist oftmals unzureichend. Hinzu kommt, dass kleine Unternehmen zu hohem Anteil inhabergeführt sind, so dass sich im Innovationsverhalten die Persönlichkeitsstruktur des Unternehmers selbst stark auswirkt.

Unternehmen sind daneben eingebunden in ein lokales und regionales Bezugssystem. Dieses besteht u.a. aus dem Angebot an Arbeitskräften, aus anderen Unternehmen wie Zulieferern, Wettbewerbern und Kunden, aus Forschungseinrichtungen und aus politisch-administrativen Rahmenbedingungen. Diese Gesamtheit des unternehmerischen Umfeldes mit Auswirkungen auf deren Innovationsverhalten kann auch als sog. „Regionales Innovationssystem" bezeichnet werden [Meyer-Kramer & Gundrum, 1995; Koschatzky, 1997, Fritsch et al., 1998].

Kleinere Unternehmen profitieren besonders von einer räumlichen Nähe. Diese fördert durch die sich ergebenden persönlichen Beziehungen gegenseitiges Vertrauen und gemeinsames Lernen. Transaktionskosten werden dadurch gesenkt. Informelle Kontakte, die auf der Basis sog. Face-to-face-Kontakte zustande kommen, werden erleichtert und ermöglichen verschiedene Austauschbeziehungen. Insbesondere das an Personen gebundene Know-how, sog. tacit knowledge, wird leichter weitergegeben. Vorhandene und begrenzte Ressourcen werden somit effektiv ausgenutzt. Lose Zusammenschlüsse lokal zusammenarbeitender Unternehmen könnten sogar durch sich ergänzende Tätigkeitsfelder Skalenvorteile erlangen, die sonst nur Großunternehmen erreichen [vgl. von Einem et al., 1995].

Die Voraussetzung räumlicher Nähe, mit einer dezidierteren Blickrichtung auf einzelne Branchen oder Produktionsfelder, rückt für die Diskussion sog. Cluster in den Mittelpunkt der Betrachtung. Insbesondere durch die Konzentration der Unternehmen in einer Agglomeration mit der gleichzeitigen Nähe zu anderen Einrichtungen wie branchenorientierten Forschungseinrichtungen etc. werde ein innovatives und sich selbst verstärkendes Umfeld geschaffen. Verschiedene Autoren nennen dabei neben dem Begriff des Clusters auch den des Netzwerkes. Beide werden in vielfältigen Zusammenhängen und teilweise divergierenden Konnotationen gebraucht. So bemüht sich auch ein Teilbereich der Debatte um die Trennung der Betrachtung rein unternehmerischer Zusammenarbeit von der Betrachtung des politisch-administrativen Umfeldes, dem für Aktivitäten der allgemeinen Wirtschaftsförderung und im Speziellen des Wissens- und Technologietransfers hohe Bedeutung beizumessen sei.

Von besonderer Wichtigkeit scheint bei der Betrachtung regionaler Innovationssysteme das von Krumbein et al. [1994] in die Diskussion eingebrachte Argument, wonach bei der in der Netzwerkdebatte bevorzugt wahrgenommenen Betrachtung von Ausnahmeregionen die Masse der de facto zu betrachtenden Regionen unberücksichtigt bleibe: „Normalregionen sind [...] schlichtweg die große Mehrzahl der durch das verarbeitende Gewerbe geprägten Regionen in Deutschland“ [Krumbein et al., 1994, S. 167]. Ähnlich stellen auch Fritsch & Schwirten [1998] dar, dass viele Fallstudien in der Tat in nicht-repräsentativen Regionen angesiedelt seien, die sich durch eine besondere Innnovationstätigkeit sowie durch intensive Kooperationen zwischen Wirtschaft und Wissenschaft auszeichnen.

Unabhängig davon, ob kleine Unternehmen in peripheren und als Normalregion zu betrachtenden Räumen oder auch in Agglomerationen in ihrer Entwicklung unterstützt werden sollen, bestehen verschiedene Hebel zur Erleichterung der in der Innovationstätigkeit zwangsläufig auftretenden Suchprozesse. FuE-Kooperationen gelten als ein Schlüsselelement zur Stärkung der Innovationskraft von Unternehmen. Und in der Tat beweisen reichhaltige Untersuchungen, dass Unternehmen sich in hohem Maße Know-how aus der Zusammenarbeit mit andern Unternehmen, wie Kunden, Zulieferern oder Wettbewerbern beschaffen, bzw. sich dieses über Messebesuche etc. aneignen.

Demgegenüber rangiert die Zusammenarbeit mit Hochschul- und Forschungseinrichtungen auf einem weit niedrigerem Rang, obwohl zu vermuten sein müsste, dass gerade diese Institutionen als umfangreiche Quellen von Wissen besonders attraktive Kooperationspartner darstellen sollten. Genauere Untersuchungen zeigen, dass bei der Kooperation mit Hochschulen auf Seiten der Unternehmen zwischen bereits aktiven „Insidern“, potenziell zu gewinnenden „Outsidern“ und nicht zu Interessierenden zu unterscheiden ist [Beise et al., 1995]. Aus der vielfältig vorliegenden Empirie geht hervor, dass kleine Unternehmen z.T. sehr diskontinuierlich innovieren und in ihrem Kooperationsverhalten stärker regional orientiert sind. Mit zunehmender Größe steigen die Kontinuität und das Ausmaß von Forschung und Entwicklung ebenso an wie die überregionale Orientierung, die generelle Kooperationsneigung und die Ausprägung des Innovationsmanagements.

Werden unternehmerische Partner vor allem entlang technologischer Fragestellungen gesucht, so üben regionale Faktoren relativ geringe Auswirkung auf das Kooperationsverhalten aus [Hellmer et al., 1999]. Allerdings machen Backhaus & Seidel [1997] für die Suche nach Forschungspartnern mit zunehmender Entfernung einen Trend zu einer abnehmenden Kooperationsintensität bestehender

Beziehungen aus. Umfangreiche statistische Analysen im Rahmen eines europaweiten Forschungsprojektes sind in ihren Aussagen zurückhaltender. Sie finden jedoch zumindest für einen Outputfaktor (Patente) einen statistisch belegten Zusammenhang mit der regionalen Kooperation mit Forschungseinrichtungen [Fritsch, 2001a].

Allgemein zeigt die umfangreich vorliegende Empirie, dass kleine im Vergleich zu größeren Unternehmen diskontinuierlicher und - gemessen an sog. Throughput- [Backhaus & Seidel, 1997] und Outputfaktoren - in geringerem Maße Innovationen betreiben. Auch ist ihre allgemeine Kooperationsneigung geringer ausgeprägt.

Für die Stellung von Wissens- und Technologietransfer zeigt sich in den Untersuchungen eine zusätzlich noch reduzierte Bedeutung gegenüber der ohnehin bereits auf relativ niedrigem Niveau befindlichen Kooperationsrealität zwischen Unternehmen und Hochschulen. Dabei gehören zum Leistungsspektrum der gleichmäßig an allen Hochschulen angesiedelten Transferstellen u.a. Informations- und Dokumentationsaufgaben, der Personaltransfer, die Anbahnung von Kooperationen sowie die Betreuung von Unternehmensgründungen aus Hochschulen. Als Transferhemmnisse, die eine Begründung für die vergleichsweise niedrige Bedeutung von Wissens- und Technologietransfer liefern können, werden wiederkehrend mehrere Argumente genannt:

- das Wissen der Unternehmen um die oftmals rein angebotsorientierten Möglichkeiten an den Hochschulen sei unzureichend,
- die ursprünglich bei der Konzeption der Transferstellen angenommenen Modelle einer reinen Diffusion von Hochschulerfindungen an Unternehmen gingen an der Realität vorbei. Vielmehr lägen für kleine Unternehmen dringende Fragestellungen in der konkreten und intensiven Markt- und Problemorientierung ihrer Innovationsaktivitäten.
- Schließlich seien für Unternehmen persönliche Kontakte zur Anbahnung von Kooperationen entscheidend, über die die Transferverantwortlichen nur in geringem Maße verfügten.

Zur Überwindung dieser Hemmnisse seien andere Formen des Wissens- und Technologietransfers zu suchen, die beispielsweise eine stetige Kommunikation zwischen Wissenschaft und Wirtschaft ermöglichten, die eine Nachfrageorientierung besäßen, die flexibles und an die Bedürfnisse der anfragenden (kleinen)

Unternehmen angepasstes Reagieren ermöglichten. Promotoren oder Netzwerkpiloten sollten Betriebe in ihrer Innovationstätigkeit unterstützen und zu einer Vernetzung von Akteuren führen.

Diese aus der Innovationsforschung und aus der regionalwissenschaftlichen Debatte gewonnenen Erkenntnisse sollten im empirischen Teil der Arbeit (Fallstudie) an Ergebnissen aktiver Vermittlungstätigkeit im Wissens- und Technologietransfer gespiegelt werden, der im Rahmen kommunaler Wirtschaftsförderung betrieben wurde. Als Untersuchungs- und Auswerteraum derartiger Vermittlung diente der vorwiegend peripher geprägte niedersächsische Landkreis Diepholz.

Eine Betrachtung dieses Raumes zeigte, dass er von Kleinbetrieben dominiert ist. Ferner verfügt der betrachtete Landkreis über eine starke Gewichtung der Fertigung, wohingegen die Dienstleistungsfunktionen in der Industrie unterdurchschnittlich vertreten sind. Bezüglich der Schwerpunkte im Bereich der wissensintensiven Dienstleistungen und Industrien für den Landkreis Diepholz war festzustellen, dass im produzierenden Gewerbe sehr stark der Maschinenbau und auf niedrigerem Niveau auch die Herstellung von Mess- und Kontrollgeräten sowie der Steuerungsanlagenbau herausragen. Gleichzeitig ist auch der Großhandel mit Maschinen, Ausrüstungen und Zubehör bedeutend. Bei einer Untersuchung der Qualifikationsniveaus über alle Wirtschaftsabteilungen zeigte sich, dass die Anteile der Beschäftigten mit Abschlüssen in höheren Fachschulen, Fachhochschulen und Universitäten für den Landkreis Diepholz in allen Hauptgruppen der Wirtschaftsabteilungen niedriger liegen als im Landesvergleich. Setzt man die prozentualen Anteile im Kreisgebiet von Diepholz mit denen im Land Niedersachsen in das Verhältnis, so ergeben sich Zahlenwerte, die als Qualifikationsquotient bezeichnet werden können. Es zeigte sich, dass die Anteile höher Qualifizierter maximal bei drei Vierteln der Landesanteile liegen. Allgemein beschäftigen die vorwiegend kleinen Betriebe im niedersächsischen Vergleich durchschnittliche Anteile an FuE-Personal. Das Qualifikationsniveau im produzierenden Gewerbe ist insbesondere im Fertigungsbereich (Facharbeiter) überdurchschnittlich hoch.

Schwerpunkte der Erfinder- und daraus abgeleitet auch der Innovationstätigkeit liegen insbesondere im Fahrzeug- sowie im Maschinen- und Werkzeugbau. Insgesamt ist ein leicht niedrigeres Niveau im Bereich der Patentintensität und auch der Patentproduktivität gegenüber geeigneten Vergleichsräumen wie der Raumordnungsregion Bremen oder dem Land Niedersachsen festzustellen. Die Betrachtung zeigt auch, dass die Abweichungen von den Vergleichswerten moderat sind, so dass für den großenteils ländlich strukturierten Bereich am Rande des Agglomerationsraumes Bremen durchaus von einigen „technischen" Diffusionseffekten – besonders zu vermuten für den Bereich des Fahrzeugbaus - aus dem Raum Bremen ausgegangen werden kann. Andere Hochtechnologiebereiche, die auf Lifesciences, Biotechnologie oder IuK-Technologien hinweisen, sind in den Patentzahlen des betrachteten Untersuchungsraumes unterrepräsentiert. Die Beobachtungen decken sich mit den Aussagen zur Schwerpunktbildung in der Qualifikationsstruktur.

In diesem beschriebenen Raum erfolgte eine sog. aktive FuE-Beratung, deren Betrachtung über einen vierjährigen Zeitraum die Grundlage für die weiteren Auswertungen bildete. Die Beratung umfasste in ihrem Vorgehen Wissens- und Technologietransfer-Vermittlungen unter Einbindung der drei Bereiche Wirtschaft, Wissenschaft und Verwaltung und verfolgte dabei einen gezielt ganzheitlichen Beratungsansatz, der das gesamte unternehmerische Umfeld einbezog. Ein vernetztes Projektmanagement schloss alle Handlungsebenen ein und intendierte die von Koschatzky [1997] geforderte „Flankierung" (S. 12) des hochschulseitigen Wissens- und Technologietransfers. Durch gezielte Ansprache sollte je nach Informationsbedarf der fachlich kompetenteste und regional möglichst nächstgelegene Transferkanal zu Hochschulen oder Technologiemittlernetzwerken eröffnet werden. Im wissenschaftlichen Bereich sollten neben den Hochschuleinrichtungen auch deren spin-offs erschlossen werden. Gleichzeitig sollten bedarfsorientiert die kommunalen Entscheidungsträger in den Genehmigungsbehörden angesprochen werden. Dies sollte beispielsweise Genehmigungsverfahren betreffen, die bei der Konfrontation mit Innovationsprojekten auch für das Verwaltungshandeln mit Neuerungen verbunden sind und somit durch die technologie-orientierte Vermittlung Unterstützung erfahren sollten. Parallel dazu sollten durch das vernetzende Projektmanagement diejenigen Verwaltungsstellen eingebunden werden, die über die zur Verfügung stehenden Förderinstrumentarien verfügten.

Untersucht wurden in dem betrachteten Raum 268 Beratungsprojekte, die in 229 Unternehmen durchgeführt worden waren. Es zeigte sich, dass die vorwiegend kleinen Unternehmen nur in seltenen Fällen mehrere Innovationsaktivitäten gleichzeitig entfalteten und offensichtlich ihre begrenzten Ressourcen eher auf zentral erscheinende Bereiche konzentrierten. Innovationsaktive Unternehmen wurden in mehrfachen Beratungsprojekten angesprochen. Diese gingen ihre Innovationsprojekte in zeitlicher Folge nacheinander an und zeigten damit ein durchaus zielgerichtetes strategisches Vorgehen.

Die große Mehrzahl der Beratungsfälle wurde in Betrieben durchgeführt, deren Entscheider als Eigentümer eine beherrschende Stellung einnahmen und somit auch die Risiken in den durchzuführenden Innovationsprojekten selbst zu tragen hatten.

Gleichzeitig besaßen Unternehmen mit weniger als 100 Beschäftigten mit einem Anteil von 92 % an den Beratungsprojekten ein so hohes Gewicht, dass aus den weiteren Ergebnissen verallgemeinernde Aussagen zu diesem spezifischen Segment der Kleinunternehmen abgeleitet werden konnten. Dass kleine Unternehmen Restriktionen in ihrem Kooperationsverhalten gerade mit Hochschuleinrichtungen unterworfen sind, gleichzeitig aber auch von regionalen Partnerschaften profitieren können, wurde unter Bezugnahme auf andere Quellen gezeigt. Die vorliegenden empirischen Daten ließen dabei allerdings keine Aussagen über das zwischenbetriebliche Kooperationsverhalten zu.

Zur Branchenverteilung, innerhalb derer die Beratungsprojekte stattfanden, zeigte sich, dass auch hier – parallel zur gesamten Branchenverteilung des Untersuchungsgebietes - die Metallverarbeitung und der Maschinenbau von hervorgehobener Bedeutung waren, wobei noch sowohl der Dienstleistungsbereich in den unternehmensnahen Dienstleistungen und in der Datenverarbeitung als auch der Handel maßgebliche Anteile an den Beratungsprojekten für sich reklamieren konnten (vgl. Kapitel 6.1.4).

Gleichzeitig zeigte eine Betrachtung der Tertiarisierungseffekte, bei der mehrfache Branchennennungen aus verschiedenen Wirtschaftsabteilungen der beratenen Unternehmen zur Auswertung kamen, dass in den beratenen, innovationsorientierten Unternehmen zu 15 % Anzeichen von sektoralen Diversifikationen in den Dienstleistungsbereich hinein vorlagen. Eine Betrachtung der sog. wissensintensiven Industrien und Dienstleistungen [vgl. Grupp et al., 2000] mit nicht-wissensintensiven zeigte nahezu keine auffälligen Unterschiede in deren Innovationsverhalten (vgl. Tab. 6.6). Vielmehr bestand bei der Untersuchung verschiedener Indikatoren nahezu Gleichverteilung zwischen den Gruppen. Auffällig allerdings war, dass in der Gruppe der in wissensintensiven Unternehmen durchgeführten Beratungsprojekte 55,0 % der Unternehmen als vormalige „Outsider" und 45,0 % als „Insider" zu bezeichnen waren. Noch klarer lag demgegenüber in der Gruppe der nicht wissensintensiven Unternehmen der Anteil vormaliger Outsider mit 70,1 % bedeutend höher.

73,5 % aller Beratungsprojekte wurden in Untenehmen durchgeführt, die der Industrie- und Handelskammer angehörten (vgl. Tab. 6.7). Circa ein Achtel der Beratungsprojekte waren im Handwerk durchgeführt worden. Beratungsprojekte in landwirtschaftlichen Betrieben machten drei Prozent aus. In knapp 8 % waren technologie-orientiete Fragestellungen von Privatpersonen und Gründern Thema der Beratungsprojekte. Für Handwerksbetriebe ließ sich eine auffällige Größenabhängigkeit in der Inanspruchnahme des Beratungsangebotes zeigen.

Zum Unternehmensalter (vgl. Abb. 6.4) wurde deutlich, dass mehr als die Hälfte der Beratungsprojekte in Unternehmen stattfanden, die langjährig am Markt tätig waren. Der Anteil junger Unternehmen im Alter zwischen einem und sieben Jahren lag bei 22,8 %, der Anteil bei erfolgten Existenzgründungen bei 7,8 %. Gründungswillige bzw. bislang nicht gewerblich tätige Privatpersonen hatten dagegen mit 11,6 % einen sogar erhöhten Anteil an den Beratungsprojekten.

In den Beratungsprojekten besaßen Produktinnovationen gegenüber Verfahrensinnovationen weitaus höheres Gewicht (vgl. Tab. 6.9). Eine mögliche Begründung fand sich darin, dass gerade Produktdiversifikationen in einem sehr frühen Stadium sehr offen und noch fern der Umsetzung diskutiert werden konnten. Gegenstand der Beratungsprojekte waren auch sog. Innovations-orientierte Wirtschaftsförderungsfragen, wie betriebliche Belange der Gründung, der Ansiedlung und der Erweiterung, administrative Unterstützung in der Moderation mit anderen Fachbehörden, Informationen zu Standort- und Umfeldbedingungen, Anfragen zu Fördermöglichkeiten und allgemeines Kennenlernen der Einrichtungen der Wirtschaftsförderung.

In den Beratungsprojekten standen insbesondere solche Fragestellungen im Vordergrund, die die konkrete Umsetzung von Innovationen begleiteten. Die Umsetzung bereits entwickelter Ideen spielte die wichtigste Rolle (vgl. Abb. 6.6). Vorgelagerte Fragestellungen, wie die Analyse der Rahmenbedingungen und des Umfeldes für Innovationen und die Phase der Gewinnung neuer Ideen, standen an zweiter und dritter Stelle. Personaltransfer trat zu Gunsten fallbezogener Unterstützungsleistungen in den Hintergrund.

Zwischen der Kategorie der Analyse der Rahmenbedingungen und des Umfeldes und dem Unternehmensalter bestand ein nachweisbarer Zusammenhang, wodurch die Vermutung Bestätigung erfuhr, dass sich junge Unternehmen naturgemäß in einer Orientierungsphase befinden, was sich auch in deren Innovations- und Informationsverhalten niederschlägt und sie frühzeitig die Hilfe externer Partner in Anspruch nehmen lässt. In der Gruppe „Umsetzung entwickelter Ideen" zeigte sich ein nicht unbedeutender Anteil an Beratungsprojekten, die ein nicht zielgerichtetes und nicht geplantes Innovationsverhalten repräsentierten. Die von anderen Autoren beschriebenen Planungsdefizite im Innovationsmanagement kleiner Unternehmen fanden hier eine Bestätigung.

Die Ergebnisse zeigten ferner, dass Kleinunternehmen zur direkten Ideengenerierung offensichtlich kaum auf Hochschuleinrichtungen zugreifen. Liegen dann jedoch Ideen vor, die aus dem Markt oder aus anderen Quellen bezogen werden, so versuchen kleine Unternehmen mit eindeutiger Priorität, Informationen zum Umfeld, zu den Rahmenbedingungen zur Machbarkeit etc. von Hochschuleinrichtungen, d.h. von Universitäten und Fachhochschulen gleichermaßen, zu gewinnen. Hierin wurde ein Ausdruck der sog. Antennen- oder Brückenkopffunktion [Backhaus & Seidel, 1998] gesehen, die Hochschulen für die Unternehmen ihrer Region einnehmen, indem sie Know-how überregional erkennen, filtern und zielgerichtet weitergeben können. Für Kleinunternehmen übten Hochschulen somit einen wichtigen Einfluß aus als Partner bei der Bewertung und Einordnung von Neuerungen. Aus diesen Befunden wurde auch geschlossen, dass es sich bei den durchgeführten Vorhaben nicht um Basisinnovationen handelte, die auf Forschungsergebnisse in besonderer Weise angewiesen waren [vgl. Schmoch et al., 2000], sondern dass für die betrachteten Kleinunternehmen eher inkrementale Innovationen im Vordergrund standen. Es konnte auch gezeigt werden, dass kleine Unternehmen in ihrer Innovationstätigkeit zur Minimierung des ihnen damit begegnenden Risikos gezielt Unterstützung suchen, wenn entsprechende Angebote bestehen.

Auf Partner ausgerichtete, raumbezogene Betrachtungen ergaben, dass ein Grossteil der Vermittlungen innerhalb enger räumlicher Grenzen, d.h. in Entfernungen bis 130 km, stattfanden (vgl. Abb. 6.8). Bezüglich der Verteilung der Entfernungen zu vermittelten Partnern über unterschiedliche Größenklassen hinweg war kein signifikanter Trend zu erkennen. Der Mittelwert der Entfernungen zu Kooperationspartnern lag für jede Unternehmensgrößenklasse stets über 100 km, stieg mit der Unternehmensgröße leicht an und lag am höchsten in der Größenklasse der Unternehmen mit 50 bis 99 Beschäftigten bei ca. 150 km (vgl. Tab. 6.11). Die Entfernung der Partner übte keinen signifikanten Einfluss auf möglicherweise in unterschiedlicher Wertigkeit oder in unterschiedlichem Ausmaß festzustellende Know-how-Flüsse aus. In ähnlicher Weise zeigte auch die Betrachtung nach Gruppen der vermittelten Partner (vgl. Tab. 6.12), dass keine signifikanten Bezüge ausfindig zu machen waren, die auf entfernungsabhängige Schwerpunktbildungen in den Vermittlungsprozessen nach den Gruppen der Know-how-Geber hinwiesen. Dies bedeutet, dass die breite Mehrheit institutionalisierter Einrichtungen zur Unterstützung unternehmerischer Innovationsprozesse intraregional vermittelt worden waren.

Zwei Effekte fielen bei Hochschulvermittlungen auf: Zum Hochschulstandort Oldenburg – gleichzeitig Standort der die Vermittlungen durchführenden Einrichtung – erfolgten hervorgehoben viele Vermittlungen. Als Ursache wurde vermutet, dass bei einer beträchtlichen Anzahl an Vermittlungen auch für den Vermittler selbst der Faktor von Vertrauen im Sinne sozialer Eingebundenheit innerhalb räumlicher Nähe eine bedeutende Rolle spielte. So konnten durch ihn gerade solche Informationsbedarfe besonders leicht aus dem eigenen, dadurch vertrauten und gleichzeitig vertrauensvoll ansprechbaren Umfeld gedeckt werden, die eher informierenden und den Background von Innovationen erhellenden Charakter besaßen. In der Folge profitierten die Unternehmen in solchen – eher als informationell zu bezeichnenden - Beratungsprojekten von der Fähigkeit ihrer Partner zur wissenschaftlichen Einordnung und Überprüfung der generellen Machbarkeit ihrer Vorhaben, ohne dabei den Missbrauch von Vertrauen oder die Abweisung aufgrund möglicherweise mangelnder Innovationshöhen fürchten zu müssen.

Weiterhin zeigte die Betrachtung von mit Hochschulen tatsächlich durchgeführten Kooperationen, dass durchschnittliche Entfernungen zwischen den Partnern hier mit einem Wert von über 165 km etwas höher anzusetzen waren als bei der Betrachtung des Gesamtdurchschnitts aller Gruppen an Kooperationspartnern. Zu einem Großteil liefen die Kooperationen jedoch immer noch regional ab.

Eine Zuordnung aller Vermittlungen zu den unterschiedlichen Partnern ergab, dass in 30 % der Beratungsprojekte eine Vermittlung an Hochschuleinrichtungen erfolgte, wobei Universitäten ein stärkeres Gewicht hatten. Gerade Unternehmen, die schon länger am Markt existieren, orientieren ihre Innovations-unterstützenden Bedarfe hin zu Hochschulen. Bei Gründern dagegen ließ sich eine klare Orientierung hin zu Netzwerkpartnern aus dem Innovationsnetzwerk AG-TIF und nicht zu Hochschulen finden. Daraus wurde geschlossen, dass hochspezialisierte Gründungen mit Hochschul-Kooperations-Bedarf entweder nicht vorkamen bzw. dass innovative Start-ups bereits über Kontakte zu Forschungseinrichtungen verfügten und folgerichtig nicht nach Vermittlungen zu Hochschulen anfragten. Die Anfragen von Gründern zielten demgegenüber vielmehr auf andere für sie hilfreiche Partner aus dem weiteren Feld der Innovationen unterstützenden Institutionen im Umfeld der Wirtschaftsförderung.

Ableitbare Zusammenhänge zwischen beteiligten Partnern und der Art der Innovationstätigkeit (Produkt- oder Verfahrensinnovationen, Innovations-orientierte Wirtschaftsförderungsfrage) ließen sich nicht absichern.

Vermittlungen an Partner aus Hochschulen erfolgten schwerpunktmäßig im Rahmen vertiefender Beratungen, was somit einen Indikator für die Wirksamkeit der Beratungen darstellt, da spill-over-Effekte v.a. bei der Zusammenarbeit mit Hochschulen erwartet werden. An andere Partner - beispielsweise aus dem Netzwerk der Innovationsmittler in Niedersachsen - wurde eher in den zahlreichen Erstberatungen verwiesen. Vertiefende Beratungen zusammen mit Netzwerkeinrichtungen und in Form einer Begleitung der Gespräche durch den Vermittler kamen nahezu nicht zu Stande.

Eine Betrachtung möglicher Abhängigkeiten der Art der vermittelten Partner von der Unternehmensgröße führte zu keinen signifikanten Ergebnissen.

Zur Eingrenzung, welcher Art der geleistete Know-how-Transfer zu den Unternehmen war, erfolgte eine Zuordnung zu verschiedenen Kategorien. Dabei wurde die Definitionen einer sog. weiterführenden Informationsvermittlung neu entwickelt. Die Wahl dieser Definition leitete sich im Sinne der Netzwerkdebatte auch dadurch ab, dass weiterführende Informationsvermittlungen gerade für den hier betrachteten Untersuchungsgegenstand eine elementare Bedeutung erlangen, da auf dem Weg vertrauensvoller, nicht zwingend fest vereinbarter Beziehungen besonders innovations-relevantes Know-how ausgetauscht werden kann. Eine solche weiterführende Informationsvermittlung konnte einerseits durch den Berater bei der beratenden Einrichtung oder andererseits durch Dritte geschehen. Sog. Dritte entstammten den Hochschulen oder anderen Innovations- und Mittlernetzwerken.

Aus den 268 Beratungsprojekten waren 34 Kooperationen mit Partnern aus Hochschulen oder Einrichtungen der Innovationsförderung (vgl. Abb. 6.13) hervorgegangen. Außerdem wurden durch Dritte in 54 Fällen weiterführende Informationen gegeben. Durch den Berater selbst wurden in weiteren 83 Fällen Informationen vermittelt. In 97 Fällen kam es in der Folge der Beratungen zu keinen weiteren nennenswerten Transferleistungen. Es wurde davon ausgegangen, dass die beratenen kleinen Unternehmen im Sinne der Netzwerkdiskussion sowohl aus durchgeführten Kooperationen als auch bei der Vermittlung weiterführender Informationen durch Dritte einen vergleichsweise hohen Nutzen für ihre Innovationstätigkeit ziehen konnten. Insofern wurden diese beiden Formen der Zusammenarbeit als sog. kooperative Projektformen bezeichnet. Deren Anzahl belief sich auf 88 Beratungsprojekte. Dies entsprach einem Anteil von 32,8 % an allen Beratungsprojekten, was als ein überdurchschnittliches Resultat der Vermittlungstätigkeit bewertet wurde.

Eine Betrachtung der Art des Know-how-Transfers nach Größenklassen der Unternehmen zeigte keine statistisch absicherbaren Befunde, allerdings ließ sich eine verstärkte Kooperationsintensität eher auf Seiten größerer Unternehmen vermuten. Eine Untersuchung der Branchenzugehörigkeiten innerhalb der kooperativen Formen der Zusammenarbeit (laufende oder beendete Kooperationen sowie Informationsvermittlung durch Dritte) allerdings zeigte, dass diese nahezu von denselben Branchenschwerpunkten bezogen wurden, die auch in der Gesamtheit der Beratungsprojekte Schwerpunkte bildeten. Besonders hohe Inanspruchnahmen vermittelter Kooperationen fanden sich in den Bereichen der Herstellung von Gummi- und Kunststoffwaren mit 58,5 % sowie in der Mess- und Regelungstechnik mit 52,4 % der in diesen Branchen angegangenen Beratungsprojekte. Auffällig war demgegenüber die mit 12,5 % sehr geringe Inanspruchnahme von Zusammenarbeit im Bereich der Datenverarbeitung, was mit spezifischen Verhaltensmustern dieser Dienstleistungsbetriebe erklärt wurde.

Ferner zeigte die Betrachtung über alle Beratungsprojekte mit Zustandekommen kooperativer Projektformen, dass sich bei der Selektion in wissensintensive/ nicht wissensintensive Dienstleistungen und Industrien nahezu eine Gleichverteilung abzeichnete.

Eine Auswertung der Intensität mehrfach durchgeführter Beratungen zur Vorbereitung kooperativer Projektformen ergab, dass zum Erreichen konkreter Kooperationen eine intensive und mehrfache Begleitung und Moderation der Kontaktanbahnung und teilweise auch des Kooperationsprozesses selbst erforderlich wurde. Im Durchschnitt fanden bei den spill-over-trächtigen, d.h. sog. kooperativen, Projektformen im Vorfeld 2,16 Beratungen pro Beratungsprojekt statt. Es wurde daraus geschlossen, dass erfolgreiche Vermittlung teilweise bereits auf eine Art begleitendes Projektmanagement angewiesen war. Eine Betrachtung der Know-how-Quellen zeigte, dass bei tatsächlichen Kooperationen bzw. bei Beratungsprojekten mit weiterführenden Informationsvermittlungen Hochschulen eine besonders hervorgehobene Rolle spielten.

Zur Adaptionsfähigkeit kleiner Unternehmen wurde folgendes festgestellt: Unternehmen ließen sich bezüglich ihres Zugangs zu Kooperationspartnern in sog. Insider und Outsider (vgl. S. 213) einteilen. Eine solche Einordnung wurde auch hier je nach Vorliegen oder nicht-Vorliegen von vorhergehenden Erfahrungen der Unternehmen mit externen Partnern des Innovationen unterstützenden Umfeldes vorgenommen. Es zeigte sich, dass in 100 Beratungsprojekten (37,3 %) Vorerfahrungen mit externen Partnern bestanden. Dabei bestand sowohl für In- als auch für Outsider noch eine beträchtliche Fremdheit zum Subsystem der Technologiegeber. In nur 10 % aller Beratungsprojekte lagen bereits mehrfache vorhergehende Kontakte der Unternehmen zu Technologie-Unterstützern vor. Hochschulen bildeten als wiederkehrende, vormalige Innovationspartner einen besonders auffälligen Schwerpunkt. Die auf einem ausreichenden Adaptionsvermögen beruhende insgesamte Netzwerkfähigkeit gegenüber Innovations-unterstützenden Partnern konnte für das untersuchte Gebiet als im Durchschnitt anderer Untersuchungen liegend beschrieben werden.

Es zeigte sich, dass in solchen Beratungsprojekten, bei denen Vorerfahrungen mit Partnern vorlagen, eher Produktinnovationen durchgeführt wurden. Auf Rationalisierungseffekte hindeutende Verfahrensinnovationen dagegen wurden in den Beratungsprojekten eher von Unternehmen ohne bisherige externe Partner angestrebt. Auffällig waren auch Einflüsse der Vorerfahrung auf die Art des Know-how-Transfers: Lagen Vorerfahrungen vor, so nahmen die Unternehmen besonders hochwertige Formen des Transfers in Anspruch. Je größer die Vorerfahrung und somit die Adaptionsfähigkeit von Unternehmen war, desto leichter fiel es diesen somit, Innovationsprozesse durchzuführen. Ein positiver Zusammenhang zwischen dem Vorliegen von Vorerfahrungen und einer intensiveren Innovations- und Kooperationstätigkeit zeichnet sich hier ab. Gleichzeitig konnte auch für bislang als Outsider zu bezeichnende Unternehmen bei 17 Kooperationen und 32 weiterführenden Informationsvermittlungen durch Dritte eine hohe Bereitschaft zur Aufnahme externen Wissens festgestellt werden, was nahezu einem Drittel der vormaligen Outsider entsprach. Auch wurden an ca. die Hälfte der vormaligen Outsider externe Partner aus Hochschulen und des Innovationen unterstützenden Umfeldes vermittelt und ihnen somit ein Know-how-Zugewinn durch die Kontaktaufnahme mit diesen Partnern ermöglicht. Zudem zeichnete sich ab, dass gerade für die Gruppe der sporadisch innovierenden kleinen Unternehmen in den fallbezogenen Kooperationen mit Hochschulen eine attraktive Alternative u.a. auch zum Personaltransfer bestand, die zugleich deren Absorptionsfähigkeit erhöhte. Sie wurden erstmalig für die Möglichkeiten erschlossen, die sich ihnen durch Zusammenarbeit ergeben. Auf ihrem Weg zu Forschung und Entwicklung wurde ihnen ein Zugang zum System der Wissens- und Technologiegeber aufgezeigt. Über Verstetigung planmäßiger Innovationstätigkeit wurde die Möglichkeit zur späteren Einstellungen junger Hochschulabsolventen für solche Unternehmen gesehen.

Bezüglich der sog. Netzwerk-Moderation wurden nach Schmoch et al. [2000] für die betrachteten Beratungsprojekte die Rollen des Beraters, des Vermittlers/Brokers sowie des Supporters wiedergefunden. Eine zielgerichtete Vermittlung an fachspezifische Einrichtungen des gezielt zur Innovationsunterstützung vorgehaltenen Netzwerkes geschah in etwas über 20 % aller Beratungsprojekte. Probleme wurden im Hinblick auf die Wettbewerbssituation in unterstützenden Netzwerken ausgemacht, wenn Transfer- und Netzwerkfunktionen in der Hoffnung auf in der Vermittlungstätigkeit erzielbare Gewinne in kommerzialisierter Form vorgehalten werden. Kritisch hinterfragt wurde, dass ein im Sinne von Netzwerkmoderation agierender Akteur v.a. dann ein guter Berater und Vermittler zu sein scheint, wenn er sich selbst überflüssig macht, da er sein eigenes Know-how vorwiegend für die Vermittlung geeigneter Partner einsetzt und bei der realen Leistungserbringung in den Hintergrund tritt. Eine zur Profilbildung beitragende Teilhabe an späteren Projekterfolgen kann dann schon alleine deswegen ausbleiben, weil bis dahin das in der Vermittlungs- und Anbahnungsphase von Projekten vorgeschaltete Handeln bereits in Vergessenheit geraten ist. In einer Wettbewerbssituation entzieht sich ein derartig agierender Netzwerkmoderator jedoch durch sein eigenes Tun seine Lebensgrundlage und wird sich somit auf andere Strategien verlegen müssen. Diese könnten beispielsweise zum Angebot von eigentlich nicht zum eigenen Kernaufgabengebiet gehörenden Leistungen führen, um auf diese Weise selbst als Leistungserbringer wahrgenommen zu werden, oder auch zur Zurückhaltung von Informationen über andere (institutionalisierte) Netzwerkpartner. Insbesondere gegenüber kleinen Unternehmen könne eine finanzielle Restriktion eines Netzwerkmoderators zur Reduzierung auf Aufgabengebiete führen, die im Sinne erzielbarer Externalitäten eher nachrangig einzuschätzen seien. Beratungen und Vermittlungen zeigten sich nämlich dann als erfolgreich, wenn sie in dem peripheren Untersuchungsgebiet aufgrund der relativen Ferne von Agglomerationen – und somit auch von deren wissenschaftlichen Einrichtungen, deren Transferkanälen und den umzu angesiedelten spin-offs - eine auf Bestandsförderung und –unterstützung setzende Politik verfolgten, die die dringend notwendige Aufschluss- und „Übersetzungs"arbeit zur Vorbereitung von Kooperationen zwischen den sich gegenseitig teilweise noch fremden Subsystemen Wirtschaft und Wissenschaft leiste.

Die Betrachtung von Ressourcen und erzielbaren Fördereffekten erbrachte folgende Ergebnisse: Die von den betrachteten Kleinunternehmen durchgeführten Kooperationsprojekte beliefen sich auf Projektsummen von bis zu DM 5.000.000, wobei die größeren Schwergewichte auf Kleinprojekten mit bis zu DM 10.000 lagen. Auch deuteten die Laufzeiten und die Personaleinsätze auf einen großen Schwerpunkt bei Kurzprojekten und auf einen zweiten, kleineren Schwerpunkt bei längeren Projekten hin. Vormalige Outsider führten nahezu ausschließlich Kurzprojekte durch. Es zeigte sich, dass für Kleinunternehmen nutzbare Fördermaßnahmen durchaus das Innovationsmanagement unterstützende positive Wirkungen entfalteten. Um die in Nischenmärkten führenden Kleinunternehmen, die für periphere Räume durchaus typisch sind, in ihrem Bestand zu unterstützen, schienen – in fördertechnischer Sicht – Strategien des „Make more Winners" als zielführender im Sinne erzielbarer Lernerfolge als auf Hochtechnologie-Unternehmen zielende Technologieförderprogramme unter der Motivation „Pick the Winners".

Dies wurde auch durch folgende Erkenntnisse gestützt: Neben der in der Betrachtung der Kontrollstrukturen gefundenen hohen formalen Unabhängigkeit der Kleinunternehmen bestand in 17,9 % eine Abhängigkeit von Kunden zu mehr als 30 % des Unternehmensumsatzes. Eine Betrachtung der Beratungsprojekte in ihrer Beeinflussung durch Kundenabhängigkeiten zeigte, dass sich bei den abhängigen Unternehmen eine vergleichsweise aktivere Beschäftigung sowohl mit Produktinnovationen als auch insbesondere mit Prozessinnovationen abzeichnete. Von Kunden abhängige Unternehmen befassten sich dabei auffällig intensiver mit Produktinnovationen als nicht abhängige.

Insgesamt betrachtet war eine vergleichsweise höhere Anzahl an Beratungsprojekten auf Produktinnovationen ausgerichtet. Bei der Betrachtung von Kooperationspartnern fiel eine intensive Ansprache von Fördermittelgebern durch abhängige Unternehmen auf. Es wurde vermutet, dass sich darin ein auf den Unternehmen lastender finanzieller Druck äußerte. In der Summe jedoch ging der Trend bei abhängigen Unternehmen eher zur Diversifikation (durch Produktinnovationen) und gleichzeitig zu hochwertigem Know-how-Transfer.

Bei der Betrachtung des Schutzes unternehmerischer Innovationsaktivitäten konnte gezeigt werden, dass sich nur ein vergleichsweise unterdurchschnittlicher Anteil an Kleinunternehmen von 13,4 % mit verschiedenen Schutzrechtsfragen wie Patent-, Gebrauchsmuster- oder Markenschutz befasste. Besonders auffällig war dabei die Konzentration von Schutzrechtsfragen auf die Innovationstätigkeit bei Produktinnovationen. Es zeigte sich, dass die hier betrachteten, in Nischenmärkten spezialisiert arbeitenden Kleinunternehmen durchaus über beträchtliche Anteile an tacidem Wissen verfügten. Dieses Wissen sahen sie offensichtlich aufgrund relativ geringen Wettbewerbs [vgl. Hellmer et al., 1999] als nicht gefährdet und somit nicht zwingend schutzwürdig an. Vielmehr wägten sie die Nachteile des Offenlegens ihres Know-hows teilweise bewusst ab, verzichteten auf Schutzrechte, zumal sie auch den damit verbundenen administrativen und finanziellen Aufwand umgehen wollten, und setzten in ihrer Strategie auf Geheimhaltung und entsprechende Verpflichtung ihrer Mitarbeiter. Ansätze einer strategisch bewußt gewählten „Open-source“-Strategie waren nicht zu erkennen. Inwiefern der Rahmen der Netzwerkmoderation zu einer höheren Sicherheit der Unternehmen und ggf. zu einem geänderten Verhalten in dem Bereich der „Absicherung nach außen“ beitrug, konnte hier nicht näher untersucht werden.

Zur Innovationsfähigkeit der Untersuchungsregion zeigte sich, dass positive Auswirkungen auf das unternehmerische Innovationsverhalten im Rahmen einer intensiven Bestandsförderung der vorhandenen, innovierenden und auch wissensintensiven Unternehmen zu erreichen waren. Ferner erwies sich das aktive Eingehen auf die Informationsbedürfnisse und –nachfragen der Unternehmen als ein Erfolg versprechender Weg. So konnten kleine Unternehmen von intraregionalen Kooperationen profitieren, konkrete Lernerfahrungen sammeln und in vertrauensvoller Zusammenarbeit mit relevanten Wissensträgern Unterstützung in ihren Innovationsaktivitäten erlangen.

Positiv bewertet wurden die nahezu nicht zu beobachtenden negativen Auswirkungen dilemmahafter Strukturen (vgl. S. 235). U. a. wurde als Ursache die konstante Begleitung und Moderation beim jeweiligen Zusammentreffen der Partner vermutet, da durch die kontinuierliche Präsenz einer externen, dritten Partei ohne eigene wirtschaftliche Interessen am direkten Projektausgang und durch frühzeitige Ansprache Opportunismus-anfälliger Projektphasen die notwendige Offenheit erzeugt worden schien.

Ein Exkurs in Kapitel 8 zeigt ferner, dass sich Know-how-Zugewinne auch im Rahmen von 25 zu Gunsten öffentlicher Verwaltungen und somit nahezu ausschließlich im politisch-administrativen Bereich durchgeführten Beratungsprojekten erzielen ließen, die in der weiteren Arbeit nicht eingehender betrachtet worden sind. Diese betreffen u.a. gerade solche Bereiche, die auch für kommunale Verwaltungen eine ökonomische und wertschöpfende Bedeutung gewinnen.

Zur Zielerreichung einer zukunftsträchtigen Entwicklung des Untersuchungsraumes wurde vorgeschlagen, noch stärkeres Gewicht im Rahmen der Initiativen der kommunalen Wirtschaftsförderung auf die Unterstützung wissensvermittelnder Prozesse zu legen, um Know-how-Zugewinne und Lerneffekte zu erreichen. Eine teilweise Schwerpunktverlagerung weg von der Förderung Anlagen-investiver Maßnahmen hin zur Unterstützung von Entwicklungsprojekten sowie hin zum Dienstleistungssektor wurde diskutiert.

Aus der vorliegenden Untersuchung ergaben sich somit eine Vielzahl an Antworten auf das in Kapitel 4.4 aufgeworfene Fragenset. Im Folgenden wird ein direktes matching der Fragen mit den gefundenen Antworten hergestellt.

- *Welche Partner aus Hochschulen und aus dem politisch-administrativen Umfeld kommen – und zu welchem Anteil - in einer Region als Innovationspartner in Frage?*

Insbesondere in den spill-over-trächtigen Formen konkreter Projektkooperation und in vertiefenden Beratungen spielen Hochschulen eine hervorgehobene Rolle als Innovationspartner. Akteuren des politisch-administrativen Netzwerkumfeldes fallen wichtige Rollen in der Hintergrundinformation bzw. auch bei Fragen der Umsetzung und der Finanzierung/Förderung zu.

- *Können regionale Kooperationen zwischen kleinen Unternehmen und Partnern aus Hochschulen und aus dem politisch-administrativen Umfeld Gegenstand von Vermittlung sein?*

Die Untersuchung ergibt einen überaus hohen Anteil an Vermittlungen zwischen institutionalisierten Innovationspartnern und kleinen Unternehmen. Die durchschnittliche Entfernung in Beratungen beträgt zwischen den Partnern 120 km, in Kooperationen 165 km und zeigt die Machbarkeit eines regional orientierten Matchings. Je höher der Grad der Qualität der Kooperationsform ist, desto umfangreicher ist der Vermittlungsaufwand.

- *Welche Qualität zeigen die Ergebnisse von regional orientierten Vermittlungsaktivitäten?*

Zur Unterstützung unternehmerischer Innovationen können regionale, externe Akteure Transferaktivitäten hoher Qualität anbieten. Kooperative Projektformen mit hohem spill-over-Anteil belaufen sich in der Untersuchung auf einen Anteil von 32,8 % aller Beratungsprojekte, durchgeführte Kooperationen in Begleitung eines sog. Realtransfers besitzen einen Anteil von 13 %.

- *Welche Funktion und welchen Stellenwert besitzt (Netzwerk)-Moderation für kleine Unternehmen?*

Netzwerkmoderation entfaltet für kleine Unternehmen eine hohe Wirkung: Durch gezielte Vermittlung wird diskontinuierlich innovierenden Betrieben mit begrenzten Ressourcen und oftmals unzureichendem Innovationsmanagement Unterstützung zur Reduzierung von Transaktionskosten sowie ggf. auch zur Vermeidung von sog. sunk costs geboten.

- *Wie gestaltet sich die Bedeutung eines (Netzwerk-)Moderators?*

Zielgerichtetes Vorgehen und das Auffinden geeigneter Kooperationspartner gelingen insbesondere dann, wenn der Vermittler/Moderator von Eigeninteressen frei sein kann.

- *Ist opportunistisches Verhalten von Partnern bei moderierter Vermittlung eine relevante Größe?*

In umfangreich moderierten Vermittlungen lässt sich opportunistisches Verhalten kaum beobachten. Als Erklärungen wurden der in Aussicht stehende Nutzen für beide Partner sowie die kontinuierliche Anwesenheit einer Dritten Partei mit Erfahrungen potenzieller Hürden gefunden.

- *Besteht in Kooperationen ein Zusammenhang zwischen der Herkunft (Institution) öffentlicher Partner mit der Art der unternehmerischen Innovationstätigkeit?*

Ableitbare Zusammenhänge zwischen beteiligten Partnern und der Art der Innovationstätigkeit (Produkt- oder Verfahrensinnovationen, Innovations-orientierte Wirtschaftsförderungsfrage) ließen sich nicht absichern.

- *Zeitigt das Unternehmensalter einen Einfluss auf das Innovationsverhalten?*

Ein offensichtlicher Zusammenhang zum Unternehmensalter zeigt sich v.a. bei jungen Unternehmen, die in der Umfeldanalyse Schwerpunkte setzen, möglicherweise aufgrund vorhandener eigener Ideen in geringerem Ausmaß Kontakt zu Hochschulen, aufgrund von Finanzierungsfragen jedoch vermehrt Kontakt zu Fördermittelgebern suchen.

- *Übt Unternehmensgröße einen Einfluss aus auf die Art des Know How-Transfers?*

Innerhalb der Gruppe der kleinen Unternehmen zeigen sich keine mit Blick auf die Unternehmensgröße signifikanten Unterschiede in dem Bezug von Knowhow aus externen Quellen.

- *Existieren Unterschiede im Innovationsverhalten zwischen wissens-intensiven und nicht wissens-intensiven Unternehmen?*

Im Rahmen der hier durchgeführten Untersuchung wurden bei den betrachteten kleinen Unternehmen keine Unterschiede im Innovationsverhalten zwischen wissens-intensiven und nicht wissens-intensiven Unternehmen und Dienstleistern beobachtet. Auffällig war vielmehr eine nahezu gleichartige Herangehensweise beider Gruppen, die ausschließlich durch den hohen Anteil sog.

Innovations-Outsider bei der Gruppe der nicht wissens-intensiven durchbrochen wurde.

- *Beeinflussen Abhängigkeiten im Markt das Innovationsverhalten von kleinen Unternehmen?*

Kleine Unternehmen mit einer Abhängigkeit von über 30 % ihres Umsatzes von einem Kunden tendierten insgesamt zu einer verstärkten Innovationstätigkeit, wobei im Vergleich zu nicht abhängigen eine stärkere Fokussierung auf Prozessinnovationen und der Nutzung von Angeboten, die einen hohen spill-over versprechen, liegt.

- *Wie gehen kleine Unternehmen mit Schutzrechten geistigen Eigentums als Innovationsmanagement-Instrument um?*

Die Befassung mit Schutzrechten spielt für kleine Unternehmen in dem peripher gelegenen Untersuchungsraum eine untergeordnete Rolle. Als Recherche- und Innovationsmanagement-Instrument wurden diese nur von etwas mehr als 10 % der Unternehmen genutzt bzw. bedacht.

- *Welche Dimensionen besitzen von kleinen Unternehmen durchgeführte Innovationsprojekte?*

Aufgrund der begrenzten Ressourcen sind innovations-orientierte Kooperationsprojekte kleiner Unternehmen im Untersuchungsgebiet zu zwei Dritteln mit Kosten von max. DM 30.000 verbunden. Laufzeiten liegen stets bei unter zwei Jahren, ein Schwerpunkt liegt auf Kurzprojekten von wenigen Monaten.

- *Lassen sich die Ressourcen-Engpässe kleiner Unternehmen überwinden?*

Kleinunternehmen können von schlank adminstrierten, einfach zugänglichen und auf die Unterstützung des Innovationsmanagementes angelegten Unterstützungsprogrammen profitieren, die - gerade in peripherer Struktur – auf eine Strategie des Make-more-Winners setzen.

- *Welcher Intensität bedarf die Vorbereitung und Vermittlung von Kooperationen bei Kleinunternehmen?*

Kleine Unternehmen bedürfen aufgrund ihrer spezifischen Situation einer umfangreichen Moderation und Vorbereitung in der Vermittlung zu externen Akteuren. Unterstützendes Projektmanagement kann zur Überwindung von Innovations-Management-Engpässen beitragen.

- *Wie ausgeprägt ist die Adaptionsfähigkeit von kleinen Unternehmen?*

Obwohl im Untersuchungsgebiet ca. ein Drittel der Unternehmen über Vorerfahrungen mit externen Partnern des Innovationen unterstützenden Umfeldes verfügen, zeigten sowohl Kooperationsinsider als auch Kooperationsoutsider eine beträchtliche Fremdheit gegenüber dem Subsystem der Technologiegeber.

- *Sind bislang nicht transfer-aktive Unternehmen für Innovations-Aktivitäten mit externen öffentlichen Akteuren erreichbar?*

Vormalige Outsider können durch aktive Vermittlung und Moderation zu einem beträchtlichen Anteil für Kooperationen mit externen öffentlichen Akteuren gewonnen werden, was sich positiv auf deren Absorptionsvermögen für technische Neuerungen auswirkt und deren Innovationstätigkeit unterstützt.

- *Lassen sich Innovations- und Kooperationsverhalten von kleinen Unternehmen innerhalb eines regionalen Kontextes unterstützen?*

Die Auswertung zeigt, dass eine solche Unterstützung erfolgreich durchgeführt werden kann. Sowohl wurden bisherige Innovations-Outsider erstmalig erreicht und die Adaptionsfähigkeit der angesprochenen Unternehmen erhöht als auch regionale Kooperationen vermittelt, ein erhöhter spill-over von Wissen und Technologie fand somit statt.

Bei Betrachtung der gefundenen Antworten ist stets zu beachten, dass diese das Ergebnis einer Fallstudie darstellen, die für einen peripheren Raum durchgeführt wurde. Insofern muss eine Übertragbarkeit der Ergebnisse auf andere Regionen nicht zwangsläufig gegeben sein und erforderte ggf. eine differenzierte Betrachtung.

8 Implikationen auf die Debatte zur Innovationsfähigkeit von Regionen – Das Beispiel des Landkreises Diepholz als Normalregion

Als abschließende Betrachtung mit Bezug auf die Ergebnisse der in den Vorkapiteln vorgenommenen empirischen Auswertungen werden im nun folgenden Abschnitt die Erfahrungen im Untersuchungsgebiet zusammengefasst und an systemexternen, das heißt allgemeinen und außerhalb des Untersuchungsraumes, gewonnenen Erkenntnissen gespiegelt. Dies soll gleichermaßen auch mit Blick auf die Debatte zu regionalen Innovationssystemen geschehen. Das Kapitel schließt mit Handlungsüberlegungen zu Möglichkeiten der Ausgestaltung solcher Systeme - wiederum betrachtet an dem Untersuchungsgebiet.

Durchschnittliche, periphere Räume heben sich in ihrer Wirtschaftsstruktur von agglomerationstypischen Regionen ab, wie die Argumentationen u.a. bei Krumbein et al. [1994], bei Koschatzky & Sternberg [2000] oder bei Fritsch [2000] zeigen. Ein klares Zentrum-Peripherie-Paradigma bestimmt insbesondere das regionale Innovationsverhalten und die Ausstrahlungswirkungen verblassen zunehmend bereits bei geringen Radien der Entfernung von den Zentren [Fritsch & Franke, 2001]. Über längere Zeitreihen betrachtet scheint sich das zu beobachtende Gefälle zwischen urbanen und peripheren Regionen langsam abzuflachen, wie Schönert [1999, 2000] bei der Auswertung von Beschäftigten mit Hochschulabschluss für diverse Indikatoren nachweist und dabei auch von einer fortgeführten Dekonzentration ausgeht.

Gleichzeitig bestehen Unterschiede in den politischen Ansätzen technologiebezogener und regionsbezogener Innovationspolitik, die folglich unterschiedliche Prioritäten setzen und möglicherweise sogar zu sich wiederstrebenden Aktivitäten führen [vgl. Koschatzky et al., 2000]. Hinzu kommt, dass sog. Netzwerkexternalitäten oder spill-over-Effekte äußerst schwer zu messen sind bzw. umfangreicher Evaluationsschritte bedürfen, wie sie beispielsweise Deitmer [2001] für komplexe Verbundprojekte entwickelt hat.

Bezogen auf das Untersuchungsgebiet wurde bei dem hier beschriebenen Ansatz davon ausgegangen, dass sich Innovations- und Kooperationstätigkeit der Unternehmen gegenseitig positiv bedingen. Derartige Wirkungen wurden bezüglich des Wissenstransfers aus Hochschulen oder aus anderen innovationsfördernden Netzwerk-Institutionen angenommen. Gleichzeitig gilt, dass in Normalregionen [vgl. Krumbein et al., 1994], als welche das Untersuchungsgebiet zu gelten hat, Imitation und Diffusion im Rahmen eines eher von Inkrementalinnovationen geprägten und von kleinen Unternehmen getragenen Innovationsverhaltens vorherrschen. Spitzentechnologische Unternehmen sind vergleichsweise selten anzutreffen wenngleich Forschung und vor allem Entwicklung dennoch auf einem stabilen und durchaus wissensintensiven Niveau betrieben werden. Dass in einer solchen Konstellation die Ansiedlung spitzentechnologischer Unternehmen beispielsweise in einem Technologiepark „auf der grünen Wiese“ ein vergleichsweise hohes Risiko birgt, da die Anbindung an die Zentren der Wissensgenerierung nur schwer gewährleistet werden kann, findet seine Bestätigung in dem in der Tat gescheiterten Versuch, innerhalb einer der Kommunen des Untersuchungsgebietes zu Beginn der 1990er Jahre ein solches Technologiezentrum aufzubauen.

Vielmehr scheinen dagegen aber positive Entwicklungen im Rahmen einer intensiven Bestandsförderung der durchaus vorhandenen, innovierenden und auch wissensintensiven Unternehmen zu erreichen zu sein, indem diese in ihrem Innovationsverhalten aktiv unterstützt werden. Als ein erfolgversprechender Weg zeigt sich dabei das aktive Eingehen auf die Informationsbedürfnisse und –nachfragen der Unternehmen. Zugleich fällt auf, dass bisherige Innovationsaußenseiter durch niederschwellige Angebote für innovations-orientierte Netzwerke gewonnen werden können. Dabei ist der eher gering formalisierte Weg der Ansprache über sog. Peers [vgl. Klofsten & Mikaelsson, 1994] auch in Form der Personen der Wirtschaftsförderung bzw. lokaler Politiker ein von Kleinunternehmen gerne akzeptierter Weg und weist auf wichtige Funktionen des politisch-administrativen Bereiches hin.

Es bestätigt sich ferner, dass durch intraregionale Kooperation kleine Unternehmen profitieren [vgl. Koschatzky & Sternberg, 2000], konkrete Lernerfahrungen erleben und insbesondere in vertrauensvoller Zusammenarbeit mit relevanten Wissensträgern Unterstützung in ihrem Innovationsverhalten erlangen. Dabei sind gerade die in geringer bis mittlerer Reichweite angesiedelten Universitäten und Fachhochschulen eine sehr wichtige Wissensquelle und können - auch aufgrund ihrer eigenen sog. „Antennenfunktion“ - für die Unternehmen des Untersuchungsgebietes in hohem Anteil das benötigte Wissen zur Verfügung stellen.

Das Vorliegen konkreter sektoraler Cluster konnte für das Untersuchungsgebiet nicht festgestellt werden, obwohl viele der angesprochenen innovationsaktiven Unternehmen beispielsweise im weiteren Bereich der Metallverarbeitung, des Maschinen- und Werkzeug- und des Fahrzeugbaus tätig sind. Auffällige Häufungen oder Schwerpunkte unternehmerischer Kooperation waren innerhalb des Untersuchungsgebietes auch nicht für solche Branchen auszumachen, die als denkbare Schwerpunkte in dem Untersuchungsgebiet oder in Teilbereichen, z.B. durch Seidel [1998] für maritime Netzwerke im Raum der GLP, durch Ridder [1995] für Verkehr und Logistik, durch die Wirtschaftsförderungseinrichtung Weser-Jade [Weser-Jade, 2001] für die Bereiche Abwassertechnik und Ernährungswirtschaft oder durch Hübner [1999] für die Kunststoffverarbeitung diskutiert werden.

Netzwerken wird die Funktion zugesprochen, Auswirkungen auftretenden Marktversagens abzufedern, da sich insbesondere kleine Unternehmen über Austauschbeziehungen das benötigte Know-how aneignen könnten. In der Tat waren innerhalb der hier beschriebenen Beratungsprojekte einzelne Ansätze zur Überwindung von Marktversagen festzustellen: So ist davon auszugehen, dass die fallbezogene Vermittlung insbesondere gegenüber bisherigen „Netzwerkaußenseitern" deren Transaktionskosten im Bereich ihrer Innovationsfragestellungen reduzieren helfen konnte. In diesem Zusammenhang stellt auch Koschatzky [1997a] dar, dass ein einfacher (regionaler) Zugang zu Information und Wissen einen Vorteil für Unternehmen bedeute, was insbesondere für den Erhalt nichtstandardisierbaren und nur über Personen weitergetragenen Wissens gelte. Entsprechend wurde den Unternehmen in den hier beschriebenen Beratungsprojekten unternehmensbezogenes Lernen ermöglicht. Derartige Lerneffekte können sowohl für solche Projekte vermutet werden, die mit der Erstberatung vor Ort bereits beendet waren und treffen sicherlich auf Kooperationsprojekte am stärksten zu. Die erzielten Lerneffekte betreffen die verschiedensten Ebenen, die in dem weiten Feld zwischen technologischen und an Innovationsmanagement orientierten Fragestellungen anzusiedeln sind.

Sowohl durch das Vorhalten niederschwelliger Beratungsleistungen als auch durch gezielte, komplementäre Vermittlungsleistungen ließen sich die Eintrittsbarrieren der vorwiegend angesprochenen Kleinunternehmen zu institutionalisierten Wissens- und Technologiegebern beträchtlich reduzieren. Zugleich ist eine Reduktion der mit Innovationsprozessen stets verbundenen Unsicherheiten anzunehmen: Die Unternehmen konnten davon ausgehen, durch die externe Beratung eine aus ihrer Sicht „neutrale“ Person vorwiegend aus Hochschulen oder aus einem anderen Innovations-orientierten Netzwerk vermittelt zu erhalten, welche einerseits keine kommerziellen (Eigen-)Interessen verfolgt und andererseits auch möglichst komplementär zu den formulierten Unternehmensbedürfnissen ausgewählt worden war. Insofern bewährt sich damit auch das in Kapitel 3 beschriebene System allgemeiner und spezifisch ausgerichteter Transfereinrichtungen.

Mit Hilfe der beschriebenen Beratungsprojekte ließen sich sicher nur einige Bereiche marktbedingt unvollständiger Allokationen überwinden. Dass bei der Aushandlung vor der konkreten Kooperation mit Hochschulpartnern auch deren eigenes Interesse an der notwendigen Finanzierung von Auftragsforschung formuliert wurde, stieß zwar bei den Unternehmen auf grundsätzliches Verständnis. Die Haltung, Hochschulen seien „aber doch für so etwas da“ ist jedoch dabei durchaus keine Einzelmeinung und zeigt die Erwartung eines freien Zugangs zu weit reichendem Wissen auf. Insbesondere bisherige Außenseiter tendierten zu derartigen Aussagen wiewohl sie demgegenüber von dem erhofften Know-how einer Kooperation gerne dauerhaft und in wiederholten Austauschprozessen profitieren wollten. Dass extern vergebene Forschungs- und Entwicklungsaufträge mit Kosten verbunden sind, wurde jedoch gerade von denjenigen Unternehmen akzeptiert, die nicht als bisherige klare Außenseiter zu charakterisieren waren.

Nahezu nicht zu beobachten waren Erfahrungen mit Hemmnissen, die in dilemmahaften Strukturen [vgl. Elsner, 2000, 2001; Wetzel et al., 2001] begründet liegen. So führte Offenheit der Partner nicht zu opportunistischen und somit kontraproduktiven Verhaltensmustern bei der jeweiligen Gegenseite. Zwei Erklärungen kommen hierfür in Frage. Einerseits mag der beiderseitige Nutzen beim Zustandekommen der Kontakte im Vordergrund gestanden haben. Neben dem Lerngewinn bei den Unternehmen lag dieser auf Seiten der Hochschulpartner sicherlich in dem Erfahrungszugewinn praktischer Vorgänge begründet, die z.B. später im Rahmen der Lehrtätigkeit wieder nützlich wurden. Parallel dazu waren aber auch die Anreize zu opportunistischem Verhalten, die sich aus den vorwiegend angesprochenen Inkrementalinnovationen ergaben, möglicherweise eher gering. Andererseits kann vermutet werden, dass die Folie der Wirtschaftsförderung, auf deren Basis und guter Reputation bei den Unternehmen die gesamte Vermittlungstätigkeit durchgeführt wurde, zur Reduktion opportunistisch motivierter Aktionen beitrug. Als weitere Ursache „reibungsloser" Zusammenarbeit ist auch die konstante Begleitung und Moderation beim jeweiligen Zusammentreffen der Partner zu vermuten, da durch die kontinuierliche Präsenz einer externen, dritten Partei ohne eigene wirtschaftliche Interessen am direkten Projektausgang und durch frühzeitige Ansprache Opportunismus-anfälliger Projektphasen entsprechende Offenheit erzeugt wurde. Es bestätigt sich somit hier die von Beise et al. [1995] beschriebene Reduktion von Unsicherheiten in vermittelten Prozessen.

Die gesamten Betrachtungen dieser Arbeit konzentrierten sich stets auf die Zusammenarbeit von Unternehmen mit Einrichtungen des politisch-adminstrativen Bereiches [vgl. Bruch-Krumbein & Hochmuth, 2000]. Es erfolgte keine Betrachtung von Beratungsprojekten für im öffentlichen und politischen Bereich angesiedelte Auftraggeber, da die hier vorgenommenen Auswertungen eine Konzentration auf das Verhalten kleiner Unternehmen intendierten. Gleichwohl wurden innerhalb des Untersuchungsraumes und -zeitraumes 25 Beratungsprojekte zu Gunsten kommunaler Einrichtungen durchgeführt wurden. Wohl soll auf diese Projekte im Rahmen dieser Arbeit nicht im Detail eingegangen werden, doch sei hier in Kürze dargestellt, dass auch in diesem Bereich mehrere Kooperationen in Form von Auftragsarbeiten an Hochschulen vergeben wurden. Dies betraf insbesondere gerade solche Bereiche, die auch für kommunale Verwaltungen eine ökonomische Bedeutung gewinnen, wie dies im Tourismus beispielsweise in der Lenkung von Fremdenverkehr der Fall ist. Auch hier waren öffentliche Verwaltungen auf externes Wissen angewiesen und konnten von einer zielgerichteten Vermittlung profitieren. Für diese sowie für die Gesamtheit aller Beratungsprojekte lässt sich feststellen, dass auch sie offensichtlich zur Bildung einzelner Netzwerkbausteine (vgl. Kapitel 2) beitragen konnten.

Aus den Erfahrungen der Beratungsprojekte in dem Untersuchungsgebiet lassen sich verschiedene Handlungsempfehlungen ableiten. Allerdings ist in diesem Zusammenhang auf den Beitrag von Arndt & Sternberg [2000] hinzuweisen, die die Einschränkungen einer Übertragbarkeit von generellen Empfehlungen zu Konzepten regionaler Entwicklung beschreiben.

Dabei scheint jedoch primär festzustehen, dass für die Etablierung dauerhafter Netzwerkmoderation ganz zentral der Faktor Zeit eine bedeutende Rolle spielt, weil sich Vertrauen in Beziehungen, Kooperationen und Netzwerken nicht in beliebiger Beschleunigungsfähigkeit einstellen, wie auch Elsner [2001] beschreibt und wie Koschatzky & Sternberg [2000] in ihrem Plädoyer für Kontinuität von Netzwerkinitiativen darstellen.

Inwieweit aufgrund geplanter Maßnahmen der Politik im Rahmen der Regional- und der Innovationspolitik Cluster und breit angelegte (sektorale) Netzwerke die integrierten Teilnehmer nachhaltig und wirksam unterstützen können (vgl. Kapitel 2), scheint in der Diskussion weiterhin unklar zu sein [vgl. Fritsch, 2000b]. Verschiedene Ansätze einer regional motivierten und einer technologisch orientierten Innovationsförderung sind sowohl auf europäischer wie auch auf Bundesebene zu verzeichnen. Ob beide Zielrichtungen mit den gleichen Auswirkungen rechnen können, bleibt zum jetzigen Zeitpunkt ebenso unklar, wie Koschatzky et al. [2000] beschreiben. Angesichts der umfangreichen Beschreibungen der durch die Europäische Union initiierten regionalen Innovations - und Technologietransferstrategien (RIS, RITTS) zur Förderung endogener regionaler Potenziale [Zenker, 2001; Koschatzky & Sternberg, 2000; Musyck, 1999; Boll, 1999] soll an dieser Stelle einzig darauf verwiesen werden, dass nach wie vor einige Erkenntnisse aus dem hier betrachteten Untersuchungsgebiet auf die besondere Wirksamkeit sog. one-to-one-Beziehungen hindeutet: über den Weg zielgerichteter und einzelfallbezogener Vermittlungen zur Zusammenarbeit der Unternehmen mit Hochschulen kann für einen tatsächlichen spill-over gesorgt werden. Das alleinige Vorhandensein regionaler Strategien scheint zu diesem Zwecke noch nicht ausreichend zu sein. Fritsch [2000b] bringt die Problematik auf den Punkt, wenn er die Diskussion im Bereich des Wissens- und Technologietransfers zusammenfasst und schlussfolgert, „dass es für die Intensität bzw. Güte des Technologietransfers nicht so wichtig ist, ob bestimmte Transferinstitutionen vorhanden sind, sondern welche Aufgaben sie auf welche Art und Weise“ (S. 117) wahrnehmen. Direkte Beratung vor Ort scheint in diesem Sinne auch im Rahmen der hier geführten Untersuchung gerade für Kleinunternehmen einen besonders hohen Stellenwert einzunehmen.

Dass dabei Wachstumsbranchen wie die IuK-Technologie mit einem besonders hohen Anteil an Mikrounternehmen bevorzugt berücksichtigt werden sollten, beschreibt Riedemann [2001] in einer Befragung innerhalb des Untersuchungsgebietes. Angesichts eines Anteils der in diesen Unternehmen Beschäftigten an der Anzahl aller Beschäftigten von weit unter 1 % [vgl. Brandt, 2001] sind derartige Ansätze jedoch nicht überzugewichten, da im Rahmen der Bestandsförderung Unternehmen aller Branchen in ihrem Innovationsverhalten der Unterstützung bedürfen.

Meyer-Krahmer & Gundrum [1995] weisen darauf hin, dass gerade für den ländlichen Raum ein offenes Informationsangebot über das Vorhandensein der Innovationspotenziale und der verfügbaren Dienstleistungen informieren sollte. Für das hier betrachtete Untersuchungsgebiet liegt ein solcher Innovationskatalog in Form des Regionalen Informationssystems RegIS [2000; Regio, 1999] vor. Gnest [2001] sieht in diesem System insbesondere Mehrwerte dadurch, dass Netzwerkbeziehungen auf dem Wege der elektronischen Recherche zum Zwecke der Zulieferung geknüpft würden. Das mit derartigen Geschäftsbeziehungen verbundene Kennenlernen könne dann in spätere Kooperationen münden. Aus der Sicht der hier beschriebenen Beratungsprojekte lässt sich für einen bislang nicht beschriebenen Handlungsstrang bestätigen, dass innerhalb der durchgeführten Beratungen durchaus auch dieses elektronische Informationssystem RegIS (vgl. z.B. RegIS [2000]) eine bedeutende Rolle spielte, wenn Unternehmen in möglichst kurzer Reichweite spezialisierte Zulieferer suchten und diese bislang über eigene Suchwege nicht finden konnten.

Die beschriebenen Befunde zeigen somit in einer zusammenfassenden Betrachtung, dass sie unter Abgleich mit anderen Quellen (vgl. u.a. Kapitel 2 und 4) zu einer Festigung der dort beschriebenen Argumentationslinien beitragen. Je nachdem, welche politischen Rahmensetzungen vorliegen, bietet sich das Aufsetzen entsprechender Ableitungen und Maßnahmen an. Für den Untersuchungsraum könnten folgende Überlegungen handlungsleitend sein:

Angesichts der in Kapitel 5.2.1 beschriebenen, bislang als unterdurchschnittlich zu betrachtenden Bedeutung des Dienstleistungssektors zeigen sich für die strukturelle Entwicklung in dem Untersuchungsraum erhebliche Potenziale. Wenngleich sich das Innovationsverhalten von Dienstleistern von dem der produzierenden Bereiche abhebt [vgl. Backhaus & Seidel, 1997; Strambach, 2001], so sollte dennoch die Innovationsfähigkeit des Dienstleistungsgewerbes aufgrund der dort zu erwartenden Wachstums- und spill-over-Effekte eine noch stärkere Beachtung im Rahmen der Wirtschaftsförderung erfahren. Eine Möglichkeit bestünde beispielsweise in einer bevorzugten monetären Unterstützung dieser Unternehmen in deren Innovations- und Marketinganstrengungen. Möglich würde diese Förderung durch eine teilweise Umwandlung der bislang als arbeitsplatzbezogene Investitionsförderung in einem erfolgreichen Modell [AR-

SU, 1992] eingesetzten Landkreismittel. So ließe sich auch die Forderung von ZEW et al. [2001] nach besseren Partizipationsmöglichkeiten für KMU an Programmen der direkten Projektförderung im Sinne der oben beschriebenen Stärkung der Innovationsmanagement-Kultur besonders kleiner Unternehmen erfüllen.

Insgesamt zeigt sich, dass der im Rahmen der Wirtschaftsförderung vollzogene Mix an Angeboten im Bereich des Real- und Finanztransfers, wie er weiter oben beschrieben wurde, zu einer positiven Wirtschaftsentwicklung beiträgt. Dies zeigt sich möglicherweise auch an dem kontinuierlichen Wachstum der Zahl sozialversicherungspflichtig Beschäftigter für das Untersuchungsgebiet, wenngleich regionalstrukturelle Gründe hier vermutlich ebenfalls zu berücksichtigen sein dürften. Dabei nimmt offensichtlich auch der institutionalisierte Wissens- und Technologietransfer eine wichtige Stellung ein, der dort - auch aufgrund der für Niedersachsen mit Modellcharakter durchgeführten erstmaligen direkten und in den Betrieben durchgeführten Beratungen und Vermittlungen mit regionalen Ansatz - als sog. Diepholzer Modell beschrieben wurde.

9 Fazit und Ausblick

Im Verlauf der am Anfang dieser Arbeit stehenden Literaturauswertung zeigte sich, dass kleine Unternehmen eine hohe volkswirtschaftliche Bedeutung besitzen, in ihrem Innovationsverhalten jedoch diversen Restriktionen unterworfen sind. Dies betrifft u.a. deren Ressourcen, die Kontinuität ihres Innovationsverhaltens sowie deren Kooperationsmöglichkeiten. Die Einbindung in Netzwerke zwischen Unternehmen sowie in Beziehungen zu öffentlichen Akteuren des politisch-administrativen Umfeldes kann jedoch zu Lerneffekten und Erfahrungszugewinn führen und so eine Überwindung einiger Restriktionen bewirken. Ein möglicher Weg ist dabei der Wissens- und Technologietransfer gegenüber Hochschulen und anderen Wissensgebern. Durch Vermittlung soll dabei kleinen Unternehmen der Zugang zum Subsystem Wissenschaft erleichtert werden.

Zugleich wird in der theoretischen Diskussion davon ausgegangen, dass regionale Nähe und der Zugang zum regionalen Innovationssystem für kleine Unternehmen eine besondere Relevanz besitzen. Zu diesem regionalen Innovationssystem gehören in besonderem Maße die Hochschulen einer Region. Allerdings ist zugleich zu beobachten, dass insbesondere der Transfer zwischen Unternehmen und Hochschulen in weit geringerem Ausmaß stattfindet als dies aufgrund des umfangreichen und qualitativ hochwertigen Output dieser Einrichtungen zu erwarten wäre.

Auf der Basis dieser Überlegungen wurde das am Ende des Kapitels 4.4 dargestellte Fragenset aufgeworfen, das anhand einer Fallstudie zur Überprüfung anstand. Die Fallstudie untersuchte moderierte Vermittlungen innerhalb eines regionalen Kontextes zwischen Unternehmen und verschiedenen öffentlichen Akteuren - vorwiegend aus dem Hochschulbereich. Verschiedenste Indikatoren für Anzeichen von regionalen spill-over-Effekten wurden anhand des Fragensets überprüft.

Im empirischen Teil der Arbeit erfolgt ein umfangreicher Abgleich der gefundenen Erkenntnisse an Aussagen der allgemeinen Diskussion zu regional orientierten Netzwerken, zur Diskussion im Wissens- und Technologietransfer bzw. zur Innovationsforschung. Ableitungen mit Relevanz für die Diskussion regionaler Netzwerke werden dort anhand der untersuchten Einzelindikatoren bzw. anhand der Abhängigkeit einzelner Indikatoren von jeweils weiteren Indikatoren getroffen. Die für die untersuchte Normalregion gefundenen Aussagen sind in Kapitel 7 zusammengefasst.

Folgendes Fazit lässt sich aus den gefundenen Ergebnissen ziehen:

Kleine Unternehmen im vorwiegend peripheren Raum der untersuchten Normalregion können von einer aktiven Beratung, die sich deren spezifischen Aufgabenstellungen annimmt, und von den daraus abgeleiteten Vermittlungen an regional verfügbare, institutionalisierte Wissensgeber und Innovationsunterstützer profitieren.

Regionale Vermittlungen zur Erzielung von in räumlicher Nähe ablaufenden Lerneffekten können bei Kleinunternehmen mit ihren vorwiegend inkrementalen Innovationen in einem beträchtlichen Ausmaß zur Unterstützung und Förderung des Innovationsverhaltens beitragen.

Auf dem Wege der Netzwerkmoderation lassen sich bei einem von Konkurrenzen möglichst freien politisch-administrativen Umfeld kleine Unternehmen an regional verfügbare Netzwerke heranführen, so dass sie von dem Spezialwissen der Akteure profitieren können.

Die Gruppe der betrachteten kleinen Unternehmen unterliegt besonderen (finanziellen) Restriktionen und besitzt oftmals kein ausgeprägtes Innovationsmanagement. Die gleichzeitig starke Stellung der Unternehmer muss bei der Unterstützung des Innovationsverhaltens besondere Berücksichtigung finden.

Von den Kleinunternehmen des v.a. peripheren Untersuchungsraumes läßt sich ein beträchtlicher Anteil vormaliger „Outsider“ an das System institutionalisierter Wissensgeber und Technologiemittler heranführen, um so zu einer Erhöhung deren Absorptionsvermögens beizutragen. Auf ihrem Weg zu Forschung und Entwicklung können bestehende Informationsangebote für Unternehmen erfolgreich erschlossen werden.

Die getroffenen Schlussfolgerungen beruhen auf einer umfangreichen Datenbasis, die im Rahmen einer aktiven Ansprache von nach Innovationen unterstützenden Dienstleistungen nachfragenden Unternehmen entstand. Daraus ergeben sich die auf Mikroebene getroffenen Aussagen zum Innovationsverhalten kleiner Unternehmen, die auf Beratung und Vermittlung im Wissens- und Technologietransfer beruhen. Es ließen sich auf diese Weise einige aufgeworfene Fragestellungen mit empirischen Erkenntnissen aus 268 Beratungsprojekten verknüpfen. Aus den in dieser Arbeit nicht zu beantwortenden, weiterhin offenen Themenbereichen leitet sich der weitere Ausblick ab:

Auf betriebswirtschaftlichen Daten beruhende Kennzahlen, wie auf Forschung und Entwicklung bezogene Umsatzanteile etc., könnten zu einer weiteren Absicherung der Erkenntnisse beitragen. Im Rahmen dieser Arbeit konnte eine Erweiterung der empirischen Basis um solche Größen jedoch nicht geleistet werden. Damit deutet sich auch der Horizont noch offener Fragen an: Weiterer Forschungsbedarf besteht beispielsweise darin, gerade für die betrachtete Gruppe der Kleinunternehmen geeignete Instrumentarien zu finden, mit deren Hilfe die von den Unternehmen durch FuE-Aktivitäten erzielten Erfolge quantifizierbar werden. In den beschriebenen begrenzten Ressourcen und den eher schwach ausgeprägten Managementstrukturen liegt oft auch begründet, dass derartige Zahlen nicht vorliegen. Eine weitere Möglichkeit, zu Aussagen über den Erfolg (vermittelter) FuE-Unterstützung zu kommen, läge in der Durchführung von weitergehenden quantitativen oder qualitativen Befragungen, die hier zur Begrenzung des untersuchten Themenbereiches nicht durchgeführt wurden.

Unter dem Aspekt, den in der Netzwerk- und Clusterdiskussion diskutierten Bereich des politisch-administrativen Umfeldes in seinen Wirkungszusammenhängen und mit seiner Bedeutung für das gesamte regionale Innovationssystem noch eingehender zu untersuchen, böten sich ferner tiefergehende Betrachtungen zur Identifikation einzelner Akteure, zu deren Selbstverständnis, zu ihrer Handlungsweise und zu ihrer Gestaltungskraft sog. Netzwerkbausteine an. Es zeigt sich, dass sich im weiteren Bereich der Innovations- und Regionalforschung - gerade durch die Fokussierung auf das Verhalten der in peripheren Regionen sehr bedeutenden Kleinunternehmen - noch umfangreiche Fragestellungen ableiten lassen.

10 Literatur

Acs, Z. J., Audretsch, D. B. (1992): Innovationen durch kleine Unternehmen; Edition Sigma; Berlin; 1992

Acs. Z. J., Audretsch, D. B., Feldmann, M. P. (1994): R&D Spillovers and the Recipient Firm Size; in: The Review of Economics and Statistics; Vol. 76; S. 336 - 340

Allesch, J., Preiß-Allesch, D., Spengler, U. (1988): Hochschule und Wirtschaft: Bestandsaufnahme und Modelle der Zusammenarbeit; Abschlußbericht des vom BMBW und der TU Berlin geförderten Projektes „Wissens- und Technologietransfer an den deutschen Hochschulen"; Verlag TÜV Rheinland; Köln; 1988

Arbeitskreis (Hrsg., 1990): Technologie-Transfer an niedersächsischen Hochschulen; Arbeitskreis der Leiter von Technologietransfereinrichtungen an niedersächsischen Hochschulen (Hrsg.); Redaktion: Gizler, G.; Göttingen; 1990

Arbeitsstelle DIALOG (Hrsg., 1996): Strukturatlas 95/96. Regionale Strukturen und Entwicklungstendenzen in Nordwestdeutschland; Baumgart, M., Kröcher, U., Seeber, J., unter Mitarbeit von Oliver Bätz; Bibliotheks- und Informationssystem der Universität Oldenburg; Oldenburg; 1996

Arndt, O., Sternberg, R. (2000): Do Manufacturing Firms Profit form Intraregional Innovation Linkages? An Empirical Based Answer; in: European Planning Studies; 8/4; 2000; S. 465 - 485

ARSU (Hrsg., 1992): Wirtschaftsförderung im Landkreis Diepholz. Phase I: Analyse. Gutachten der Arbeitsgruppe für regionale Struktur- und Umweltforschung GmbH im Auftrag der Wirtschaftsförderungs-GmbH; Landkreis Diepholz; Diepholz; 1992

Auer, M. (2000): Transferunternehmertum. Erfolgreiche Organisation des Technologietransfers; Deutscher Universitäts-Verlag; Wiesbaden; 2000

Aydalot, P., Keeble, D (Hrsg., 1988): High Technology, Industry and Innovation Enviroments: the European experience; Routledge; London; 1988

Backhaus, A., Seidel, O. (1997): Innovationen und Kooperationsbeziehungen von Industriebetrieben, Forschungseinrichtungen und unternehmensnahen

Dienstleistern: Die Region Hannover-Braunschweig-Göttingen im interregionalen Vergleich; Hannoversche Geographische Arbeitsmaterialien; Bd. 19 der Abteilung Wirtschaftsgeographie an der Universität Hannover; 1997

Backhaus, A., Seidel, O. (1997a): Innovative Kooperationsbeziehungen in der Region Hannover-Braunschweig-Göttingen. Ergebnisse einer Befragung bei Industriebetrieben, Forschungseinrichtungen und unternehmensnahen Dienstleister; in: Neues Archiv für Niedersachsen; 2/1997; S. 31 - 52

Backhaus, A., Seidel, O. (1998): Die Bedeutung der Region für den Innovationsprozess; in: Raumforschung und Raumordnung; Heft 4/1998; S. 264 – 276

Bade, F.-J. (1979): Funktionale Aspekte der Wirtschaftsstruktur; in: Raumforschung und Raumordnung 37; Heft 6/1979; S. 253 - 268

BBR (2001): Siedlungsstrukturelle Regions-, Kreis- und Gemeindetypen; http://www.bbr. bund.de/abt1/i6/typen.htm (8/2001)

Beise, M., Gehrke, B., Legler, H., Schasse, U. (1997): Zum Verhalten innovierender Unternehmen in Niedersachsen. Wirtschafts- und Forschungsstandort Niedersachsen I; Forschungsberichte des NIW 24; Niedersächsisches Institut für Wirtschaftsforschung e.V., Hannover; 1997

Beise, M., Licht, G., Spielkamp, A. (1995): Technologietransfer an kleine und mittlere Unternehmen. Analysen und Perspektiven für Baden-Württemberg; Schriftenreihe des ZEW; Bd. 3; Nomos Verlagsgesellschaft; Baden-Baden; 1995

BMBF (Hrsg., 1999): Zur technologischen Leistungsfähigkeit Deutschlands. Zusammenfassender Endbericht 1998; Druck- und Verlags-GmbH Becher Brühl; Bonn; 1999

Bögenhold, D. (Hrsg., 2000): Kleine und mittlere Unternehmen im Strukturwandel – Arbeitsmarkt und Strukturpolitik; Peter Lang Verlag; Frankfurt am Main; 2000

Bogaschewsky, R. (1999): Wissensorientiertes Management als Kern eines Innovationsmanagementes; in: Tintelnot, C., Meißner, D., Steinmeier, I. (Hrsg.), Innovationsmanagement; Springer; Berlin; 1999; S. 79 – 89

Boll, D. (1999): Regionalentwicklung zwischen Globalisierung und Regionalisierung; in: Regio Institut, Institut für Regionalentwicklung und Informationssysteme an der Carl von Ossietzky Universität (Hrsg.): Regionalentwicklung zwischen Globalisierung und Regionalisierung. Zur Innovationsfähigkeit von Regionen; BIS-Verlag; Oldenburg; 1999; S. 104 - 112

Bosworth, D., Stoneman, P., Sinha, U. (1996): Technology Transfer, Information Flows and Collaboration; European Innovation Monitoring System (EIMS), EIMS Publication N° 36; European Commission; 1996

Boye, T., Ridder, M. (2001): Integriertes regionales Entwicklungskonzept (REK) für den Landkreis Diepholz; MR Gesellschaft für Regionalberatung mbH; Delmenhorst; 2001

Bracht, U., Masurat, T. (2002, unveröffentlicht): Die vergessenen Fabriken. Schlafende Potentiale für innovative Planungen bei KMU systematisch mit modernen IT-Instrumenten wecken; TU Clausthal; IMAB

Brandt, A. (2001): CeBIT CITY – Die Informations- und Kommunikationswirtschaft in der Region Hannover; Beiträge zur regionalen Entwicklung; 89; Nord/LB; Hannover; 2001

Bruch-Krumbein, W., Gutberger, J., Kollros, H. (1995): Wirtschaftsnahe Kooperationen zur Erschließung von Innovationspotentialen in den Regionen Lüneburg und Südniedersachsen; in: regionale trends. Schriftenreihe des Instituts für Regionalforschung e.V.; 10; Göttingen; 1995

Bruch-Krumbein, W., Hochmuth, E. (2000): Cluster und Clusterpolitik. Begriffliche Grundlagen und empirische Fallbeispiele aus Ostdeutschland; Schüren; Marburg; 2000

Brusco, S. (1992): Small firms and the provision of real services; in: Pyke, F.; Sengenberger W. (Eds.): Industrial Districts and Local Economic Regeneration; International Institute für Labour Studies; Geneva; 1992; S. 177 – 196

Bühl, A., Zöfel, P. (1999): SPSS Version 8. Einführung in die moderne Datenanalyse unter Windows; 5., überarbeitete und erweiterte Auflage; Addison-Wesley; Bonn; 1999

Bürgel, H. D., Haller, C., Binder, M. (1996): F&E-Management; Vahlen; München; 1996

Bullinger, H.-J. (1994): Einführung in das Technologiemanagement. Modelle, Methoden, Praxisbeispiele; Teubner; Stuttgart; 1994

Bullinger, H.-J. (1999): Forschungs- und Entwicklungsmanagement; in: Eversheim, W., Schuh, G. (Hrsg.): Produktion und Management 2. Produktmanagement; Springer; Berlin; 1999; S. 6-1 – 6-68

Bureth, A., Héraud, J.-A. (2001): Institutions of Technological Infrastructure (ITI) and the Generation and Diffusion of Knowledge; in: Koschatzky, K., Kulicke, M., Zenker, A. (Eds.): Innovation Networks. Concepts and Challenges in the European Perspective; Physica Verlag; Heidelberg; 2001; S. 69 - 91

Camagni, R. (Hrsg., 1991): Innovation networks: spatial perspectives; London; 1991

Camagni, R., Capello, R. (1999): Innovation and Performance of SMEs in Italy: The Relevance of Spatial Aspects; in: Fischer, M. M., Suarez-Villa, L., Steiner, M. (Hrsg.); Innovation, Networks and Localities; Springer; Berlin; 1999; S. 181 - 213

Cantner, U. (2000): Die Bedeutung von Innovationssystemen für die internationale Wettbewerbsfähigkeit; in: Staroske, U., Wiegand-Kottisch, M., Wohlmuth, K. (Hrsg., 2000): Innovation als Schlüsselfaktor eines erfolgreichen Wirtschaftsstandortes; LIT Verlag; Münster; 2000; S. 77 - 110

Cantner, U., Hanusch, H., Pyka, A. (2000): Horizontal heterogeneity, technological progress and sectoral development; in: Cantner, U., Hanusch, H. Klepper, S. (Editors): Economic Evolution, Learning, and Complexity; Physica; Heidelberg; 2000; S. 73 – 96

Clemens, R., Günterberg, B., Hauser, H.-E., Kayser, G. (1997): Unternehmensgrößenstatistik 1997/98 – Daten und Fakten; Institut für Mittelstandsforschung IfM; Bonn; 1997; www.ifm-bonn.org (6/2001) sowie www.bmwi.de (6/2001)

DeiOttati, G. (1996): The remarkable resilience of the industrial districts of Tuscany; in: ESRC Centre for Business Research, University of Cambridge Working Paper N. 28; Cambridge; 1996

Deitmer, L. (2001): Der Beitrag von Arbeit und Technik Verbundprojekten zur „lernenden Region“ – untersucht an ausgewählten Projektbeispielen aus dem Bremer Landesprogramm Arbeit und Technik; Dissertation; Bremen; 2001

Diebler, P; Deitmer, L. (2001): Report on skills in University-Industry-Liaison (UIL). Draft version; Institut für Technik und Bildung ITB; Universität Bremen; Bremen; 2001

Diez, J. R. (2000): The Importance of Public Research Institutions in Innovative Networks – Empirical Results form the Metropolitan Innovation Systmes Barcelona, Stockholm and Vienna; in: European Planning Studies; 8/4; 2000; S. 451 - 463

Dörsam, P.; Icks, A. (1997): Vom Einzelunternehmen zum regionalen Netzwerk: Eine Option für mittelständische Unternehmen; Schriften zur Mittelstandsforschung Nr. 75; Institut für Mittelstandsforschung; Schäffer-Poeschel; Stuttgart; 1997

DPMA (Hrsg., 2000): Blatt für PMZ. Blatt für Patent-, Muster- und Zeichenwesen; 103/3 (März, 2001); Carl Heymanns Verlag; München; S. 65 - 112

Einem, E.v.; Diller, C., Arnim, G.v. (1995): Standortwirkungen neuer Technologien; Räumliche Auswirkungen der neuen Produktionstechnologien und der „flexiblen Spezialisierung"; Birkhäuser; Basel; 1995

Elsner, W. (1999): Sektorale Cluster im Nordwesten und strategische Strukturpolitik – Mit dem Fallbeispiel „Logistik-Cluster", in: Regio Institut, Institut für Regionalentwicklung und Informationssysteme an der Carl von Ossietzky Universität (Hrsg.): Regionalentwicklung zwischen Globalisierung und Regionalisierung. Zur Innovationsfähigkeit von Regionen; BIS-Verlag; Oldenburg; 1999; S. 61 – 75

Elsner, W. (2000a): An Industrial Policy Agenda 2000 and Beyond – Experience, Theory and Policy; in: Elsner, W., Groenewegen, J. (Hrsg.); Industrial Policies After 2000; Kluwer Academic Publishers; Boston; 2000; S. 411 - 486

Elsner, W. (2001): Individuum und gesellschaftliches Handeln. Eine Grundfrage (nicht nur) der heterodoxen Ökonomik – neu betrachtet; in: Einzelwirtschaften und Sozialpolitik zwischen Markt und Staat in Industrie- und Entwicklungsländern (2001); S. 69 - 97

Elsner, W. (2001a): Interactive Economic Policy; Toward a Cooperative Policy Approach for a Negotiated Economy; in: Journal of Economic Issues; Vol. 35; No. 1; 2001; S. 61 - 83

Enright, J. M. (1996): Regional Clusters and Economic Development: A Research Agenda; in: Business networks: prospects for regional development; De Gruyter studies in organization; 73. Organizational theory and research; de Gruyter; Berlin; 1996; S. 190 - 214

Ertel, R. (1987): Innovationsberater und Technologietransferbeauftragte als Mittler beim Technologietransfer; Forschungsberichte des NIW 10; Niedersächsisches Institut für Wirtschaftsforschung e.V.; Hannover; 1987

Europäische Gemeinschaften (Hrsg., 2000): Das Europäische Beobachtungsnetz für KMU. Sechster Bericht, Kurzfassung; Luxemburg; Amt für amtliche Veröffentlichung der europäischen Gemeinschaften; 2000; http://www.europa.eu.int/comm/enterprise/enterprise_policy/analysis/doc/exsum6_de.pdf (9/2001)

Europäische Kommission (1996): Grünbuch zur Innovation; in: Bulletin der Europäischen Kommission, Beilage 5/1995; Amt für amtliche Veröffentlichungen der Europäischen Gemeinschaften; Luxemburg; 1996

Europäische Kommission (1997): Erster Aktionsplan für Innovation in Europa; in: Bulletin der Europäischen Kommission, Beilage 3/1997; Amt für amtliche Veröffentlichungen der Europäischen Gemeinschaften; Luxemburg; 1997

Fischer, M. M. (1999): The Innovation Process and Network Activities of Manufacturing Firms; in: Fischer, M. M., Suarez-Villa, L., Steiner, M. (Hrsg.); Innovation, Networks and Localities; Springer; Berlin; 1999; S. 11 - 27

Fritsch, M. (2000): Interrgegional differences in R&D activities – an empirical investigation; in: Freiberg Working Papers; Technische Universität Bergakademie Freiberg; Fakultät für Wirtschaftswissenschaften; Nr. 13; Freiberg; 2000

Fritsch, M. (2000a): Interregional differences in R&D activities – an empirical investigation; in: European Planning Studies; 8/4; 2000; S. 409 - 427

Fritsch, M. (2000b): Ansatzpunkte und Möglichkeiten zur Verbesserung regionaler Innovationsbedingungen – Ein Überblick über den Stand der Forschung; in: Hirsch-Kreinsen, H., Schulte, A. (Hrsg.): Standortbindungen. Unternehmen zwischen Globalisierung und Regionalisierung; Edition Sigma; Berlin; 2000; S. 103 - 128

Fritsch, M. (2001): Innovation by Networking: An Economic Perspective; in: Koschatzky, K., Kulicke, M., Zenker, A. (Eds.): Innovation Networks. Concepts and Challenges in the European Perspective; Physica Verlag; Heidelberg; 2001; S. 25 - 35

Fritsch, M. (2001a): R&D-Cooperation and the Efficiency of Regional Innovation Activities; in: Freiberg Working Papers; Technische Universität Bergakademie Freiberg; Fakultät für Wirtschaftswissenschaften; Nr. 4; Freiberg; 2001

Fritsch, M., Franke, G. (2000): Innovation, Regional Knowledge Spillovers and R&D Cooperation; in: Freiberg Working Papers; Technische Universität Bergakademie Freiberg; Fakultät für Wirtschaftswissenschaften; Nr. 25; Freiberg; 2000

Fritsch, M., Koschatzky, K., Schätzl, L., Sternberg, R. (1998): Regionale Innovationspotentiale und innovative Netzwerke; in: Raumforschung und Raumordnung; Heft 4/1998; S. 234 – 252

Fritsch, M., Lukas, R. (1999): Innovation, cooperation, and the region; in: Audretsch D. B., Thurik, A. R. (Hrsg.,1999): Innovation, Industry Evolution, and Employment; Cambridge University Press; Cambirdge; 1999; S. 157 - 181

Fritsch, M., Lukas, R. (2001): Who cooperates on R & D?; in: Research Policy; 30; 2001; S. 297 - 312

Fritsch, M., Schwirten, C. (1998): Öffentliche Forschungseinrichtungen im regionalen Innovationssystem; in: Raumforschung und Raumordnung; Heft 4/1998; S. 253 – 263

Fritsch, M., Schwirten, C (1999): Enterprise-University Co-operation and the Role of Public Research Institutions in Regional Innovation Systems; in: Industry and Innovation; 6/1; 1999; S. 69 - 83

Fritsch, M., Schwirten C. (2000): R&D cooperation between public research institutions – magnitude, motives and spatial dimension; in: Freiberg Working Papers; Technische Universität Bergakademie Freiberg; Fakultät für Wirtschaftswissenschaften; Nr. 11; Freiberg; 2000

Fromhold-Eisebith, M. (1995): Das „kreative Milieu“ als Motor regionalwissenschaftlicher Entwicklung. Forschungstrends und Erfassungsmöglichkeiten; in: Geographische Zeitschrift; Jahrg. 83/1995; S. 30 - 47

Fromhold-Eisebith, M. (1999): Das „kreative Milieu“ – nur theoretisches Konzept oder Instrument der Regionalentwicklung?; in: Raumforschung und Raumordnung; Heft 2/3-1999; S. 168 – 175

Gehrke, B., Legler, H., Machate-Weiß, V., Schasse, U., Steincke, M. (1997): Forschung, Entwicklung und Qualifikation in der niedersächsischen Indus-trie. Wirtschafts- und Forschungsstandort Niedersachsen III; Forschungsberichte des NIW 26; NIW Niedersächsisches Institut für Wirtschaftsforschung e.V.; Hannover; 1997

Geisler, J. (1998): Innovative Unternehmen im Münsterland. Empirische Erhebung des Innovationsverhaltens und der Nutzung technologieorientierter Infrastruktur zu Beginn der 1990er Jahre; Westfälische Geographische Studien; 49; Geographische Kommission für Westfalen; Münster; 1998

Gelshorn, T., Michallik, S., Staehle, W. H. (1991): Die Innovationsorientierung mittelständischer Unternehmer. Auswirkungen staatlicher Innovationsförderung; Poeschel; Stuttgart; 1991

Gemünden, H. G., Ritter, T. (1997): Innovationskooperation und Innovationserfolg. Empirische Untersuchungen unter besonderer Berücksichtigung der Unterschiede zwischen Ost- und Westdeutschland; Institut für Angewandte Betriebswirtschaftslehre und Unternehmensführung; Universität Karlsruhe; Karlsruhe; 1997

Geschka, H. (1999): Differenziertes typbezogenes Innovationsmanagement für mittelständische Unternehmen, in: Tintelnot, C., Meißner, D., Steinmeier, I. (Hrsg.), Innovationsmanagement; Springer; Berlin; 1999; S. 133 - 148

GLP (1994): Konzept für eine regionale Infrastrukturpolitik im Raum der gemeinsamen Landesplanung Bremen/Niedersachsen; Band II; Wissenschaft und Forschung. Entwicklungspotentiale für die Region Bremen – Oldenburg – Bremerhaven zur Ausstattung der Region mit FuE-Infrastruktur; Schriftenreihe Nr. 5 – 94; Niedersächsisches Innenministerium und Senator für Umweltschutz und Stadtentwicklung der Freien Hansestadt Bremen (Hrsg.); Hannover, Bremen; 1994

Gnest, H. (2001): vernetzt!? – Die Rolle eines Informationssystems beim Aufbau regionaler Kooperationen und Netzwerke am Beispiel von RegIS-online; Diplomarbeit am Fachbereich Landschaftsarchitektur und Umweltentwicklung der Universität Hannover; Hannover; 2001

Grabher, G. (Ed.,1993): The embedded firm. On the socioeconomics of industrial networks; London; Routledge; 1993

Grabow, B., Heuer, H., Kühn, G. (1990): Lokale Innovations- und Technologiepolitik. Ergebnisse einer bundesweiten Erhebung; Deutsches Institut für Urbanistik; Berlin; 1990

Granovetter, M. (1973): The Strength of Weak Ties; in: American Journal of Sociology; 78; S. 1360 - 1380

Greif, S. (1998): Patentatlas Deutschland. Die räumliche Struktur der Erfindungstätigkeit; Deutsches Patentamt; München; 1998

Grupp, H. (1999): Prospektive Technikbewertung als Managementinstrument für Innovationen; in: Tintelnot, C., Meißner, D., Steinmeier, I. (Hrsg.), Innovationsmanagement; Springer; Berlin; 1999; S. 149 - 162

Grupp, H., Jungmittag, A., Schmoch, U., Legler, H. (2000): Hochtechnologie 2000. Neudefinition der Hochtechnologie für die Berichterstattung zur technologischen Leistungsfähigkeit Deutschlands; Karlsruhe/Hannover; 2000

Hahn, R., Gaiser, A., Héraud, J.-A., Muller, E. (1994): Innovationstätigkeit der Unternehmen und regionales Umfeld. Eine vergleichende Untersuchung im Elsaß und im Bodenseeraum; in: Raumforschung und Raumordnung; Heft 3/1994; S. 193 – 202

Hauser, H.-E. (2000): SMEs in Germany. Facts and Figures; Institut für Mittelstandsforschung IfM; Bonn; 2000; www.ifm-bonn.org (6/2001)

Heinlein, M., Seeber, J. (1998): Innovationsorientierter Technologietransfer im Landkreis Diepholz; in: Der Landkreis. Zeitschrift für kommunale Selbstverwaltung; Jahrgang 68; 7/1998; S. 409 - 412

Hellmer, F., Friese, C., Kollros, H., Krumbein, W. (1999): Mythos Netzwerke. Regionale Innovationsprozesse zwischen Kontinuität und Wandel; Edition sigma; Berlin; 1999

Hilbert, J., Sperling, H.J. (1990): Die kleine Farbrik. Beschäftigung, Technik und Arbeitsbeziehungen; Rainer Hampp Verlag; München; 1990

Hübner, M. (1999): Kunststoffindustrie im Südoldenburger Raum: Ein Produktionscluster mit Modellcharakter?; in: Regio Institut, Institut für Regionalentwicklung und Informationssysteme an der Carl von Ossietzky Universität (Hrsg.): Regionalentwicklung zwischen Globalisierung und Regionalisierung. Zur Innovationsfähigkeit von Regionen; BIS-Verlag; Oldenburg; 1999; S. 77 – 81

Kay, R., May-Strobl, E., Maaß, F. (2001): Neue Ergebnisse der Existenzgründungsforschung; Deutscher Universitäts-Verlag; Wiesbaden; 2001

Keeble, D., Wilkinson, F. (1999): Collective Learning and Knowledge Development in the Evolution of Regional Clusters of High Technology SMEs in Europe; in: Regional Studies; 33/4; S. 295 - 305

Khan, M. A., Manopichetwattana, V. (1989): Models for Distinguishing Innovative and Noninnovative Small Firms; in: Journal of Business Venturing; 4; S. 187 - 196

Kinkel, S., Lay, G. (2000): Notnagel regionale Kooperation? Verbreitung und Nutzen regionaler Kooperation in der deutschen Investitionsgüterindustrie; in: Mitteilungen aus der Produktionsinnovationserhebung; Fraunhofer Institut für Systemtechnik und Innovationsforschung; 19; 2000;

Klandt, H., Nathusius, K., Mugler, J., Heil, A. H. (Hrsg., 2001): Gründungsforschungs-Forum 2000. Dokumentation des 4. G-Forums Wien; Josef Eul Verlag; Lohmar-Köln; 2001

Kline, S. J., Rosenberg, N. (1986): An Overview of Innovation; in: Landau, R., Rosenberg, E. (Hrsg.): The Positive Sum Strategy; National Academy Press; Washington; 1996; S. 275 - 305

Klodt, T. (1998): Vier Jahre Hannoveraner Firmenpanel; in: NIW-Workshop 1998, Neue Produkte – Neue Märkte – Neue Strategien. Unternehmenserfolge in der niedersächsischen Industrie 1994 – 1997; NIW Niedersächsisches Institut für Wirtschaftsforschung e.V.; Hannover; 1998; S. 1 - 32

Klofsten, M., Mikaelsson, A.-F. (1998): Support of technology-based SMEs : an analysis of the owner managers' attitude; in: Oakey, R. (Hrsg.): New technology-based firms in the1990s; Chapman; London; 1998; S. 71 - 80

Kompetenznetze (2001): http://www.kompetenznetze.de (5/2001)

Koschatzky, K. (1995): Regionale Innovations- und Technologieförderung. Ansatzpunkte für die Nutzung regionaler Innovationspotentiale; Arbeitspapier Regionalforschung Nr. 1; ISI, Fraunhofer Institut für Systemtechnik und Innovationsforschung; Stuttgart; 1995

Koschatzky, K. (1997): Technologietransfer und Regionalentwicklung; Arbeitspapier Regionalforschung Nr. 11; ISI, Fraunhofer Institut für Systemtechnik und Innovationsforschung; Stuttgart; 1997

Koschatzky, K. (1997a): Innovationsdeterminanten im interregionalen Vergleich: Möglichkeiten zur Stärkung regionaler Innovationspotentiale; in: Geographische Zeitschrift; 85; 2/3; S. 97 - 112

Koschatzky, K. (1997b): Regionale Innovationsindikatorik dargestellt am Beispiel der Raumordnungsregionen Neckar-Alb und Schwarzwald-Baar-Heuberg; in: Raumforschung und Raumordnung; Heft 1/1997; S. 48 - 58

Koschatzky, K. (1998): Innovationspotentiale und Innovationsnetzwerke in grenzüberschreitender Perspektive; in: Raumforschung und Raumordnung; Heft 4/1998; S. 277 – 287

Koschatzky, K. (1999): Regionale Infrastrukturen und Strategien für Technologietransfer; in: Tintelnot, C., Meißner, D., Steinmeier, I. (Hrsg.), Innovationsmanagement; Springer; Berlin; 1999; S. 29 – 38

Koschatzky K. (2000, unveröffenlicht): Innovationsnetzwerke und Innovationspolitik. Neue Konzepte für Wirtschaftsentwicklung und Wissenstransfer; Vortrag anlässlich der Jahrestagung des Innovationsnetzwerkes Niedersachsen am 6.4.2000; Hannover

Koschatzky K. (2000a): A River is a River – Cross-Border-Networking Between Baden and Alsace; in: European Planning Studies; 8/4; 2000; S. 429 - 449

Koschatzky K. (2001) Networks in Innovation Research and Innovation Policy – An Introduction; in: Koschatzky, K., Kulicke, M., Zenker, A. (Hrsg.): Innovation Networks, Concepts and Challenges in the European Perspective; Physica-Verlag; Heidelberg; 2001; S. 3- 23

Koschatzky, K., Gundrum, U. (1997): Innovation Networks for Small Enterprises; in: Technology, innovation and policy; 5; Physica Verlag; Heidelberg; 1997; S. 203 - 224

Koschatzky K., Muller, E., Zenker, A., Schädel, C., Eickelpasch, A., Pfeiffer, I., Dohse, D., Bode,E., Gehrke, B., Legler, H., Schmidt, J. (2000): Regionale Verteilung von Innovations- und Technologiepotentialen in Deutschland und Europa. Endbericht an das Bundesministerium für Bildung und Forschung; Karlsruhe; 2000; http://www.isi.fhg.de/ir/regionalstudie/studie.htm (11/2001)

Koschatzky, K., Sternberg, R. (2000): R & D Cooperation in Innovation Systems - Some Lessons form the European Regional Innovation Survey (ERIS); in: European Planning Studies; 8/4; 2000; S. 487 - 501

Krätke, S. (1995): Stadt, Raum, Ökonomie. Einführung in aktuelle Problemfelder der Stadtökonomie und Wirtschaftsgeographie; Birkhäuser; Basel; 1995

Kropeit, G. (1999): Erfolgsfaktoren für die Gestaltung von FuE-Kooperationen, in: Tintelnot, C., Meißner, D., Steinmeier, I. (Hrsg.), Innovationsmanagement; Springer; Berlin; 1999; S. 271 - 282

Krumbein, W. (Hrsg., 1994): Ökonomie und politische Netzwerke in der Region. Beiträge aus der internationalen Debatte; LIT Verlag; Münster; 1994

Krumbein, W. (1998): Wider die Veränderungsdramatik. Befunde zur neofordistischen Raum- und Regionalentwicklung; in: Stötzel, R. (Hrsg.): Ungleichheit als Projekt. Globalisierung – Standort - Neoliberalismus; Forum Wissenschaft Studien 43; BdWi-Verlag; Marburg; 1998; S. 197 - 208

Krumbein, W., Friese, C., Hellmer, F., Kollros, H. (1994): Industrial Districts und „Normalregionen". Überlegungen zu den Ausgangspunkten einer zeitgemäßen Wirtschaftsförderpolitik; in: Krumbein, W. (Hrsg.): Ökonomie und politische Netzwerke in der Region. Beiträge aus der internationalen Debatte; LIT Verlag; Münster; 1994; S. 153 - 186

Landabaso, M., Oughton, C., Morgan, K. (2001): Innovation Networks and Regional Policy in Europe; in: Koschatzky, K., Kulicke, M., Zenker, A. (Hrsg.): Innovation Networks, Concepts and Challenges in the European Perspective; Physica-Verlag; Heidelberg; 2001; S. 243 - 273

Lawson, C., Lorenz, E. (1999): Collective Learning, Tacit Knowledge and Regional Innovative Capacity; in: Regional Studies; 33/4; S. 306 - 317

Legler, H. (1991): Forschung und Entwicklung in der Wirtschaft und in den Regionen Niedersachsens; in: Legler, H. (Hrsg., 1991): Industrielle Forschung, Entwicklung, Invention und Innovation – Regionale und sektorale Strukturen in Niedersachsen; Strukturberichterstattung Niedersachsen; NIW Niedersächsisches Institut für Wirtschaftsforschung; Hannover; 1991; S. 25 - 49

Legler, H. (1999): Forschung und Entwicklung in der niedersächsischen Wirtschaft. Regional-, Sektor-, Unternehmensgrößenstruktur und Internationalisierung im überregionalen Vergleich. Analyse von Sonderauswertungen im

Auftrag des Niedersächsischen Ministeriums für Wirtschaft, Technologie und Verkehr; NIW Niedersächsisches Institut für Wirtschaftsforschung; Hannover; 1999

Legler, H., Peters, B., Schmidt, J. (2000): Zum Innovationsverhalten der niedersächsischen Industrie- und Dienstleistungsunternehmen 1992 bis 1998. Eine Sonderauswertung des Mannheimer Innovationspanel (1993 bis 1999) im Auftrag des Niedersächsischen Ministeriums für Wirtschaft, Technologie und Verkehr; NIW Niedersächsisches Institut für Wirtschaftsforschung; Hannover; 2000

Legler, H., Schasse, U. (1999): Patentverwertung: Eine Orientierungsanalyse für Niedersachsen. Studie im Auftrag des Niedersächsischen Ministeriums für Wirtschaft, Technologie und Verkehr; NIW Niedersächsisches Institut für Wirtschaftsforschung; Hannover; 1999

Legler, H., Schasse, U. (1999a): Netzwerkstrukturen zur Förderung des Technologietransfers und von Innovationen in Niedersachsen. Studie des NIW im Auftrag des Niedersächsischen Ministeriums für Wirtschaft, Technologie und Verkehr; Hannover; 1999

Legler, H., Schasse, U. (1999b): Zur technologischen Leistungsfähigkeit der niedersächsischen Wirtschaft. Analyse und Handlungsfelder; in: NIW-Workshop 1999; Innovations- und Technologieorientierung der niedersächsischen Wirtschaft; Niedersächsisches Institut für Wirtschaftsforschung e.V.; Hannover; 1999

Legler, H., Schasse, U., Schmoch, U. (1997): Technologische Position Niedersachsens. Wirtschafts- und Forschungsstandort Niedersachsen II, Forschungsberichte des NIW 25; NIW Niedersächsisches Institut für Wirtschaftsforschung e.V.; Hannover; 1997

Leicht, R. (1994): Die Prosperität kleiner Betriebe. Das längerfristige Wandlungsmuster von Betriebsgrößen und –strukturen; Physica-Verlag; Heidelberg; 1994

Licht, G., Kukuk, M. (1997): Effekte von Innovationen im Dienstleistungssektor; in: NIW-Workshop 1997: Innovationen im Dienstleistungsbereich und IuK-Technologien; NIW Niedersächsisches Institut für Wirtschaftsforschung e.V.; Hannover; 1997; S. 17 - 40

Lilischkis, S. (2001): Förderung von Unternehmensgründungen aus Hochschulen – Eine Fallstudie der University of Washington (Seattle) und der Ruhr-Universität Bochum; Josef Eul Verlag; Lohmar-Köln; 2001

Lompe, K., Blöcker, A., Lux, B., Syring, O. (1996): Regionalisierung als Innovationsstrategie. Die VW-Region auf dem Weg von der Automobil- zur Verkehrskompetenzregion; edition sigma; Berlin; 1996

Mansfield, E. (1995): Academic Research Underlying Industrial Innovations: Sources, Characteristics, and Financing; in: Review of Economics and Statistics; Vol. 77; 1995; S. 55 - 65

Marshall, A. (1919): Industry and Trade; 3rd ed.; London; Macmillan; 1919

Meißner, D. (1999): Forschungstransfer zum externen Erwerb von Technologien und technologischem Wissen; in: Tintelnot, C., Meißner, D., Steinmeier, I. (Hrsg.), Innovationsmanagement; Springer; Berlin; 1999; S. 39 – 51

Meyer-Krahmer, F., Gielow, G., Kuntze, U. (1984): Wirkungsanalyse der Zuschüsse für Personal in Forschung und Entwicklung; Endbericht an den Bundesminister für Wirtschaft; Fraunhofer-Institut für Systemtechnik und Innovationsforschung; Karlsruhe; 1985

Meyer-Krahmer, F., Gundrum, U. (1995): Innovationsforschung im ländlichen Raum; in: Raumforschung und Raumordnung; Heft 3/1995; S. 177 – 185

Meyer-Krahmer, F., Schmoch, U. (1993): Die Innovationsproblematik aus Sicht der angewandten Innovationsforschung; in: ifo-Studien 14/1993; S. 191 - 219

Mirow, M., Linz, C. (2000): Planung und Organisation von Innovationen aus systemtheoretischer Perspektive; in: Aktuelle Tendenzen im Innovationsmanagement. Festschrift für Werner Popp zum 65. Geburtstag; Physica; Heidelberg; 2000; S. 249 - 268

Muller, E. (2001): Knowledge, Innovation Processes and Regions; in: Koschatzky, K., Kulicke, M., Zenker, A. (Eds.): Innovation Networks. Concepts and Challenges in the European Perspective; Physica Verlag; Heidelberg; 2001; S. 37 - 51

Musyck, B. (1999): Das Konzept „Regionaler Innovationsstrategien“: Ursprung und Zukunftsperspektiven; in: Regio Institut, Institut für Regionalentwicklung und Informationssysteme an der Carl von Ossietzky Universität (Hrsg.): Regionalentwicklung zwischen Globalisierung und Regionalisierung. Zur Innovationsfähigkeit von Regionen; BIS-Verlag; Oldenburg; 1999; S. 15 - 27

NATI (Hrsg.; 2000): AGTIF. Innovationsnetzwerk Niedersachsen. Erfolgreiche Partner im Netzwerk; Technologieagentur Niedersachsen; Hannover; 2000

Nelson, R.R., Winter, S.G. (1982): An Evolutionary Theory of Economic Change; Harvard University Press; Cambridge/Mass.; 1982

Nicolay, R., Wimmers, S. (2000): Kundenzufriedenheit der Unternehmen mit Forschungseinrichtungen. Ergebnisse einer Unternehmensbefragung zur Zusammenarbeit zwischen Unternehmen und Forschungseinrichtungen; Deutscher Industrie- und Handelstag; Berlin; 2000

Niedersächsisches Ministerium für Wirtschaft, Technologie und Verkehr (2001; Hrsg.): Jahresbericht 2000/2001; Hannover; 2001

NLS (2000): Statistik Datenbank; Ausgabe 2001 – I (CD); Hannover; 2001

OECD (1990): Technology Economy Program (TEP). Draft Background Report (Chapter 10 Technology and Competitiveness); Paris; 1990

Oppenländer, K.H. (2000): Innovation und regionales Wachstum; in: Aktuelle Tendenzen im Innovationsmanagement. Festschrift für Werner Popp zum 65. Geburtstag; Physica; Heidelberg; 2000; S. 27 - 42

Penzkofer, H., Schmalholz, H. (1994): Der Zusammenhang zwischen Marktstruktur, Innovationsverhalten und dynamischem Wettbewerb. Eine empirische Analyse auf der Datenbasis des ifo Innovationstests; ifo Studien zur Innovationsforschung Band 2; ifo Institut für Wirtschaftsforschung; München, 1994

Penzkofer, H., Schmalholz, H. (1999): Innovationsverhalten der deutschen Industrie. Ergebnisse des ifo Innovationstests 1990 – 1997; ifo Studien zur Innovationsforschung Band 5; ifo Institut für Wirtschaftsforschung; München, 1999

Pfirrmann, O. (1991): Innovation und regionale Entwicklung. Eine empirische Analyse der Forschungs-, Entwicklungs- und Innovationstätigkeit kleiner und mittlerer Unternehmen in der Bundesrepublik Deutschland 1978 – 1984; Verlag V. Florentz; München; 1991

Pfirrmann, O. (1994): Die Bestimmung regionaler Innovationsdisparitäten. Ein Beitrag zur Methodendiskussion; in: Raumforschung und Raumordnung; Heft 3/1994; S. 203 – 211

Pfirrmann, O. (1998): Small Firms in High Tech – A European Analysis; in: Small Business Economics; 10/3; 1998; S. 227 - 241

Piore, M. J., Sabel, C. F. (1985): Das Ende der Massenproduktion: Studie über die Requalifizierung der Arbeit und der Rückkehr der Ökonomie in die Gesellschaft; Wagenbach; Berlin; 1985

Pleschak, F. (1994): Chancen und Risiken kleiner innovationsorientierter Unternehmen im Innovationswettbewerb; in: Logistik und Innovationsprozesse: Beiträge zur Wettbewerbsfähigkeit und Standortsicherung: 4. Nürtinger Logistiktag am 15. Juni 1994; Fraunhofer Institut für Systemtechnik u. Innovationsforschung Karlsruhe; Projektstelle Dresden; 1994

Pleschak, F., Sabisch, H., Wupperfeld, U. (1994): Innovationsorientierte kleine Unternehmen. Wie Sie mit neuen Produkten neue Märkte erschließen; Gabler; Wiesbaden; 1994

Porter, M. E.: Nationale Wettbewerbsvorteile. Erfolgreich konkurrieren auf dem Weltmarkt; Droemer Knaur; München; 1991

Regio, Regio GmbH, Institut für Regionalentwicklung und Informationssysteme an der Carl von Ossietzky Universität Oldenburg (Hrsg., 1999): Aufbau eines regionalen Wirtschaftsinformationssystems. Ein Netzwerk für innovative Regionalentwicklung in Nordwestdeutschland; Bibliotheks- und Informationssystem der Universität Oldenburg; 1999

RegIS (2000): Regionales Informationssystem RegIS; http://www.regis-online.de; (4/2000); Oldenburg; 2000

Rehfeld, D. (1994): Produktionscluster und räumliche Entwicklung – Beispiele und Konsequenzen; in: Krumbein, W. (Hrsg.): Ökonomie und politische Netzwerke in der Region. Beiträge aus der internationalen Debatte; LIT Verlag; Münster; 1994; S. 187 - 205

Rehfeld, D. (1995): Betriebliche Innovationen und regionale Technologiepolitik; Institut für Arbeit und Technik (Hrsg.); Gelsenkirchen; 1995

Rehfeld, D. (1999): Theoretische und empirische Befunde von Produktionsclustern/-netzwerken und Ansatzpunkte für Verbundstrategien; in: Regio Institut, Institut für Regionalentwicklung und Informationssysteme an der

Carl von Ossietzky Universität (Hrsg.): Regionalentwicklung zwischen Globalisierung und Regionalisierung. Zur Innovationsfähigkeit von Regionen; BIS-Verlag; Oldenburg; 1999; S. 47 - 59

Reinhard, M., Schmalholz, H. (1996): Technologietransfer in Deutschland – Stand und Reformbedarf; Schriftenreihe des ifo Instituts für Wirtschaftsforschung Nr. 140, Duncker & Humblodt; Berlin; 1996

Ridder, M. (1995): Regionale Verbundprojekte als neuer Ansatz im Regionenmarketing. Vorstudie zur Entwicklung eines Suchverfahrens im Auftrag der Wirtschaftsförderungsgesellschaft Weser-Jade mbH; Delmenhorst; 1995

Riedemann, J. (2001): IT im ländlichen Raum. Status quo und Entwicklungsperspektiven der Informationstechnologiebranche im Landkreis Diepholz; Diplomarbeit im Studiengang Umweltwissenschaften, Studienschwerpunkt Entwicklungsplanung für ländliche Räume, an der Hochschule Vechta; Vechta; 2001

Schamp, E. W. (2000): Vernetzte Produktion. Industriegeographie aus institutioneller Perspektive; Wissenschaftliche Buchgesellschaft; Darmstadt; 2000

Schasse, U. (1994): Struktur und Entwicklung des Dienstleistungssektors in Niedersachsen; Strukturberichterstattung Niedersachsen; NIW Niedersächsisches Institut für Wirtschaftsforschung e.V.; Hannover; 1994

Schasse, U. (1998): Innovationsverhalten und Unternehmenserfolg. Empirische Analysen auf der Basis von Betriebsdaten aus dem Hannoveraner Firmanpanel; in: NIW-Workshop 1998, Neue Produkte – Neue Märkte – Neue Strategien. Unternehmenserfolge in der niedersächsischen Industrie 1994 – 1997; NIW Niedersächsisches Institut für Wirtschaftsforschung e.V.; Hannover; 1998; S. 33 - 57

Scheidt, B. (1995): Die Einbindung junger Technologieunternehmen in Unternehmens- und Politiknetzwerke. Eine theoretische, empirische und strukturpolitische Analyse; Duncker & Humblodt; Berlin; 1995

Schienstock, G. (2000): Innovation und Organisation. Europäischer Maschinen- und Fahrzeugbau im Vergleich; in: Widmaier, U. (Hrsg.), Der deutsche Maschinenbau in den neunziger Jahren. Kontinuität und Wandel einer Branche; Campus Verlag; Frankfurt; 2000; S. 327 - 347

Schmoch, U., Licht, G., Reinhard, M. (2000): Wissens- und Technologietransfer in Deutschland; Fraunhofer IRB Verlag; Stuttgart; 2000

Schmude, J., Sternberg, R. (2000): Gründungsforschung – Einleitung zum Themenheft; in: Geographische Zeitschrift; 88; 2000; S. 197 – 198

Schönert, M. (1999): Das personelle Innovationspotential in Bremen. Ein regionaler Vergleich der Entwicklung innovationsrelevanter Beschäftigung; in: BAW Institut für Wirtschaftsforschung; Monatsbericht; Heft 3; Bremen; 1999

Schönert, M. (2000): Das personelle Innovationspotenzial. Empirische Ergebnisse zur Entwicklung regionaler Disparitäten in der Bundesrepublik Deutschland; BAW Institut für Wirtschaftsforschung; Regionalwissenschaftliche Studien; Band 18; Bremen; 2000

Schumann, D. (2000): Organisation und Umwelt – Zwischenbetriebliche Arbeitsteilung im deutschen Maschinenbau; in: Widmaier, U. (Hrsg.), Der deutsche Maschinenbau in den neunziger Jahren. Kontinuität und Wandel einer Branche; Campus Verlag; Frankfurt; 2000; S. 381 - 408

Schumpeter, J. A. (1911 [1964]): Theorie der wirtschaftlichen Entwicklung: Eine Untersuchung über Unternehmergewinn, Kapital, Kredit, Zins und den Konjunkturzyklus; 6. Aufl., unveränderter Nachdruck der 1934 erschienenen 4. Auflage; Duncker & Humblodt; Berlin; 1964

Seeber, J. (1985): Regionalwirtschaftliche Wirkungen von Hochschulen. Vergleichende empirische Untersuchung in der Bundesrepublik Deutschland; Bibliotheks- und Informationssystem der Universität Oldenburg; Oldenburg; 1985

Seidel, K. (1998): Maritime Netzwerke in Europa als Beispiele für neuere industriepolitische Konzepte zur Verbesserung der Wettbewerbsfähigkeit; Dissertation; Bremen; 1998

Sell, A. (2000): Innovationen und Weltwirtschaftliche Dynamik – Der Beitrag der Innovationsforschung von Schumpeter bis heute; in: Staroske, U., Wiegand-Kottisch, M., Wohlmuth, K. (Hrsg.): Innovation als Schlüsselfaktor eines erfolgreichen Wirtschaftsstandortes; LIT Verlag; Münster; 2000; S. 29 - 75

Semlinger, K. (2000): Deutsche und japanische Kleinbetriebe im Vergleich. Entwicklungsperspektiven im Internationalisierungsprozess der Wirtschaft; in: Bögenhold, D. (Hrsg.): Kleine und mittlere Unternehmen im Strukturwandel – Arbeitsmarkt und Strukturpolitik; Peter Lang Verlag; Frankfurt am Main; 2000; S. 175 – 192

Sengenberger, W.; Pyke, F. (1992): Industrial districts and local economic regeneration: Research and policy issues; in: Pyke F.; Sengenberger W. (Eds.): Industrial Districts and Local Economic Regeneration; International Institute for Labour Studies; Geneva; 1992; S. 3 - 29

SFB 187 (Sonderforschungsbereich 187 der Ruhr-Universität Bochum, Hrsg, 1997): Produktinnovationen im Maschinenbau, Arbeitszeitflexibilisierung; in: Mitteilungen für den Maschinenbau; 17; Bochum; 1997

Sivitanidou, R. (1999): The Location of Knowledge-Based Activities: The Case of Computer Software; in: Fischer, M. M., Suarez-Villa, L., Steiner, M. (Hrsg.); Innovation, Networks and Localities; Springer; Berlin; 1999; S. 109 - 154

Statistisches Bundesamt (Hrsg., 1994): Klassifikation der Wirtschaftszweige mit Erläuterungen. Ausgabe 1993; Metzler-Poeschel; Stuttgart; 1994

Staudt, E. (Hrsg., 1980): Das Management von Innovationen; Frankfurter Allgemeine Zeitung Blick durch die Wirtschaft; Frankfurt; 1980

Staudt, E. (1980a): Technologiepolitischer Aktivismus: Die negative Eigendynamik der Förderprogramme; in: Staudt, E. (Hrsg.): Das Management von Innovationen; Frankfurter Allgemeine Zeitung Blick durch die Wirtschaft; Frankfurt; 1980; S. 195 - 209

Staudt, E. (1996): Kompetenz zur Innovation. Defizite der Forschungs-, Bildungs,- Wirtschafts- und Arbeitsmarktpolitik; in: Rostocker Arbeitspapiere zu Wirtschaftsentwicklung und Human Ressource Development, Nr. 5; Universität Rostock; Rostock; 1996

Staudt, E., Auffermann, S. (1996): Der Innovationsprozess im Unternehmen – Eine erste Analyse des derzeitigen Stands der Forschung; Berichte aus der angewandten Innovationsforschung Nr. 151; Institut für angewandte Innovationsforschung; Bochum; 1996

Staudt, E., Bock, J., Mühlemeyer, P. (1992): Informationsverhalten von innovationsaktiven kleinen und mittleren Unternehmen. Ergebnisse einer empirischen Untersuchung in Nordrhein-Westfalen; in: Zeitschrift für Betriebswirtschaft; 9/62; S. 989 - 1008

Staudt, E., Krause, M. (1999): Ansätze zur Innovationsbeschleunigung in mittelständischen Unternehmen; in: Welfens, P., J., J. (Hrsg.): Technologieorientierte Unternehmensgründungen und Mittelstandspolitik in Europa: Probleme – Risikokapitalfinanzierung – internationale Erfahrungen; Physica-Verlag; Heidelberg; 1999; S. 55 - 74

Staudt E., Kriegesmann, B., Thielemann, F., Behrendt, S. (1995): Kooperation als Erfolgsfaktor ostdeutscher Unternehmen. Ergebnisse einer empirischen Untersuchung zur Kooperationslandschaft in Ostdeutschland; in: Zeitschrift für Betriebswirtschaft; 65. Jahrgang; Heft 11; S. 1209 - 1230

Staudt, E., Schmeisser, W., Schwarz, B. (1980): Der Betrieb als Objekt der Technologiepolitik; in: Staudt E. (Hrsg.); Innovationsförderung und Technologietransfer. Einsatz und Bewältigung technologiepolitischer Instrumente in der betrieblichen Praxis; Angewandte Innovationsforschung. Band 1; Erich Schmidt Verlag; Berlin; 1980; S. 11 - 31

Sternberg, R. (1995): Die Konzepte der flexiblen Produktion und der Industriedistrikte als Erklärungsansätze der Regionalentwicklung; in: Erdkunde; Band 49; Heft 3; 1995; S. 161 - 175

Sternberg, R. (1998): Innovierende Industrieunternehmen und ihre Einbindung in intraregionale versus interregionale Netzwerke; in: Raumforschung und Raumordnung; Heft 4/1998; S. 288 – 298

Sternberg, R. (1999): Innovative Linkages and Proximity: Empirical Results form Recent Surveys of Small and Medium Sized Firms in German Regions; in: Regional Studies; Vol 33.6; S. 529 – 540

Sternberg, R. (2000): Innovation Networks and Regional Development – Evidence from the European Regional Innovation Survey (ERIS): Theoretical Concepts, Methodological Approach, Empirical Basis and Introduction to the Theme Issue; in: European Planning Studies; 8/4; 2000; S. 389 - 407

Sternberg, R. (2000a): Gründungsforschung – Relevanz des Raumes und Aufgaben der Wirtschaftsgeographie; in: Geographische Zeitschrift; 88; 2000; S. 199 - 219

Stifterverband (Hrsg., 1999): FuE-Datenreport 1999; Forschung und Entwicklung in der Wirtschaft 1997 – 1998. Bericht über die FuE-Erhebungen 1997 und 1998; Essen; 1999

Strambach, S. (2001): Innovation Processes and the Role of Knowledge-Intensive Business Services (KIBS), in: Koschatzky, K., Kulicke, M., Zenker, A. (Eds.): Innovation Networks. Concepts and Challenges in the European Perspective; Physica Verlag; Heidelberg; 2001; S. 53 - 68

Straßberger, F. (1997): Arbeitsteilung zwischen Industrie und Dienstleistungen; in: NIW-Workshop 1997: Innovationen im Dienstleistungsbereich und IuK-Technologien; NIW Niedersächsisches Institut für Wirtschaftsforschung e.V.; Hannover; 1997; S. 5 - 16

Strebel, H. (1979): Innovation und ihre Organisation in der mittelständischen Industrie – Ergebnisse einer empirischen Untersuchung; Marchal und Matzenbacher Wissenschaftsverlag; Berlin; 1979

Sydow, J. (1992): Strategische Netzwerke. Evolution und Organisation; Gabler; Berlin; 1992

Tintelnot, C. (1999): Einführung in das Innovationsmanagement; in: Tintelnot, C., Meißner, D., Steinmeier, I. (Hrsg.), Innovationsmanagement; Springer; Berlin; 1999; S. 1 - 12

Tödtling, F. (1990): Räumliche Differenzierung betrieblicher Innovation – Erklärungsansätze und empirische Befunde für österreichische Regionen; Edition Sigma; Berlin; 1990

Tromsdorff, V., Reeb, M., Riedel, F. (1991): Produktinnovationsmanagement; in: Wirtschaftswissenschaftliches Studium; Heft 11/1991; S. 566 - 572

Tromsdorff V. (1999: Informationsgrundlagen für das Innovationsmarketing, in: Tintelnot, C., Meißner, D., Steinmeier, I. (Hrsg.), Innovationsmanagement; Springer; Berlin; 1999; S. 109 – 121

Weser-Jade (2001): http://www.weser-jade.de (11/2001)

Wetzel, R., Aderhold, J., Baitsch, C., Kaiser, S. (2001): Handeln in Netzwerken: Einsichten für Akteure und Orientierungen für Moderatoren; in: Müller, B., Wiechmann, T., Löwis, S.v. (Hrsg.): Regionale Verankerung von Netzwerken; 134; Institut für ökologische Raumentwicklung e.V.; Dresden; 2001; S. 18 - 30

Widmaier, U. (2000): Das NIFA-Panel und der deutsche Maschinen- und Anlagenbau; in: Widmaier, U. (Hrsg.), Der deutsche Maschinenbau in den neunziger Jahren. Kontinuität und Wandel einer Branche; Campus Verlag; Frankfurt; 2000; S. 23 – 41

Wiegmann, C., Ermert, K. (1998): Status und Entwicklungsoptionen der Einrichtungen für den Wissens- und Technologietransfer an niedersächsischen Hochschulen. IES-Projektbericht 104.98; Institut für Entwicklungsplanung und Strukturforschung Hannover; Hannover; 1998

Willms, W. (1998): Forschungs- und Entwicklungskooperationen im Wirtschaftsraum Bremen. Ansätze zu regionalen Innovationssystemen; Bremer Ausschuß für Wirtschaftsförderung (BAW) Bremen; 1998

Willms, W. (2000): Technologiepark Universität Bremen. Ergebnisse der Unternehmensbefragung 1998/1999; BAW Institut für Wirtschaftsforschung; Bremen; 2000

Zenker, A. (2001): Innovation, Interaction and Regional Development: Structural Characteristics of Regional Innovation Strategies; in: Koschatzky, K., Kulicke, M., Zenker, A. (Hrsg.): Innovation Networks, Concepts and Challenges in the European Perspective; Physica-Verlag; Heidelberg; 2001; S. 207 - 222

ZEW, NIW, DIW, FHG-ISI, SV (2001): Zur technologischen Leistungsfähigkeit Deutschlands. Zusammenfassender Endbericht 2000; März 2001; ftp://ftp.bmbf.de/tlf2000_net.pdf (5/2001)

Ziegler, A. (1996): Small is beautiful – eine Illusion? Zur Bedeutung der Förderung von kleinen und mittleren Unternehmen für die Beschäftigungs- und Strukturpolitik; in: Informationen zur Raumentwicklung; 1/1996; S. 49 - 59

Tabellenverzeichnis

Abbildungsverzeichnis

Anhang

Tabellen

Tab. Anhang 1: Sozialversicherungspflichtig Beschäftigte zum 30.6.1999; nach WZ '93 [Statistisches Bundesamt, 1994]
Quellen: Niedersächsisches Landesamt für Statistik, Statistisches Landesamt Bremen, eigene Berechnungen

		Verteilung der soz.vers.pfl. Beschäftigten zum 30.6.1999			
		LK Diep-holz		Nieder-sachsen	Land Bremen
				absolut: 2.372.355	**absolut: 278.457**
		absolut	in %	in %	in %
	Wirtschaftsabteilung				
A - Q	**Insgesamt (einschl. ohne Angabe)**	**52.601**	**100,0**	**100,0**	**100,0**
A + B	Land-, Forst- und Fischereiwirtschaft	1.134	2,2	1,5	0,3
A	**Land- Forstwirtschaft**	**1.134**	**2,2**	**1,5**	**0,3**
1	Landwirtschaft,gewerbliche Jagd	1.123	2,1	1,5	.
2	Forstwirtschaft	11	0,0	0,1	.
B 05	**Fischerei und Fischzucht**	**0**	**0,0**	**0,0**	**0,1**
C - F	Produzierendes Gewerbe	18.477	35,1	36,6	31,1
C	**Bergbau und Gewinnung von Steinen und Erden**	**564**	**1,1**	**0,6**	**0,1**
CA	Kohlenbergbau,Torfgew.,Gew.v.Erdöl u.Erdgas usw.	.	.	0,4	0,0
10	Kohlenbergbau,Torfgewinnung	164	0,3	0,1	0,0
11	Gew.v.Erdöl u.Erdgas,Erbrg.verb.Dienstleistg.	.	.	0,2	0,0
12	Bergbau auf Uran- und Thoriumerze	0	0,0	0,0	0,0
CB	Erzbergbau,Gew.v.Steinen u.Erden,sonst.Bergbau	.	.	0,2	0,1
13	Erzbergbau	0	0,0	.	.
14	Gew.v.Steinen und Erden,sonst.Bergbau	.	.	.	.
D	**Verarbeitendes Gewerbe**	**12.064**	**22,9**	**26,5**	**23,7**
DA	Ernährungsgewerbe und Tabakverarbeitung	2.298	4,4	3,7	3,5
15	Ernährungsgewerbe	.	.	.	3,5
16	Tabakverarbeitung	.	.	.	0,0
DB	Textil- und Bekleidungsgewerbe	319	0,6	0,6	0,5
17	Textilgewerbe	301	0,6	0,4	0,4
18	Bekleidungsgewerbe	18	0,0	0,3	0,0
DC19	Ledergewerbe	.	.	0,1	0,3
DD20	Holzgewerbe (ohne Herstellung von Möbeln)	255	0,5	0,5	0,0
DE	Papier-,Verlags- und Druckgewerbe	1.150	2,2	2,0	1,5
21	Papiergewerbe	52	0,1	0,7	0,1
22	Verlags-,Druckgewerbe,Vervielfältigung	1.098	2,1	1,3	1,4
DF23	Kokerei,Mineralölverarbeitung,H.v.Brutstoffen	0	0,0	0,1	0,0
DG24	Chemische Industrie	220	0,4	1,2	0,5

Tab. Anhang 1 (Fortgesetzt): Sozialversicherungspflichtig Beschäftigte zum 30.6.1999; nach WZ '93 [Statistisches Bundesamt, 1994]

Quellen: Niedersächsisches Landesamt für Statistik, Statistisches Landesamt Bremen, eigene Berechnungen

		Verteilung der soz.vers.pfl. Beschäftigten zum 30.6.1999			
		LK Diep-holz		Nieder-sachsen	Land Bremen
				absolut: 2.372.355	**absolut: 278.457**
		absolut	in %	in %	in %
	Wirtschaftsabteilung				
DH25	H.v.Gummi- und Kunststoffwaren	1.675	3,2	2,0	0,2
DI26	Glasgewerbe,Keramik,Verarb.v.Steinen u.Erden	519	1,0	1,0	0,4
DJ	Metallerzg.u.-bearb.,H.v.Metallerzeugnissen	1.401	2,7	3,2	3,0
27	Metallerzeugung u.-bearbeitung	156	0,3	0,9	.
28	H.v.Metallerzeugnissen	1.245	2,4	2,3	.
DK29	Maschinenbau	.	.	2,6	1,6
DL	H.v.Büromasch.,DV-Gerät.u.-einr.,Elektrotech.usw	508	1,0	2,7	2,9
30	H.v.Büromasch.,DV-Gerät.u.-einr.	.	.	0,0	0,1
31	H.v.Geräten d.Elektriz.erzg.,-verteilung u.ä.	256	0,5	1,1	0,5
32	Rundfunk-,Fernseh-u.Nachrichtentechnik	.	.	0,6	0,1
33	Medizin-,Meß-,Steuer-u.Regelungstechnik,Optik	242	0,5	1,0	2,2
DM	Fahrzeugbau	1.163	2,2	5,7	8,9
34	H.v.Kraftwagen u.Kraftwagenteilen	1.002	1,9	4,5	6,7
35	Sonst.Fahrzeugbau	161	0,3	1,2	2,2
DN	H.v.Möbeln,Schmuck,Musikinstr.usw,Recycling	905	1,7	1,1	0,5
36	H.v.Möbeln,Schmuck,Musikinstr.,Sportger.usw	844	1,6	1,0	.
37	Recycling	61	0,1	0,1	.
E	**Energie- und Wasserversorgung**	**274**	**0,5**	**0,9**	**1,2**
40	Energieversorgung	244	0,5	0,9	.
41	Wasserversorgung	30	0,1	0,1	.
F 45	**Baugewerbe**	**5.575**	**10,6**	**8,6**	**6,1**
G - I	Handel, Gastgewerbe und Verkehr	16.266	30,9	24,1	29,0
G	**Handel, Instandhaltung u.Rep.v.Kfz u.Geb.gütern**	**12.228**	**23,2**	**16,4**	**16,0**
50	Kfz-handel,Instandh.u.Rep.v.Kfz,Tankstellen	2.029	3,9	2,6	2,1
51	Handelsvermittlung u.Großhandel (oh.Kfz)	5.158	9,8	4,9	6,2
511	Handelsvermittlung	270	0,5	0,7	.
512-7	Großhandel	4.888	9,3	4,2	.
52	Eh.(oh.Handel m.Kfz u.Tankst.),Rep.v.Geb.güt.	5.041	9,6	8,9	7,8
H 55	Gastgewerbe	1.157	2,2	2,8	2,2

Tab. Anhang 1 (Fortgesetzt): Sozialversicherungspflichtig Beschäftigte zum 30.6.1999; nach WZ '93 [Statistisches Bundesamt, 1994]
Quellen: Niedersächsisches Landesamt für Statistik, Statistisches Landesamt Bremen, eigene Berechnungen

		Verteilung der soz.vers.pfl. Beschäftigten zum 30.6.1999			
		LK Diep-holz		Nieder-sachsen	Land Bremen
				absolut: 2.372.355	**absolut: 278.457**
		absolut	in %	in %	in %
	Wirtschaftsabteilung				
I	**Verkehr und Nachrichtenübermittlung**	**2.881**	**5,5**	**4,8**	**10,8**
60-63	Verkehr	2.745	5,2	4,0	9,5
60	Landverkehr,Transport i.Rohrfernleitungen	916	1,7	1,6	2,9
61	Schiffahrt	26	0,0	0,3	0,7
62	Luftfahrt	0	0,0	0,1	0,0
63	Hilfs-u.Nebentätigk.f.d.Verkehr,Verkehrsverm.	1.803	3,4	2,0	5,9
64	Nachrichtenübermittlung	136	0,3	0,8	1,3
J - Q	Dienstleistungen	16.687	31,7	37,7	39,5
J + K	*Kredit- Versicherungs- + Grundstückswesen*	*5.021*	*9,5*	*11,9*	*14,3*
J	**Kredit- und Versicherungsgewerbe**	**1.747**	**3,3**	**3,6**	**3,8**
65	Kreditgewerbe	1.585	3,0	2,6	2,6
66	Versicherungsgewerbe	.	.	0,7	0,3
67	Kredit-u.Versicherungshilfsgewerbe	.	.	0,3	0,8
K	**Grundstücks- und Wohnungswesen, Verm., Dien.f.U.**	**3.274**	**6,2**	**8,3**	**10,5**
70	Grundstücks-u.Wohnungswesen	231	0,4	0,6	1,0
71	Verm.bewegl.Sachen oh.Bedienungspersonal	128	0,2	0,2	0,2
72	Datenverarbeitung u.Datenbanken	183	0,3	0,7	1,0
73	Forschung u.Entwicklung	0	0,0	0,3	0,4
74	Erbrg.v.Dienstleistungen überwiegend f.Untern.	2.732	5,2	6,4	8,0
L + Q	*Öffentliche Verwaltung + Exterritoriale*	*3.657*	*7,0*	*7,0*	*4,6*
L 75	**Öffentliche Verwaltung, Verteidigung,Sozialvers.**	**.**	**.**	**6,9**	**.**
Q	**Exterritoriale Organisationen und Körperschaft.**	**.**	**.**	**0,1**	**.**
M - P	*Öffentliche und private Dienstleistungen*	*8.009*	*15,2*	*18,8*	*20,6*
M 80	**Erziehung und Unterricht**	**1.221**	**2,3**	**3,2**	**3,9**
N 85	**Gesundheits-, Veterinär- und Sozialwesen**	**4.890**	**9,3**	**11,6**	**10,8**
O	**Erbringung v.sonst.öff.u.pers.Dienstleistungen**	**1.785**	**3,4**	**3,8**	**5,9**
90	Abwasser-,Abfallbeseitigung u.sonst.Entsorgung	226	0,4	0,5	0,9
91	Interessenvertr.,kirchl.u.sonst.rel.Vereinig.	659	1,3	1,5	2,5
92	Kultur,Sport u.Unterhaltung	246	0,5	0,8	1,6
93	Erbringung v.sonst.Dienstleistungen	654	1,2	1,1	1,0
P	**Private Haushalte**	**113**	**0,2**	**0,2**	**0,1**
Z	**Ohne Angabe**	**37**	**0,1**	**0,1**	**0,1**

Tab. Anhang 2: Anzahl der Betriebe im Bereich der wissensintensiven Dienstleistungen und Industrien nach WZ '93 [Statistisches Bundesamt, 1994]; Mehrfachnennungen; Quelle: RegIS [2000], eigene Berechnungen

	Wirtschaftsabteilung	Anzahl Betriebe
	C - F Produzierendes Gewerbe	**110**
111	Gew. v. Erdöl u. Erdgas	1
112	Erbrg. v. Dienstleistungen bei d. Gew. v. Erdöl u. Erdgas	1
143	Bergbau auf chemische u. Düngemittelminerale	0
221	Verlagsgewerbe	3
232	Mineralölverarbeitung	0
233	H. u. Verarb. v. Spalt- u. Brutstoffen	0
241	H. v. chemischen Grundstoffen	1
242	H. v. Schädlingsbekämpfungs- u. Pflanzenschutzm.	2
244	H. v. pharmazeut.Erzeugn.	4
246	H. v. sonst. chemischen Erzeugnissen	1
247	H. v. Chemiefasern	0
268	H. v. sonst. Mineralerzeugnissen	0
291	H. v. Masch. f. d. Erzeugung u. Nutzung v. mech. Energie	7
292	H. v. sonst. Maschinen f. unspezifische Verwendung	31
294	H. v. Werkzeugmaschinen	3
295	H. v. Masch. f sonst. best. Wirtschaftszweige	15
296	H. v. Waffen u. Munition	0
297	H. v. Haushaltsgeräten ang.	0
300	H. v. Büromasch., DV-Geräten u. -einr.	0
311	H. v. Elektromotoren, Generatoren, Transformatoren	3
312	H. v. Elektrizitätsvertlg.- u. -schalteinrichtungen	1
314	H. v. Akkumulatoren u. Batterien	0
315	H. v. elektrischen Lampen u. Leuchten	0
316	H. v. elektr. Ausrüstg. ang.	2
321	H. v. elektronischen Bauelementen	5
322	H. v. nachrichtentechnischen Geräten u. Einr.	1
323	H. v. Rundfunk-, Fernseh-, Phono-, videotechn. Geräten	0
332	H. v. Mess-, Kontroll-, Navig.- u.ä. Instr. u. Vorr.	8
333	H. v. industriellen Prozesssteuerungsanlg.	11
334	H. v. optischen u. fotografischen Geräten	0
341	H. v. Kraftwagen u. Kraftwagenmotoren	0
351	Schiffbau	3
352	Schienenfahrzeugbau	1
353	Luft- u. Raumfahrzeugbau	0
401	Elektrizitätsversorgung	1
410	Wasserversorgung	0
451	Vorbereitende Baustellenarbeiten	5
	G - I Handel, Gastgewerbe, Verkehr	**31**
511	Handelsvermittlung	5
516	Gh. m. Maschinen, Ausrüstungen u. Zubehör	25
523	Apotheken; Fach-Eh. m. med. Art. usw. (in Verkaufsr.)	0
603	Transport in Rohrfernleitungen	0
623	Raumtransport	1
642	Fernmeldedienste	0

Tab. Anhang 2 (Fortgesetzt): Anzahl der Betriebe im Bereich der wissensintensiven Dienstleistungen und Industrien nach WZ '93 [Statistisches Bundesamt, 1994]; Mehrfachnennungen; Quelle: RegIS [2000], eigene Berechnungen

	Wirtschaftsabteilung	Anzahl Betriebe
	J - Q Dienstleistungen	**74**
651	Zentralbanken u. Kreditinstitute	0
652	Sonst. Finanzierungsinstitutionen	0
660	Versicherungsgewerbe	0
701	Erschließg., Kauf, Verk.v. Grundst., Gebäuden usw.	0
702	Verm. u. Verp.v. eig.Grundst., Gebäuden u. Wohnungen	0
703	Vermittl. u. Verw. v. Grundst., Gebäuden u. Wohnungen	0
713	Verm. v. Maschinen u. Geräten	3
721	Hardwareberatung	6
722	Softwarehäuser	13
723	Datenverarbeitungsdienste	10
724	Datenbanken	1
725	Instandh. u. Rep. v. Büromasch., DV-Gerät. u. -einr.	3
726	Sonst. m. d. Datenverarbeitung verb. Tätigkeiten	5
731	Forschg. u. Entwicklg. im Bereich Natur- u.ä. Wissenschaften	0
732	Forschg. u. Entwicklg. im Bereich Geisteswissenschaften	0
741	Rechts-, Steuer- u. Unternehmensberatung usw.	3
742	Archit.- u. Ingenieurbüros	19
743	Technische, physikalische u. chemische Untersuchg.	2
744	Werbung	9
	M - P Öffentliche und private Dienstleistungen	**3**
851	Gesundheitswesen	0
852	Veterinärwesen	0
921	Film- u. Videofilmherst., -verleih, -vertrieb usw.	0
922	Hörfunk- u. Fernsehanstalten, H. v. -programmen	0
923	Erbrg. v. sonst. kulturellen u.ä. Leistungen	2
924	Korrespondenz-, Nachrichtenbüros, selbst. Journal.	0
925	Bibliotheken, Archive, Museen, zoolog. u.ä. Gärten	1
	Summe	**326**

Tab. Anhang 3: Branchen der Unternehmen in Beratungsprojekten nach WZ '93 [Statistisches Bundesamt, 1994]; (Mehrfachnennungen)

NACE-Code	Counts	Prozentsatz der Antworten	Prozentsatz der Fälle
1	10	2,8	3,7
15	12	3,4	4,5
19	2	0,6	0,7
20	8	2,3	3
21	1	0,3	0,4
22	7	2	2,6
24	6	1,7	2,2
25	17	4,8	6,3
26	3	0,8	1,1
27	3	0,8	1,1
28	46	13	17,2
29	38	10,7	14,2
30	1	0,3	0,4
31	7	2	2,6
32	3	0,8	1,1
33	21	5,9	7,8
34	2	0,6	0,7
35	3	0,8	1,1
36	9	2,5	3,4
37	4	1,1	1,5
40	1	0,3	0,4
45	15	4,2	5,6
50	2	0,6	0,7
51	24	6,8	9
52	9	2,5	3,4
55	5	1,4	1,9
60	2	0,6	0,7
62	3	0,8	1,1
63	3	0,8	1,1
65	1	0,3	0,4
67	1	0,3	0,4
71	2	0,6	0,7
72	24	6,8	9
73	3	0,8	1,1
74	41	11,6	15,3
80	3	0,8	1,1
85	1	0,3	0,4
90	3	0,8	1,1
91	1	0,3	0,4
92	3	0,8	1,1
93	4	1,1	1,5
Summen	354	100	132,1

Fehlende Werte: 0; Gültige Fälle: 268

Tab. Anhang 4: Anzahlen der Beratungsprojekte im Bereich der wissensintensiven Dienstleistungen und Industrien nach WZ '93 [Statistisches Bundesamt, 1994]; Mehrfachnennungen, eigene Berechnungen

	Wirtschaftsabteilung	Anzahl Projekte
	C - F Produzierendes Gewerbe	
111	Gew. v. Erdöl u. Erdgas	0
112	Erbrg. v. Dienstleistungen bei d. Gew. v. Erdöl u. Erdgas	0
143	Bergbau auf chemische u. Düngemittelminerale	0
221	Verlagsgewerbe	2
232	Mineralölverarbeitung	0
233	H. u. Verarb. v. Spalt- u. Brutstoffen	0
241	H. v. chemischen Grundstoffen	1
242	H. v. Schädlingsbekämpfungs- u. Pflanzenschutzm.	1
244	H. v. pharmazeut.Erzeugn.	1
246	H. v. sonst. chemischen Erzeugnissen	1
247	H. v. Chemiefasern	0
268	H. v. sonst. Mineralerzeugnissen	0
291	H. v. Masch. f. d. Erzeugung u. Nutzung v. mech. Energie	7
292	H. v. sonst. Maschinen f. unspezifische Verwendung	25
294	H. v. Werkzeugmaschinen	0
295	H. v. Masch. f sonst. best. Wirtschaftszweige	5
296	H. v. Waffen u. Munition	0
297	H. v. Haushaltsgeräten ang.	0
300	H. v. Büromasch., DV-Geräten u. -einr.	1
311	H. v. Elektromotoren, Generatoren, Transformatoren	2
312	H. v. Elektrizitätsvertlg.- u. -schalteinrichtungen	3
314	H. v. Akkumulatoren u. Batterien	0
315	H. v. elektrischen Lampen u. Leuchten	0
316	H. v. elektr. Ausrüstg. ang.	2
321	H. v. elektronischen Bauelementen	1
322	H. v. nachrichtentechnischen Geräten u. Einr.	0
323	H. v. Rundfunk-, Fernseh-, Phono-, videotechn. Geräten	1
332	H. v. Mess-, Kontroll-, Navig.- u.ä. Instr. u. Vorr.	7
333	H. v. industriellen Prozesssteuerungsanlg.	9
334	H. v. optischen u. fotografischen Geräten	0
341	H. v. Kraftwagen u. Kraftwagenmotoren	1
351	Schiffbau	2
352	Schienenfahrzeugbau	1
353	Luft- u. Raumfahrzeugbau	0
401	Elektrizitätsversorgung	1
410	Wasserversorgung	0
451	Vorbereitende Baustellenarbeiten	1
	G - I Handel, Gastgewerbe, Verkehr	
511	Handelsvermittlung	2
516	Gh. m. Maschinen, Ausrüstungen u. Zubehör	2
523	Apotheken; Fach-Eh. m. med. Art. usw. (in Verkaufsr.)	1
603	Transport in Rohrfernleitungen	0
623	Raumtransport	2
642	Fernmeldedienste	0

Tab. Anhang 4 (Fortgesetzt): Anzahlen der Beratungsprojekte im Bereich der wissensintensiven Dienstleistungen und Industrien nach WZ '93 [Statistisches Bundesamt, 1994]; Mehrfachnennungen, eigene Berechnungen

	Wirtschaftsabteilung	Anzahl Projekte
	J - Q Dienstleistungen	
651	Zentralbanken u. Kreditinstitute	0
652	Sonst. Finanzierungsinstitutionen	1
660	Versicherungsgewerbe	0
701	Erschließg., Kauf, Verk.v. Grundst., Gebäuden usw.	0
702	Verm. u. Verp.v. eig.Grundst., Gebäuden u. Wohnungen	0
703	Vermittl. u. Verw. v. Grundst., Gebäuden u. Wohnungen	0
713	Verm. v. Maschinen u. Geräten	1
721	Hardwareberatung	4
722	Softwarehäuser	15
723	Datenverarbeitungsdienste	2
724	Datenbanken	0
725	Instandh. u. Rep. v. Büromasch., DV-Gerät. u. -einr.	5
726	Sonst. m. d. Datenverarbeitung verb. Tätigkeiten	0
731	Forschg. u. Entwicklg. im Bereich Natur- u.ä. Wissenschaften	3
732	Forschg. u. Entwicklg. im Bereich Geisteswissenschaften	0
741	Rechts-, Steuer- u. Unternehmensberatung usw.	10
742	Archit.- u. Ingenieurbüros	20
743	Technische, physikalische u. chemische Untersuchg.	1
744	Werbung	4
	M - P Öffentliche und private Dienstleistungen	
851	Gesundheitswesen	1
852	Veterinärwesen	0
921	Film- u. Videofilmherst., -verleih, -vertrieb usw.	0
922	Hörfunk- u. Fernsehanstalten, H. v. -programmen	0
923	Erbrg. v. sonst. kulturellen u.ä. Leistungen	1
924	Korrespondenz-, Nachrichtenbüros, selbst. Journal.	0
925	Bibliotheken, Archive, Museen, zoolog. u.ä. Gärten	2
	Summe	**150**

Tab. Anhang 5: Entfernungen zu vermittelten Kooperationspartnern in km, Erstnennungen

		Häufigkeit	Prozent	Gültige Prozente	Kumulierte Prozente
Gültig	10	1	0,4	0,6	0,6
	20	8	3,0	5,2	5,8
	30	2	0,7	1,3	7,1
	40	4	1,5	2,6	9,7
	50	8	3,0	5,2	14,8
	60	22	8,2	14,2	29,0
	70	6	2,2	3,9	32,9
	80	15	5,6	9,7	42,6
	90	17	6,3	11,0	53,5
	100	18	6,7	11,6	65,2
	110	6	2,2	3,9	69,0
	120	10	3,7	6,5	75,5
	130	7	2,6	4,5	80,0
	150	3	1,1	1,9	81,9
	170	2	0,7	1,3	83,2
	180	4	1,5	2,6	85,8
	190	2	0,7	1,3	87,1
	200	2	0,7	1,3	88,4
	220	2	0,7	1,3	89,7
	230	2	0,7	1,3	91,0
	250	3	1,1	1,9	92,9
	270	1	0,4	0,6	93,5
	300	2	0,7	1,3	94,8
	350	4	1,5	2,6	97,4
	500	1	0,4	0,6	98,1
	600	1	0,4	0,6	98,7
	700	2	0,7	1,3	100,0
	Gesamt	155	57,8	100,0	
Fehlend	System	113	42,2		
Gesamt		268	100,0		

Tab. Anhang 6: Häufigkeitsverteilung der vermittelten Partner in Abhängigkeit vom Unternehmensalter

			Betriebsalter				Gesamt
			0 Jahre, Gründungswillige	<= 1 Jahr, Existenzgründer	<= 7 Jahre, Junge Unternehmen	> 7 Jahre, Altunternehmen	
Partner	Hochschulpartner Universität	Anzahl	1	2	14	31	48
		% von Partner	2,1	4,2	29,2	64,6	100,0
		% von Betriebsalter	5,3	14,3	38,9	36,0	31,0
	Fachhochschulpartner	Anzahl	1	4	9	18	32
		% von Partner	3,1	12,5	28,1	56,3	100,0
		% von Betriebsalter	5,3	28,6	25,0	20,9	20,6
	Netzwerkpartner (AGTIF)	Anzahl	6	2	4	16	28
		% von Partner	21,4	7,1	14,3	57,1	100,0
		% von Betriebsalter	31,6	14,3	11,1	18,6	18,1
	Innovationsorientierter Förderpartner	Anzahl	6	4	7	15	32
		% von Partner	18,8	12,5	21,9	46,9	100,0
		% von Betriebsalter	31,6	28,6	19,4	17,4	20,6
	Sonstiger Partner	Anzahl	5	2	2	6	15
		% von Partner	33,3	13,3	13,3	40,0	100,0
		% von Betriebsalter	26,3	14,3	5,6	7,0	9,7
Gesamt		Anzahl	19	14	36	86	155
		% von Partner	12,3	9,0	23,2	55,5	100,0
		% von Betriebsalter	100,0	100,0	100,0	100,0	100,0

Tab. Anhang 7: Häufigkeitsverteilung der vermittelten Partner in Abhängigkeit von Erst- und vertiefenden Beratungen

			Beide Beratungsformen				Gesamt
			keine Beratung	Erstberatung	vertief-ende Beratung	Erst u. vertief-ende Beratung	
Partner	Hochschulpartner Universität	Anzahl	3	6	14	25	48
		% von Partner	6,3	12,5	29,2	52,1	100,0
		% von Beide Beratungsformen	15,8	9,7	77,8	44,6	31,0
	Fachhochschulpartner	Anzahl	4	9	2	17	32
		% von Partner	12,5	28,1	6,3	53,1	100,0
		% von Beide Beratungsformen	21,1	14,5	11,1	30,4	20,6
	Netzwerkpartner (AGTIF)	Anzahl	7	17	2	2	28
		% von Partner	25,0	60,7	7,1	7,1	100,0
		% von Beide Beratungsformen	36,8	27,4	11,1	3,6	18,1
	Innovationsorientierter Förderpartner	Anzahl	2	19		11	32
		% von Partner	6,3	59,4		34,4	100,0
		% von Beide Beratung-formen	10,5	30,6		19,6	20,6
	Sonstiger Partner	Anzahl	3	11		1	15
		% von Partner	20,0	73,3		6,7	100,0
		% von Beide Beratungsformen	15,8	17,7		1,8	9,7
Gesamt		Anzahl	19	62	18	56	155
		% von Partner	12,3	40,0	11,6	36,1	100,0
		% von Beide Beratungsformen	100,0	100,0	100,0	100,0	100,0

Tab. Anhang 8: Häufigkeitsverteilung der vermittelten Partner in Abhängigkeit von der Unternehmensgröße

			Partner					Gesamt
			Hochschulpartner Universität	Fachhochschulpartner	Netzwerkpartner (AGTIF)	Innovationsorientierter Förderpartner	Sonstiger Partner	
Betriebsgröße	1-4	Anzahl	11	10	13	15	10	59
		% von Betriebsgröße	18,6	16,9	22,0	25,4	16,9	100,0
		% von Partner	22,9	31,3	46,4	46,9	66,7	38,1
	5-9	Anzahl	13	4	1	5	1	24
		% von Betriebsgröße	54,2	16,7	4,2	20,8	4,2	100,0
		% von Partner	27,1	12,5	3,6	15,6	6,7	15,5
	10-19	Anzahl	3	5	9	2	4	23
		% von Betriebsgröße	13,0	21,7	39,1	8,7	17,4	100,0
		% von Partner	6,3	15,6	32,1	6,3	26,7	14,8
	20-49	Anzahl	11	7	3	5		26
		% von Betriebsgröße	42,3	26,9	11,5	19,2		100,0
		% von Partner	22,9	21,9	10,7	15,6		16,8
	50-99	Anzahl	3	2	2	3		10
		% von Betriebsgröße	30,0	20,0	20,0	30,0		100,0
		% von Partner	6,3	6,3	7,1	9,4		6,5
	100-199	Anzahl	7	3		2		12
		% von Betriebsgröße	58,3	25,0		16,7		100,0
		% von Partner	14,6	9,4		6,3		7,7
	200-499	Anzahl		1				1
		% von Betriebsgröße		100,0				100,0
		% von Partner		3,1				0,6
Gesamt		Anzahl	48	32	28	32	15	155
		% von Betriebsgröße	31,0	20,6	18,1	20,6	9,7	100,0
		% von Partner	100,0	100,0	100,0	100,0	100,0	100,0

Tab. Anhang 9: Art des Know-how-Transfers in Abhängigkeit von Erstberatungen, vertiefenden Beratungen oder beiden Beratungsarten

			Art des Know How-Transfers				Gesamt
			Sonstige: keine weitere Leistung	Dritte: Weiterführende Informationsvermittlung	REGIO: Weiterführende Informationsvermittlung	Laufende oder Beendete Kooperation	
Beide Beratungsformen	keine Beratung	Anzahl	11	2	27	1	41
		% von Beide Beratungsformen	26,8	4,9	65,9	2,4	100,0
		% von Art des Know How-Transfers	11,3	3,7	32,5	2,9	15,3
	Erstberatung	Anzahl	77	12	55	9	153
		% von Beide Beratungsformen	50,3	7,8	35,9	5,9	100,0
		% von Art des Know How-Transfers	79,4	22,2	66,3	26,5	57,1
	vertiefende Beratung	Anzahl	5	10		3	18
		% von Beide Beratungsformen	27,8	55,6		16,7	100,0
		% von Art des Know How-Transfers	5,2	18,5		8,8	6,7
	Erst- u. vertiefende Beratung	Anzahl	4	30	1	21	56
		% von Beide Beratungsformen	7,1	53,6	1,8	37,5	100,0
		% von Art des Know How-Transfers	4,1	55,6	1,2	61,8	20,9
Gesamt		Anzahl	97	54	83	34	268
		% von Beide Beratungsformen	36,2	20,1	31,0	12,7	100,0
		% von Art des Know How-Transfers	100,0	100,0	100,0	100,0	100,0

Tab. Anhang 10: Art des Know-how-Transfers in Abhängigkeit von der Unternehmensgröße

			Betriebsgröße							Gesamt
			1-4	5-9	10-19	20-49	50-99	100-199	200-499	
Art des Know How-Transfers	Sonstige: keine weitere Leistung	Anzahl	35	13	21	11	10	7		97
		% von Art des Know How-Transfers	36,1	13,4	21,6	11,3	10,3	7,2		100,0
		% von Betriebsgröße	35,7	32,5	44,7	28,9	43,5	33,3		36,2
	Dritte: Weiterführende Informationsvermittlung	Anzahl	17	13	3	12	3	6		54
		% von Art des Know How-Transfers	31,5	24,1	5,6	22,2	5,6	11,1		100,0
		% von Betriebsgröße	17,3	32,5	6,4	31,6	13,0	28,6		20,1
	REGIO: Weiterführende Informationsvermittlung	Anzahl	39	10	18	7	7	2		83
		% von Art des Know How-Transfers	47,0	12,0	21,7	8,4	8,4	2,4		100,0
		% von Betriebsgröße	39,8	25,0	38,3	18,4	30,4	9,5		31,0
	Laufende oder Beendete Kooperation	Anzahl	7	4	5	8	3	6	1	34
		% von Art des Know How-Transfers	20,6	11,8	14,7	23,5	8,8	17,6	2,9	100,0
		% von Betriebsgröße	7,1	10,0	10,6	21,1	13,0	28,6	100,0	12,7
Gesamt		Anzahl	98	40	47	38	23	21	1	268
		% von Art des Know How-Transfers	36,6	14,9	17,5	14,2	8,6	7,8	0,4	100,0
		% von Betriebsgröße	100,0	100,0	100,0	100,0	100,0	100,0	100,0	100,0

Tab. Anhang 11: Art des Know-how-Transfers in Abhängigkeit von den beteiligten Partnern

			Art des Know How-Transfers				Gesamt
			Sonstige: keine weitere Leistung	Dritte: Weiterführende Informationsvermittlung	REGIO: Weiterführende Informationsvermittlung	Laufende oder Beendete Kooperation	
Partner	Hochschulpartner Universität	Anzahl	6	24	3	15	48
		% von Partner	12,5	50,0	6,3	31,3	100,0
		% von Art d. Know How-Transfers	46,2	44,4	5,6	44,1	31,0
	Fachhochschulpartner	Anzahl	2	13	8	9	32
		% von Partner	6,3	40,6	25,0	28,1	100,0
		% von Art d. Know How-Transfers	15,4	24,1	14,8	26,5	20,6
	Netzwerkpartner (AGTIF)	Anzahl	4	3	21		28
		% von Partner	14,3	10,7	75,0		100,0
		% von Art d. Know How-Transfers	30,8	5,6	38,9		18,1
	Innovationsorientierter Förderpartner	Anzahl		13	10	9	32
		% von Partner		40,6	31,3	28,1	100,0
		% von Art d. Know How-Transfers		24,1	18,5	26,5	20,6
	Sonstiger Partner	Anzahl	1	1	12	1	15
		% von Partner	6,7	6,7	80,0	6,7	100,0
		% von Art d. Know How-Transfers	7,7	1,9	22,2	2,9	9,7
Gesamt		Anzahl	13	54	54	34	155
		% von Partner	8,4	34,8	34,8	21,9	100,0
		% von Art d. Know How-Transfers	100,0	100,0	100,0	100,0	100,0

Tab. Anhang 12: Art des Know-how-Transfers in Abhängigkeit von dem Vorliegen von Vorerfahrungen

			Art des Know How-Transfers				Gesamt
			Sonstige: keine weitere Leistung	Dritte: Weiterführende Informations-vermittlung	REGIO: Weiterführende Informations-vermittlung	Laufende oder Beendete Kooperation	
Generell Vorerfahrung ja / nein	Keine Vorerfahrung	Anzahl	61	32	58	17	168
		% von Generell Vorerfahrung ja / nein	36,3	19,0	34,5	10,1	100,0
		% von Art des Know How-Transfers	62,9	59,3	69,9	50,0	62,7
	Vorerfahrung	Anzahl	36	22	25	17	100
		% von Generell Vorerfahrung ja / nein	36,0	22,0	25,0	17,0	100,0
		% von Art des Know How-Transfers	37,1	40,7	30,1	50,0	37,3
Gesamt		Anzahl	97	54	83	34	268
		% von Generell Vorerfahrung ja / nein	36,2	20,1	31,0	12,7	100,0
		% von Art des Know How-Transfers	100,0	100,0	100,0	100,0	100,0

Tab. Anhang 13: Partner in den Beratungsprojekten in Abhängigkeit von dem generellen Vorliegen von Vorerfahrungen

			Partner					Gesamt
			Hochschulpartner Universität	Fachhochschulpartner	Netzwerkpartner (AGTIF)	Innovationsorientierter Förderpartner	Sonstiger Partner	
Generell Vorerfahrung ja / nein	Keine Vorerfahrung	Anzahl	26	22	18	14	11	91
		% von Generell Vorerfahrung ja / nein	28,6	24,2	19,8	15,4	12,1	100,0
		% von Partner	54,2	68,8	64,3	43,8	73,3	58,7
	Vorerfahrung	Anzahl	22	10	10	18	4	64
		% von Generell Vorerfahrung ja / nein	34,4	15,6	15,6	28,1	6,3	100,0
		% von Partner	45,8	31,3	35,7	56,3	26,7	41,3
Gesamt		Anzahl	48	32	28	32	15	155
		% von Generell Vorerfahrung ja / nein	31,0	20,6	18,1	20,6	9,7	100,0
		% von Partner	100,0	100,0	100,0	100,0	100,0	100,0

Tab. Anhang 14: Finanzielles Engagement der Unternehmen in Kooperationsprojekten in DM (N = 22)

		Häufigkeit	Prozent	Gültige Prozente	Kumulierte Prozente
Gültig	1.000	1	0,4	4,5	4,5
	2.000	2	0,7	9,1	13,6
	3.000	1	0,4	4,5	18,2
	3.500	2	0,7	9,1	27,3
	5.000	2	0,7	9,1	36,4
	5.300	1	0,4	4,5	40,9
	8.000	1	0,4	4,5	45,5
	10.000	2	0,7	9,1	54,5
	28.500	1	0,4	4,5	59,1
	30.000	1	0,4	4,5	63,6
	140.000	1	0,4	4,5	68,2
	147.000	1	0,4	4,5	72,7
	177.000	1	0,4	4,5	77,3
	190.000	1	0,4	4,5	81,8
	300.000	1	0,4	4,5	86,4
	550.000	1	0,4	4,5	90,9
	1.000.000	1	0,4	4,5	95,5
	5.000.000	1	0,4	4,5	100,0
	Gesamt	22	8,2	100,0	
Fehlend	System	246	91,8		
Gesamt		268	100,0		

Tab. Anhang 15: Laufzeiten der Kooperationsprojekte in Monaten (N = 22)

		Häufigkeit	Prozent	Gültige Prozente	Kumulierte Prozente
Gültig	1	5	1,9	22,7	22,7
	2	1	0,4	4,5	27,3
	3	5	1,9	22,7	50,0
	4	1	0,4	4,5	54,5
	6	1	0,4	4,5	59,1
	12	5	1,9	22,7	81,8
	17	1	0,4	4,5	86,4
	18	2	0,7	9,1	95,5
	22	1	0,4	4,5	100,0
	Gesamt	22	8,2	100,0	
Fehlend	System	246	91,8		
Gesamt		268	100,0		

Tab. Anhang 16: Zeitliches Engagement der Unternehmen (N = 22)

		Häufigkeit	Prozent	Gültige Prozente	Kumulierte Prozente
Gültig	0	1	0,4	4,5	4,5
	1	7	2,6	31,8	36,4
	2	4	1,5	18,2	54,5
	3	1	0,4	4,5	59,1
	5	1	0,4	4,5	63,6
	8	1	0,4	4,5	68,2
	11	1	0,4	4,5	72,7
	12	1	0,4	4,5	77,3
	17	1	0,4	4,5	81,8
	18	1	0,4	4,5	86,4
	28	1	0,4	4,5	90,9
	30	1	0,4	4,5	95,5
	42	1	0,4	4,5	100,0
	Gesamt	22	8,2	100,0	
Fehlend	System	246	91,8		
Gesamt		268	100,0		

Abbildungen

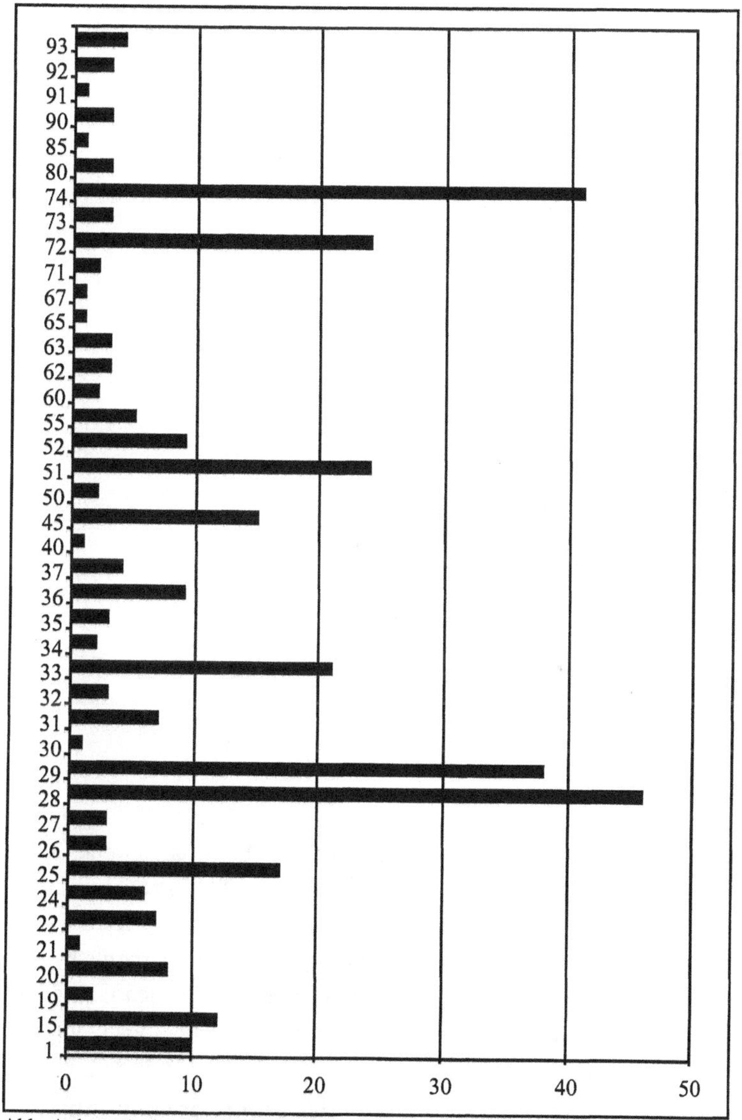

Abb. Anhang 1: Anzahl der Beratungsprojekte nach Branchen der beratenen Unternehmen nach WZ '93 [Statistisches Bundesamt, 1994]; Mehrfachnennungen

Fragebogen

Rechtsform

Rechtsform
GmbH, GmbH & CO.
AG
KG
GbR
Alleinunternehmen
Privatperson
Sonstige

Betriebsgröße

Anzahl Mitarbeiter
1 - 4
5 - 9
10 - 19
20 - 49
50 - 99
100 - 199
200 - 499
Sonstige

Branche

Qualitative Angabe nach Allgemeine Systematik der Wirtschaftszweige in den europäischen Gemeinschaften (sog. NACE- Code) von 1993 [Statistisches Bundesamt, 1993]. Die Branchenzugehörigkeiten wurden in vielen Fällen auf der Basis der Zuordnung zu Branchenklassen in RegIS [2000] übernommen. Lag keine Angabe vor, so wurde diese – insbesondere bei angehenden Gründern – auf der Grundlage der in den Beratungen gegebenen Angaben vorgenommen.

Wissensintensivität (auf der Grundlage der Branchennennung)

Wissensintensiv
ja
nein

Kammerzugehörigkeit

Kammerzugehörigkeit
HWK
IHK
LWK
Sonstige Kammer oder Gründer

Mehrfachnennungen

Unternehmensalter

Unternehmensalter in Jahren	*Einordnung*
0	Gründungswillige
<= 1	Existenzgründer
<= 7	Junge Unternehmen
> 7	Altunternehmen

Abhängige Unternehmen

Als abhängige Unternehmen werden solche bezeichnet, deren Anteile zu mehr als 25 % von anderen Unternehmen gehalten werden.

Status der Abhängigkeit
Unabhängig
Abhängig

Art der Innovationsaktivität

Innovationsaktivität
Produktinnovation
Verfahrensinnovation
Innovations-orientierte Wirtschaftsförderungsfrage

Mehrfachnennungen

Art der Innovationsphase

Innovationsphase
Analyse der Rahmenbedingungen bzw. des Umfeldes für Neuerungen
Gewinnung und Entwicklung neuer Ideen für das Unternehmen
Prototypenentwicklung
Umsetzung bereits entwickelter Ideen des Unternehmens
Marktorientierung (Vermarktung, Markteinführung)
Sonstige Phase

Mehrfachnennungen

Art und Anzahl der Beratungen

Art und Anzahl der Beratung
Eine Erstberatung
Zwei Erstberatungen
Drei Erstberatungen
Vier Erstberatungen
Eine vertiefende Beratung
Zwei vertiefende Beratungen
Drei vertiefende Beratungen
Vier vertiefende Beratungen

Mehrfachnennungen

Art des Know-how-Transfers

Art des Know-how-Transfers und der Kooperation
Laufende oder beendete Kooperation
Dritte: Weiterführende Informationsvermittlung
REGIO: Weiterführende Informationsvermittlung
Sonstige, keine weitere Leistung

Projektpartner

Projektpartner
Hochschulpartner Universität
Fachhochschulpartner
Netzwerkpartner (AGTIF)
Partner ist innovationsorientierter Fördermittelgeber/Projektträger
Sonstige Partner

Vorerfahrungen in extern begleiteten Innovationsprozessen

Vorerfahrungen mit Projektpartnern
Hochschulpartner Universität
Fachhochschulpartner
Netzwerkpartner (AGTIF)
Partner ist innovationsorientierter Fördermittelgeber/Projektträger
Sonstige Partner

Räumliche Entfernung des Projektpartners vom Unternehmen

Qualitative Angabe	*in km*
Partner 1	
Partner 2	

Finanzielles Engagement des Unternehmens

Qualitative Angabe	*in DM*

Zeitliche Dauer des Projektes in Monaten

Qualitative Angabe	*in Monaten*

Zeitliches Engagement der Unternehmen innerhalb des Projektes

Qualitative Angabe	*in Personenmonaten*

Behandlung von Schutzrechten

Waren Schutzrechte Gegenstand im Rahmen des Projektes?
ja
nein

Abhängigkeit des Unternehmens von einem Kunden

Kunden, von denen eine Abhängigkeit zu mehr als 30 % des Umsatzes besteht
nicht vorhanden
vorhanden

Zusammenhang der Innovation mit einer Abhängigkeit

Steht die Innovation in einem Zusammenhang mit Produkten für einen Kunden, zu dem ein starkes Abhängigkeitsverhältnis besteht (> 30 %)?

Zusammenhang zur Abhängigkeit vom Kunden besteht in dem Innovationsprojekt
ja
nein

Antrag Projektförderung

Projektförderung
nicht beantragt
beantragt

Einwerbung Projektförderung

Wurde im Zusammenhang mit dem Projekt eine Förderung eingeworben?

Projektförderung
nicht erfolgreich eingeworben
erfolgreich eingeworben

Strukturwandel und Strukturpolitik

Herausgegeben von Wolfram Elsner

Band 1 Karsten Seidel: Maritime Netzwerke und europäische Industriepolitik. 2000.

Band 2 Dieter Bögenhold (Hrsg.): Kleine und mittlere Unternehmen im Strukturwandel – Arbeitsmarkt und Strukturpolitik. 2000.

Band 3 Thomas Knogge: Umweltschocks und langfristige regionale Wirtschaftsentwicklung. Eine integrative Analyse reginalökonomischer Folgen des globalen Klimawandels. Mit dem Fallbeispiel der nordwestdeutschen Küstenregion. 2002.

Band 4 Wolfram Elsner (Hrsg.): Neue Alternativen des Länder-Finanzausgleichs. Modellrechnungen und Gutachten unter besonderer Berücksichtigung der Stadtstaaten-Problematik. 2002.

Band 5 Stefan Meyer: Strukturerneuerung und Regionalentwicklung durch Kooperationen und Netzwerke. Mit einer Fallstudie zum Autorecycling in Bremen. 2002.

Band 6 Martin Wrobel: Flughäfen in der Region. Regionale Gravitationszentren vor dem Verkehrsinfarkt? Eine Strukturanalyse und Prognose der landseitigen Verkehrssituation – am Beispiel des Airport Bremen. 2002.

Band 7 Martin Heinlein: Innovationen kleiner Unternehmen in regionalen Netzwerken. Die Förderung von Forschung und Entwicklung durch aktive Vermittlung im Wissens- und Technologietransfer. 2004.

www.peterlang.de

Astrid Röhrs

Produktionsmanagement in Produktionsnetzwerken

Frankfurt am Main, Berlin, Bern, Bruxelles, New York, Oxford, Wien, 2003.
XX, 254 S., zahlr. Abb. und Tab.
Schriften zur Produktion.
Herausgegeben von Thomas Witte und Bernd Rieper. Bd. 17
ISBN 3-631-50594-9 · br. € 45.50*

Die Anforderungen an das Produktionsmanagement haben sich grundlegend gewandelt. Stand früher die Optimierung der Produktion eines einzelnen Kombinationstyps der Fertigung im Vordergrund, so rücken heute ganze Produktionsnetzwerke – bestehend aus mehreren miteinander verzahnten Produktionsmodulen – in den Mittelpunkt der Betrachtung. Die vorliegende Arbeit befasst sich mit dieser Problematik, indem ein netzwerkorientierter Produktionsmanagementansatz entwickelt wird, der funktionale und institutionelle Aspekte integriert. Angewandt und konkretisiert wird dieser Ansatz für zwei idealtypische Produktionsnetzwerke. Die Untersuchung richtet sich an Wissenschaftler, Unternehmensberater, Führungskräfte von Industrieunternehmen sowie an Studenten im Hauptstudium mit der betriebswirtschaftlichen Vertiefung „Produktionswirtschaft" oder „Supply Chain Management".

Aus dem Inhalt: Produktionsnetzwerke aus system- und organisationstheoretischer Sicht · Entwicklung eines netzwerkorientierten Produktionsmanagementansatzes · Netzwerkebenenbezogene Erörterung der Produktionsmanagementaufgaben · Grundsätzliche Möglichkeiten zur institutionellen Ausgestaltung · Bildung zweier Netzwerktypen · Konkretisierung des Ansatzes für das stabile und das flexible Netzwerk

FSC
www.fsc.org
MIX
Papier | Fördert gute Waldnutzung
FSC® C083411

Kolibri 360 GmbH
Ferdinand-Jühlke-Straße 7
99095 Erfurt, Deutschland
produktsicherheit@kolibri360.de

Druck:
CPI Druckdienstleistungen GmbH
im Auftrag der
Kolibri 360 GmbH
Ferdinand-Jühlke-Str. 7
99095 Erfurt